走廊与聚落：
潇贺古道石枧村民族志研究

ZOULANG YU JULUO:
XIAOHE GUDAO SHIJIAN CUN MINZUZHI YANJIU

周大鸣　著

·广州·

版权所有　翻印必究

图书在版编目（CIP）数据

走廊与聚落：潇贺古道石枧村民族志研究/周大鸣著. —广州：中山大学出版社，2022.6

ISBN 978-7-306-07455-3

Ⅰ.①走… Ⅱ.①周… Ⅲ.①村史—研究—富川瑶族自治县 Ⅳ.①K296.74

中国版本图书馆 CIP 数据核字（2022）第 031578 号

出 版 人：	王天琪
策划编辑：	嵇春霞
责任编辑：	陈　芳
封面设计：	林绵华
责任校对：	罗雪梅
责任技编：	靳晓虹
出版发行：	中山大学出版社
电　　话：	编辑部 020-84110283，84113349，84111997，84110779，84110776
	发行部 020-84111998，84111981，84111160
地　　址：	广州市新港西路 135 号
邮　　编：	510275　传　真：020-84036565
网　　址：	http://www.zsup.com.cn　E-mail：zdcbs@mail.sysu.edu.cn
印 刷 者：	广州市友盛彩印有限公司
规　　格：	787mm×1092mm　1/16　20 印张　359 千字
版次印次：	2022 年 6 月第 1 版　2022 年 6 月第 1 次印刷
定　　价：	68.00 元

如发现本书因印装质量影响阅读，请与出版社发行部联系调换

国家社科基金后期资助项目
出版说明

　　后期资助项目是国家社科基金设立的一类重要项目，旨在鼓励广大社科研究者潜心治学，支持基础研究多出优秀成果。它是经过严格评审，从接近完成的科研成果中遴选立项的。为扩大后期资助项目的影响，更好地推动学术发展，促成成果转化，全国哲学社会科学工作办公室按照"统一设计、统一标识、统一版式、形成系列"的总体要求，组织出版国家社科基金后期资助项目成果。

全国哲学社会科学工作办公室

目　　录

第一章　总论/1
　　第一节　研究概述/1
　　第二节　研究点所在县概况/23
　　第三节　研究点所在乡概况/36

第二章　历史与族群互动/42
　　第一节　村庄概况与历史/42
　　第二节　古建筑/46
　　第三节　潇贺古道/50
　　第四节　族群互动/54

第三章　婚姻与家庭/59
　　第一节　婚姻概况/59
　　第二节　家庭结构/62
　　第三节　宗族管理/69

第四章　水系统与水资源/73
　　第一节　气候地理和水利概况/73
　　第二节　水系统和水资源利用情况/76
　　第三节　水系统的分类与分析/78
　　第四节　水资源利用方式/86
　　第五节　水资源的运转与管理/92
　　第六节　水资源的变迁/98

第五章　经济交往/111
　　第一节　经济概况/111
　　第二节　基础设施/112
　　第三节　农业/116
　　第四节　副业/132
　　第五节　务工/134
　　第六节　小商品/136
　　第七节　其他经济活动/142

第六章　村庄教育/151
　　第一节　教育概况/151

第二节 村民受教育程度/152

第三节 传统教育与现行教育/154

第四节 教育观与教育行为/173

第七章 土地流转/187

第一节 土地概况/187

第二节 土地历史/188

第三节 土地现状/196

第四节 土地流转中的合约/203

第五节 土地纠纷/209

第六节 成就与问题/210

第七节 建议/212

第八章 文化交融与遗产变迁/215

第一节 生产技艺/215

第二节 民间艺术/227

第九章 民间信仰/251

第一节 祖先信仰/251

第二节 岁时节庆与人生礼仪/259

第三节 鬼神信仰/262

第十章 互联网时代的石枧村/271

第一节 背景与概况/271

第二节 互联网使用的基本情况/273

第三节 互联网对村庄的影响/279

第十一章 地方与国家互动下的石枧村/283

第一节 电力与水/283

第二节 交通/286

第三节 公共基础设施/288

第四节 农业经济/291

第五节 学校与教育/297

第六节 医疗及保障/300

参考文献/305

后　记/311

第一章 总　　论

第一节　研究概述

笔者近年来一直关注民族走廊以及行政边缘地带的研究，曾多次在湘黔渝交界的边城、湘桂黔交界的通道、湘桂粤交界的富川等少数民族地区进行田野调查，发表了一系列论文并主编了《边城民族志：一个湘渝黔边界的集镇调查》《行政的边缘，文化的中心：湖南通道上岩坪寨田野调查报告》等书。

以地处南岭走廊中部的富川瑶族自治县为例，由于湘桂粤对各自所属县区实施不同的政策，处于行政边界地带的民族地区客观上存在社会治理困难、经济发展失衡等问题，但该地区的族群互动十分频繁，在各族群的历史迁徙、交流融合中也形成了多样性的民族文化。湘黔渝交界的边城、湘桂黔交界的通道也有类似的区域特征，笔者称之为"行政的边缘，文化的中心"。因此，本书拟以"民族走廊"的框架将行政边缘地带的民族地区有机整合起来，既有利于深入论述"中华民族多元一体"的理论思想，也有利于联合多省力量，提升国家对这些地区的重视与扶持。

本书拟题为《走廊与聚落：潇贺古道石枧村民族志研究》，选取了地处湘、桂、粤交界的都庞、萌渚两岭余脉之间的富川瑶族自治县作为主要田野调查地点，富川县也是历史上打通了中原和岭南交通阻碍和文化区隔的潇贺古道所在地。深处南岭山脉中心的富川县石家乡石枧村位于湘桂的交界处，属于潇贺古道从湖南进入广西的东线村落之一，其所在区域民族文化多元，族群互动频繁，是研究南岭民族走廊族群互动，以及中原与岭南文化交融的理想样本。

本书的研究方法主要采取如下5种。

1. 参与观察法

田野工作要求人类学者必须融入田野对象的社会生活中，参与他们的仪式和文化活动，与他们一起学习、生活并学会其语言，用眼睛去观察他们的社会、经济、文化状态，用心去理解他们的思想、观念、信仰体系。

最重要的是摒弃研究异文化时可能存在的文化偏见，采用文化相对主义的研究视角。

2. 深入访谈法

本项目采用了结构式访谈和非结构式访谈两种方法。前者主要针对一些整体概观方面的内容；后者主要是事先预设一个粗线条的访谈提纲，在与被访者交谈的过程中，围绕此提纲展开，灵活、适度发挥。通过聆听被访者的看法，笔者获得了大量真实、详细的口述资料。

3. 历史文献法

利用被研究社会文献是人类学经常使用的方法，它不受时空、环境、语言条件的限制，因而可弥补访谈中的不足或缺陷。笔者在田野调查中，搜集各种档案和文书，以及一切与本书有关的文字、数字、图表等资料，如地方志、碑刻、古籍、村史、族谱、户籍材料、村规民约等文献。走访了当地的村落文化精英，获得了较多记载当地历史名人和风土人情的文献资料。

4. 问卷法

问卷法有效弥补了田野工作中定性研究的不足，对问卷统计、分析而得出的结果具有科学性。本研究对石枧村 302 户村民发放了问卷，问卷发放采取了随机和非随机两种方式。问卷法的实施严格遵循了设计—发放—回收—处理分析的步骤。

5. 多点民族志

笔者除了以石枧村为中心进行田野工作外，还对潇贺古道沿线的多个村寨进行了走访调查，如广西的秀水村、黄竹村、坪珠村、世家村、城上村等，湖南的井头湾村、楼田村、田广洞村、上甘棠村、兰溪村等，以期更全面地了解南岭民族走廊的整体情况和族群互动。

一、中国民族走廊的研究

（一）"民族走廊"的提出与发展

1978 年，费孝通先生基于中国民族识别工作的调查经验，在政协全国委员会民族组会议的发言中首次提到了"走廊"的概念。① 20 世纪 80 年代，费先生进一步阐述了藏彝走廊、南岭走廊、西北走廊三大民族走廊的研究价值。因为过去的民族调查是以一个个民族、一个个省份为单位来

---

① 参见费孝通《关于我国民族的识别问题》，载《中国社会科学》1980 年第 1 期。

做研究的，缺乏从宏观的、全面的、整体的观念去看中国各民族的来往变动，如果对这些走廊加以描写，便能够解决各民族的形成、接触、融合、变化等诸多问题。① 费先生的这一提法，让"中华民族多元一体格局"理论更为具体化和可操作化，他强调民族走廊与中华民族多元一体的关联性，提出整合三大走廊和东北亚走廊的民族互动，基本构成了中华民族多元一体的格局。2014年，习近平总书记在中央民族工作会议上肯定了"中华民族多元一体"的思想。

民族走廊的概念引发了国内学界的积极响应，很多学者对此概念做了推进和拓展。例如，李绍明先生将民族走廊定义为：在特定的自然地理的走廊环境中，某一或某些民族长期移动的路线。② 李绍明先生偏向地理意义上的走廊概念存在一定局限性，李星星则进一步将民族走廊置于农耕文明产生的"中心—边缘"框架内讨论，强调民族走廊本质是农耕文明所形成的权力中心，在向外扩张过程中所产生的边缘地带。③

进入21世纪，一些学者还提到了武陵走廊④、古苗疆走廊⑤等概念。事实上，民族走廊理论的发展，体现了我国的民族走廊是一套综合体系，其中既包括多样的自然条件、地理走向，各种类型的道路，同时还包括各种形式的族群互动、不同人群间的沟通形式。最近的研究表明，除了费先生提到的几大民族走廊外，还存在许多条并行和交叉的次级廊道，这犹如一条大河，大河下面有支流，支流下面还有小溪，民族走廊也是类似的体系，这些不同的走廊形式共同构成了我国的民族走廊体系。⑥

（二）民族走廊的研究要点：历史与变化

按照费孝通先生的观点，民族走廊的研究要点主要有两个，一是历史，二是变化，历史强调一个族群的历史是怎样的，它是如何迁徙、流动接触、融合分离的，而变化关注的是族群身份的变化以及边界的变化过

---

① 参见费孝通《谈深入开展民族调查问题》，载《中南民族学院学报》1982年第3期。
② 参见李绍明《再谈民族走廊》，见《"藏彝走廊历史文化"学术讨论会会议论文》，四川大学，2003年。
③ 参见李星星《再论民族走廊：兼谈"巫山—武陵走廊"》，载《广西民族大学学报（哲学社会科学版）》2013年第2期。
④ 参见李星星《论"民族走廊"及"二纵三横"的格局》，载《中华文化论坛》2005年第3期；参见李绍明《论武陵民族区与民族走廊研究》，载《湖北民族学院学报（哲学社会科学版）》2007年第3期。
⑤ 参见杨志强《文化建构、认同与"古苗疆走廊"》，载《贵州大学学报（社会科学版）》2012年第6期。
⑥ 参见周大鸣《民族走廊与族群互动》，载《中山大学学报（社会科学版）》2018年第6期。

程。1988年，费先生明确提出"中华民族多元一体"思想，"它（中华民族）的主流是由许许多多分散存在的民族单位，经过接触、混杂、联结和融合，同时也有分裂和消亡，形成一个你来我去、我来你去，我中有你、你中有我，而又各具个性的多元统一体"①。这一提法同样强调了中华民族在历史上可能由于许多群体互相接触而产生变化这一观点。②

这就类似于族群关系或民族关系，当一个族群与另一个族群发生碰撞时，便可能会产生几种不同的结果：一种是两者结合，A没有了而变成B，A被B同化，或者是B没有了而变成A，B被A同化；另一种是A加B变成C，即A和B结合形成一个既不同于A也不同于B的一个新群体。所以，费先生一再强调民族的形成是一个变化的过程，各民族之间的往来变动要按照"历史形成的民族地区"③ 来研究。他提出民族走廊的研究目的，一是打破单一学科研究方式而实现跨学科的结合，二是打破单一的按照行政区划来研究的方式，三是打破单一民族的研究方式。沿着费先生的研究思路，后期的民族走廊研究也多集中在"历史与变化"的理论框架中加以讨论。④

首先，历史迁徙与人口流动。李绍明强调民族走廊指民族或族群长期沿着河流或山脉等自然环境，向外迁徙或流动的路线，该民族或族群众多的历史文化沉淀必然会保留在走廊中。⑤ 可以说，民族走廊上的各民族都有一部迁徙史，促成这种迁徙的动力大体可分为两种：一种是人为的迁徙，如战争、入侵、内乱、统治阶级的民族政策等原因而形成的迁徙；另一种是自然的迁徙，如因气候、环境的变化，自然灾害的发生，经济发展和人口增长等原因，导致的大规模族群迁徙。⑥ 例如，李锦通过对四川省甘孜藏族自治州九龙县的田野调查，关注了藏彝走廊近百年的人群移动特征，认为导致藏彝走廊的人群移动加快和族群空间变化的原因是制度因素的变化。⑦ 李吉和以西北走廊为中心，提出中国古代西北少数民族的迁徙，

---

① 费孝通：《中华民族的多元一体格局》，载《北京大学学报（哲学社会科学版）》1989年第4期，第1页。
② 参见周大鸣《民族走廊与族群互动》，载《中山大学学报（社会科学版）》2018年第6期。
③ 参见费孝通《谈深入开展民族调查问题》，载《中南民族学院学报》1982年第3期。
④ 参见周大鸣《民族走廊与族群互动》，载《中山大学学报（社会科学版）》2018年第6期。
⑤ 参见李绍明《再谈民族走廊》，见《"藏彝走廊历史文化"学术讨论会会议论文》，四川大学，2003年。
⑥ 参见刘丹、秦红增《"一带一路"与中国民族走廊研究再认知》，载《中南民族大学学报（人文社会科学版）》2017年第5期。
⑦ 参见李锦《制度变革与藏彝走廊人群迁移——对四川省甘孜州九龙县的田野调查》，载《西南民族大学学报（人文社科版）》2008年第10期。

从类型上看以强迫型迁徙为主,从性质上看以生存型迁徙为主,从方向上看以南下、西迁、内附为主。古代西北少数民族迁徙频繁、规模较大,深受中原政治因素影响。① 石硕认为,约 6000 年前因气候急剧趋向干燥寒冷,甘青地区人群中的一支开始南下向藏彝走廊迁徙,由此产生了汉语语族和藏缅语族人群的分化。②

其次,民族融合与族群互动。从民族走廊的视角看族群互动,我们能够发现在三大民族走廊中,族群接触、融合与新族群生成的现象是常见的,且其中的互动与融合能被归为 4 种类型学模式:一是以土著文化要素为主的重新整合,二是以外来文化要素为主的重新组合,三是自由式的均等组合,四是两可式的动态组合。因此,民族走廊在民族间融合与分化,以及民族的形成过程中发挥了重要作用,以民族走廊的视角思考现有族群的分布特征,能够为我们以动态的整体性视角把握中国的族群互动提供理论与方法支撑。③ 例如,王明珂的相关研究揭示了藏彝走廊族群边界变迁和民族融合过程的真实图景,形象地表述了羌族"一截骂一截"的认同模式。④ 石硕指出藏彝走廊历史上主要存在 5 个大的民族流动趋势:藏缅语民族自北向南的迁移,吐蕃向东扩张与藏彝走廊北部的"番"化,蒙古族南下,明清时期木氏土司和彝族的向北扩张,明清至民国时期汉人的大量迁入,这五大民族流动趋势基本奠定了藏彝走廊今天的民族格局。⑤ 李建宗提出河西走廊从事游牧的族群和从事农耕的族群之间长期进行互动,历史上华夏文明与西域文明在河西走廊内部进行流通与交融,在"内亚"视角下河西走廊具有"过渡带"的性质。⑥

最后,民族走廊与中国社会。随着工业化与现代化的发展,道路障碍与山川阻隔都伴随现代技术的革新而迎刃而解,历史意义中的华夏边缘正在消失,历史上形成的传统边界正在被一种民族国家式的有形边界所取代,华夏民族与少数民族也被相应地改造成了多民族共存的国家。在新时代,我们倡导从三点来关注走廊研究的现实意义。一是民族走廊与开放的

---

① 参见李吉和《论中国古代西北少数民族迁徙的主要特征》,载《西北民族大学学报(哲学社会科学版)》2003 年第 5 期。

② 参见石硕《从新石器时代文化看黄河上游地区人群向藏彝走廊的迁徙》,载《西南民族大学学报(人文社科版)》2008 年第 10 期。

③ 参见周大鸣《民族走廊与族群互动》,载《中山大学学报(社会科学版)》2018 年第 6 期。

④ 参见王明珂《羌在汉藏之间:川西羌族的历史人类学研究》,中华书局 2008 年版。

⑤ 参见石硕《藏彝走廊历史上的民族流动》,载《民族研究》2014 年第 1 期。

⑥ 参见李建宗《文化边界与族群互动:"内亚"视角下的河西走廊》,载《青海民族研究》2015 年第 1 期。

中国。如果以三大走廊为起点,将目光聚焦到三大走廊所沟通的外部区域,或许能够勾勒出一个"互联互通"的亚洲体系,这大体上涵盖了习近平总书记所提出的"一带一路"区域。二是民族走廊与新时代中国的一体性构建。在现阶段民族国家框架内的多元一体逻辑下,我们应更多地注重一体性的构建。对于共有精神家园的构建方式,能够在民族走廊研究中获得启示。民族走廊作为族群多样性的地区,实际上,在历史上已经形成了丰富的整合经验。三是民族走廊与"世界"理念。民族走廊视角呈现了一种无形边界的智慧,其根本点是用无形边界的理念突破有形边界的壁垒。如果将这种模式应用于世界体系,会产生一种有多个向外辐射的中心点的世界图景,每个中心辐射波纹交织在一起形成一张网状结构。越多辐射波相交织,网孔就会越密小,而交织结果就是中心点本身的消失,而这些中心点就是有形边界的民族国家想象。① 另外,王铭铭将"中间圈"概念引入藏彝走廊研究,提出要认识完整的华夏文明体系,必须自觉意识到"中间圈"的存在,而非仅限于"核心圈",藏彝走廊恰好是中国—东南亚—南亚的通道,研究藏彝走廊就是在研究一个自古有之的地区世界体系。②

二、南岭民族走廊的研究

在有关民族走廊的研究中,研究者的目光主要集中于西北走廊与藏彝走廊,如王明珂《羌在汉藏之间:川西羌族的历史人类学研究》便是这方面的典范之作,王铭铭的《中间圈:"藏彝走廊"与人类学的再构思》可以说是对藏彝走廊研究视角提出的新探索。相对于西北走廊和藏彝走廊引起的热烈关注,学界对南岭走廊的研究略微滞后。近些年来,笔者多次进入南岭走廊从事田野调查工作,并先后多次召开相关专题研讨会,于2016年发起成立由超过10个成员单位组成的"南岭走廊论坛",希冀能为南岭走廊研究贡献一己之力,同时丰富民族走廊研究。③

(一)费孝通与南岭民族走廊

南岭民族走廊研究在费孝通先生的学术生涯中有着特殊的重要地位,

---

① 参见周大鸣、张超《如何理解中国:民族走廊研究的历史与现实意义》,载《社会科学战线》2018年第12期。
② 参见王铭铭《中间圈:"藏彝走廊"与人类学的再构思》,社会科学文献出版社2008年版。
③ 参见周大鸣《民族走廊研究的路径与方法》,载《青海民族研究》2017年第4期。

1935年费先生与王同惠的瑶山之行成为其民族学、人类学研究的起点。在有生之年，费先生"六上瑶山"，写下《花篮瑶社会组织》《桂行通讯》《四上瑶山》《四十三年后重访大瑶山》《瑶山调查五十年》等经典学术论著，为"中华民族多元一体格局"理论的提出奠定了坚实基础。1999年，费先生在江苏吴江学术演讲会上曾明确提到："《花篮瑶社会组织》，是我和我的第一位夫人王同惠到广西大瑶山做社会调查后写出的。现在回过头来看，我后来的很多思想，都可以从这篇文章里找到根源。可以说，我一生的学术活动是从这里开始的。"①

1935年，费先生和新婚妻子王同惠南下广西大瑶山开展"特种民族"的研究，两人在调查过程中迷失方向，费先生误入瑶民捕虎机关时伤及腰腿，王同惠在求援时又不幸失足溺亡，为中国民族研究贡献了宝贵的生命。费孝通在广州疗伤期间便开始着手整理王同惠的花篮瑶调查遗稿，并以两人合著的形式出版发行了《花篮瑶社会组织》。② 费先生从家庭、亲属、村落、族团及族团间的关系等方面，逐层深入地论述了花篮瑶社会和文化结构。吴文藻先生曾高度评价了该论著在非汉族团的实地考察对社区研究上的特殊意义，以及此种实地考察对中华民族国家前途的重要性。③

1951年，费先生带领中央访问团第二次踏上广西大瑶山，全面调查了少数民族的语言、族称、历史渊源、人口数量、生产生活、文化习俗等情况，并在《广西龙胜民族民主建政工作》一文中，对龙胜县经验做了总结："民族民主建政加强了民族干部与群众的联系……原来，干部思想上对民族民主建政有顾虑，怕少数民族闹独立，不好领导。事实则相反，满足了少数民族群众的政治要求，他们就会更相信和更依靠共产党和人民政府……相反的，我们知道有个别地方，因为怕少数民族闹独立，不敢提区域自治，结果群众要求更激烈，自己去开会，怀疑政府，反而助长了狭隘民族主义的思想。"④ 可以说，费先生的观点对当时少数民族工作的深入开展、党的民族政策制定，以及社会主义民族关系研究均有较重要的启示意义。

改革开放后，费先生又先后4次回访大瑶山。1978年，费先生作为特邀嘉宾参加广西壮族自治区成立20周年大庆，第三次回到阔别已久的大

---

① 费孝通：《费孝通文集》（第15卷），群言出版社2001年版，第88页。
② 参见费孝通、王同惠《花篮瑶社会组织》，江苏人民出版社1988年版。
③ 参见费孝通《六上瑶山》，群言出版社2015年版，第133～145页。
④ 费孝通：《六上瑶山》，群言出版社2015年版，第154～155页。

瑶山，在《四十三年后重访大瑶山》一文中重点提到大瑶山中心金秀瑶族自治县的变迁和现代化发展。1981年，费先生受邀参加龙胜瑶族自治县成立30周年大庆，第四次访问大瑶山，他带领的研究团队根据调查出版了《盘村瑶族》一书。1982年，费先生受邀参加金秀瑶族自治县成立30周年大庆，第五次访问大瑶山。1988年，78岁高龄的费先生再次参加了广西壮族自治区成立30周年大庆，第六次访问大瑶山。费先生离开广西后，走访了湖南江永、江华及广东连南3个南岭山脉瑶族较集中的县域，并提出"南岭经济协作区"的构想。①

除了"六上瑶山"的社会调查研究，费先生还多次在学术研讨会上，论述了关于南岭民族走廊的理论观点。例如，1981年，费先生在中央民族学院民族研究所座谈会上的讲话中论述了关于中华民族宏观格局的研究方向，强调了针对各民族演变和走廊研究的微型调查方法，他提出："从宏观的研究来说，中华民族所在的地域至少可以大体分成北部草原地区，东北角的高山森林区，西南角的青藏高原，藏彝走廊，然后云贵高原，南岭走廊，沿海地区和中原地区。这是全国这个棋盘的格局。我们必须从这个棋盘上的演变来看各个民族的过去和现在的情况，进行微型的调查。""我们现在广西大瑶山进行的调查，其实是另一个地区，即南岭山脉这个走廊的综合调查的起点。"②

1982年，费先生在和中南民族学院少数民族同志的座谈会上，进一步完善了关于南岭走廊民族分布和民族关系等的论述，并从现实层面倡议桂湘粤三省区以合作的方式来进行南岭民族走廊的研究。他提出："一条西北走廊，一条藏、彝走廊，一条南岭走廊，还有一个地区包括东北几省。倘若这样来看，中华民族差不多就有一个全面的概念了。""广西、湖南、广东这几个省区能不能把南岭山脉这一条走廊上的苗、瑶、畲、壮、侗、水、布依等民族，即苗瑶语族和壮傣语族这两大集团的关系都搞出来。"③

1984年，费先生在国家民委召开的民族问题五种丛书工作会议上，建议以走廊研究为代表的区域视角来分析民族史的问题，他提出："过去我们搞民族史大多是一个一个民族地整理，我看不如一个地区一个地区的搞。因为少数民族在历史上一向不是孤立的。如果把一个一个民族的历史

---

① 参见费孝通《六上瑶山》，群言出版社2015年版，第254～263页。
② 费孝通：《费孝通文集》（第8卷），群言出版社1999年版，第165、164页。
③ 费孝通：《谈深入开展民族调查问题》，载《中南民族学院学报》1982年第3期，第5页。

分开来讲，就不免要重复。""在研究一个个民族历史的基础上面，我们要完成几个大区的民族史。民族地区是历史上形成的，不是我们自己划的。我国境内几个地区可以分得出来，大体上有西藏、西北、东北同西南等地区……我们不妨从六江流域作为一个地区开始作综合研究。南岭走廊也是一个地区。按地区去研究民族历史的方法，不是哪一个人想出来的，很多人在工作里面感到困难，才找到这条路子的。西北是一条走廊，其中有许多民族，有些民族有两种语言。"①

1986年，费先生在香港召开的"第一届瑶族研究国际研讨会"上，以南岭走廊大瑶山的调查研究为例，深入阐释了中国各民族的迁徙历史以及汉族形成的原因，他提出："从宏观来说，中华民族在几千年来，的确呈现着一幅规模宏大、成分复杂、既有融合、又有分化的历史长卷。中国各民族所在的地域，大体可以分成北部草原地区、东北角的高山森林区、西南角的青藏高原，曾被拉铁摩尔所称的'内部边疆'，即我所说的藏彝走廊，然后是云贵高原、南岭走廊、沿海地区和岛屿及中原地区。这是全国这个棋盘的格局，我们必须从这个棋盘上的演变来看各民族的过去和现在。从我国有文字记载的历史时期来看，各族人民流动的总趋势是北方民族的南下或西进，中原民族的向南，沿海民族的入海或南北分移，向南移的又向西越出现在的国境。我国人口最多的民族——汉族就是在这种迁徙变动中，逐渐融合许多古代民族而逐渐形成的。"②

除关于南岭民族走廊的理论阐释外，费先生还从现实层面对南岭山脉地区的少数民族社会和经济发展建言献策，明确提出湘粤桂应协同合作的建议。例如，在1988年12月考察完广西、湖南和广东的南岭走廊多个县域后，他在1989年1月撰写的《南岭行》中便指出："我想提一个南岭山脉瑶族地区的交流协作的建议。不同省区之间地区性的协作在别的地方已经开始了。我们这里可以六个县为基础搞协作，具体可仿照甘肃临夏和青海海东的协作区的办法试行一下，只要广东同意，广西同意，湖南同意，可搞一个南岭山区瑶族的经济协作区。初办时范围不要太广。试行一个时期，有了成效可以逐步扩大范围。"③

（二）南岭民族走廊的研究主题

自20世纪80年代费孝通先生提出南岭走廊等三大走廊概念以来，学

---

① 费孝通：《费孝通全集》（第10卷），内蒙古人民出版社2009年版，第310、311页。
② 费孝通：《费孝通全集》（第12卷），内蒙古人民出版社2009年版，第12～13页。
③ 费孝通：《费孝通全集》（第13卷），内蒙古人民出版社2009年版，第180页。

界开始了对民族走廊的广泛关注。尤其是进入21世纪后，掀起了一波波民族走廊的研究热潮。相较于藏彝走廊和西北走廊的研究，南岭走廊的研究相对滞后，以往研究主要集中在以下4个方面。

一是延续20世纪30年代以来形成的少数民族调查研究，对南岭民族走廊区域内的单一民族尤其是瑶族进行调查研究，从社会、经济、文化方面入手，力图比较全面地呈现民族社会的全貌。例如，乔健先生曾多次对广东、广西、湖南等南岭山脉的瑶族聚居区进行田野调查，其研究内容广泛，涉及了瑶族的图腾信仰、族源历史、婚姻家庭、语言文字、祭祀仪式、社会性别、学校教育等。① 胡起望、范宏贵通过对盘村瑶族的石牌制度、经济生产、婚姻家庭、亲属制度、服饰房屋与饮食、祖先崇拜等一系列专题研究，试图全面阐释南岭地区盘瑶社会及其历史的基本情况。② 类似的著述还有玉时阶的《白裤瑶社会》、莫金山的《瑶族石牌制》、李远龙的《走进大瑶山：广西金秀瑶族文化考察札记》、李祥红的《江华瑶族》等。

二是从20世纪八九十年代开始引入，到21世纪形成的族群与区域研究。这类研究主要是以南岭民族走廊区域内的族群与文化为对象，涵盖族群历史、族际互动、族群文化等。此类研究取得了较大的成果。例如，梁茂春描述了近70年金秀大瑶山族群关系的历史变迁，分析了金秀大瑶山的民族、族群之间的日益渗透或"融合"，这种文化上的趋同体现为以汉语为主的公共语言更为流行、各族风俗习惯趋于相似、居住上趋向混杂，也表现为族际交往的频繁、族际通婚的增多和族群边界的模糊。③ 刘秀丽对湘桂交界江永县的扶灵、清溪、古调、勾蓝"四大民瑶"的历史形成与族群关系进行了关注，研究发现四大民瑶在族群互动过程中通过吸收和借鉴周边族群的文化元素，形成了特有的民瑶文化，实现了文化上的共生。④ 李晓明从南岭走廊瑶族的族源、生产生活、语言与身份、民间信仰等层面探讨了其族群认同的多元性。⑤ 张超以南岭走廊的瑶族民间信仰为切入点，分别从空间想象、性别模式和分类体系的层面，探讨了瑶族宗教中"中心

---

① 参见乔健《飘泊中的永恒：人类学田野调查笔记》，山东画报出版社1999年版。
② 参见胡起望、范宏贵《盘村瑶族：从游耕到定居的研究》，民族出版社1983年版。
③ 参见梁茂春《跨越族群边界：社会学视野下的大瑶山族群关系》，社会科学文献出版社2008年版。
④ 参见刘秀丽《从四大民瑶看明清以来"南岭走廊"的族群互动与文化共生》，载《中南民族大学学报（人文社会科学版）》2010年第2期。
⑤ 参见李晓明《族群认同的"多元性"——以南岭民族走廊瑶族为例》，载《前沿》2010年第22期。

与边缘"结构的本质是跨地域想象。①

三是华南学派发起的历史人类学取向的研究。最近华南学派的目光由"华南"向"南岭"转移，从中可以看出华南与南岭之间的密切联系。历史人类学就是将区域与历史结合起来，重新书写地方历史，华南学派做的最重要的一件事情就是解构大历史。例如，刘志伟以南岭地区为例，认为中国社会史研究常常预设了一套上层机构及其制度设计，叫作"王朝国家"，与其相对的是处于底层的"基层社会"，然后去讨论国家如何统治基层。岭南纳入王朝国家的行政建制是从秦始皇开始的，但真正确立统治是汉武帝时期。从此以后，岭南都是中国版图的一部分，但岭南的居民在明代以前的相当长一个时期，大部分人并不在国家版籍里面，所以这些人不是国家体系中的"基层"，而是化外之民。在国家的眼里，他们叫作盗贼。明清以后，当王朝国家以暴力手段把这些人拉入国家权力之下时，他们除了短时间的反抗逃脱之外，更多的反应是怎样应付国家，接受或采取何种话语在本地社会建构国家秩序。所以，问题不是国家如何渗透，而是本地的人群及社会如何成为国家的一部分，用怎样的话语去建立国家秩序。② 此外，中山大学历史地理研究中心还出版了《南岭历史地理研究》论文集，就政区、族群、社会等问题对南岭展开了系列的专题研究。③

四是"应用取向"的研究。这类研究突出了强烈的对现实的关怀，如在扶贫、发展、非物质文化遗产保护与旅游开发等方面展开介入式研究，凸显了民族走廊研究的价值取向，这类取向在民族走廊的研究中很多。例如，陈敬胜提出南岭走廊产业扶贫的运行机制为以平等的协商机制组织貌似松散的农民，借助平等的扶贫企业及核心产品链接城乡，依靠共同的分配机制激发农民内生动力，激活本土资源、劳动力、文化资本要素。④ 吴忠军等人选取南岭民族走廊地区34个贫困县（市）作为研究对象，用3个反映地区贫困程度的人均值，即人均国内生产总值、人均地方财政一般预算收入和农民人均纯收入等来评析此地区的贫困状况，并从自然条件、交通基础设施、农业生产基础设施和农民竞争力等方面探讨了地区贫困的

---

① 参见张超《南岭走廊地区的宗教、边界与跨地域想象》，载《中山大学学报（社会科学版）》2018年第6期。
② 参见刘志伟《借题发挥》，社会科学文献出版社2019年版，第60～87页。
③ 参见吴滔、于薇、谢湜主编《南岭历史地理研究（第一辑）》，广东人民出版社2016年版。
④ 参见陈敬胜《南岭走廊产业扶贫的行动逻辑及运行机制》，载《江淮论坛》2019年第4期。

原因。①

总之,南岭民族走廊很重要的一点就是把中原的文化、岭南的文化、海洋的文化连接起来。如果说,华夏民族起源于黄河中上游,并在不断向南扩展的过程中成功地与长江流域整合,那么,南岭走廊正是华夏民族向南迁徙过程中所要经过的一些重要通道。走廊与边界永远是一体两面的东西,作为边界的南岭实际上也曾经是华夏边缘。南岭走廊上的各民族,不仅包括生活在黔、桂、湘、粤、赣、滇等交界处的汉藏语系壮侗语族中壮傣语支的壮族、布依族,侗水语支的侗族、水族、毛南族等民族,苗瑶语族中的苗族、瑶族、畲族等,还包括历史上由这条走廊南下、北上、东进的汉族、回族、藏族、仡佬族、满族、土家族、傣族等,南岭走廊是我国中南与西南民族地区民族交汇、融合的重要地区。②

三、走廊与道路的关系

实际上,路学与民族走廊两者具有一种十分相关的理论路径,我们既可以在"路学"视野下思考"民族走廊",亦可以在"民族走廊"的视域下研究"路学"。民族走廊是比道路涵盖范围更广的存在,是依天然之势,比如山川、峡谷和河流而形成的,民族走廊除了道路的特征之外,还有一个重要的"人"之因素。民族走廊强调的不仅仅是作为道路的走廊,更强调走廊中的人之流动。③

(一)道路与区域研究

中国人类学长期以来最受诟病的一点,就是研究碎片化,对乡村社区或"小型区域"强调过多,研究者们纷纷成为"村落专家",因此众多学者也在思考如何突破这一困境。④ 区域研究的核心在于超越微观社区,倡导多学科合作,在更大的地理范围进行研究。⑤ 从目前国内学界的积累来看,将研究重心逐步转入区域研究的条件已成熟,这是中国人类学迈入新

---

① 参见吴忠军、邓鸥《南岭民族走廊贫困现状与扶贫开发研究》,载《广西民族研究》2014年第6期。
② 参见周大鸣《民族走廊研究的路径与方法》,载《青海民族研究》2017年第4期。
③ 参见周大鸣《民族走廊与族群互动》,载《中山大学学报(社会科学版)》2018年第6期。
④ 参见周大鸣《学科恢复以来的人类学研究——基于对中大人类学系博士论文的分析》,载《西北民族研究》2013年第1期。
⑤ 参见周大鸣、詹虚致《人类学区域研究的脉络与反思》,载《民族研究》2015年第1期。

的发展阶段的必经之路。近年来，国内人类学、民族学相继兴起了"流域研究""走廊研究""华南研究"等热潮，反映出国内学界对于区域研究的重视。

道路，是基础设施，是一种有形的实体；是人类社会的产物，具有社会性；又是一种特殊的空间，兼具时间性、社会性、开放性和移动性。正是道路的这些特性，让一种新的理论视野在近年正在形成：路学（Roadology）。近年来，在周永明的倡导下，国内外学者越来越关注"路学"的研究。① 狭义的"路学"是指关于道路的研究，但与以往道路研究有所不同的是，"路学"尝试摆脱单一学科的局限，选择从跨学科的视角对道路与整个区域社会、文化、生态、经济等方面的影响进行综合全面的深入探讨。因此，"路学"的提出是对区域研究的一次新探索。②

1. 道路是帝国统治的基础

道路除了在通俗意义上能够满足我们的生活所需之外，更重要的，它是一个国家统治的基础。秦始皇统一六国以后，公元前220年就开始修驰道，最有名的9条驰道，其中一条一直通到广东来。③ 秦始皇修的驰道，要求50步宽。按照目前在河南考古发掘时所发现的，驰道有点像现在的铁轨，用比较硬的两根木头铺成轨道，然后马车在上面走。虽然现在只发现一段，很有可能在秦始皇统一之前，各个国家就都开始修这种驰道了。而每个国家所修驰道轨道的宽度不一致，秦始皇的"车同轨"，其目的可能就是把各个不同国家的轨道的宽度标准统一起来。为什么要建设这样的路？为了统一国家的需要，中央跟各个地方要建立起稳定的联系，当然还有战时方便调动军队。因为有了这样一个驰道，就开始有驿站传递制度的建立。历朝历代后来都有了这种类似的制度，但是每一个朝代可能驿站的距离、管理方式都不太一样。比如唐朝的驿站效率特别高、管理特别严，1000多个驿站有20000个从业人员，而且是由兵部来管辖。安禄山在范阳叛乱，距离长安3000里，但是6天以后叛乱的消息就送到了长安。后来

---

① 参见周永明《道路研究与"路学"》，载《二十一世纪》2010年8月号（总第120期）；参见周永明《汉藏公路的"路学"研究：道路的生产、使用与消费》，载《文化纵横》2015年第3期。

② 参见周大鸣、廖越《聚落与交通："路学"视域下中国城乡社会结构变迁》，载《广东社会科学》2018年第1期。

③ 驰道是中国历史上最早的"国道"，始于秦朝。公元前221年秦始皇统一六国，秦始皇统一全国后第二年就下令修筑以咸阳为中心的、通往全国各地的驰道。著名的驰道有9条，有出今高陵通上郡（陕北）的上郡道，过黄河通山西的临晋道，出函谷关通河南、河北、山东的东方道，等等。

速度更快，到了清代更有"八百里加急"，一天可以跑800里。驿站和道路也是国家意志的体现，皇帝的最高指示一下传达到地方去，就是靠这套体系。

2. 道路促进了聚落的繁荣

道路对聚落的发展有很重要的意义。道路对聚落经济的发展、政治地位的提升有很大的影响。湖南省的长株潭就是个比较好的例子，这3个城市离得很近。在河运时代，湘潭水路适合木船停靠，因此湘潭成为湖南省最大的一个港口城市。①特别是在明清时代，南来北往的货都在那里中转。后来有了铁船（机械船），可以在长沙停靠，长沙的港口才开始发展起来。在普铁时代，株洲本来是湘潭的一个小镇，因为当时要把江西萍乡矿石挖出来运到汉口去炼钢炼铁和造枪造船，就修了一条从萍乡到株洲的铁路，这是湖南境内的第一条铁路，就是把萍乡的矿通过火车运到湘江边的株洲后，从这里换成船把货物运到武汉。粤汉铁路最早就修建到株洲，后来随着矿物中转，株洲成为两条铁路交会的地方，逐渐成为城市，号称是铁路搬运过来的城市，株洲其他商业也是随着铁路发展而发展起来的。但到了高铁时代，株洲成了"过客"，长沙成为交通枢纽，长沙市在湖南省的经济首位度②逐渐增高。整个中部省份几个省城都有一点类似，武汉也是交通枢纽，郑州也是交通枢纽，其城市首位度远远高于省内其他的中等次一级的城市。

3. 道路的修建与现代民族国家的建构

在现代国家里面，道路对现代民族国家的构建也是有重要意义的，道路是一个民族国家主权的一个体现。修一条路，从国家的利益来看，绝不仅仅是经济利益，更重要的是民族国家的构建。20世纪50年代修建从成都到阿坝的公路，进入藏族聚居区，把公路的修筑跟政权的建立紧密地联系在一起。中国人民解放军18军进藏，一边进藏一边修路，把路的建设跟政权的建设紧密地联系在一起。古代国家也有类似的经历，如"苗疆走廊"的形成就是一例。元代的时候，要把中央王朝跟西南的通道打通，因为在过去一直都是通过宝鸡到汉中再到成都平原那条路，然后再南下，到达云南这一带。到了元代以后，中央政府就把贵阳这条路打通，从长江到

---

① 乾隆《湘潭县志·风俗》载："凡粮食、绸缎、布匹、棉花、鱼、盐、药材、纸张、京广货物，竹木排筏皆集于此，以为湖南一大码头。"

② 首位度原指首位城市与第二位城市人口之比，后延伸为经济总量之比。如湖北武汉与第二位的襄阳GDP相差3倍多。一般学者认为城市首位度太高，负面作用较大。

湖南，从沅江进去，就到了苗疆，从苗疆再往下就到了云南。苗疆走廊的线路与现在公路、铁路线路几乎一致。① 苗疆走廊的建成促成了两个省的成立，一个是贵州省，一个是湖南省，贵州省是明代建的，湖南省是清代初期建的。

4. 公路修筑与周边聚落繁荣

道路的修筑，常常会与意识形态联系起来宣传，把一个国家的意志、核心价值推广开去。比如青藏铁路，我们叫它"五彩的路"，可以看到这条道路在一个国家、在一个聚落的重要性。笔者考察过韩江流域和西江流域，原来沿河的那些城镇都很发达，但现在因为有了公路后衰落了、废弃了，航运衰落导致沿河集镇的衰落。但是，交通路线会把人的流动、物品的流动都带动起来，比如现在广西的百色城内还是讲白话（广州话），沿着西江上去的集镇多是如此，梧州城讲白话，南宁城讲白话。这是因为从明朝开始，广东珠三角改种经济作物，大量粮食从广西沿着西江顺流而下运至广东，商人在此来来往往，这些港口的语言都得以改变。

5. 道路对当代国家战略的意义

改革开放以来，中国经济的持续增长和城镇化的快速发展，一个很重要的支撑就是基础设施的建设和道路的建设。中国高速铁路和高速公路通车里程均是世界第一。我国 1988 年才有第一条高速公路，现在新疆、西藏也有高速公路了，说明全国各地均已普及高速公路。道路既是一个国家统治的基础，也是一个国家对外交往的基础之一，中国在世界上所创造的各项纪录，大部分都与道路有关系，比如港珠澳大桥也创造了很多世界纪录。"一带一路"倡议的重要内容之一就是利用中国的修路技术帮助周边国家搞基础建设以及互利共建。例如，中国在非洲的路网建设规划是两条横跨东西的路线，再有一条南北路线把东西两条线连起来。中国政府在非洲扩大影响的举措之一就是建立起中国标准，亚吉铁路是非洲首条中国标准的跨国铁路。

总之，将道路交通与聚落联系研究，这是新的议题，我们也处在探索之中。过去的民族志研究，很少会从一条道路的角度切入。上述关于道路研究的意义，主要是从宏观层面、自上而下地探讨。同理，反过来我们也可以从底层来探讨，如从一个小的聚落视角去研究，能够将道路与中国城乡社会结构的关系看得更清楚。即便通了高速公路后，虽然不一定直接经

---

① 参见杨志强《"国家化"视野下的中国西南地域与民族社会：以"古苗疆走廊"为中心》，载《广西民族大学学报（哲学社会科学版）》2014 年第 3 期。

过某个村落,但一定会对沿线的聚落产生影响。当然,一个村落的变化会受到很多因素的影响,交通只是一个方面。但无论如何,道路的研究为我们提供了一个观察社区的不同视角。①

(二) 潇贺古道的研究

秦汉王朝基于大一统的目的以及为加强对岭南的军事政治控制而修筑、开通了潇贺古道,古道由潇水—新道—临水(贺江)构成。秦至唐初期,潇贺古道作为中原进入岭南最重要的水陆交通要道,也是"海陆丝绸之路"的重要通道之一。历代中央王朝,通过修筑城池、设置行政区、派重兵驻守等策略,保证了这一交通要道的畅通。古道的开辟对维护多民族国家的统一和开发岭南地区具有重要意义。历史上由中原进入广西的通道主要有两条:一是从湖南道县通富川的"潇贺古道",可借助潇水、贺江水运;二是从桂东北的全州、兴安到桂林的湘桂走廊,可借助湘江、灵渠、漓江水运。目前,学界对湘桂走廊即经灵渠进入广西的通道研究较深入,而对潇贺古道即自潇水经秦新道进入广西的研究则相对匮乏。②

"湘桂走廊"这个名词是灵渠在唐代重新修葺后,通航能力大大增强,并渐渐成为湖南与广西之间的交通要道后才渐渐生成的,特指经灵渠进入广西的通道。而潇贺古道则是在秦汉之时便已成为真正沟通湘桂的重要交通要道,它的衰落,刚好是因为灵渠的重修以及江西与广东之间梅关新道的建成:一左(灵渠的通航量大,且桂林地区道路原比贺州地区更平坦)、一右(相关新道更为直接地沟通了中原与岭南、大陆与海洋)两条交通线路的沟通。因此,潇贺古道是比经灵渠进入广西的湘桂走廊更重要的走廊,或者说是唐朝之前岭南走廊的主干通道。③

据《富川瑶族自治县志》记载,富川在春秋战国时属楚,为楚越交界之地,随着楚越民间交往而产生了岭口"古道"。秦始皇三十四年(前213),"适治狱吏不直者,筑长城及南越地"④,秦王朝将"古道"扩建为

---

① 参见周大鸣《道路研究的意义与途经》,载《吉林师范大学学报(人文社会科学版)》2019年第4期。

② 参见韦浩明《秦汉时期的"潇贺古道"——潇贺古道系列研究之一》,载《广西梧州师范高等专科学校》2005年第1期。

③ 参见彭兆荣、李春霞《岭南走廊:帝国边缘的地理和政治》,云南教育出版社2008年版,第60~70页。

④ 〔汉〕司马迁:《史记·秦始皇本纪》,中华书局1965年版,第253页。

"新道"。新道起于湖南省道县双屋凉亭①，经江永县进入富川境内，经麦岭、青山口、黄龙至古城接贺江航道。它是富川北通湖南道县，南通贺州、封开、广州的主要通道，是一条以水路为主，水陆兼程的"新道"。潇贺古道陆路段长约 170 千米，富川境内长约 65 千米，多为青石块或鹅卵石铺面而成，路宽 1~1.5 米。道路蜿蜒于都庞岭、萌渚岭山脉丘陵之间，古道北联湘江、潇水，南接富江、贺江和西江，使长江水系与珠江水系得以紧密相连，打通了楚越间的交往。汉、唐至清代，朝廷历次出兵统一岭南，均从新道进出。中华人民共和国成立后，随着湘桂走廊建成湘桂铁路，新道沿线公路运输畅通，尤其是 1964 年建成龟石水库后，新道逐渐失去原有的枢纽作用。②

回顾学界关于潇贺古道（如图 1-1 所示）的研究，主要集中在 3 个方面。首先，潇贺古道线路的历史考证。余天炽较早对秦汉时期从湖南入广西的多条古道做过考证，其中便包括从湖南道县入广西贺县的古道，其线路大致是从湖南零陵溯沱江而上至道县、江华，然后穿越桂岭山隘小路至贺江后再下西江。③ 吕名中也曾提出秦汉通南越的线路之一大致是溯湘水的支流深水而上，过萌渚岭山地，再循今贺江而下。④ 光绪《富川县志》进一步明确了潇贺古道的陆路线路，提出秦新道起于湖南道县双屋凉亭，经江永县进入富川境内，经麦岭、青山口、黄龙至古城止（如图 1-2 所示）。长江水系和珠江水系通过新道相连，即长江—湘江—潇水—道县新道（陆路）—古城的富江—贺江—西江。⑤

其次，潇贺古道的变迁与功能。韦浩明对潇贺古道线路做了进一步考证，他认为光绪《富川县志》记载的并非秦新道。秦新道的路线应为泉陵（永州零陵区）—营浦（道县）—江永—谢沐县（江永夏层铺镇）—谢沐关方向（富川朝东镇），在谢沐县附近分有岔道（桃川镇），一条经龙虎关（恭城龙虎乡）进入广西恭城，一条经谢沐关进入广西富川。富川陆路通道为谢沐关—朝东—城北—古城。⑥ 在唐宋时期，由于交通干线东移，

---

① 双屋凉亭又称"种福亭"，位于道县城西南的白马神村，为古道州西南重要的驿道起点站。
② 参见富川瑶族自治县志编纂委员会编《富川瑶族自治县志》，广西人民出版社 1993 年版，第 202~203 页。
③ 参见余天炽《秦汉时期岭南和岭北的交通举要》，载《历史教学问题》1984 年第 3 期。
④ 参见吕名中《秦汉通南越要道考略》，载《中南民族学院学报》1983 年第 3 期。
⑤ 参见富川瑶族自治县志编纂委员会编《富川瑶族自治县志》，广西人民出版社 1993 年版，第 202~203 页。
⑥ 参见韦浩明《秦过岭"新道"考证》，载《广西社会科学》2010 年第 5 期。

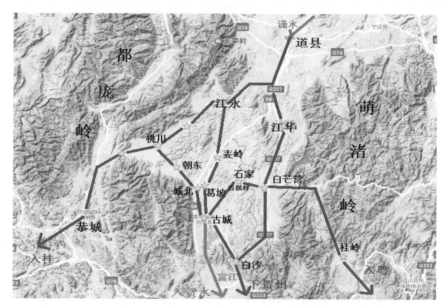

图1-1 学界关于潇贺古道水陆交通网络讨论的大致线路(作者自制)

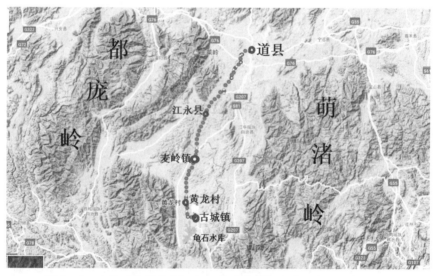

图1-2 光绪《富川县志》秦新道"陆路"大致线路(作者自制)

潇贺古道作为官道,在广西以及整个南岭、岭南的价值不断下降,但作为民间通道一直受到地方政府和民间士绅的维护,至20世纪70年代仍被使用。随着现代交通工具和乡村公路的普及,古道才退出历史舞台。历史上的潇贺古道在军事控制、经济贸易、族群互动、文化整合等方面均发挥了重要作用。①

最后，区域社会与国家进程中的潇贺古道。有些学者并未多纠结潇贺古道的修筑年代、起始路线等细节，而是将古道从史实争论中解脱出来，放入区域史和国家大一统进程的历史背景下加以考察。例如，胡庆生认为潇贺古道既是一个包括陆路和水路、干线和支线的复杂道路网络，也是一个设有长亭、关隘、驿站、烽火台、营寨、桥梁、码头的交通管理系统，强调从先秦至清末的广西诸多历史事件和文化交流融合，均与古道有着千丝万缕的联系。②另外，彭兆荣等人倾向将古道作为梳理贺州文化遗产的重要脉络，围绕古道沿线上的古村落、古风雨桥、古城池、古戏台、古码头、族群和民俗等文化遗产进行梳理，通过对"岭南古道"地理交通的史实考证，探讨了在"家国—帝国"双重语义建构中边陲地带的政治地理学隐喻。③

综合上述观点，潇贺古道与南岭山脉在中国历史上常被表述为相互关联的地理符号，但其涵盖的不只是地理意义上的"交通属性"，更重要的是需要将其置于南岭民族走廊的理论框架中加以考察，以凸显它在各民族交往、融合过程中所蕴含的"文化属性"。因此，本书认为潇贺古道至少包含3个要素：时间上，潇贺古道是成形于先秦楚越民间交往的岭口小道，由秦征百越而开拓，并由后世官方、民间不断修筑和完善的水陆交通系统；线路上，潇贺古道连接了长江水系的湘江水系之潇水和珠江水系的西江支流之贺江，道县作为交通枢纽，既可南下走都庞岭一侧的江永进入广西，也可南下走萌渚岭一侧的江华进入广西、广东；功能上，潇贺古道表面上是一条包括关隘、长亭、驿站等的官方通道，实际上是一条打通中原和岭南的交通障碍和文化区隔，促进民间商贸、农业、人口、民俗、建筑等交流，实现不同地域、不同民族、不同文化的族群互动的"文化通道"。④

（三）走廊、道路与流域

从潇贺（潇水和贺江）古道的名称就可以看出中国历朝历代对水路的

---

① 参见韦浩明《潇贺古道历史文化研究》，中南大学出版社2012年版，第112～154页。
② 参见胡庆生《桂岭至开山段萌渚峤古道历史文化考察》，载《贺州学院学报》2010年第2期。
③ 参见彭兆荣、李春霞《岭南走廊：帝国边缘的地理和政治》，云南教育出版社2008年版，第60～70页。
④ 参见周大鸣、张恩迅《行政的边缘，文化的中心——以富川瑶族自治县石枧村为中心的研究》，载《广西民族研究》2017年第5期。

重视，尤其是在水网遍布的南方地区，在运输量、运输速度、运输行程、运输成本等方面，水路的优势显然要比陆路更明显，因此，潇贺古道陆路段的历史实用价值，很大程度在于它间接联通了中国的长江与珠江两大水系。在以往的道路研究中，学界多把焦点集中在陆路研究上，很容易忽略水路在中国历史上的重要地位。借助潇贺古道的案例，一方面说明我们不能狭隘地将道路研究局限在陆路研究上，而应水陆并举地展开系统性的研究；另一方面也反映出在民族走廊的理论框架中，道路研究与流域研究存在的紧密联系。

南岭走廊与珠江流域是相辅相成的交叉研究。作为中国三大民族走廊之一的南岭走廊，是少数民族人口分布最多、民族交流最频繁的地区之一，南岭又是珠江水系和长江水系的分水岭，珠江大部分支流及长江的赣江和湘江两大支流均发源于此，南岭走廊对研究中华民族的形成及多民族国家的发展有着重要的学术和现实意义。但是，相较藏彝走廊和西北民族走廊，珠江流域和南岭走廊的研究十分薄弱，与其地理和人文的重要性极不相称。[①] 因此，中山大学人类学系在20世纪80年代就对珠江流域少数民族村落的社会生活进行了长期田野考察，以大量第一手资料展示了珠江流域区域文化发展的现实状况。[②] 笔者在2000年规划中山大学"211"工程项目时，曾提出"珠江流域的文明进程与族群的关系研究"课题，就是试图整合中山大学人类学系的考古学、体质人类学和民族学的力量对珠江流域进行综合研究，后期也发表了一系列研究成果。[③]

20世纪70年代，张光直先生在中国台湾领导开展了"浊大流域研究计划"，至20世纪80年代，李绍明先生主持的"六江流域"民族考察则开创了藏彝走廊研究的先河。近年来，在民族走廊研究的推动下，流域文化研究的热潮逐渐兴起，与民族走廊相关的流域研究主要涉及六江流域、清水江流域、珠江流域、都柳江流域、乌江流域等研究。[④] 在前人研究的

---

① 参见刘志扬《本土、区域与中国民族学人类学学科体系构建——中山大学百年西南民族研究回顾》，载《广西民族大学学报（哲学社会科学版）》2019年第2期。
② 参见黄淑娉主编《广东族群与区域文化研究调查报告集》，广东高等教育出版社1999年版。
③ 参见周大鸣、吕俊彪《珠江流域的族群与区域文化研究》，中山大学出版社2007年版；周大鸣、杨小柳《珠江流域的族群与文化略论》，载《西南民族大学学报（人文社科版）》2007年第7期；周大鸣《珠江流域的族群与文化——宏观视野下的人类学研究》，载《社会科学战线》2017年第2期。
④ 参见刘丹、秦红增《"一带一路"与中国民族走廊研究再认知》，载《中南民族大学学报（人文社会科学版）》2017年第5期。

基础上，以西南大学田阡教授为主的研究团队自 2008 年起便以组织专题研讨会、开设研究专栏、出版研究专著等方式，开展了较全面、系统的流域人类学研究。① 例如，《流域人类学导论》一书从 3 个方面探讨了流域人类学的研究方法与理论。首先，从人与自然的关系上分析了流域产生的地理概貌、文明特征、人体特征等；其次，从以水为载体产生的人群流动、迁徙与互动，探讨了流域与交通、物资流动、贸易圈形成、族群关系等；最后，从流域与权力的视角讨论了流域与城市、流域与战争、流域与文明国家等。②

总之，民族走廊内由很多条的古道、江河流域来构成一个区域，无论是流域还是道路网络都与人类文明息息相关。因此，从某种意义上来说，河流可以视作另一种形式的道路，道路也包括了河流。大江大河流域通常是各种生态景观复合而成的生态系统，河流冲击而成的河谷平原自古以来便是文明的发源地和扩展中心。流域内的生态环境和地理空间影响着人群的居住格局、生计方式、交通方式等，如生活在山间坝子的民族多从事精耕细作的农业生产，而居住在森林茂密的山区民族则多从事狩猎或轮耕经济。同时，民族走廊中的道路和流域往往又是人群迁徙流动的天然通道，在你来我往、迁徙流动的互动过程中，形成了跨越族群边界的多元文化和共生互助的族群关系。③

四、新议题——潇贺古道石枧村民族志研究

在民族走廊地区，总会有一些不断活动的人群，由此形成聚落，而道路则是这些聚落的连接网络。在道路沿线有许许多多的聚落，聚落中居住了不同的人群。因此，交通与聚落、道路与族群是相辅相成的。由天然通道形成聚落，由聚落形成相互交通的道路，这些道路进而促进了各聚落间的互动，继而形成新族群，这一过程实际上正是民族走廊理论的逻辑意义。④

---

① 参见田阡《重观西南：走向以流域为路径的跨学科区域研究》，载《广西民族大学学报（哲学社会科学版）》2016 年第 3 期；田阡《村落·民族走廊·流域——中国人类学区域研究范式转换的脉络与反思》，载《社会科学战线》2017 年第 2 期。
② 参见田阡《流域人类学导论》，人民出版社 2018 年版。
③ 参见周大鸣《珠江流域的族群与文化——宏观视野下的人类学研究》，载《社会科学战线》2017 年第 2 期。
④ 参见周大鸣《民族走廊与族群互动》，载《中山大学学报（社会科学版）》2018 年第 6 期。

本研究并未仅局限于微观的村落研究，而是将村落放置于中观层面的潇贺古道和宏观层面的民族走廊中加以考察，即借由微观个案来反观宏观结构，将微观个案的解释链条在空间上延伸至宏观层面，从时间上延伸至历史层面，进而反过来从宏观和历史的层面来看待个案的特征。[①] 本研究将民族走廊作为理论考察的对象，以潇贺古道作为理论衔接线索，去理解微观层面的村落在宏大结构中逐渐被形塑的动态过程和典型特征。即借由潇贺古道石枧村的民族志研究，从有形空间的中心与边缘（国家与地方、中央与边疆或走廊）、无形文化的中心与边缘（汉族与少数民族、中原与岭南）的理论视角，去反观南岭民族走廊自下而上、自发的文化整合动力，以及该区域多元的民族文化和族群互动的模式。

首先，从宏观层面看，民族走廊是华夏文明的"中心"与"边缘"联系的地带，南岭民族走廊正是华夏民族向南迁徙过程中的必经地带。华夏民族向南迁徙扩张过程中所产生边界的确认过程，也是华夏族群边缘的创建过程。这将有助于理解一种整合的中国图式，即以走廊为思考起点来建构中国和理解中国。

其次，从中观层面看，民族走廊中会存在许多细小繁多的通道，这些通道在促进族群互动的过程中发挥了重要作用，潇贺古道便是代表。潇贺古道在空间上的线路分布促进了南岭民族走廊中诸多聚落的交流和繁盛，潇贺古道在时间上的历史变迁反映了中央王朝与边疆社会的动态互动过程。

最后，从微观层面看，石枧村是南岭民族走廊中潇贺古道东线从湖南进入广西的门户村落，关于其迁徙历史、婚姻家庭、经济生活、文化遗产、民间信仰等内容的民族志研究，能较全面地呈现"中华民族多元一体"的文化景观，石枧村亦是透视南岭民族走廊族群互动的有效研究载体。即从微观层面反映湘桂边界各地边民的动态互动过程，从中观层面反映潇贺古道不同聚落的动态互动过程，从宏观层面反映中原与岭南不同文化的动态互动过程。

本书共 11 章，分别对村落历史、婚姻家庭、水资源、经济交往、村庄教育、土地流转、文化遗产、民间信仰、互联网进村、国家治理等内容进行了具体而细微的人类学调查，从不同角度描绘和分析了南岭民族走廊的多元民族文化和复杂族群互动的图景。

[①] 参见周大鸣《"凤凰村"与"江村"之比较及其对人类学村落研究的贡献》，载《社会学评论》2018 年第 3 期。

第二节　研究点所在县概况

一、地理气候

从广州到贺州市区有两种交通方式：一是乘汽车，每天班车很多，走汕昆高速4～5小时到达；二是乘高铁，搭乘时间约一个半小时，快速方便。到贺州市后，前往富川县城可乘坐大巴车，走省道203线约2小时可到达。富阳镇作为富川县城，位于都庞岭余脉的西屏山下，富江上游的瞭高岭旁。县城既有现代化建筑、住宅楼盘、宽广的马路，也有著名的古明城建筑。光绪《富川县志》记载，富川古明城建于明洪武二十九年（1396），从钟山镇迁徙至此时为夯土高墙，名曰"土城"。明万历年间（1573～1620）改为青砖护砌的高墙，护城墙周长2113米，高6米，设有防御垛口909个。城东西相距500米，南北距600米，总面积0.3平方千米。城外有护城壕，南隅有古塔"砥柱中流"，塔下有慈云寺，与城北之蟠龙山和城东之马鞍山遥相对峙，形成天然屏障，回护城郭，是一座进可攻、退可守的军事古城。

富川位于广西东北边缘（如图1-3所示），贺州市北端。西起东经111°05′21″，东至东经111°28′50″，南起北纬24°37′21″，北至北纬25°09′20″。东连湖南省江华瑶族自治县，南接钟山县，西靠恭城县，北邻湖南省江永县。县治驻富阳镇，距贺州市60千米，距南宁市369千米。县境东西最大横距41千米，南北最大纵距59千米，全县总面积1572.5平方千米，地处湘、粤、桂交界的三角地带，是中原文化传入粤、桂的一个通道口。富川瑶族自治县下辖12个乡镇137个行政村、18个社区，境内聚居着瑶、汉、壮、苗、侗、回、彝7个民族。2015年年末，全县户籍人口33.22万人，常住人口26.6万人[①]，其中，瑶族人口15.2万人，占全县总人口的47.5%。富川是著名的瑶族自治县，境内瑶族文化十分丰富多彩。

富川四面环山，西有西岭山，东是姑婆山，南盘天堂岭，北卧黄沙岭。县域地貌构造平面高程海拔140～1857米，地势为北部高南部低，四周向中心盆地倾斜。境内地貌地形为山地、台地、丘陵、石山、平原、水面6种类型，有"五半山岭四平原，半分川水绕田园"之说。境

---

① 数据来源：2016年《广西统计年鉴》。

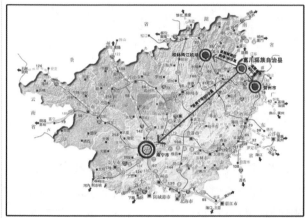

富川瑶族自治县
在广西的位置

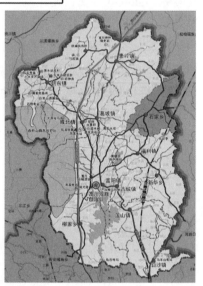

石家乡在富川瑶族自治县瑶族自治的位置

图1-3 富川瑶族自治县及石家乡地理区位（石家乡政府供图）

内有大小河流23条，纵横交织，主干河流富江自北而南，如"川"字贯流其间。

富川属亚热带季风气候，全年气候温和，光照时长，雨量充沛，雨热同季，冬干春湿，年平均气温为18.7℃，年均降雨量为1574毫米。因县境地处都庞岭和萌渚岭余脉的峡槽之间，形成南北风口要道，瞬间最大风速可达每秒28米，素有"大风走廊"之称。①

---

① 参见富川瑶族自治县地方志编纂委员会办公室编《富川年鉴：2012～2013》，中州古籍出版社2014年版，第222～229页。

二、历史沿革

富川历史悠久，春秋战国时期属楚越交界之地。秦始皇三十三年（前214），秦统一岭南，置桂林、南海、象郡，富川地属南海郡。

汉高祖三年（前204），富川属南越国桂林郡。汉元鼎六年（前111）平定南越，分秦三郡为南海、苍梧、郁林、合浦、交趾、九真、日南、珠崖、儋耳九郡，富川县隶苍梧郡，属交州。《汉书·地理志》记载，苍梧郡领十县，其七为冯乘，其八为富川。疆域东与冯乘（今湖南省江华瑶族自治县和富川瑶族自治县部分地）为邻，西与荔浦县（今荔浦市）相接，北与谢沐县（今湖南省江永县地）为界，南与临贺县（今广西贺州市八步区）相靠，县治在今广西钟山县钟山镇。

东汉时期（25～220），冯乘、富川均属交州苍梧郡。三国时期属吴，吴黄武五年（226），冯乘、富川改属荆州临贺郡。吴甘露元年（265），划富川今西岭山以西至荔浦县边界以东广大地区，置平乐县。

西晋永嘉二年（308），临贺郡改隶湘州，冯乘、富川同属之。

南朝宋永初二年（421），临贺郡改称临庆郡，冯乘、富川同属之。宋泰始六年（470），改临庆郡为临庆国（封国），冯乘、富川同属之。齐建元二年（480），临庆国复为临贺郡，冯乘、富川同属之。梁普通元年（520），今县地置临贺、乐梁郡。冯乘属临贺郡，富川属乐梁郡。

隋开皇九年（589），富川县属富州（州治在富川县，即今钟山）。开皇十九年（599），临贺、绥越（南朝陈置，在今钟山县南）、荡山（南朝梁立，在今贺州市八步区、西北）等县划入富川，更名贺川县，属永平郡。冯乘属零陵郡。

唐代，冯乘、富川县均属贺州，后属桂管。其中，唐玄宗天宝二年（743），富川县曾更名富水县。唐肃宗乾元元年（758）复名富川县。

五代十国时期，马殷907年自立为楚王，富川县属楚贺州。

宋开宝四年（971），废冯乘县，东部划入今湖南江华，西部划入富川（今自治县县域），富川县属广南东路贺州。冯乘县从置到废计有1082年的历史。宋大观二年（1108）五月，富川改属广南西路贺州。

元代，富川县仍属贺州。

明洪武九年（1376），富川县属贺州。洪武十年（1377）五月，富川县改属浔州府，后复隶平乐府。洪武二十九年（1396）十一月，富川县治所从钟山镇迁至灵亭乡，即今富阳镇内的明富川县城。

清顺治十二年（1655），富川县隶平乐府，属广西行省。

民国元年（1912），富川县属平乐府。1913年属漓江道。1914年属桂林道，治桂林。1917年，划富川县南部置钟山县，富川县属桂林道，治桂林。1930年属平乐民团区，治八步。1932年属桂林民团区，治桂林。1933年属平乐民团区，治八步。1934年属平乐行政监察区。1940年属第二区行政督察专员兼保安司令公署，治八步。1942年属第一区行政督察专员兼保安司令公署，治八步，直至1949年。

中华人民共和国成立后，1950年1月1日，富川县人民政府成立，县人民政府驻富阳镇，隶广西平乐专区。

1952年7月，广西省政府报请中南军政委员会核转，并经政务院1953年4月23日批准，撤销富川、钟山二县，合并置富钟县，治钟山，属平乐专区。1958年7月平乐专区撤销，富钟县改属广西梧州专区。

1961年7月1日，富川与钟山分治。1962年3月27日，国务院第115次全体会议决定，撤销富钟县，恢复设置富川县，县人民政府驻富阳镇，隶梧州专区。

1983年8月30日，国务院批准广西壮族自治区人民政府关于建立富川瑶族自治县的请求报告，同意设立富川瑶族自治县，撤销富川县。

1984年1月1日，富川瑶族自治县宣告成立。

三、行政区划

明初，全县划为3个乡，即油塘、灵亭、奉政（也称上乡、中乡、下乡），共统5个都，即七都、八都、九都、一六都、二五都。弘治年间（1488～1505）丈量境内田地，以其宽者增设下九都和新都。万历四年（1576）四月，划县西南都的二五都入昭平县。

明末清初，县内汉族聚居区以"团、排、寨"区划，瑶族聚居区以"源"另志。属今自治县域的汉族七都区设胜勇团、军团、民团、古城团、莲塘团、丫婆团、峡头团、白砖团、横山团9团，辖127个自然村；八都区设宝剑寨、黄石寨、涌泉寨、牛岩寨、石密寨、秀山寨6寨，辖67个自然村；上下九都设上九都5个排和下九都5个排，辖18个自然村。瑶族聚居区七都东山设龙窝源、平石源、三莘源、沙母源、倒水源5个源，辖85个自然村；七都西山设奉溪、二九、柳家、大围、涝溪、车角、附水、茶源8个源，辖31个自然村；上九都设长塘、谷塘、石狗、橘母新田、抵源、神源、大源7个源，辖46个自然村。此外，畸零瑶村还有宅头源辖关源、上洞 2 个自然村，六峒瑶村有檠田、鳖溪山、坪寨 3 个自然村。

清末，不分民族，全县实行乡、团、村行政区划，共分 3 个乡 48 个团 832 个村。现属自治县域内有上乡和中乡，共 34 个团 577 个村。

民国初期，全县区划以团区、团局、团董统辖各村。民国六年（1917）7 月，划钟山镇区与昭平县属的防、乐字区置钟山县。1930 年后，逐步改为区、乡村、甲制。

1932 年 10 月 5 日，富川划为第一、二、三、四、五、六、七 7 个区，辖 151 个联合村（街）。

1934 年，富川县实行区、乡、村、甲制。全县划为县直属和古城、朝东 2 个区，辖富阳镇、附城乡、古城乡、古西乡、白沙乡、车里乡、定东乡、新华乡、福利乡、朝东乡、马山乡、乐里乡、城北乡、葛坡乡、清光乡、麦岭乡、麦东乡 17 个乡（镇），下有 178 个行政村（街）1963 个甲。

1943 年，将原来富阳镇、附城乡、古西乡、东里乡、马山乡、乐里乡、清光乡、麦东乡 8 个乡（镇）撤销，并为富阳、城北、朝东、麦岭、葛坡、新华、定东、古城、福利、白沙 10 个乡，辖 127 个村（街）1575 个甲。

中华人民共和国成立后，1950 年冬前，沿用成立前夕的行政区划，即全县划为 2 个区 10 个乡。第一区辖白沙、古城、定东、新华、富阳 5 个乡，俗称下五乡；第二区辖福利、葛坡、麦岭、朝东、城北 5 个乡，俗称上五乡。1950 年冬后，全县改划 5 个区 10 个乡：一区（富阳），辖富阳、定东乡；二区（古城），辖古城、白沙乡；三区（福利），辖福利、新华乡；四区（葛坡），辖葛坡、麦岭乡；五区（朝东），辖朝东、城北乡。

1952 年 9 月，富川与钟山合并，改置富钟县，全县共 14 个区，辖 163 个小乡。属今县域的为第十至十四区，共 5 个区，66 个小乡。

1957 年 12 月，撤区划大乡。全县划为 40 个大乡，辖 180 个小乡。属今县域为白沙、莲山、大岭、古城、洋新、栗江、涝溪、富阳、新华、石家、福利、葛坡、麦岭、朝东、龙归、石狮 16 个大乡，辖 64 个小乡。

1958 年 8 月后，实行政社合一，全县划分为 9 个乡人委、大公社，辖 39 个生产大队。属今县域为 4 个乡人委（古城、富阳、幸福、朝东）、大公社（英雄、红旗、超美、超英），辖古城、莲山、大岭、白沙、富阳、栗江、涝溪、洋溪、福利、石家、新华、葛坡、麦岭、朝东、石狮、龙归

16个生产大队。

1960年6月，全县改划17个人民公社。属今县域有古城、富阳、福利、葛坡、朝东5个。1961年7月，富川与钟山分治。1962年3月，国务院批准设置富川县，全县划为5个公社，辖71个大队。

1969年9月，从富阳公社划出部分大队增设柳家公社和富阳镇，由朝东公社划出部分大队增设城北公社。全县为8个公社（镇），即富阳镇、富阳、古城、福利、麦岭、朝东、城北、柳家公社，辖108个大队。

1980年为8个公社（镇），辖123个大队。

1983年8月30日，国务院同意设立富川瑶族自治县，以原富川县的行政区域为行政区域，下辖富阳镇、富阳、古城、福利、麦岭、朝东、城北、柳家8个公社（镇）。

1984年9月，改社、队为乡（镇）、村（街）委行政组织。全县划为富阳镇、朝东镇、城北乡、油沐乡、麦岭乡、葛坡乡、石家乡、福利乡、新华乡、白沙乡、柳家乡、富阳乡、古城乡13个乡（镇），下辖142个村（街）。

1987年7月，由古城乡划出11个行政村，增设莲山乡，全县为14个乡（镇）。1987年冬，全县开展整顿农村基层建设工作，将村委会更名为行政村公所。

1996年6月，富阳镇与富阳乡合并为富阳镇。全县行政区划为13个乡（镇）137个行政村、18个社区。①

四、社会经济

富川经济总体发展水平在贺州市处于中游，由于建县较晚，其工业早期发展较为缓慢。但由于富川处于湘、桂、粤交界处，其地理位置优势使其商品贸易业一直很活跃，加上其广阔的丘陵和良好的气候条件，近年来富川的特色农业与水果产业也发展迅速。

（一）农业

富川瑶族自治县山地丘陵分布广泛，宜林宜牧；盆地平原，水源充足，气候冷热分明，土地肥美，宜耕宜渔，是发展农业经济的好地方。中华人民共和国成立后，富川成为自治区粮食生产、油茶种植、耕牛饲养三

---

① 参见富川瑶族自治县志编纂委员会编《富川瑶族自治县志》，广西人民出版社1993年版。

大商品基地之一，自治区烤烟生产主要基地县之一，自治区有名的脐橙生产基地和自治区三大产枣县之一。富川瑶族自治县农业以种植业为主，主要生产稻谷、玉米、小麦、大豆、红薯等粮食作物，辅以油料、棉花、麻类等。1985年推广农地膜酸土育秧技术，1992年推广水稻旱育稀植栽培技术，1996年推广水稻软盘抛秧技术，2001年推广水稻免耕抛秧技术。

近年来，富川推广"猪—沼—果""猪—沼—菜""烟—菜、烟—稻轮作"等循环农业模式，发展水果、烤烟、无公害蔬菜和生猪等特色优势农业。2015年，全年粮食种植38.5万亩[①]；蔬菜复种28万亩；全县水果面积超50万亩，脐橙超30万亩，新种水果3万亩；春烤烟种植2.2万亩，收购烤烟3.9万担；生猪存栏33.1万头，肉猪出栏62.1万头。第一产业实现增加值20.84亿元，增长6.7%，增幅为贺州市首位。

（二）工业

中华人民共和国成立前，富川的工业基本上是一张白纸。中华人民共和国成立初期，由于与钟山县合县，工业企业都在钟山片，富川工业发展缓慢。1961年恢复富川设置后，富川工业得到发展，工业企业不断增多，工业产品不断增加，形成了卷烟、烟辅材料、建材、制药、水电、林化、食品加工等产业。

中华人民共和国成立初期，富川工业发展缓慢。1952～1965年，富川片仅有一些手工业，加工和制造犁头、锄头、刮子、鼎锅、扒锅、镰刀等简单的生产工具和生活用具，1956年的工业总产值仅为144万元。1961年富川与钟山县分县后，县属国有工业和二轻工化逐步得到发展，先后办起了农械厂、酒厂、电厂（供电所）、印刷厂、糖厂、小田煤矿、染织厂、化肥厂、农药厂、水泥厂、锡矿开采、磷矿开采、汽车修理厂、氮肥厂、砖瓦厂、卷烟厂等26个工业企业单位。1978年，全县工业企业发展到74个，年工业总产值达1594万元。近年来，富川规划建设了包含富阳、莲山、白沙3个工业园区的富川工业集中区，新征工业用地5000亩，投入园区建设资金1.5亿元。

2014年全县实现工业总产值70.3亿元，其中规模以上工业实现总产值66.3亿元。贺州华润循环经济产业示范区3家核心企业年内完成产值41.57亿元，占全县规模以上工业产值66.3亿元的63%，利润总额首次达10亿元，同比增长118%。全县工业投资完成22.85亿元，增长

---

① 1亩约为666.67平方米。

18.7%。真龙彩印厂等25家规模以上企业工业总产值完成31.85亿元，同比增长4.6%。

(三) 商业贸易

富川的商业贸易起步较早，但发展缓慢。自西汉建置富川县后，县内就逐步出现商业活动。清光绪年间（1875～1908），全县设有21个市镇（其中属今县域内的有12个），分布在县城、古城、白沙、朝东、麦岭等地，经济贸易活动已广泛开展。前来经商的多属江西、湖南、广东等地商人，主要经营日用杂货，出售盐、油、酱、醋、布匹等。民国期间，富川商贸略有发展。当时县内商业较为发达的是有"小南洋"之称的古城街市场。古城街由于地处湘、桂、粤交界之地，是水陆交通衔接的枢纽，水路可通八步、梧州、广东，陆路可直通湖南江华、江永等地，因此成为县内重要贸易集镇和商品集散地。县境内所需的食盐、煤油、棉纱、布匹、日用杂货等，都从广东途经梧州、八步水路运抵古城再转销各地；县内粮食、植物油、棉花、畜禽等农副产品，也必经古城集市水路销往外地。民国时，古城街较大的店铺有广德号、同盛号、益兴号、茂盛祥、新昌号等60多家，故有"小南洋"之称。

改革开放后，为了更好地促进富川商业贸易的发展，促进农副产品交流，从1981年7月起，全县恢复了3日为一圩的习俗。富阳、麦岭逢1、4、7，朝东、莲山、葛坡逢2、4、8，城北、福利、白沙、古城逢3、6、9为圩日。富川除有农贸市场进行贸易交流外，在县内还有一些乡镇延续一年一度赶会期（庙会）进行贸易的习惯，比较有名的有农历二月初八石家乡龙湾、白沙会期，五月十三麦岭会期，六月二十三城北会期，八月初二朝东会期。会期当天，本地群众把赶会期当作盛大节日看待，远至湖南、钟山的群众前来赶会期，进行物资交流，国有、集体和个体户都前往参加。百货、成衣、小五金、农副产品、铁木农具摆满场地。新华乡、石家乡也通过进行小城镇开发，市场从无到有，由没有圩口变为如今3日一圩，吸引了湘桂边界上的许多群众前来从事赶圩贸易。

2015年，全县批发和零售业实现零售额14.11亿元，第1～4季度分别增长8.35%、8.51%、8.62%、9.96%。其中，批发业零售额4.86亿元，同比增长11.39%；零售业零售额9.25亿元，同比增长9.23%；限额以上零售额1.16亿元，同比增长15.3%；限额以下零售额12.95亿元，同比增长9.5%。批发和零售业占全社会消费品零售总额的98.6%，拉动消费品零售总额增长9.8个百分点，成为拉动社会消费品零售总额增长的主导力量。①

五、县域文化

（一）民族多元

富川境内自明初就形成以瑶族、汉族为多数的民族杂居区。明清以来，民间流传着一首歌谣："民人（汉族）在中央，瑶人住两旁，富川立城好，两边白水（指县域东、西川瀑布）流。"这首歌谣大体概括了富川境内瑶汉民族居住分布状况：汉族大体居住在平地，瑶族居住在山区。据历年民族人口分布调查统计，瑶族人口呈大分散小集中的居住特点，主要分布在白沙、莲山、新华、福利、石家、麦岭、油沐等乡镇和与湖南江华、江永接壤的边缘村落，以及朝东、城北、富阳、柳家等乡镇的西岭山一带；汉族人口主要分布在富阳、古城、莲山、福利、葛坡、麦岭、朝东等乡镇的平原地带。

按居住地形之别，县内瑶族有高山瑶和平地瑶之分。高山瑶泛指居住在西岭山之中的瑶族，又称"过山瑶"；平地瑶泛指居住在县东山五源和西岭山脚一带平地的瑶族，以及一些零散的瑶族。中华人民共和国成立后，瑶族人口分布与历史上分布状况基本相同。

自秦朝统一南方百越（南方少数民族）地区后，设置桂林、南海、象郡，委派官吏进行治理。同时从中原迁移50万人到这些地区与越人杂居，中原先进的生产技术逐步传入，促进了岭南地区的发展。汉元鼎六年（前111），置冯乘、富川县。此后，中原汉族人民不断迁入富川定居。据境内汉族有关姓氏族谱记载，自唐代后，县内汉族分别由山东、江苏、安徽、浙江、江西、湖南、广东等地，以仕官、游官、致仕和军功实受来富川定居，因而形成县境汉民族颇多的局面。

中华人民共和国成立前，县内汉族自称"民家人""梧州人""客家人"。在封建社会时期，民家人妇女盛行缠小脚的习俗，因而称"民家人"为"小脚人"。中华人民共和国成立后，经过民族调查识别工作，根据民族杂居、相互影响的社会历史发展状况，在自愿的原则下，定"保庆人"为瑶族，有少数汉族后裔融有瑶族血缘，按政策规定改为瑶族，境内"民家人""梧州人""客家人"统称为汉族。

---

① 数据及资料来源：富川县政府工作报告及政府网站。

（二）语言文字

富川境内通行的语言有汉语、瑶语。当地汉语方言，有富阳话、民家话、七八九都话、梧州话、客家话、保庆话；当地瑶语方言自称"勉话"。由于民族的长期杂居，社会交际和文化教育的需要，汉语方言中的富阳话已成为富川境内各族人民社会交际的主要语言。操汉语和瑶语方言的瑶汉同胞，大多能听懂或使用富阳话进行交流。

富阳话俗称"官话"，属西南官话中的方言，是历代官府在富川境内执事和进行文化教育使用的主要语言，也是人们进行社会交际和集市贸易的统一语言。在日常生活中使用富阳话的瑶汉群众有4万多人，主要分布在富阳、朝东、古城、莲山、柳家等乡镇的部分汉族村庄。

民家话又称"百姓话"，属汉语方言，是县内汉族（俗称"民家人"）聚居区的日常用语。由于历史区域的划分，民家话逐步形成区域性的七八九都话，主要分布在福利、石家、葛坡、城北、麦岭、朝东、油沐等乡镇的部分民家人聚居村庄。全县操民家话的有4万多人。

七八九都话俗称"土话"，与民家话相近，属汉语方言。这种土话自元末明初一直在县境瑶汉杂居的平原地区通行。历代封建统治者为加强对瑶族人民的统治，对瑶族的社会风俗不断进行改革和教化。因而，居住在平地瑶族同胞的语言逐步向当地汉语方言演化。至今，居住在平地的瑶族同胞的瑶语方言已失传。"都"是明初前县内的区划名称，600多年来，居住在七都、八都、九都区域的瑶汉群众称七八九都话为"土话"，七八九都话分别成为这些区域内的主要交际语言。居住在平地的与居住在高山的瑶族同胞之间交往也只能通过富阳话才能进行。七都话主要分布在新华、福利、石家、富阳、柳家、古城、莲山、白沙等乡镇的部分瑶汉村庄，八都话主要分布在葛坡、麦岭和城北等乡镇的部分瑶汉村庄，九都话主要分布在朝东、油沐、城北等乡镇的部分瑶汉村庄，操七八九都话的瑶汉群众，全县有12万多人。

梧州话是县境内"梧州人"和部分平地瑶族聚居村落的主要交际语言，分布在白沙、莲山、古城、富阳、柳家、城北、福利等乡镇的部分村庄。操梧州话语音的瑶汉群众有7万多人。

客家话是县内"客家人"在本区域内的日常用语，主要分布在白沙镇的部分村庄，操客家话的有4000多人。

保庆话于清朝中叶从河南保庆地区传入县境内，是"保庆人"内部日常用语，主要分布于油沐的黄沙岭和朝东石林、高宅部分山村，操保庆话的有4000多人。

富川境内瑶话属苗瑶语族瑶语支,是瑶族盘瑶支系的瑶话,自称"勉语",流行于高宅、石林、泗源、洋溪、涝溪、大湾等少数瑶族聚居区。他们在家庭中使用瑶话,到社会上则使用富阳话。通讲瑶话的过山瑶同胞有7000多人。瑶族没有自己的文字,通用汉文。①

(三) 居住饮食

从地方史籍记载来考察,大抵在明朝中叶以后,富川瑶族大分散、小集中的居住局面已经形成。平地瑶的村落建筑,习惯讲究风水、方向,一般选择在倚山面水的山脚下建房立村。一个村落的房舍模式和方向,绝大多数是相同的:在清至民国时,平地瑶的"村落八九栉比而居,四面皆山""枕山面水""凿井而耕",房舍比较集中,村屯较大,房舍建筑较好。以砖墙瓦顶、三开间平列式为主,两开间平列式次之。三开间平列式住房一般有楼,楼上以放粮谷物为主,人口多的,青年子女一般住在楼上。在平地瑶区的民歌里就有这样的歌词:"九步楼梯十步上,步步上到姐绣楼。"楼下中间为正厅(或称正堂),两侧分前后两节,后节为住房,前节一般安灶膛做厨房使用。二开间平列式住房则用一间做厅堂,另一间做内室和厨房。三开间、二开间式住房,厅堂正中靠后一般设有神龛,猪牛栏、厕所一般在屋后园地里。这种住房格局沿袭至今。

过山瑶的居住,明代旧志说"其居址屋舍,如鸟巢兽穴",反映出过山瑶由于"吃山转山"、逐山场而居,生活条件极其艰苦的状况。中华人民共和国成立前,过山瑶的村庄较为分散,一般是三两户为一屯,七八户的村比较少,分布在各条山谷里。房子一般用杉木做桩,杉木板做墙,杉木皮盖顶,其建造样式因地形而定,有二间、多间式不等,分上下两层。楼上放粮食、杂物,楼下住人。猪牛栏、厕所多在离房子不远的地方。中华人民共和国成立后,过山瑶已相对定居下来,生活条件发生了很大变化,房舍有了大改观。目前,过山瑶族30%以上的人已建有砖砌墙瓦顶式三开间房屋。

境内瑶汉人民以稻米、玉米、黄粟、荞麦、高粱、红薯、芋头、山芋等为主要粮食。中华人民共和国成立之前,瑶族同胞的肉食以自宰的猪肉为主,但不常吃,多限于逢年过节、红白喜事或待客才有肉吃。每逢办喜

---

① 参见《富川瑶族自治县概况》编写组编写《富川瑶族自治县概况》,民族出版社2008年版。

事待客，瑶族同胞习惯以焖炒猪肉为主菜，辅之油豆腐和其他小菜，席间主菜往往要添加2～3次，席后桌面上剩余主菜越多，主人心里越欣慰，因为这体现了主人的富裕和待客的大方。中华人民共和国成立后，随着社会经济的发展，瑶族同胞的肉食量逐步增加。凡遇农村节日，多数农户都杀鸡及购买肉食。举办喜事待客，除了准备红烧猪肉这道主菜外，还佐之牛肉或鸡、鸭、鱼等。食用的蔬菜以辣椒、青菜、白菜、竹笋、蕨菜、萝卜、瓜类、豆类为主，蘑菇等只限于自产自食。境内瑶汉群众由于住所离市场较远，因此习惯自制和储存腊肉，以备平时待客之用。

瑶族人民喜欢打油茶，特别是过山瑶，一天三餐饭前都喝油茶。只要有客来，即使素不相识，他们都热情地以油茶款待，习惯一喝三大碗，所谓"一碗疏、二碗亲、三碗见真心"，表现出瑶族人民热情好客的传统习俗。油茶是先把米炒焦，加姜、茶叶和食油混炒，然后加水和适量食盐煮沸而成。吃时佐之以炒爆米、玉米、油果、花生、饼食，吉日佳节，作料则更丰富些。瑶族人称油茶能祛湿气、驱逐疲劳、振奋精神，特别是喝油茶后爬山，有耐力，少出汗，有助于持久攀登。中华人民共和国成立后，随着瑶汉人民交往的频繁和山区瑶族干部走进机关，喝油茶的习惯逐步传入平地瑶区和汉瑶杂居区，喝油茶成为境内瑶汉群众的共同爱好。

瑶族人民一般嗜好饮酒。由于山区生产劳动辛苦，晚餐饮米酒后可解除疲劳，故瑶族男子向来都有饮酒的习惯。米酒又是婚丧、喜庆待客的必备品。由于长期瑶汉杂居，饮酒也成为汉族部分男子的嗜好。以前，过山瑶如果集体狩猎到危害农作物的野兽，如山羊、箭猪、麂子、豺狼，特别是狩猎到野猪，他们会一起分享，第一枪打中者可得猪头和猪腿，然后大家吃一餐，以酒助兴。瑶族人民打野猪前，会先到别寨"偷"一只公鸡，祭过山神后，吹起竹哨再集体出猎。

在饮食上，瑶族绝大多数忌食狗肉。狗在瑶族中俗称"盘瓠"，相传是瑶族的原始图腾，故禁食，更不准用狗肉菜肴做祭品供奉祖先。瑶族认为猫是冷血动物，吃猫肉会整年流鼻涕，属忌食之列；认为乌鸦是一种秽物，也属忌食之列。妇女除忌食上述肉类外，还禁食因产子而死亡的母猪、母牛的肉，这是因为她们害怕将来自己生育也会有类似现象。

(四) 婚姻丧葬

平地瑶与过山瑶的婚姻习俗略有差别。明代旧志载，瑶人"婚不避姓"；清乾隆版《富川县志》中对瑶族同胞的婚姻习俗有着"男女答歌相配"的记载，说明瑶族男女有过答歌恋爱的自由。中华人民共和国成立前，平地瑶的男女婚姻虽然保留着通过唱歌物色对象的传统习惯，但多是父母包办，托媒说亲，看"八字"。青年男女的婚姻已逐步陷于媒妁之言、父母之命的律例。现在平地瑶青年男女的婚姻结合，一般要经过拿"八字"、上门酒、过清明、送大节、送日子、娶嫁等几个阶段。

拿"八字"。青年男女经过社交或唱歌互相认识后，经父母同意，则由男方托媒人到女方家求婚。若女方家同意，男方则托媒人拿一包用竹叶包的鸡蛋（一般4～8个）和2～4斤猪肉到女方家正式说亲，女方父母如同意就将鸡蛋和猪肉收下，将女方的出生年月日（俗称"八字"）用红纸写好交给媒人带回，再由男方父母将男女双方的出生年月日拿给算命先生求"合"，若双方属相互不相克，就算相合。"八字"合好后，男方托人到女方家送些财礼做订婚聘礼。随后即着手办理上门酒、过清明、送大节等手续，说亲和定亲所需的财礼不多。上门酒，俗称"订婚酒"，由男方邀请女方近亲吃上门酒。宴请时，男方家邀请自己的近亲前来陪客，陪客的老辈亲友要给女方一个红包，表示对女方订婚的祝贺。酒席过后，男方的陪客亲友要商定请女方过清明的饭餐安排，俗称"分清明客"。订婚后，男方家要给女方家长送大节3次，即过年、四月八节、七月半节。每次送大节，除给女方家长送双份礼品外，还要给女方近亲每户送一份同样的礼品。礼品一般有大油果、大油糍粑、鸡肉、猪肉、鸡蛋等。除这3次大节外，其他的过节时间，男方家也常向女方家送些小礼品，以保持良好的亲家关系。送日子，即婚娶前由男方择定吉日，一般在婚娶前一年左右择定吉日，将婚娶吉日告知女方家征求女方意见，并送礼金。女方收下礼金，表示同意按择定吉日婚嫁。婚娶，即在择定的成婚吉日里，男女双方各自备办酒席，宴请自己的亲友。嫁宴席设在早上，男方家设晨午宴。新娘出嫁前一天，要邀请自己的近亲姐妹前来陪伴，俗称"陪娘姐"。当晚，村上和邻村的男青年前来新娘家唱歌，俗称"趁歌堂"，表示对新娘出嫁的祝贺。歌唱完后，主家设夜宵请宴。宴毕，男青年要给新娘红钱，俗称"歌堂钱"，新娘则回赠头巾、毛巾等表示感谢。翌日，男方家来客吃过早宴后，立即组织迎亲队伍到女方家迎亲。新娘由同辈女青年送至男方家。当晚，新郎要请村上青年吃夜宵、唱歌，俗称"看新郎"。青年到新郎家唱歌、吃花宴酒、闹洞房。次日早上，男家要请男方家的叔伯和近亲吃早餐，俗称"洗脸酒"。新娘要给到席的亲友长辈倒一盆水洗脸或洗手，亲友要给新娘红包。婚后第三天回门，回门后返回男方家，婚娶手续即告结束。与汉族不同的是，瑶族人结婚一般不拜堂，但也有少数拜堂的。

过山瑶的婚俗，一般包括拿"八字"、准事、下定、定日子、迎娶5

个环节，过程与平地瑶大体相似而略有区别。过山瑶入赘招郎上门较为普遍，女方有兄弟的也可以入赘，嫁女的极少。平地瑶也有招郎上门的习俗。舅权在瑶族中很受尊重，所谓"娘亲舅大"。娶亲前女方的舅爷由男方去接，介绍人称"行媒"，而舅爷则称"正媒"。待男方舅爷请来以后，如何迎亲，皆由双方舅爷来商量决定和安排，一般由男方舅爷决定。

在丧葬方面，县内瑶汉群众自古就普遍认为人死后有灵魂存在，人死后进入阴间同样有贵贱之别的生活，与后裔的富贵前景都有着密切的关系。因而，后裔对死者的超度、埋葬较讲究。平地瑶老人死后，其亲子女即时拿钱到河边或井边买水（把钱丢入河水或水井后才提水）回来帮死者洗尸，剃头，放"含口钱"，由亲人替死者换衣等候装殓入棺，并派孝子或孝孙到外家报丧。死者入殓后，盖棺前，停放在厅堂右侧，棺前设灵台，供亲人烧香化纸悼念哀思。并请道师行法帮死者"开光点眼"，意即使死者的灵魂进入"阴府"后，眼睛能看得见，耳朵能听见，手脚能行动。"开光点眼"完毕，家人即盖棺。盖棺后择定埋葬的吉日，葬前一般要请道师打斋三天三夜，为死者"超度"。埋葬前要请地理先生寻点穴地，有的甚至在死者死前就请地理先生点定和修整好墓地。出殡送葬前，由孝男和亲人拿着道师做好的引路幡和禾秆火把在前引路，由族侄8人抬棺，亲友、唢呐队护送。入土下葬前由地理先生先行作法交"地契"，意即向土地神买"阴地"，让死者有契约为凭，安然享用。然后按照择定时辰下棺埋土。葬后，死者子女要行孝，一般孝期为49天。行孝期内，家中不许举办婚事，一般不出门走亲访友和参与文娱活动。

在瑶族地区，还存在着寄葬现象，即老人死后，近期无法选定埋葬吉日，又无法停柩待日，则采用寄葬，将死者灵柩抬至择定的地点或暂定的地点临时埋下，待吉日良辰再补行下葬仪式，有在原地培土修坟或迁移他地埋葬两种。

第三节 研究点所在乡概况

一、地理气候

从富阳镇驱车或乘坐中巴往东北方行驶约23千米、约半小时可到石家乡政府。乡域内有4条主要交通要道，4条交通要道以石家乡政府为中心汇集相连（如图1-4所示），一条是自西向东往湖南省江华县白芒营镇的二级公路，一条是自南向北往麦岭镇的二级公路，一条是自北向南往福利镇的二级公路，一条是自东向西往富阳镇的三级公路。乡政府、农贸市场、派出所、卫生院、大小商铺等都集中分布在从黄竹村到石枧村的四级公路两旁，石家乡东面与湖南省江华县白芒营镇和江永县松柏乡毗邻交界，与白芒营镇相距 13.5 千米，与松柏乡相距 20 千米；南面与福利镇相接，相距 10 千米；西面与葛坡镇相依，相距 10 千米；北及麦岭镇，相距 22 千米，具有得天独厚的地理区位优势。

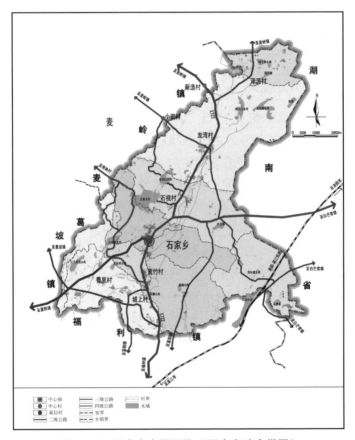

图 1-4　石家乡交通区位（石家乡政府供图）

乡域属石山峡谷地带，以岩溶地貌、红壤土为主，地势东及东北高，西南低。东南部为岩溶峰林地区，峰林间又夹杂大小不等的岩溶盆地、谷地，西北部为剥蚀堆积丘陵地带，较为平坦。主要山峰为鹅公山，海拔 391 米；主要河流有石家河。乡域内属亚热带季风气候，热量丰富，雨量充沛，阳光充足，冬干春湿。年平均气温 18.7 ℃，年极端最高温度 38.5 ℃，极端最低温度 -3 ℃，年均降雨量约 1574 毫米，年均无霜期 318 天。

中华人民共和国成立前，乡域地势高，水位低，水资源利用率较低。龙窝塘是县域东面石家河的发源地。中华人民共和国成立后，修筑龙窝塘、桥头江、石家、芦家等小型水库和塘坝34处，引水工程、提水工程30多处，兴建石家小型水电站1处，近年来又对石家水库和桥头江水库分别实施扩容和探险加固工程，保水灌溉面积逐年增加。

二、人口与经济

目前，全乡总面积91.13平方千米，下辖7个行政村、1个社区、56个自然村、150个村民小组，总人口1.47万多人，人口密度149人/米^2，人口出生率14.90‰，瑶族人口占48.96%。[①] 全乡耕地面积14020亩，其中水田9038亩，旱地4982亩；粮食播种面积30525亩，经济作物种植面积19890亩，林地面积85810亩，森林覆盖率56.66%。

石家乡主要农副产品有稻谷、玉米、花生、黄豆、红薯、柑橘、枣子等，石家乡既是富川县主要春烤烟生产基地之一，又是脐橙、反季节蔬菜生产基地。拥有以麦岭—石家—福利公路为主干线，连接龙湾、石枧、石家、黄竹、城上5村为主的一条万亩烤烟产业带。2014年，全乡完成春烤烟收购14254担，收购金额达1821万元，实现税收400万元，全乡居民可实现单项人均创收1400元。发展了以脐橙为主的水果产业，全乡水果种植面积23350亩，新种水果面积2800亩，新增脐橙种植面积达1850亩，并建有龙湾、泽源等村连片种植脐橙200亩以上的示范片2个。发展了秋冬菜为主的蔬菜产业，无公害蔬菜种植面积达6800亩，蔬菜复种、套种面积达11500亩。60平方米以上的沼气池7座，形成"猪—沼—果""烟—菜—菜""果—菜—菜"的发展模式。

1995年11月28日，富川相关政府部门讨论通过了《建设石家乡农贸市场的可行性分析》，讨论决定征用世家村鸟梨塘岗、草堂里的46.43亩土地用于农贸市场和配套设施建设，投入建设资金约78万元。其中，市场征地补偿费13万元，基建投资60万元，其他费用5万元，石家农贸市场于1996年农历二月初八开业。同时，20世纪90年代，修建的四级公路贯穿全乡南北并与其他乡镇并网相连，村村寨寨均能通行车辆，石家乡至湖南省白芒营镇的四级公路于1992年建成通车，有县级公路通往县城、福利镇和麦岭镇。每天均有数次往返班车到乡境。近年来，随着小城镇建

---

① 数据来源：石家乡政府办公室。

设开发初具规模,已形成集市,集市贸易以大米、农具为主。乡驻地有广播站、文化站、卫生院、计生服务所、中学、中心校等文化卫生教育设施。

石家乡有初级中学1所、中心校1所、完全小学5所、幼儿园3所、教学点4个,石家初中、石家中心校等教学楼、综合楼5栋。目前,全乡中小学有教职工115人,在校生1352人,其中,初中教职工43人,在校生416人,小学教职工72人,在校生936人。学龄儿童入学率100%。石家乡卫生院占地面积3960平方米,正式职工13人,全年门诊1.5万人,住院480人,参加新型农村合作医疗(以下简称"新农合")13630人,参合率95.99%。全乡出生人口258人,人口自然增长率7.66%,人口出生率17.8%,男孩出生134人,女孩出生124人,男女性别比为108∶100。①

三、历史与文化

石家乡域古属冯乘县,宋开宝四年(971)后属富川县。元末明初属灵亭乡七都,明景泰元年(1450)后,属瑶族聚居区的龙窝源及部分汉族村庄辖地。清末设置清平团和文光团,属中乡管辖。民国二十一年(1932)设清光乡,属第五区,民国二十三年(1934)改属朝东区,民国三十二年(1943)并乡,属福利乡,沿至1956年。1957年撤区并乡,设置石家大队,1958年改属幸福乡人民公社石家大队,一直属福利公社管辖。1984年9月,由福利公社划分出来成立乡,恢复设置乡一级人民政府,并以石枧和世家两个大村各取一字,故取名石家乡,沿用至今。

石家乡境内主要分布着瑶族和汉族,当地人主要操西南官话和七都话。瑶族以平地瑶为主,也称"东边瑶",自宋开始先后迁入富川,经元、明、清历代统治者,几经招抚的瑶族同胞立宅于丘陵山区,形成东边瑶族聚居村落②。民族传统文化有瑶族长鼓舞、祠堂祭祀、盘王节、瑶汉民歌、桂剧、刘仙娘崇拜等。《富川县志》(光绪版)载:富川瑶族以居住地分,有七都东山瑶、七都西山瑶、畸零瑶(属八都)、上九都瑶、六岗瑶。七都东山瑶东与湖南江华接壤,包括龙窝源、平石源、三莘源、沙母源、倒

---

① 参见富川瑶族自治县地方志编纂委员会办公室编《富川年鉴:2010~2011》,中州古籍出版社2012年版,第378~380页。

② 以现在新华乡为中心,与福利、石家、古城、葛坡、莲山等乡相邻的瑶族聚居区。

水源5源瑶民,石家乡瑶族便主要属于七都东山瑶分布地域,有田坪、塘湾、留家、枝尾、黄竹、六丈等瑶族聚居村落13个。①《富川县志》(光绪版)载:瑶族来自"黔中五溪",散处富川。瑶族各姓氏族谱、始祖源流记则分别说他们来自灌阳、道州、永明。从时间上说,瑶族入富川始于北宋,一般是宋末,最晚是清末,如石家乡廖姓始祖源流记述,其始祖生于元至正年间(1341~1368),明初迁入六丈定居;还有瑶族沈姓,其始祖源流有两支,一支是恩养,于洪武二十二年(1389)蒙韩总兵官招抚立宅于黄竹源(石家乡黄竹),洪武二十四年(1391)撰造黄册编入户籍,另一支是森善,生于洪武十三年(1380),约建文年间(1399~1402)入富川,先居刘家(留家),后到黄竹立居。② 据史料记述,瑶族入富川最晚也有200年历史,瑶族在石家乡繁衍生息,和其他民族和睦相处、互相学习,共同推进了当地文化融合和民族互动。

据清乾隆《富川县志》卷一载,明、清期间,瑶汉人民为了谋生存,求发展,抵御自然灾害的侵袭,因地制宜开发利用土地,团结协作搞"五田"建设,影响深远。所谓"五田",是指西岭山一带顺着溪流地域开渠灌田,称"冲田";在丘陵地区的峡谷凹槽处筑塘蓄水灌田,称"塘田";在高岸山区筑坝架设筒车,提水灌田,称"车田";在石山地区引用井水灌山,称"井田";在河流上筑坝,引水灌田,称"坝田"。"五田"建设体现了古代瑶汉人民共同开发生产的创造力。石家乡黄竹村沈姓瑶族至今仍保留着清光绪年间关于瑶汉人民农田用水的协议文书,其内容是黄竹沈姓瑶民与留家湾村(福利镇)、大坡洞村(福利镇)杨姓汉族共同修筑大莲塘蓄水灌田的有关条文规定。③

石家乡自古以来一直也是瑶汉聚居、文化互动频繁的区域。从石家乡汉族村庄分布来看,清光绪十六年(1890)《富川县志》有关乡村记载,因清初邑令寄治于古城,为防御流寇、瑶壮冲斥,则以相连村寨结为团堡,守望相助。七都近县以团分,上下九都以排别,八都以寨记,其零星村落附之,瑶源另志。如石家寨、桥头洞、龙母寨、社尾洞等汉族村落当时属于七都胜勇团管辖,七都9个团中的胜勇团就主要分布在石家乡及周边地区。中华人民共和国成立后,经民族识别,石家乡地域确定的汉族聚

---

① 参见富川政协民族文史工作委员会编《富川文史资料·第6辑》,1991年版,第1~4页。
② 参见富川政协民族文史工作委员会编《富川文史资料·第4辑》,1989年版,第24~25页。
③ 参见《富川瑶族自治县概况》编写组编写《富川瑶族自治县概况》,民族出版社2008年版,第94~95页。

居自然村庄主要集中属石家村委（后改社区）、城上村委、曹里村委、坪珠村委、龙湾村委、泽源村委管辖，其中石家村委有上石枧、下石枧、五百岭、老虎田、世家林村、世家莫村、塘尾等，城上村委有城上、山下、大井塘、竹间坪、扎园坪、白石岭等，曹里村委有投金石、早禾田、托子下、屋尾、东边、西边、牛角井、莲花坪等，坪珠村委有洪塘、五指山、坪珠等，龙湾村委有龙窝塘、桥头、高山脚、新村、大村、藕塘脚、屋地本、老村、白云洞、卢家孔、苟塘、新宅等，泽源村委有泽源、下井坪、枫树湾、插花井等。

从石家乡瑶族村庄的分布来看，据清光绪十六年（1890）《富川县志》有关瑶族村落的记载，七都东山瑶族村落便主要分布在石家乡及周边地域范围，如田坪、塘湾、桥头、宅源、厥尾、刘家、五百岭、黄竹、六丈、洞池、清塘等瑶族村落属于龙窝源，龙窝源就是主要散居在县东与湖南江华边沿接壤的山峦地带。随着历史演变，瑶族居住村落、村名亦有变化，石家乡目前瑶族村落主要集中属于黄竹村委和龙湾村委管辖，一共有13个瑶族自然村，其中黄竹包括六丈、黄竹、双马塘、石梯、鸭母洞等瑶族自然村，龙湾包括田坪、塘湾、留家、枝尾、永头街、来背、山背、上桂等瑶族自然村。

乡域共有11处不可移动的文物，城上村的宋代金荣岗古墓群被列为县级保护文物，龙窝塘是明代瑶民起义的据点。每年农历二月初八是当地农具节，周边乡村及湖南江永、江华等群众都会云集龙湾村，交流各种铁制品，如犁、耙、锄、镰刀、龙骨水车等，还有竹制笋筐、簸箕、篓子、篮子、棕绳、蓑衣等农用器具，品种繁多，应有尽有，人们不但能买到急需农具，还能顺便推销自家制作的各类产品。农具节在发展生产、方便群众方面起到了积极作用，"二月八"因此久负盛名。

第二章 历史与族群互动

第一节 村庄概况与历史

石枧村位于湘桂交界处，距乡政府2.5千米，距湖南白芒营镇政府13.6千米（如图2-1所示）。据石家乡政府统计，目前石枧村域面积1299.35公顷，属亚热带季风气候，气候温和，阳光充足，雨量充沛，年降雨量约1574毫米；土地肥沃，以红壤土为主，富含磷、钾，有机质含量高。村中农作物种类丰富，有水稻、玉米、烤烟、花生、脐橙等。

图2-1 石枧村区域

石枧村辖5个自然村，分别为上石枧、下石枧（村部楼所在地）、老虎田、鱼苟山和五百岭，石枧村通常泛指上石枧、下石枧两村，其中老虎田、鱼苟山和五百岭属于上石枧村范围。石枧村有16个村民小组，302户，共1170人，其中汉族953人，瑶族212人，壮族3人，彝族2人。①

---

① 数据来源：石家乡派出所2016年户籍资料。

以林姓为主。石家乡通往湖南白芒营镇的二级公路从下石枧村穿过，通往麦岭镇的二级公路则从上石枧村穿过。石枧村鸟瞰图如图2-2所示。

图2-2 石枧村鸟瞰

村庄依托家盛果业有限责任公司（以下简称"家盛果业"）的带动，初步形成了以水果种植、瘦肉型猪养殖、烤烟种植为主的农业经济格局。脐橙种植面积4000余亩，人均脐橙种植面积2.3亩，果树品种有华脐、纽荷尔、砂糖橘、南丰蜜橘、温州蜜柑、黄花梨等。2016年，石枧村新种脐橙12050株，水果产量约1600吨。春烤烟种植面积580亩，产量1500多担，产值1000多万元。玉米种植面积600多亩，建有2栋共38个猪栏，饲养规模约1000头，并计划扩建2000头规模的新型猪栏场地。鱼池作为辅助性产业占地25亩，约投放1000条鱼。①

清朝末期设置清平团和文光团，石枧村属中乡管辖（如图2-3所示），民国二十一年（1932）属第五区，后改属朝东区；民国三十二年（1943）并乡后属福利乡管辖，一直沿至1956年。1957年撤区并乡后，改属幸福乡（超英）人民公社石家大队，属福利公社管辖。1984年9月，由石家村管辖。2002年8月，石枧村挂牌成为单独行政村，由石家乡政府直接管辖。

据石枧祖谱记载，富川林氏从比干之子坚公（前1121）开始至公元2000年，一直繁衍迁徙，先后经河南、河北、山东、江苏、福建、广东

---

① 据石家乡政府提供资料整理所得。

图 2-3 光绪《富川县志》（光绪十六年）"舆地志"图

韶关，最后进入富川共 112 世，历时 3121 年。

族谱记载，商纣王杀害比干时，陈氏夫人已有 3 个月的身孕，怕被祸及，与婢女 4 人逃出牧野，避难长林石室，在避难中生下一男婴，取名为泉，字长恩。周武王灭纣后追封比干忠良墓，召比干遗腹子，陈氏夫人抱着 3 岁的泉儿面见周武王，武王因泉儿生于长林石室，故赐林姓，命名为坚，封为清河公，即河南淇水（古黄河之西），"西河堂"由此得名，并袭封博陵郡，定居博陵（今河北蠡县），在此相传 15 世，历时 577 年。第 15 世林雍，于东周景王时出任鲁大夫，随任迁居山东，在山东相传 30 世，历时 859 年（前 544～后 315）。第 46 世林颖，于西晋建兴三年（315）出任下邳（江苏）黄门侍郎，从山东迁居江苏，长子林懋居下邳，次子林禄入晋安（福建）。

第 47 世林禄，于晋明帝太宁三年（325）任招远将军，奉命守晋安，后追封为郡王，在福建相传 17 世，历时 471 年（325～796）。唐朝时期，历届科举有"无林不开卷"之说,林氏在朝廷为官人数众多,仅披公九子均为州牧,世称"九牧","九牧堂"由此得名,此时为闽林的历史发达时期。九牧四房荐公,于唐贞元十二年(796)明经及第,登录鳌榜进士,任衢州文学,守郊社令、北阳令、韶州刺史,长子凭公留居韶州(广东韶关),凭公于唐长庆元年(821)任广济府知县,其后裔散居两广,相传7世,历时180年(796～976)。第73世林通公,在宋仁宗时期任左都监察御史,林通后辞官归隐贺州辖域富川豹山读书岩,通公后裔散居富川各地,至今入富川900多年。

第74世中桂公,生于宋天圣二年(1024),平生不仕,因父亲通公归隐富川,为照料父亲,于1063年迁居富川,先住钟灵村(今沙坝洲),后迁居凤溪村。第75世中桂公长子德润公,户部员外郎,生于宋仁宗庆历元年(1041),其父死后,由于盗贼骚扰等,1100年从凤溪村迁居清平团古岷(今世家村)。第76世德洪公之子康九,生于宋元丰七年(1084),1100年随父从凤溪迁居水头山,后又从水头山迁往清平团古岷,继承伯父德润公祖业。

陆公生于明洪武十七年(1384)农历六月十六,生三子,名为保公、茂公和成公,分别将世家、石枧、城上由三子定居立寨,繁衍子孙,部分子孙已迁居朝东、城北等地。石枧由其祖先茂公拓疆立寨于明永乐年间(1403～1424)。下石枧村的祖先茂公又名伯芳,生于明永乐五年(1407)十一月十九日,为明宣德壬子科举人,广东广州府教授,1407年从世家迁居至此,生两子,分别为磬公和香公,至今600年繁衍20世,后部分子孙又迁往城北镇狮子山等地。上石枧村的祖先是磬公,于1435年从下石枧村迁出,至今500多年繁衍19世。关于石家乡世家、石枧、城上的祖先迁居关系,如图2-4所示。

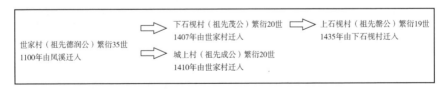

图2-4 石家乡世家、石枧、城上的祖先迁居关系

据村中传说,茂公当初之所以在此地拓疆立寨,是源于村北面的一口天然泉眼"虎井",村名"石枧"也是因虎井而得名。据村民介绍,村庄北面的虎井一年四季源源不断从地下涌出大量泉水,自北向南形成溪水流经整个村庄,泉水不仅能灌溉村庄周边大量的田地和农作物,还在长年累

月的冲刷过程中逐渐形成了一条悠长狭窄的天然石槽，像极了一根用来引水的"石管"，此地因此得名为"石枧"（如图2-5所示）。

图2-5　村庄北面的"石枧"

第二节　古建筑

一、炮楼

富川炮楼多源于清末民初，它的兴起主要与当时的社会环境密切相关。晚清末期，清朝腐败无能，反清运动风起云涌，劫富济贫队伍四处兴起，开始是打劫豪绅，后来发展到打村劫舍，当地民众称之为"满地红"时期，也叫"大马世界"。在动荡时期，一些豪绅怕财产被抢，走家串户提出建造炮楼以保村护家，于是村民有钱出钱、无钱出力，富川大部分村寨建起了炮楼。中华人民共和国成立后，社会安定，多数炮楼都拆掉了，炮楼林立的时代成为历史。

石枧村过去有3座炮楼，但已拆除2座，仅存的1座位于石枧村西面村头，建于清宣统三年（1911）。地基用大青砖通砌，大门镶石块，由水窑砖砌成，楼通高11.9米，占地面积14.4平方米，造楼5层，每开楼层枪眼4～6个，一般枪眼高62厘米，内宽12厘米，外宽5厘米，厚40厘米，可向四周瞭望，居高临下射击。炮楼下四周建有石砌屋基民房，做外围保护层。

据村中老人回忆，中华人民共和国成立前，当地土匪很多，自称"大马",称群众为"羊",男的叫"羊牯",女的叫"羊婆",财主叫"肥羊",穷人叫"瘦羊",村民生命财产安全常受土匪威胁。村中炮楼建成后,每当有敌情,全村人都会聚集在炮楼周围,对来犯者进行打击和防卫。村中目前保存较好的门楼有4座,呈"人"字形分布。保存较好的隘门有7个,分散在村中各处,门框多由坚固石板砌成,门框上下留有凹槽,过去村民一旦发现敌情马上鸣锣告知全村,用横木条闩上约5厘米厚的门板,门侧留有枪眼。中华人民共和国成立后,社会安定,多数防御设施已被拆除,其防御功能随之消失。图2-6至图2-8为石枧村炮楼、门楼及其分布情况。

图2-6 石枧村炮楼

图2-7 石枧村门楼

图2-8 石枧村炮楼、门楼和闸门分布

二、古宅

村中约有古民居125座，分属120户人家所有，占地40多亩，其中6座明清建筑保存较完好。[①] 传统民居多为三合式庭院，即一个正厅和左右厢房围合一个天井，为一进两层结构，正厅一般为客厅和祭祖的祖堂，左右次间为卧室或厨房，楼上为杂间或闺房，整个建筑以天井为中心，具有蓄水、排水、采光等功能（如图2-9所示）。到清中晚期，三进四厢式大院在富裕和多代同堂的家族中出现，如"七十二樘门"，坐东北朝西南，高二层，南北长约70米，东西纵深约50米，墙体由青石砖和水窑砖砌成，墙垣为三叠式马头墙，屋顶覆青瓦（如图2-10所示）。古宅始建于清道光年间，主人林茂春曾在长沙任职，家族"九代人未摸过犁"，因人口增多从两侧新建副屋，后经几代人多次扩建便形成门庭众多的"七十二樘门"格局。中华人民共和国成立后，主屋周边附屋、炮楼多被拆除，房间多荒废，木梁腐朽，也真实反映出一个家族从发展到鼎盛再到衰落的整个历史过程和社会变迁。

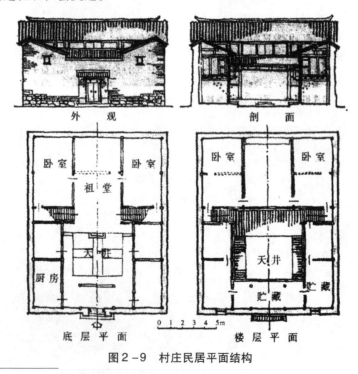

图2-9 村庄民居平面结构

---

① 数据来源：石家乡政府资料。

石梘村雕刻主要体现在石雕、木雕和灰雕上。一是门墩和门槛上的石雕，如门墩多以方形圆角的青石砖为原料，采用浮雕技术，以麒麟、兰花、凤凰等动植物图案为主，隐含庄严、吉祥、富有生命气息的寓意，门槛上则多以祥云等明快、动感的线条为主。二是门窗上的木雕，多以樟木、楠木等为原料，采用镂雕技术，以铜钱、花瓶、蝙蝠、葫芦等图案为主，隐含富贵、福禄、多子多孙的寓意。三是建筑屋脊、檐角、墙头上的灰雕，多以石灰石或青石为原料，采用圆雕技术，以龙、如意、鲤鱼等图案为主，隐含辟邪镇宅、永保平安的寓意。石梘村古宅如图2-11所示。

图2-10　七十二樘门

图2-11　石梘古宅区

三、庙宇祠堂

石梘村原有若干庙宇，由于历史原因均被损毁，村中现留有村民自发重建的社公庙和七香庙。社公庙重建于20世纪90年代，位于村庄东南角，没有实体建筑，只有大树下供奉的7座泥像，均为土地公、土地婆。关于社公庙，村中流传着一个传说：有一个人好多年不能说话，在师公指导下重新修筑和祭拜社公庙后，便能开口说话了。七香庙位于村西面入口处的大树下，由水泥砖搭砌而成，庙高约半米，庙内摆放5块神牌，分别是土地公、土地婆、庙主公、庙主婆、神仙娘。两座庙多为村民遭遇疾病、变故时祈求平安、健康时祭拜。

下石梘村修有林氏祠堂一座，原宗祠建于1961年，经过数十年风雨，多为残破（如图2-12所示），2013年，村民集资在原址上进行重建，高4.1米，比老祠堂高0.6米。新祠堂于2015年竣工（如图2-13所示）。林氏祠堂前的阴阳石鼓，左边圆形为太阳石鼓（属阳），右边缺边为月亮石鼓（属阴）。祠堂门前左右分别挂着关于村民辈分的"论辈诗"："承前启后祖业增长远，继往开来家声益显荣。"

图 2-12　老祠堂

图 2-13　新祠堂

第三节　潇贺古道

石家乡石枧村古道属于潇贺古道东线一部分。秦军借长江、湘江、潇水南下经道县,往南 40 千米遇"鬼崽岭"①,可分两路南下,既可选西侧近都庞岭一侧的江永线,也可选东侧近萌渚岭一侧的江华线。据《秦史拾遗》载:"道于潇永临封,为秦尉屠睢督帅征骆越所辟也。"②《太平御览》载:"秦始皇略定扬越,谪戍五方,南守五岭:第一塞上岭,即南康大庾岭是;第二骑田岭,今桂阳郡腊岭是;第三都庞岭,今江华郡永明岭是;第四萌渚岭,亦江华郡白芒岭③是;第五越城岭,即零陵郡南临源岭是也。"④ 这说明秦军从道县南下可分两路入广西,在都庞岭、萌渚岭附近皆有驻军。道光《永州府志》载"秦置五岭之戍,萌渚之峤",江华白芒营"是其一焉"。五岭峤道同当时北方"驰道"一样,属"国道",是南方山区马车道,用于运输军用物资,传递军令。至今道县、江华一带尚有峤道遗迹。⑤ 1987 年零陵(现永州市)文物普查队发现白芒营镇五庵岭村旁娘子岭上秦朝兵营遗址(如图 2-14 所示)2 处,有夯土墙基,墙厚 1.5 米。⑥ 在石家乡境内,黄竹村后的金荣岗也曾发现过汉、宋古墓群。⑦

---

①　鬼崽岭附近田广洞村发现埋在地表及地下的文官、武官及士兵石雕像数千个,是继秦始皇兵马俑后石雕人像又一重大发现,石像年代及用途不详。

②　〔宋〕范之晔编:《秦史拾遗》,商务印书馆民国二十八年(1939)版,第 26 页。

③　白芒岭,即萌渚岭,五岭之一也。

④　〔宋〕李昉等撰:《太平御览》,中华书局 1960 年版,第 265 页。

⑤　参见张泽槐《古今永州》,湖南人民出版社 2003 年版,第 357 页。

⑥　参见杨雄心《湘桂(潇贺)古道古桥的历史文化价值研究》,载《湖南科技学院学报》2017 年第 2 期。

⑦　参见富川瑶族自治县志编纂委员会编《富川瑶族自治县志》,广西人民出版社 1993 年版,第 70 页。

从地形上看，五庵岭村正好位于广西石家乡通往湖南白芒营的必经路上，白芒营镇五庵岭村往西11千米即到石枧村，往南42千米到富川白沙镇，往东南过萌渚岭口到"一脚踏三地"的桂岭镇可东达粤地，足可见其"三地通衢"的战略意义（如图2-15所示）。

图2-14　白芒营秦军遗址碑刻

图2-15　白芒营至石家乡段古道（作者自制）

结合田野调查、史料、湘桂边界地形等，本书对道县—江华—白芒营—石家乡—古城线路上的石枧古道进行了关注。在村中，目前仍保留部分由青石砖铺砌的石板路，主要有3条重要的交通古道。

第一条是连通上、下石砚村的主路，路宽0.8～1.5米，路碑记载古路最近一次修筑于乾隆三十三年（1768）（如图2-16所示），从主路分支出去的岔路像"血管"般蜿蜒遍布整个村庄，路侧修有宽20～30厘米的水渠用以引水或排水。古道每隔10多米就能发现隘门遗迹，加上门楼和炮楼等防御设施，古时一旦有敌情便可马上鸣锣告知全村，形成了一套"路路相通、户户相连、人人相卫"的集通信、引水、运输、防御等多种功能于一体的道路系统。

第二条是从村背后（东面）延伸至湖南白芒营镇的石板路，过去主要起到连接湖南与富川的商贸、人口、运输等交流作用。路往东过富东桥（如图2-17所示）即上后龙山，过山可达湖南地界，因此石板路一直修到山上。据富东桥碑记载，由于老桥被洪水冲毁，为方便湘桂两地民众商贸集散和交通往来，村民在民国二十八年（1939）自发集资重修了从石枧村通往湖南的青石拱桥，拱高约5米，桥宽约3米，长10米，取名"富东"亦有财富自东而来的含义。此路往西便深入村中老宅区，道路两旁至今仍保留约百米长的民居商铺街道，路两侧民居窗口相对而设，既低矮又宽敞，便于交易，足见当时湘桂商贸往来的繁荣景象。

第三条是村南面通往福利镇及可南下富川古城的石板路（如图2-18所示），这条路穿过农田，有农业运输、走亲访友、采购物资等功能，因此较村内石板路修得更宽，宽度为1.5～1.8米，便于走大型马车或车辆。此路行至南面村口处还修有一座社公庙，除了村民日常路过祭拜祈求外出平安、农业生产风调雨顺以外，路口立庙还有守村护寨之意，如村西面路口同样修有一座七香庙，同样供奉社公、社婆等土地神，使得村庄道路与民间信仰有效地整合在一起。

过去村中建房、修路的材料多就地取材，主要来自村东通往湖南方向的山岭岩矿，以石灰岩为主，在村北水源地的河溪中还可见很多大块青石板原料。据村民介绍，过去青石板都重达数吨，搬运是采用人力滚木法，即石板下垫放圆木，由多名村民用麻绳拉运回村。但是，目前人们对村中石板古道缺乏应有的重视和保护，很多路段已被水泥路或机耕道覆盖。

图 2-16 村中修路古碑

图 2-17 通往后龙山及湖南地界的富东桥

图 2-18 村中石板路及民宅

第四节　族群互动

石枧村所在的石家乡属多民族、多族群聚居区域，乡域古属冯乘县，宋开宝四年（971）后属富川县。乡域面积91.13平方千米，辖7个行政村、1个社区、56个自然村，总人口1.47万多人，境内有瑶族、汉族、壮族、苗族、彝族等多个民族，还有本地人、客家人、广府人、七八九都人、湖南人等。

一、经济互动

一是商贸圩市交流。石枧村是湖南白芒营镇进入富川石家乡的第一村，历史上湘桂边界的人口、商贸在村中往来频繁，如民国二十八年（1939）村民集资重修通往湖南地界的富东桥碑就明确记载，修桥是为便于湘桂商贸往来；村中老宅区至今仍保留近百米长民居商铺街道。中华人民共和国成立后，湘桂边界圩市发展迅速，村民日常商贸互动以赶集为主，常频繁往返于湘桂之间采购物资或兜售农产品。例如，石枧村农历六月十六祭祖日在江永圩市采购烟花爆竹，在江华白芒营农贸市场采购瓜果肉类，在本地石家圩市采购烟酒香烛等。两地圩市赶场规则各有不同，圩市间形成良性互补，如富川设12圩场，逢农历赶集，3日一圩①；江华设12圩场，逢公历赶集②，建白芒营等综合市场6个；江永设13圩场，逢公历赶集③。各圩市经营的产品也各有侧重，有农业工具圩、瓜果副食圩、耕牛生猪圩、水产品圩等。

二是果业种植交流。20世纪90年代，石枧村林氏兄弟先后投资成立家盛果业公司和富隆果业公司，经过多年发展已成为富川脐橙种植的龙头企业。依托"公司+农户"发展模式，他们在石枧村及湘桂边界的农村承

---

① 逢农历1、4、7为富阳和麦岭，逢农历2、5、8为石家、朝东、莲山、葛坡，逢农历3、6、9为城北、福利、白沙、古城。

② 逢公历5、10为湘江、大锡，逢公历1、4、7为河路口、桥市、竹园寨、未竹口，逢公历2、5、8为大路铺、沙井，逢公历3、6、9为香花井、小圩，逢农历1、4、7为界牌，天天圩为涔天河水库市场。

③ 逢公历1、4、7为桃川、厂子铺、上江圩，逢公历3、6、9为粗石江、松柏、回龙圩、允山，逢公历2、5、8为黄甲岭、千家峒、井边、夏层铺，逢公历3、6、10为源口，天天圩为城关。

包了大量土地发展水果产业,在吸纳当地农村剩余劳动力的同时,也将优种果苗和种植技术免费传播给当地农民,转变了湘桂边界乡村的农业产业结构,由过去传统的水稻、玉米、烤烟种植转变为以脐橙为主的果业种植模式,农民收益得以增加,如石枧村过去年人均纯收入约5000元,发展果业种植后,效益好的家庭年收入可达8万~10万元。湘桂边界的村庄纠纷也因共同的经济纽带得以改善,如石枧 FL 果业公司在湖南白芒营镇红山村建设的脐橙基地,在提高当地村民收入水平的同时,也通过栽种技术交流使湘桂边界村民的矛盾减少,富川果业扶贫模式也得到湖南地方政府的肯定。①

三是农业生产交流。明清时期,湘桂边界的瑶汉民众便有共同合作开发土地的历史。为谋生存、求发展和抵御自然灾害,汉瑶群众共同开发了"五田"制。石枧村旁的黄竹村至今仍留有清光绪年间关于瑶汉人民共同建设农田用水的协议文书,内容是黄竹沈姓瑶民与留家湾村、大坡洞村杨姓汉族共修大莲塘蓄水灌田的有关条文。② 近年来,石枧村村民除进行频繁的跨界赶圩外,还延续着富川境内一年一度赶会期(庙会)的习惯,如农历二月初八是龙湾、白沙会期,五月十三是麦岭会期,六月二十三是城北会期,八月初二是朝东会期。

以龙湾会期为例,龙湾村位于石枧村北面,相距仅4千米,"二月八"在明末清初由龙湾祭祀观音娘娘的庙会演变而来。由于正值春耕时节,聚集群众除供奉祭祀外,还将制作的春耕生产工具进行相互交易,"二月八"祭祀便演变为一个春耕农具交易会,进而吸引了大量湖南邻近省县民众的参与。中华人民共和国成立后,石家乡曾把会期地点改在乡政府所在地世家村举办,后随着硬化公路修通,会期地点又转回了龙湾村和附近石枧村一带。据村民介绍,每年二月初八,石枧村中的道路、田埂、机耕道上便会摆满各式农具和农产品,如铁质犁、耙、锄、镰刀,竹制品箩筐、簸箕、篓子、篮子、棕衣、棕绳、蓑衣等,品种应有尽有,为湘桂边界农民交流农业技术、改进农业工具、提高生产效率起到了重要作用。

---

① 江华广播电视台:《白芒营红山村:农民变身上班族,果业扶贫扫贫困》,2017 年 4 月 21 日,http://www.jhydtv.com/p/? i =3752。

② 参见《富川瑶族自治县概况》编写组编写《富川瑶族自治县概况》,民族出版社 2008 年版,第 94~95 页。

二、信仰互动

一是同族间的信仰互动。据石枧村族谱记载,石家乡林氏始祖陆公生于明洪武十七年（1384）农历六月十六日,生了3个儿子,分别为保公、茂公和成公,分别在世家村、石枧村、城上村定居立寨,繁衍子孙,因此每年农历六月十六日是石家乡三村共同祭祖的日子。每村采取轮流祭祀制,即每村负责供奉祖先神像各3年,2015～2017年在石枧村宗祠供奉,祭祖日,其他两村的林氏族人均会自发组织并携带祭品前往祭祀陆公。三村轮流祭祀制不仅跨越了村落的行政边界,扩大了祭祀圈地域范围和流动性,同时也通过共同的祖先信仰将乡境内的林氏族人有效地整合在一起,增强了林氏族人的互动和族群认同。

二是汉瑶间的信仰互动。石枧村作为一个汉族村庄,在长期与瑶族的互动过程中,村民祭祀活动中亦呈现出瑶族信仰的文化特征。①村民长期参加周边瑶寨的祭祀活动,如农历六月十三日是六丈瑶村祭祀刘仙娘的日子,石枧村很多汉族妇女带着孩子去娘娘庙烧香祭拜；农历六月初五是葛坡镇上洞瑶村祭祀汉族宋代名将狄青的日子,一些石枧村村民也在水川庙中随师公祭拜,并参加瑶寨集体祭祀砍牛活动等。②石枧村祭祀场景中常出现瑶族信仰符号,如村西头七香庙中除祭祀土地公、土地婆、庙主公、庙主婆等夫妻神灵外,还单独供奉了"神仙婆"牌位,村民解释其类似瑶族刘仙娘。《富川县志》载:"刘三姐生于富川之淮溪,尝夜守鱼梁,与白蛇交,蛇驱鱼入梁,所得独伙,后生子,俱为龙,会蛮人来侵,三妹剪纸为蜂,散入空际,噬蛮人尽死。三妹卒,邑人以为神,遂祀之。后屡著灵异,有司闻于朝,敕封淮南王。"① 一些学者认为富川刘仙娘就是刘三姐②,一些瑶族也将刘三姐视为其始祖③。

三是跨行政区的信仰互动。每逢石枧村祭祖日,每家每户会宴请亲朋好友,访者多来自邻近省县,并会带上礼盒、红包等赴宴。村民 LCS 认为,民众通过村庄信仰来联络感情的现象在湘桂边界地区普遍存在,如他每年前往江华、江永、富川等地参加祭祖、祭神、庙会等村庄活动20多个,虽然礼金支出需1万～2万元,但每年通过石枧祭祖日收到的礼金与

---

① 罗岗生、李莲芳编：《刘三姐研究资料集》,广西人民出版社2007年版,第1页。
② 参见叶春生《岭南民间文化》,广东高等教育出版社2000年版,第64～66页。
③ 参见覃桂清《刘三姐纵横》,广西民族出版社1992年版,第166页。

支出基本持平。改革开放后,湘桂边界的民间信仰活动逐渐复兴,许多村庄每年普遍有一至两次重要的集体祭祀,参与者不仅有本村人,还辐射到周边广大的乡村地区,湘桂两地边民正是借助逐渐复兴的民间信仰活动,实现了跨民族、跨地域、跨文化的互动。另外,在湘桂边界乡村的祭祀活动中,邀请两地师公一起祭神的场景也很常见,如农历六月初五葛坡镇上洞村狄青祭祀就邀请了富川县和江永县两套不同道具、语言、程序的师公班子祭神,石枧村南面社公庙也是在江华县师公的指点下让村民建造的。

三、其他互动

一是语言互动。在石家乡境内,由于族群复杂,当地人使用的语言或方言种类繁多,操各种语言的人长期共存,不同语言互相融合吸收,不断丰富发展。例如,乡境内常见的语言有民家话、富阳话、西南官话、普通话、桂柳话、梧州话、七八九都话、粤语等,石枧村村民几乎都会说至少3种语言。

二是文娱互动。桂剧是地方传统剧,中华人民共和国成立后,富川各村相继成立桂剧团,其活动范围每逢节庆和会期就遍及湘桂边界乡村,常见剧目有《陈杏元和番》《珍珠塔》《双槐树》等。祁剧则源于湖南祁东、祁阳一带,因声腔、道白等与桂剧相近,也深受富川民众追捧。桂剧、祁剧在湘桂边界相互渗透影响,常见两剧同台情景[1],如在石枧村祭祖日,便邀请了湖南祁剧团和广西桂剧团共同登台表演。

三是节庆互动。湘桂边界的瑶汉民间流传一句谚语:"你有初一,我有初二。"即瑶族二月初一习惯过"赶鸟节",瑶寨会邀请附近汉族村民到家中做客过节;二月初二是汉族习惯过的"起田头愿"节("龙抬头"),会一边祭祀土地神,一边准备投入春耕生产,同时也会邀请附近瑶族村民来家中交流一年的生产打算。

总之,通过石枧村的个案分析,我们可以对其特征进行总结:虽然湘桂边界多属管理薄弱、纷争众多、经济落后的行政边缘地带,但在族群互动、交通古道、古建筑等方面亦呈现出其深厚的历史内涵和多元的文化形态。原因有以下3个方面。

首先,以潇贺古道为代表的交通网络打通了中原与岭南的地理障碍,使中央政权对岭南地区实现统治的同时,也使各个族群自古便迁居或聚集

---

[1] 参见富川政协民族文史工作委员会《富川文史·第8辑》,1993年,第61页。

在古道周边，为促进中原和岭南的商贸、文化、人口等交流创造了外部条件。

其次，费孝通先生曾提出"南岭民族走廊"的概念，是"中华民族多元一体格局"理论的重要依据之一，这说明了南岭地区本身便是瑶、壮、汉、苗等民族文化极其复杂、多元的区域，为多元民族文化的互动和整合提供了先天条件。

最后，正是由于"行政的边缘"远离政治经济中心、山地丘陵众多且工业薄弱、各族群和民族在不断经历冲突和适应的过程中客观存在治理困难、边界纠纷、经济落后等问题，激发了当地民众自发地采取各种互动方式去自下而上地缓解困境，如圩场互动促进了民间商贸、跨省互动缓解了村庄矛盾、会期互动提升了农业效率等，频繁互动亦打破了地域、文化、族群的多种边界，呈现出"你中有我，我中有你，和而不同"的文化景观。

因此，针对"行政的边缘"地带普遍存在的管理薄弱、纠纷众多、经济落后等问题，我们应充分考虑区域文化特征，多尝试自下而上的解决路径。

一是发挥乡村宗族组织的能动性，使其成为地方行政管理的良性互补，如石枧村的宗族组织在发展村庄经济和教育、改善边界纠纷、传承传统文化等问题上便发挥了较重要的作用。

二是整合区域文化资源，加强跨行政区的合作，实现乡村旅游的集聚效应。旅游业是关联性很强的产业，可依托湘桂边界丰富的文化资源打造旅游产业集群，如利用潇贺古道周边民俗、宗教、山水等旅游资源，打造集文化体验、生态观光、宗教朝拜、体育健身等跨省乡村旅游合作线路。

三是发展生态农业，利用湘桂边界良好的生态资源打造复合型生态农业，依托富川脐橙产业优势带动湘桂边界乡村农业的共同发展，通过"公司＋农户"模式将果树种植与养猪、养鱼、采摘、观光等有机结合起来，建立良性农业循环体系，实现湘桂边界乡村经济、社会、生态效益的共赢。①

---

① 参见周大鸣、张恩迅《行政的边缘，文化的中心——以富川瑶族自治县石枧村为中心的研究》，载《广西民族研究》2017年第5期。

第三章 婚姻与家庭

第一节 婚姻概况

石㭐村人口以祠堂为中心、以姓氏为基础、以村民小组为单位形成片区分布,下石㭐村村民主要分布在村南头,上石㭐村村民主要分布在村北头。祠堂作为村民社会、文化活动的中心,在村中占有举足轻重的地位,林氏宗族以它为中心向外辐射,形成具有内聚力和认同感的聚落空间,成为族姓的标志。

石㭐村辖5个自然村,分别为上石㭐、下石㭐、老虎田、鱼苟山和五百岭,但通常泛指为上石㭐、下石㭐两村,其中老虎田、鱼苟山和五百岭属于上石㭐村范围。石㭐村有16个村民小组,302户,共1170人。从民族结构看,汉族953人,瑶族212人,壮族3人,彝族2人;从性别结构看,男性632人,占54%,女性538人,占46%;从分组结构看,1~8组主要属于上石㭐村,共478人,9~16组主要属于下石㭐村,共692人;从年龄结构看,18岁以下的未成年组有314人,占27%,18~30岁的青年组有217人,占18%,31~50岁的中年组有322人,占28%,51岁及以上的老年组有317人,占27%;从受教育程度看,小学学历317人,初中学历351人,高中学历28人,中专学历11人,大学学历13人。①

婚姻既是个体生命历程中的重大事件,也关乎家庭、宗族和族群的发展,它受到社会习俗、道德伦理和社会制度的制约,蕴含着丰富的文化内涵。

一、传统婚俗

当地汉族传统的婚俗程序有着较严格的规律,据清乾隆《富川县志·

---

① 数据来源:石家乡2016年户籍资料。

风土》载:"自幼女,父母以片纸书庚帖为定,问名用槟榔,纳采、纳征尚餐食。先请期,后行聘礼物,称家有无,父母醮子女婚嫁前一日,设酒筵召乡党,男不亲迎,俟堂而已,即日庙见。次早拜翁,姑婿即登门拜谢。"

中华人民共和国成立之前,当地青年男女婚姻多遵从"父母之命,媒妁之言",在15~17岁时由父母包办成婚,在婚姻礼俗上也要经过很多复杂的过程。

一是"订婚"。由媒人和男女双方父母说合后,男方家就用大红纸做一个大封套(形如信封),在封面写上"请庚之敬"4个字,内装槟榔18只,由媒人带到女方家,俗称"问八字"。女方家同样用大红纸做大封套,封面写上"宜配君子"4个字,写上女方出生年月日放进封套内交媒人带回男方家。男方家父母请算命先生合"八字"是否相克,不相克便可联婚。这时男方家准备猪肉、糍粑、布匹等礼物,用红纸写上"良缘凤缔"或"佳偶天成"4个字,请媒人送给女方家,俗称"合好"。如果"大命不合",男家会回上槟榔,连同女方年庚放进封套内,写上"良缘未就"或"天心未就"4个字叫媒人送回女方家。

二是"行茶"。"合好"后,男方择吉日备好礼物,请人用抬盒送到女方家,俗称行茶。行茶这天,男女双方都宴请亲友,预告婚期。男方家用大红纸做封套,写上"露板",再将大红纸折成4页,把开列的礼单放进封套里。礼单第一页写"礼目",内面列写礼品名称。行茶时,女方家也回礼给男方家,同样附礼单。行茶后,女子多数时间要在家中做针线,准备嫁妆。

三是"报日子"。男方家把择定婚日预先报给女方,俗称报日子。男方家备公鸡、母鸡各一只,在大红封套写上"预报佳期",另用一张红纸折4页,把择定的婚期写上。第一页写结婚日期。另外,男方家还要送一些礼品给女方家,形式与"行茶"相同,内列礼品名称。女方收取男方礼品后,也要回报日子、礼品。报日子一般要两次以上,女方家才肯将结婚日子领下。此后,女方至少要在家坐一个月,准备必要的嫁妆,俗称"坐嫁"。出嫁前还要哭嫁3~5天。

四是"娶嫁"。结婚那天,男女双方都大摆酒席宴请亲友。女方行请午宴,男方行请晚宴。早上新郎要拜神台、祖宗,由道师念祭祖文。是日,男方家雇请一乘花轿、一队唢呐队到女方家迎接新娘。新娘要到天黑才动身打扮,然后由其亲弟或晚辈(男性)在堂屋正中喂3口饭,新娘才向亲人告别出屋上轿,女方家客人随行送亲。如果新娘将至,男方家客人便组成迎亲队到路途中迎接，当女方家送亲队看见男方家迎亲队时，便马上转头向女方家方向走，双方送迎队不能相遇。新娘进屋后要在接亲娘的指引下先拜过灶王、祖先等，此后由接亲娘陪同在洞房里吃一顿"暖房饭"。新郎入洞房后要喝交杯酒，举行除花、撒帐等仪式。

五是"回门"。吉期次日，新郎随新娘一同回娘家，俗称回门或行大村，一般当天去当天回。结婚三朝，女方家派人将新娘接回娘家，新娘要在娘家住满一个月，俗称行满月村。接着男方派人去把新娘接回来住几宿后，新娘又须返回娘家，此后便自由来往，但至少要半年或更长时间，新娘才能在男方家定居生活。

当地汉族在婚俗上还有"纳妾""离婚""接子"和"寡妇不改嫁"的传统。中华人民共和国成立前，有财有势的可随意纳妾，前妻无生育的也可纳妾。离婚权完全掌握在丈夫手中，丈夫不想要妻子可随时休妻。接子，即当地汉族多数没有招郎入赘的习惯，有女无子的，也只能接子抚养，女儿另嫁。受封建三从四德礼教、族规束缚严重，当时寡妇改嫁的很少，要"从一而终"守节。①

二、婚姻变迁

关于当地汉族传统婚姻制度，律例歌中曾明确记载："同姓不婚，勒令离异，仍杖六十，并追财礼；许嫁之女，再许他人，各拟重杖，财礼追征；翁姑主婚，改嫁孀妇，母家强抢，重杖以处；母家夫家，抢孀夺志，各按服制，加等重治；娶主知情，罪照强娶，仍行加等，女听守志；异姓乱宗，拟杖六十，以子与人，罪与同得。"中华人民共和国成立后，随着国家婚姻法的宣传贯彻，过去烦琐的婚俗以及封建礼教的束缚也逐渐消失，新的婚姻风气在村中逐渐形成。

首先，婚俗禁忌的改变。村民开始推行一夫一妻制，汉族同姓不通婚和瑶汉不通婚的禁忌被破除，石枧村通婚圈也进一步扩大，由过去多与附近汉族村通婚的传统逐渐转变为开始与附近瑶族等民族通婚，通婚的地域范围也扩大到了湖南省江华、江永等地。随着村中汉瑶通婚家庭的增多，富川在1983年被批准设立瑶族自治县后，一些汉族家庭的子女民族成分也开始逐渐更改为瑶族，甚至出现了家庭中兄妹俩一个是汉族，另一个却

----

① 参见富川瑶族自治县志编纂委员会编《富川瑶族自治县志》，广西人民出版社1993年版，第490～493页。

是瑶族的现象。因此，村中瑶族人口增多，一方面是由于汉瑶不通婚的传统被打破，村庄通婚圈扩大；另一方面也是子女后来随了外来民族的母亲或父亲的民族身份。

其次，婚姻制度的改变。血缘婚、包办婚、掠夺婚、童养媳等传统婚姻陋习也因严格的婚姻登记制和《中华人民共和国婚姻法》（以下简称《婚姻法》）的实施而被破除，地方政府实行了"三查三看"和"十不办"的婚姻管理制。"三查三看"指：查户口簿和身份证，看是否达到法定婚龄；查血缘关系和健康状况，看是否有近亲结婚或病忌对象；查申请人家庭情况，看是否为包办或买卖婚姻。"十不办"指：男女双方或一方未达到法定婚龄的不予以办理，男女双方不是完全自愿的不予以办理，证件不齐全的不予以办理，属直系亲属或三代以内旁系血亲的婚姻不予以办理，非一方户口所在地的不予以办理，男女双方不到场签字的不予以办理，无婚前健康检查的不予以办理，照片不规范的不予以办理，有病忌的不予以办理，申请离婚未经调解的不予以办理。

最后，婚姻观念的改变。中华人民共和国成立前，村中年轻男女结婚年龄平均为15～17岁，现在村中年轻男女结婚平均年龄则为20～25岁，无论男性还是女性，结婚年龄都有逐渐增大的趋势。客观原因是国家在政策方面对结婚年龄有着严格规定，主观原因是改革开放后村中年轻人受现代生活方式影响，不愿意过早结婚而限制自己的自由。青年男女也不再严格按照封建社会强调的门当户对，他们开始自由恋爱。20世纪七八十年代，村中年轻男女甚至一度流行以瑶族唱山歌的形式来进行交往和恋爱，双方父母多数也是支持的，男女双方在见过各自家长或家庭成员感觉满意后，便直接按《婚姻法》的规定进行结婚登记手续，摒弃了过去许多传统婚俗中的烦琐仪式。近年来，随着村中外出务工、读书的村民增多，跨地区婚姻的家庭也开始增多，过去嫁娶坐花轿改为坐汽车，嫁妆增加了新时代的特色，如电器、汽车、金银首饰、现金等，男方送的财礼也比过去多，宴席酒、菜肴样数也变得更多。

第二节　家庭结构

家庭是社会的细胞。古德认为，在绝大多数部落社会，亲属关系模式是整个社会结构的主要组成部分。① 默多克提出家庭/家族是一种具有共同居住、经济合作及生育等特征的社会群体。它包含男女两性的成年人，其中至少有两个人维持社会认可的性关系及照顾他们所生育或收养的小孩。在我国，早在20世纪40年代，费孝通就开始用三角结构来表示家庭结构的特质及其演变。他指出："夫妇只是三角形的一边，这一边若没有另外一点和两线加以联系成为三角，则被连的男女，实质上，并没有完全达到夫妇关系……孩子的出世才完成了正常的夫妇关系，稳定和充实了他们全面合作的生活。这个完成了的三角在人类学和社会学的术语里被称作家庭。在概念上，家庭就等于这里所说的基本三角。"② 可见，由"父—母—子"三者所构成的基本团体便是我们通常所说的"家庭"。

家庭总是以婚姻关系为基础、以夫妻为中心的。为了分析家庭结构，进而研究不同家庭的特点及其变动的内在规律，必须首先对家庭进行分类。通常，我们会按家庭的代际层次和亲属关系进行划分，以此为标准，家庭可以分为：一是核心家庭，由父母及未婚子女组成的家庭；二是主干家庭，由两代或两代以上夫妻组成，每代最多不超过一对夫妻，且中间无断代的家庭，如父母和已婚子女组成的家庭；三是联合家庭，指家庭中任何一代含有两对以上夫妻的家庭，如父母和两对或两对以上已婚子女组成的家庭，或是兄弟姐妹婚后不分家的家庭；四是变异家庭，即不符合通常所理解的家庭概念的生活组织形式，如单亲家庭、隔代家庭、无嗣家庭等。③

改革开放后，村庄传统文化受到多种因素的影响，发生了深刻的变化，石枧村的家庭结构、家庭规模也在一定程度上发生了变迁。一些调查研究结果也显示，当代中国家庭结构正日益朝着核心家庭和家庭规模小型化的方向发展，尤其在农村家庭中，核心家庭和主干家庭所占比重要远远高于其他类型的家庭④，我们在石枧村所进行的田野调查也从侧面证实了这一观点。目前，石枧村共有302户家庭，其中，核心家庭126户，主干家庭146户，联合家庭16户，变异家庭14户。

一、核心家庭

在石枧村，核心家庭有126户，最常见的是一对夫妻和未成年子女

---

① 参见［美］W.J. 古德著《家庭》，魏章玲译，社会科学文献出版社1986年版，第5～8页。
② 费孝通：《乡土中国 生育制度》，北京大学出版社1998年版，第163页。
③ 参见邓伟志、徐新《家庭社会学导论》，上海大学出版社2006年版，第43页。
④ 参见马有才《中国农村家庭的变迁》，载《调研世界》1993年第3期。

（一般为两个小孩）一起生活。这种生活状态通常要持续到其子女长大成人后自组家庭为止；或者持续到其子女相继考入中专（职业技术学校）和大专院校，毕业后离开村庄走向城市生活为止；或者持续到其子女外出打工离开家庭开始独立生活为止。大体上归纳，核心家庭家长的年龄一般都在30～50岁，如村中妇女主任家中有4口人，她和丈夫都出生于20世纪70年代，育有两子，一个在部队当兵，另一个则在念大学。

村民普遍认为，目前核心家庭是一种较好的家庭模式，在这种家庭中，家庭成员间关系相对较简单，只存在夫与妻、父母与子女、子女3种关系，其中夫妻关系又是比较重要的一种关系。在访谈中，一些村民认为，随着村里建筑形式、居住习惯和婚姻观念的变化，村中家庭模式也多由过去的联合家庭（如七十二樘门）转变为核心家庭，因为他们认为在现代农村生活中，夫妻和孩子的家庭可以减少很多家庭纠纷和矛盾，特别是婆媳矛盾、兄弟矛盾、妯娌矛盾等。在这种家庭中，家庭成员间的关系相对较简单，即使子女长大成人了，如果还未到谈婚论嫁的年龄，彼此间很少有利益冲突。至于父母与子女间，也很少出现过去传统大家庭中争田地、财产等问题。也就是说，这种家庭形式主要强调的是夫妻之间的互动关系，而不管是以前的包办婚姻，还是现在的自由恋爱成婚，夫妻间的关系一般不会太差，即使有矛盾，也只是夫妻间的冲突而已，较少牵扯到其他方面的关系网。

在村民的传统观念中，核心家庭权威名义上属于丈夫（入赘者例外）。一是生育子女从夫姓而不从妻姓；二是户主基本都是丈夫，无论土地承包、邻里关系、祭祖会客等多由丈夫代表整个家庭；三是丈夫在家庭生产中责任更多，如耕地耙田、运肥运粮、运煤担水等较重农活或家务均由丈夫承担。妻子虽不是家长，但她的家庭作用是任何人也无法取代的。一是妻子与丈夫一样参加农业生产活动，尤其是丈夫外出打工的家庭，农业劳作经常由妻子承担；二是生育与照料子女几乎都由妻子承担；三是日常家务如烧火扫地、洗碗抹桌、煮饭喂猪等由妻子承担。因此，在核心家庭中，作为家长的丈夫在进行家庭决策时也需要充分考虑妻子的意见。

二、主干家庭

如果家中儿子娶妻后不分家，仍和父母生活在一起，就形成了主干家庭，主干家庭在村中也较普遍。目前，主干家庭一般是已婚夫妇、父母以及孩子，有的还有未成婚的兄弟姐妹等。对村里60岁以上的老人而言，他们一般育有两个或两个以上子女，一旦子女成家立业，马上会面临分家的问题，父母通常会把儿子当作养老送终的依靠，因此老人一般跟儿子一起生活，其他子女根据经济情况不定期地给父母一些零花钱，如遇到老人生病住院或过世，则费用一般由子女均摊。

在强调宗族观念的石枧村，主干家庭在村中占了较大的比例。村民认为祖孙多代同堂，不仅代表这一家老人治家有方，还表示子孙孝顺、人丁兴旺，因此一般家中如有年老的父母在，大多会倾向选择和子女生活在一起。

在主干家庭中，村民认为较重要的是处理好婆媳关系。许多有婆婆的妇女认为，如果公公、婆婆对自己少一些挑剔，帮忙分担一些力所能及的农活，她们很愿意和公公、婆婆生活在一起。例如，下村的李姐是何婆婆的儿媳，刚生完孩子后一直是婆婆在家帮忙分担农活和家务，她也常常和婆婆一起下地收玉米、施肥等，婆媳关系一直比较融洽。

主干家庭中的一家之主名义上以父亲为主，但已婚儿子在家庭决策中也会起到重要作用。例如，在下村林老伯的家中，在农历六月十六祭祖日还未开始，一家之主林老伯便已开始忙碌外出挑选和采购食品烟酒、电话邀请亲朋好友等，其他家庭成员则负责协助其工作。祭祖日当天，林老伯一大早领着家庭成员去林氏祠堂祭拜后，便代表一家人开始在院中接待前来的亲朋好友，儿子则在厨房里忙配菜、做菜，儿媳和妻子负责打下手，一家人忙前忙后，分工有序。晚饭后，林老伯还会代表家人将客人送走。在日常农业生产中，如果园管理、成果销售等基本由儿子说了算，因为儿子曾在果业公司工作过，较熟悉果树品种和栽培技术，因此林老伯夫妻俩就主要负责给儿子打下手。

三、联合家庭和变异家庭

据村中老人介绍，中华人民共和国成立前，联合家庭在村中较常见，尤其是富裕家族，大多是父母和几个成婚儿子集中住在一起，如石枧村著名的七十二橙门建筑。传统大家庭在儿子成婚后，往往会在主屋旁边再建一个侧屋，久而久之房屋面积越来越大，便呈现出屋门众多的建筑景观。但中华人民共和国成立后，随着农村土地改革运动的开展，村中联合家庭便急剧减少。现在村中的联合家庭多数是由于经济、房屋因素被迫聚居在一起。例如，上村有一对老夫妻和两个已成家的儿子住在一起，他们的房屋是50多年前建造的老房子，是一层的平房，每个儿子各分了一间房，家庭成员共用一个厨房。老人在访谈中坦言，是因为目前两个儿子都没有单独建新房的经济实力，所以才被迫住在一起，但老人和两个儿子家庭的日常饮食、经济开支、人情往来都是分开的。老人认为，由于妯娌关系，两兄弟生活在一起难免存在经济矛盾和生活纠纷。村民在访谈中也多认为联合家庭中财产冲突、妯娌矛盾等问题较常见，这种家庭模式不利于家庭和睦。

变异家庭又称"不完全家庭"，一般是由于家庭遭遇突发变故，如疾病、离婚、灾祸、丧子、丧偶等因素导致家庭结构不完整。村中变异家庭主要以单亲家庭、隔代家庭、无嗣家庭等形式存在。

四、分家与继承

分家，是汉族社会非常普遍的现象，指已婚兄弟们通过分生计和财产的方式从原有的大家庭中分离出去。俗话说"树大分枝，鸟大分窝"，人们把分家看作家庭繁衍过程中自然的事情。与分家密切相关的概念是继承。继承在汉族人的观念中除包含财产继承外，还有父系血缘和祖先祭祀的继承。因此，分家一般包括3个要素：一是实质分开而另组一家庭，二是财产分拆，三是祖先牌位的分开与分别祭祀。

石枧村重男轻女、传宗接代的观念仍较明显，中华人民共和国成立后虽然国家大力推行了计划生育政策，但村民子承父业、养儿防老的传统思想仍十分强烈，如上村一对年轻夫妻在生了3个女孩后，仍坚持超生1个男孩。根据村庄已有的户籍信息，已婚生育夫妻只生了女孩的家庭不到20户，且都是2~3个女孩，村中其他绝大多数家庭都生育男孩，且所生子女多数在两个以上。还有一些家庭在生育女孩后仍不惜超生坚持要生男孩，可见村中养儿防老的观念仍然存在。

在分家与继承方面，石枧村与过去的分家制度相比没有太大的变化。过去老人家一般跟小儿子住，老人的房屋也多留给小儿子。在继承方面，一般是儿子有继承权，通常是儿子平分家产。老人与哪个儿子一起住，则赡养老人的儿子就会多分一点。至于按怎样的比例来分，则因各家情况不同而没有绝对的规定，都是由几个儿子商量决定。如果父母双亡，分出去住的儿子一般也可从家产中相应得到一些补偿。而女儿和女婿一般很少有继承家产的权利，除非是家中无儿子可继承家业。村中现在仍有一些老人不愿意与儿女一起住，单独住在村中老宅区，但儿子和媳妇一般都住在村中离老人不远处，老人的赡养与生活也由儿子负责。如果老人没有劳动能力也没有分家，则多由子女一起照顾，或是谁更有经济能力就由谁照顾，村中很少出现子女不管老人的现象。

五、家庭功能

作为社会的细胞,家庭具有诸多功能,对村民生产、生活各方面都有重要影响,除实现了日常的生育、赡养等基本功能外,家庭往往还体现了生产、教育、消费等其他功能。

(一)生产功能

生产功能是家庭的核心功能。从1998年石枧村最初引入脐橙,到2008年后村民开始大面积尝试种植脐橙,石枧村家庭生产也由最初的传统农业生产转变为以脐橙产业为主的经济作物种植模式。20世纪80年代中期,家庭联产承包责任制的推广,使村民摆脱了人民公社时期"吃大锅饭"的农业生产弊端,石枧村的家庭农业生产能力进一步增强。20世纪80年代末至90年代初,石家乡开始推广春烤烟种植技术,石枧村农业由过去传统的水稻、玉米、油茶种植转变为水稻、玉米、花生、春烤烟种植,村民收入得到进一步提高。值得一提的是,当时石枧村的猪、牛养殖也非常普及,几乎家家户户都养有猪、牛,猪、牛养殖也曾是石枧村家庭的主要经济来源之一。后来,随着石枧村不断开拓荒山荒地进行脐橙等果树苗的种植,适合放牛的地方越来越少,水牛养殖逐渐被村民淘汰。加上养猪对村庄环境以及水源的污染非常大,因此养殖生猪的村民也越来越少。2008年以后,石枧村的家庭经济逐渐转变为种植水稻、玉米、花生等传统农作物和种植脐橙等果树类经济作物的家庭农业模式。据村支书介绍,村民在2012年前后才开始大面积种植脐橙,由于脐橙苗需要3~4年的成熟期,因此目前村民因为脐橙收入而改变家庭经济结构的只是少数。

本次对152户田野入户调查表的统计显示,村中1/3的家庭主要还是依靠传统的经济作物如花生、玉米、烤烟种植来维持家庭运作。同时,由于富川距离广东省较近,从20世纪90年代开始,石枧村的村民开始陆续外出前往珠三角地区打工。目前,佛山顺德等地依然有许多石枧村的村民在从事建材、电子、环卫等工作,外出务工收入也成为许多家庭的重要经济来源。

(二)教育功能

目前,虽然大多数村民的教育为初中文化程度及以下,但当地学龄儿童接受学校教育的比重在逐渐增大,村中高中生的人数每年上升,村民对现代教育的重视程度也在逐渐提高,"读书无用论"的思想正在逐渐改变。据调查所知,自中华人民共和国成立以来至 2014 年,石枧村(含迁往狮山)共有 127 名村民接受高等教育(本科及大专),其中本科生所占比例高于专科生,亦不乏研究生。由于石枧村村民世代务农,初中文化程度的村民所占比例最高,占 41.69%,小学文化程度的次之,占 37.65%。①

传统的家庭教育主要由父母对子女进行道德、常识、宗族等教育。在子女不同的成长阶段,家庭教育内容是不同的。婴儿期教育内容主要是语言,承担这一任务的主要是母亲。母亲常以唱儿歌、说故事的方式使婴儿初步学习简单词汇,既要教幼儿期的孩子口语,还要逐渐教孩子一些规矩和生活常识,如"要听话""打人不对""不要玩水""刀子割手"等。此外,母亲还要教孩子端碗、用筷子、穿衣、吃饭、上厕所等生活常识。孩子进入小学后,父母对于孩子的家庭教育开始逐渐减弱,但依然会有宗族教育,如要求儿女定期给家中祖先神龛上香、祭祖节去祠堂进行祭拜等。近年来,随着村庄经济发展,外出务工父母进一步增多,逐渐出现了由老人来教育小孩的现象,加上互联网游戏在青少年中的快速传播,导致了父母家庭教育功能的缺失。

(三)消费功能

在过去传统的家庭消费习惯中,男子从事农业生产、外出打工居多,丈夫一般是家庭的主要收入来源,妻子则负责种地、养育孩子、照顾老人等。家庭生产出来的产品,如粮食、蔬菜、鸡蛋、烤烟等,除继续留作种子、饲料外,一部分用以满足家庭日常需求,另一部分则流入周边农贸市场,通过商品交易获取其他生产或日常消费品。家庭消费活动满足了村民家庭繁衍、老人赡养、儿童抚育、子女教育;保证了家庭劳动的再生产,从而为家庭的物质产品的再生产提供了保障。因此,消费过程同时又是新生产要素的生产过程,没有家庭消费也就没有家庭生产。

消费结构方面,根据本次对 152 户入户调查表统计,目前,生产消费、节庆消费和教育开支是石枧村家庭的主要开支。生产消费主要集中在购买化肥、农药、果苗、种子等方面。节庆消费指除了石枧村本身两个重大传统祭祖节日,村民需要花费大量资金来摆席招待客人外,还包括村民参加周边村庄节庆活动的礼金开支。据某位村民介绍,他每年除了六月十六和十一月十九需要花销近 20 桌饭菜的开支外,至少还要以送红包或送

---

① 资料来源:田野成员曹慧明统计所得。

礼品的形式去参加周边村庄的节庆活动，一年最少要跑 15 个村子，2015 年他家的节庆开支就将近两万元，占了全年家庭收入的 1/4。教育开支主要是有孩子的家庭，为了培养小孩而产生的学杂费等开支，如中学补课费、文具书本费、交通伙食费等。

第三节 宗族管理

费孝通曾用"差序格局"来形容中国乡土社会的基层结构①，由于远离国家权力中心，乡土社会传统秩序主要靠"礼"来维持，因而从总体上说属于一种"礼治"社会②，而"长老统治"则是这种社会权力结构的主要特点③。

乡土社会中的宗族或者宗族组织则被认为是维持中国乡村秩序的一支重要力量，虽在 1949 年后随着国家权力的渗入，乡村宗族组织的活动逐渐归于沉寂，但 1978 年后尤其是 20 世纪 90 年代以来，我国逐步推行村民自治制度，国家权力对乡村社会的控制逐渐减弱，乡村宗族活动也日渐活跃。④ 那么，作为一种社会组织，宗族必然要依附于一定的物质文化和精神文化才能促进其统一和发展，如物质要素能使宗族更易得到外族（姓）人的认可，而精神要素能增强内部成员的族群认同。主要表现在以下几个方面。

一是修族谱。富川林氏始祖林通在宋仁宗时期任左都监察御史，后辞官归隐富川豹山读书岩，从此生息繁衍，后裔散居富川各地，至今有 900 多年历史（如图 3-1 所示）。据载，林氏族谱共修 6 次，首次创谱在明万历十一年（1583），由寒松公草修，后在清嘉庆四年（1799）由希旦公统一修谱，第三次是清道光十八年（1838）由崇山、静庵、业宽、帝乾等人合修，第四次是清光绪十七年（1891）由康八贤公房、涵公房以及康九房等各房分修，第五次是民国十六年（1927）由康八房和康九房分修，最后一次是由富川全县在 2000 年统修。⑤

---

① 参见费孝通《乡土中国　生育制度》，北京大学出版社 1998 年版，第 31 页。
② 参见费孝通《乡土中国　生育制度》，北京大学出版社 1998 年版，第 49 页。
③ 参见费孝通《乡土中国　生育制度》，北京大学出版社 1998 年版，第 68 页。
④ 参见周大鸣、吕俊彪《资源博弈中的乡村秩序——以广西龙脊一个壮族村寨为例》，载《思想战线》2006 年第 5 期。
⑤ 资料来源：《富川林氏源流谱》。

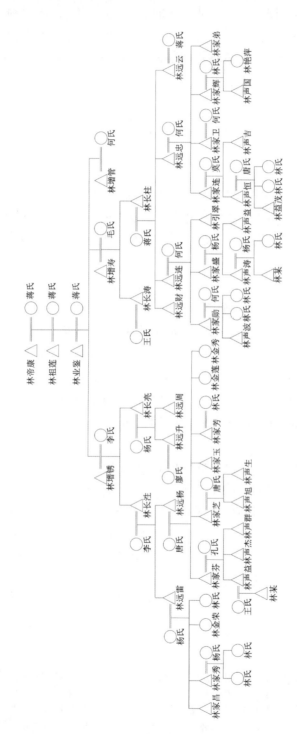

图3-1 石枧村林祖莲一系及其子孙家谱（梁炳堃绘）

二是建宗祠。据林氏宗祠碑记，石枧村林氏宗祠始建于1961年，数十载历经风雨，经族人共同商量，为继历代先祖贤风、树家教正气、弘耕读文化，于2013年农历八月初十在原址取巽山乾向兼己亥三分庚辰庚戌分针重修建石枧林氏宗祠，全村族人以及迁居城北狮山村叔兄踊跃集资捐款，工程于2015年四月初十竣工，修建过程中由宗族理事会①全权负责。新宗祠高4.1米，比老宗祠高0.6米，宗祠内供奉了陆公（石家祖先）、保公（世家祖先）、茂公（石枧祖先）和成公（城上祖先）4尊祖先像。祖先像下有3米长的香烛台供村民焚香烧纸，内墙上有石枧赋、始祖介绍、修祠碑记、唐九牧祖先绣像等供村民和外人欣赏，中坪摆有3个祭祀铜鼎，门口立阴阳两面石鼓，左圆形为太阳石鼓（属阳），右缺边为月亮石鼓（属阴），门联挂林氏论辈诗"承前启后祖业增长远，继往开来家声益显荣"，门楣处刻有乾卦、坤卦的八卦符号。

三是存族产。由宗族理事会组织和号召村中每家每户集资开展村庄活动，如修祠、祭祖、建校等，族产一般由理事会一名会计和两名出纳专门管理，每次活动的资金收支明细、经办人都会以红纸黑字的形式公示，如2016年农历六月十六石枧祭祖活动的经费公告显示：上石枧村集资21200元，下石枧村集资21590元，加上2015年剩余资金以及其他人捐款，村庄祭祖共集资56545元。祭祖支出明细则更为详细，如门锁、矿泉水、红纸等小物件消费均一一说明，其余支出还包括烟花爆竹、戏班酬劳、电费、垃圾清理费、歌舞团餐费、材料费等各项支出共54414元。在石枧村的宗祠内以及村小学的教学楼内，也在大理石板上雕刻了修祠、建校的捐款人名单以表感谢，名单按捐款金额大小排序。

四是祭祖先。石枧村每年有两次重要祭祖日，一是农历六月十六祭祀石家祖先陆公诞辰，二是农历十一月十九祭祀石枧祖先茂公诞辰。陆公是世家村、石枧村、城上村的林氏共同祖先，每村负责轮流祭祀3年。2015～2017年由石枧村负责祭祀，农历六月十六一大早，石枧村村民以及附近世家村、城上村的男女老少便带着鸡、鸭、鱼、肉等各类祭品进入石枧宗祠，在门口点燃鞭炮后，便通过杀鸡、洒血、烧纸、焚香、跪叩等形式祭祀祖先。村小学的戏班也从十五日晚上连续唱戏3天，村民家更是大摆流水宴招待来自四面八方的亲友。另外，石枧村家家户户都供有祖先神龛，神龛一般供在大厅并正对大门，由堂号、堂联、神榜、题匾等组成，如石枧神龛堂号为"九牧堂"，神榜中心为"天地国亲师之神位"，

---

① 理事会由1名理事长、7名副理事长、4名顾问、17名理事会成员共同组成。

堂联为"莆田派衍宗风远，富水承桃世泽长"和"金炉不断千年火，玉盏常明万岁灯"，题匾为"祖德流芳"。

五是平纠纷。由于石枧村与湖南省江华县白芒营镇相邻，因此村民与附近村庄的纠纷时有发生，村中一直便有关于边界纠纷的传说。据传，曾有村民林明洋代表石枧村和湖南邻村打官司，和当时湖南官员约定双方同时从江华县马鞍山村（石枧村往东30千米）和石枧村相对而行，在哪相遇便是边界。林明洋骑马较快，相遇处竟超过原有边界3~5里，于是马停处便成了石枧村林氏的祖坟地。在20世纪70~90年代，石枧村和湖南翁水村村民常因土地、水源、山地等问题打架，后石枧村村委派既是村支书又是林氏宗族管理者的代表人LJD与翁水村村委进行商谈，两村紧张关系才得以缓解。

总之，现在石枧村的宗族观念、宗族活动和过去相比已大不相同。例如，新修族谱中开始出现女性名字；去除了大宗小宗、族规族田等宗法思想；族谱不再是外姓人的"禁书"，可供外人览阅；祠堂也不再是妇女和外姓人的禁地，新宗祠已从林氏独立祭祀空间转变为可与外人共享的公共空间；等等。同时，林姓作为村中主姓，宗族组织和"村两委"的权力关系很大程度上也是相互交织和重叠的，如石枧林氏宗族理事会会长也是现任村支书，这就导致了编族谱、建祠堂、存族产、祭祖先、平纠纷、修村道等既可被理解为一种宗族内部的民间行为，也可被理解为一种维护村庄秩序和促进地方发展的行政行为，本质是宗族"礼治"和行政"法治"实现了整合。

第四章 水系统与水资源

第一节 气候地理和水利概况

由于本章着重论述村庄水资源相关情况,因此需要对村庄地理位置、气候条件、地势地形地貌、植被状况、聚落、生计方式等与水资源相关的信息做一个概述。

一、地理位置

石枧村位于广西壮族自治区贺州市富川瑶族自治县石家乡的中部,北接苟塘、炉家宅、白云洞、龙湾等村,南达世家、坪珠等村,往东村级公路可通达湖南江华瑶族自治县,可谓冲要之处。地理位置的便捷使得石枧村村际、省际的往来相对密切;从水资源的角度而言,这也使得石枧村水资源来源广泛,汇多地之水流于一处。

二、气候条件

石枧村属于亚热带季风气候,四季分明,夏长冬短,光热丰富,雨量充沛,多年平均降雨量1574毫米,4～7月为汛期,占全年降雨量的55.7%。[1] 季风气候使得降水时空分布不均,径流变化大,山溪易涨易落,夏涝秋旱,灾害频繁,再加上石枧村地势较为平坦,水网密集,洪涝灾害尤为严重。

---

[1] 参见富川瑶族自治县水利电力局编《富川瑶族自治县水利电力志》,富川瑶族自治县水利电力局1992年版,第2页。

三、地势地形地貌

就石枧行政村区域而言，该村东西高，中间低，南北贯通；东边是贺龙山等绵延的山地丘陵，西边是低缓山丘，中部地区南北通达、平坦开阔。但如果脱离整体环境就难以讨论局部地区，要了解石枧村的地形地貌特征，离不开对整个富川县、石家乡的宏观了解，甚至与相邻省份密切相关。就大区域而言，石枧村处在富川瑶族自治县内，并与湖南江华瑶族自治县接壤。石枧村的水资源自然状况既展现了喀斯特大地貌区的特点，又具有自身小地形的独到之处。

富川瑶族自治县处于喀斯特地貌区，石灰岩地貌广布，总面积的80%属于岩溶地区，是典型的喀斯特地貌，境内峰林石山、残丘孤峰广布。《富川瑶族自治县水利电力志》载："旧志有这样的记述：'富邑，山国也。平原广陌，所在无几。西则土岭绵亘，千溪缕注；东为石山叠嶂，多伏流涌泉。骤雨则沉陆浮丘，稍晴则田干圳涸，以险隘之难于蓄泄故也。'概述了境内的地形、地貌和地质特点。"① 就地理位置而言，石枧村位于富川县的东部丘陵地区，处于"石山叠嶂，多伏流涌泉"之地。该地区属于石灰岩区，溶洞及地下水（含裂隙溶洞水）强烈发育，地下水埋深小于5米，一般谷地地下管道发育，地标被数米厚的残积冲积物覆盖。谷地内往往顺构造线方向出现落水洞、竖井等，为地表水渗入地下的主通道，因而多系干谷，有存量丰富的岩溶水，是开发利用地下水的良好地区，但是，这种地区的水利工程容易发生塌陷和渗漏现象。古志对富川东部区域的描述也正好符合这种地貌表征，因而可以推知，石枧村的水资源如此丰富，得益于其处在石灰岩广布的地区，该地区地下水存量大，泉井众多，溪流纵横。

就小地形而言，石家乡整体地势东北高、西南低，石枧村处在谷地平原之上，周边高地的溶洞水顺势而来聚集在此，承压而出，形成大小泉井，各泉井之间还有暗流相通。发源于东北峰林区域的河流也流经此处，与泉眼一同构成了发达的水系统。这种地形地貌的优越之处，使石枧村有了水资源方面的天然优势。

---

① 富川瑶族自治县水利电力局编：《富川瑶族自治县水利电力志》，富川瑶族自治县水利电力局1992年版，第11页。

四、植被状况

关于石枧村的植被状况,暂未看到官方数据,但据笔者观察,石枧村的原始次生林植被较少,仅在部分山地丘陵有,主要是经济树木和农业作物。其中经济树木,如桉树多种植在丘陵缓坡之上;农业作物,如玉米、红薯、烤烟等旱地作物种植在缓坡或平地,水稻则集中种植在水网密集的平原。经济树木对水土的保持力较差,农作物也缺乏根基,从雨后村庄的河道水渠系统状况来看,石枧村的植被状况较差,水土流失较严重,水土与植被没有形成良性共生系统。

五、生计方式

村中现在主要的生计方式是农业种植和外出务工。农业种植包括果树种植、烤烟种植和其他农作物种植。富川的果业规模巨大,很多农民家庭都种植果树。村中不少家庭都有果园,种植柑橘、黄花梨等水果以供外销,种植面积从几亩到几百亩不等,还有部分家庭从事烤烟种植,劳动投入量大,利润也较高。其余作物,诸如水稻、玉米、红薯、花生等,视家庭情况不同而种植面积不等,劳动力较少的家庭会将此类传统农作物作为收入的主要来源。除水稻外,其余农作物的需水量都不算太大,石枧村现有的水系统基本能够满足灌溉需求。随着水稻等粮食作物种植面积的不断减少,农业的需水量和给水方式也相应发生了变化。

六、水资源概况

从整体来看,富川瑶族自治县水资源丰富,是一个水利大县(如图4-1所示)。根据富川瑶族自治县水利电力局在《富川年鉴(2011—2012)》中对富川水资源状况的描述:"富川地处中亚热带湿润气候区、萌渚岭暴雨中心边缘,雨量充沛,多年平均降雨量为1574毫米,全县多年平均水资源总拥有量为16.745亿立方米,其中地表径流量11.646亿立方米,地下水储量1.25亿立方米(其中地下河0.68亿立方米,泉井0.57立方米),外县流入水量3.849亿立方米。至2012年年底止,全县有中型水库1座,小(一)型水库25座,小(二)型水库48座,塘坝工程249座,总库容13647.5万立方米,有效库容10343.25万立方米,有效灌溉面积19.5万亩;建成小水电33座,总装机库容33875千瓦。"

其中石枧村水资源尤其丰富,地表径流量和地下水储量都位居前列,尤其是石家水库和芦家水库都处在石枧地界之上,还有众多河流、泉井的加持。对比周边其他村庄聚落,可看出石枧村的水条件也是得天独厚。2002年,富川县出现特大旱情,石家乡成为该县旱情最为严重的地区,因此上级部门决定修建石家乡供水工程,但在该工程的设计中,供水管道从桥头江水库出水岩出发,穿过石枧村的土地却并未分管——供水范围并不包括石枧村。这也从侧面反映了石枧村的水资源的丰富性和安全性。

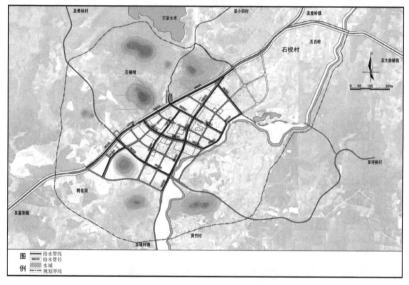

图4-1　石家乡水利(石家乡政府供图)

第二节　水系统和水资源利用情况

石枧村水资源丰富,水系统复杂,泉井、河渠和水库共存共生,为石枧村提供了稳定的水源。

石枧村行政村包括4个自然村,但就实际情况而言,上石枧村和下石枧村的地理与血缘联系都十分紧密,是笔者主要的研究对象。上石枧村和下石枧村同源,皆为林姓,向上追溯,两村祖先为同胞兄弟,分饮虎井两条水。两村均分为老村和新村,上石枧老村在面前河上游西侧,下石枧老村在面前河下游东侧。20世纪七八十年代,上、下石枧村之间还有明显的界线和距离，现在两村已经连成一片，村庄面积也扩大了数倍，河渠由原来的两条扩展成较为复杂的网络。

虎井是石枧村最为重要的水源，由虎井发源的河流流经村庄，分成了多条水渠，呈扇形分布，成为聚落生产生活不可或缺的部分。同时，村中正在使用的公共天然井有6口。其中上石枧村有2口，1口位于油榨屋的凉水井，井深约30厘米，出水量较小；还有1口位于清油洞靠近上石枧村的地方，井深约半米，水量也较小。下石枧村有3口天然井，分别是位于下石枧村西边的沙井，井深不可测；贺龙山下靠背后河边的偏上游的老桥井，井深约40厘米；老桥井同侧偏下游的新桥井。此外，还有1口井位于上、下石枧村交界处，在石枧小学对面，进行过挖掘，现井深8~10米。另外，村民家中多自行打井，既有手压式水井，也有钻井接管的自来水井。

井水现在是村庄主要的饮用水源，同时也用来洗衣服、做饭。根据村支书的说法，村内共有水塔80余座，说明至少有80余户村民装上了自来井水，实现了方便、快捷、安全用水。同时，还有不少家庭转向饮用桶装纯净水或者滤水器净化过的水。根据小卖部老板的讲述，纯净水的日销量为10~20桶，需求量还在不断扩大。另外，村中约有50户装了净化滤水器，开始尝试直饮水。

石枧村主要有3条河流：背后河（鹅公河）、面前河（下河）、石墩河（石凳桥河）。其中，背后河发源于桥头江水库，面前河流自虎井，石墩河从鱼苟山塘流下，这3条河流都流经村庄和田地，然后在社公庙处汇合成一条河流，流入横塘水库，最终进入龟石水库。除此之外，村庄中还有数条引自虎井用于生产生活的水渠，分流后最终流入田地或者河流中。现在村庄内的河渠水主要是用来洗衣服、洗菜、洗澡，极少饮用，之后流到田地里灌溉土地。

石枧村的地界上有两大水库，一是石家水库，二是芦家水库（鱼苟山水库），二者均是小（一）型水库。石家水库主要用来灌溉南边田地和果林，芦家水库的水渠引流而下，主要用于灌溉和生活用水。另外，桥头江水库和龙窝塘水库虽不在石枧村地界，但发源于此的河流、水渠也与石枧村的生产生活密切相关。

第三节　水系统的分类与分析

石梘村水资源丰富，这不仅得益于大地区优越的气候条件和特殊的地貌环境，更有小区域的优势——就周围地区而言，石梘村的水资源质量和数量都是拔得头筹的。在如此优越的条件下，经过几百年的改造和建设，除自然形成的河流、井泉之外，还形成了众多人工水库池渠，它们共同组成了石梘村复杂共存的水资源系统（如图4-2所示）。

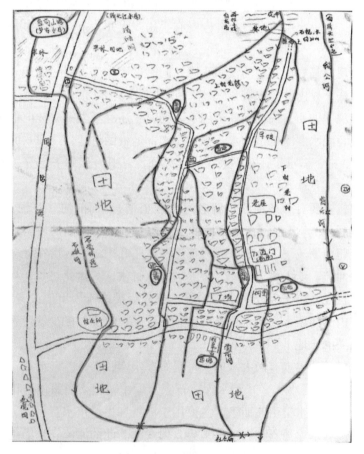

图4-2　石梘村水系简图

在此，我们将石梘村水资源系统分为泉井、河渠、水库及水塘四大类型。

一、泉井

石枧村处于喀斯特地貌地区，地下水系发达，而且该村正好处于山间谷地平原地区，因而天然形成的出水口众多。人们一般称这样的地下出水口为"泉"，但按照当地习惯叫法，亦称之为"井"。因此，在本书中，井包括天然的地下水出水口和人工开凿的地下水出水口两类。

（一）天然泉井

村中和村周围由于地形特殊，地下水有多处出露，此处只列出与村庄生活密切相关、为村民所利用的几处泉井，包括虎井及其他几口修缮了的公塘井（公共天然井）。

1. 虎井

虎井是石枧村最为重要的泉井，位于村庄东北部的树林之中，在磐石上分为两股清流，村中大部分河渠皆发源于这两条河流，它们对村庄的生产、生活影响也最大。

根据村中老人的讲述和族谱记载，几百年前林氏先祖德润公迁徙到富川石家，后来林氏后代陆公生了3个儿子——保公、茂公和成公。3位分别是世家村、石枧村和城上村的先祖。石家的地界上有3口非常好的井，三兄弟分家后，一人占据一口好井。其中虎井在陆公时期就被发现，最后茂公分得了这口井，所以茂公的后代在这附近繁衍生息，形成了现在的石枧村。

依据村中的习惯看法，虎井有两口，上井在村庄北部与炉家宅交界之处的白龙庙，下井仍称为虎井，一般谈起虎井或者水源地，村民基本上是指下井。上、下井出自同一个地下河系统中，在地下相互连通。尽管上井也算在炉家宅的地界上，但是依据村庄之间约定俗成的习惯，上井属于石枧，炉家宅人轻易不会使用它。即使在干旱的时候，炉家宅人也只在白龙庙摇水上来使用。这是因为炉家宅人如果使用上井的水，下井的水就会减少。为了虎井的使用权，两村人曾经起过争执，也打过架。现在，由于龙窝塘水库和桥头江水库的建设、水渠引渠的丰富，炉家宅人已经不用虎井上井的水，并且由于引水渠的建设，将虎井下井和其他小溪流、引水渠连在了一起，在某种程度上，上井与下井在地上也连通了。

上井是一个较小的出水口，汩汩清流从土岩中沁出，水量不大。下井的泉眼则比较大，现在直径有 1～2 米，水量也比较大。村民林声旺谈到，他曾听村中长辈说，就算3年不下雨，虎井也有3架水车的水量。①同时，他根据村中老人的一些说法，猜测虎井的地下水源应该是在松柏瑶族自治乡最南面的西里尾村那边，下大雨时雨水就会流进地下岩洞。虎井的第一个地上出水口是在桥头（出水岩），流出来以后就是背后河，虎井可能是同一地下水系，也可能是下一层的。这种说法虽然没有具体的证据，但是也从侧面反映了此地水资源的丰富。

2. 公塘井

"公塘"是当地人对古井的称呼，在此借用来表示村中正在使用的公共天然井。公塘井开凿历史都比较久远，原本都是泉水出露处，经过不同程度的扩容，皆形成敞开式的结构。石枧村共有6口公塘井，其中，上石枧村2口，下石枧村1口，上、下石枧村交界处1口，贺龙山下有2口，现在都修缮得较好，运转正常，每口井都有不同数量的水管接到村民家中，成为部分家庭自来水的来源。

上石枧村有两口天然井。一口叫油榨屋井，又因其水质清甜被称为凉水井，位于油榨屋、国防路与上石枧村路口交界处，位置较为隐蔽。凉水井用水泥修缮过，现在水量稳定，出水量不大，水深30～40厘米，可直接饮用。另一口无名井位于清油洞与上石枧村交界处，在林声旺家屋后不远，应为浅层地下水，水温接近地表水，水质不如前一口井。该井用砖石精心修葺过，现在水量也不大，水深40～45厘米。

上下石枧村交界处、小学对面的那口无名井是否为天然井还有争议，因为该井较深，超过5米，但也可能是使用过度导致水位下降，这里姑且将其列为天然水井。这口井经过人工挖掘和修筑，现在井口直径1～1.5米，井壁为水泥结构，平时村民会用铁网将井口罩住以防止外物掉入污染水源。该井现在运行正常，2016年7月，村民还进行了清洗，从而保证了水源的清洁。

下石枧村的天然井位于村子西南处，由于未挖掘之前总是冒沙子，被称为沙井。沙井现在的外观和上、下石枧村交界处的无名井相似，水泥井身是在20世纪90年代修建的。井深不可测，村民对其也缺乏具体的说法。

越过背后河，贺龙山下还有两口山泉井。偏上游的称为老桥井，偏下游的称为新桥井。老桥井发掘利用的时间较早，现在出水量稳定，水温偏凉，水深30～40厘米，井口直径约60厘米。新桥井水量较大，水清凉，

---

① 100架水车同时运转的时候，1秒就有1立方米流量。

水深未做估计，井口直径1.5～2米。这两口井的水主要通过越河接水管的方式供村民使用。

（二）人工井

现在大多数村民家中都打了水井，放弃使用公共井。有的是村民自己挖掘的，这类水井的深度一般不超过10米，多是浅层地下水；有的是请专业的打井公司施工，打井价格一般是每米100元，井深从几米到几十米不等，更多的是深层地下水。同时，由于地质构造的差异，有的地方两三米就可以见水，但是有的地方打了几十米都不见水，比如石枧小学的那口井就打了70米，而大部分人家中的水井仅几米或十几米而已。

这些家庭水井中，传统的按压式水井也不多见，多是现代打井技术的产物。用现代掘井和钻井技术打的水井，形态已经和原来的公共井不一样，井的直径不超过30厘米，又窄又长，大多是地下见水之后直接接水管到水塔，形成简易的自来水系统。根据村干部的说法，村中现在有水塔80余座，由此推测开凿井的家庭应该不少于80户。传统按压式水井一般开凿的时间较早，目前村中在使用的不超过10座，很多已经荒废。

二、河渠

石枧村的河渠系统复杂，是石枧村生产生活用水的主要来源。就整体走向而言，这些河渠的走向大致是由北向南，与石家乡、石枧村的地势走向吻合。在这些河渠中，有来自水库的人工挖掘的水渠，有地下水上冒形成的天然河流。由于村庄生产生活的实际需要，这些河渠一分再分，构成网络。尤其以虎井流出的河渠最为典型，根据图4-2可以看出，虎井水流，一分为二，二分为三，三分为众，以虎井为中心，由北及南形成了一个扇形网络。虎井水网络和背后河、石墩河以及其他水渠共同构成了石枧村的水系统，其中有不少支渠，在此不一一赘述。

从西到东，石枧村范围内主要有3条天然河流，依次为石墩河（石凳桥河）、面前河和背后河（鹅公河）。另外，从面前河上游的磐石上分出的一条石枧水渠，由于其对石枧村具有重要意义，故而也在此列出。

（一）面前河

面前河是虎井流出之水天然形成的河流，与上石枧村支流分开后，一路经过上石枧老村东边缘、学校和下石枧老村西边缘，最后从村口流出，在社公庙与石墩河汇合，最终流入背后河中。由于下石梘老村房屋一律坐东朝西，面前河从村口西边流过，面前河的名称由此而来。

面前河干流主要流经下石梘村的东部区域，现在下石梘村西部的众多水渠也是从面前河分出的支渠，可以说，面前河的河渠系统是下石梘村生产生活的主要水源，在居民的日常生活中发挥了重大作用。

在村庄尚未扩建联合之时，上、下石梘老村都位于面前河两岸，村民的日常用水都取于此处，村口门楼也向此河洞开，两村共用一河水却又不相互打扰。据村民回忆，在中华人民共和国成立之前，面前河十分宽阔，甚至可以撑船，河水也深，最深处有3米。在下石梘老村的临河门楼处，曾经还有吊桥，可随时收起放下以便交通和防卫。此说法虽无可靠记载，但是也从侧面反映了当年面前河的盛况和该河流对石梘村的重要作用。只是近年来随着房屋扩建，侵占了河床不少地方，使河道日益狭窄，再加上近十几年村庄也没有定期组织清理河床积淤，河床慢慢抬高了。现在面前河的日常河水深度基本没有超过50厘米，村庄内的河面最宽处也不超过3米。20年前还有牛在河水中打滚洗澡，现在河流变得又窄又浅，村庄中仅有的几头牛也转到了更为宽阔水深的背后河中休憩洗澡。

村庄西部的众多小河渠，多是之后引流过去的。原来面前河以西皆是农田，没有房屋，在数十年的发展过程中，村庄扩建，房屋越来越多地集中在河流西边，因此引了众多水渠。这些水渠多数向南流，消失在稻田之中。

（二）石梘

石梘是面前河从树林中流出到磐石上分出的一小段水渠。该石梘是天然形成的奇景，也是石梘村名称的由来。虎井之水从石上奔流而出，在磐石上形成了一段天然石槽水渠，即为石梘。

石梘长约20米，最宽处约35厘米，最深处约为40厘米。水流从石梘流出后，主要流经小学背后的玉米地，最终消失在田地里。玉米地的主人为了保证水源更加充足，在石梘上流修筑了简易的水泥拦水坝，截留了部分水用于灌溉自己的田地，石梘其余部分均未做修缮。

（三）背后河（鹅公河）

由北向南沿着贺龙山边，从石梘村背后流过的那条河叫作背后河，上石梘村村民更多地将其称为鹅公河。由于下石梘老村坐东朝西的格局，从下石梘村村民的角度看，位于村庄东边的河流即在村庄背后，故称其为背后河。根据村民的说法，背后河发源于桥头江水库出水岩，流经桥头、龙窝、石枧、世家等村，中途汇集了石墩河、面前河等河流，最终成为石家河的一部分。

背后河在山边田间穿流而过，水流较缓，在石枧村的河段最宽处约5米，最窄处约3米。河流水深变幻，平稳河段目测应在1米以上。河流在岩石上奔流而过，成为石枧村后的一道靓丽风景，村庄现在试图将其打造成沿河风光带。

（四）石墩河（石凳桥河）

石墩河发源于芦家水库，经过果园与上石枧村，再到稻田，绕过村委会办公楼，在社公庙和面前河汇合，一同汇入背后河中。石墩河上游主要流经果园，穿过国防路，主要流经稻田和旱地，是这部分田地的重要水源。

三、水库

富川是一个水利大县，境内水库众多，水库系统也颇为复杂，水库与水库之间有水渠相连，水渠流经村庄，调节村庄的水资源。水库均由水利部门管理，由其负责检测水库水量和异常情况。就石枧村而言，村庄大部分的行政范围都处在石家水库灌区，受石家水库系统的影响较大。就水库系统而言，与石枧村关系较为密切的水库主要有龙窝塘水库、桥头江水库、芦家水库以及石家水库。这4个水库不同程度地介入了石枧村的水资源系统中，成为石枧村用水来源。

（一）龙窝塘水库

龙窝塘水库处在北纬25°0′40″，东经111°26′50″，位于石家乡龙窝塘村，在石枧村的东北方向。龙窝塘水库的水源为湖南来的地下水。就地形地势角度而言，龙窝塘属于石枧村水系的上游，水库引水渠通向桥头江水库，进而流入下游的其他水库，成为石枧村水渠系统的水源之一。龙窝塘水库兴建于20世纪50年代，于1957年3月31日竣工，现为小（一）型水库，总库容为178.8万立方米，有效灌溉面积为1500亩，下游影响约1000人、5000亩耕地；多年平均降水量为1709.6毫米，平均径流量为

0.0299亿立方米①。该水库现归属于石家水利工程管理所管辖,有3名管理人员。石家水利工程管理所的办公楼原位于石家水库,现已经年久失修,鲜有人去。

(二)桥头江水库

桥头江水库,又称桥头水库,位置在北纬25°0′35″,东经111°26′3″,位于石家乡桥头村,靠近湘桂边界,在石枧村的东北方向。该水库处于龙窝塘水库下游、石枧村水系上游,水源也是从湖南来的地下水。水库引水渠多条,其中有一条流经石枧村,成为石枧村部分田地的灌溉用水和部分农户生活用水的来源。桥头江水库于1958年7月1日开工建设,1959年12月30日竣工,现为小(一)型水库,总库容为196万立方米,有效灌溉面积为1200亩,下游约影响10000人、3000亩耕地;多年平均降水量为1550毫米,平均径流量为0.3217亿立方米。该水库现归属于石家水利工程管理所管辖,有7名管理人员。

桥头江水库原来是一个湖泊,后开发为水库,地下水是水库的重要水源。位于桥头江水库的出水岩,就是地下水出水口,现在也是石家乡主要的水源地,是自来水的水源。桥头江水库不算大,由于常年打开水闸泄水,水库在冬天的时候水量锐减,濒临枯竭。桥头村位于桥头江水库大坝之下,桥头江水库是其主要水源,但主要用于生活用水,很难用到灌溉上。笔者在桥头村里走访时发现桥头江水库水渠一再细分,网罗了整个聚落,构成了桥头村的水系。

(三)芦家水库

芦家水库又称鱼苟山水库,位置在北纬24°58′20″,东经111°23′20″,位于石家乡石枧村与炉家宅的交界处,两村均有占地。该水库处于石家水库的上游,水库的水通过溢洪道流入石家水库,另有多条水渠流经炉家宅和石枧村。芦家水库于1976年9月1日开工建设,1977年3月31日初步完工,现为小(一)型水库,总库容为125万立方米,有效灌溉面积为1000亩,下游影响约1100人、2500亩耕地;多年平均降水量为1550毫米,平均径流量为0.03亿立方米。该水库现归属于石家水利工程管理所管辖,有3名管理人员。

芦家水库原名鱼苟山塘,是自然形成的一个小水塘,后来才开发为水

---

① 数据均援引自富川瑶族自治县水利部门的内部资料。

库。由于在建设过程中占用了炉家宅的地,因此应炉家宅人的要求,将水库的官方名称定为芦家水库。鱼苟山塘塘尾有一座娘娘庙,庙前有一口井,叫作鱼苟山塘井,又称为出水源。根据村民的说法,之所以有鱼苟山塘,就是因为这口井流出的水量丰富,于是他们做了塘坯储水,顺便养一些鱼,等到干旱的时候就放水。从芦家水库出来,有一条天然形成的河流,叫作石墩河(石凳桥河),这条河流经过果园、稻田和石枧村,最终和面前河一起汇入背后河中。

芦家水库是炉家宅主要的水源,也是石枧村重要的水源。炉家宅原来没有较为稳定的水源,建设了水库和引水渠后,芦家水库的水成为炉家宅的主要水源。但是,由于开荒等原因,水渠常常堵塞,在石枧村的上游段还常常清淤,尚且可用,但是下游炉家宅部分就堵塞得比较严重,田地受影响比较大。芦家水库的水在石枧村主要用于灌溉果园和旱地,尽管堵塞也会造成影响,但由于不是用来种田,需水量不是太大,故而不会有太大麻烦。

(四)石家水库

石家水库,位置在北纬24°57′40″,东经111°22′50″,位于石家乡世家村与石枧村的交界处,两村均有占地,有多条水渠流出,流经石枧、世家、福利、古城等地,最终注入富阳最大的水库——龟石水库中。石家水库的水源主要靠在石家上游的石家河上筑坝,拦蓄石家河的洪水。在石家河上游龙湾河段,兼有引水坝和引水渠,引水渠长3.5千米,引水渠经过芦家水库,再从该水库溢洪道开渠泄入石家水库。石家水库于1966年8月1日开工建设,1977年8月1日竣工,经过数次扩容和加固,现为富川库容最大的小(一)型水库,总库容为986.9万立方米,有效灌溉面积为11000亩,下游影响约20000人、25000亩耕地;多年平均降水量为1550毫米,平均径流量为0.0563亿立方米。现在该水库为富川瑶族自治县水利局直管,有9名管理人员。除此之外,石家水库现在已经由私人承包,老板平时雇人在水库旁边居住巡逻。

石家水库灌区有东西干渠,共长14.2千米;支渠3条,共长5.5千米。水库运行后与龙窝塘、桥头江、石梯坳、月亮湾、大田湾等水库连成了灌溉网,有效灌溉面积1.585万亩,是富川县万亩灌区之一。[①] 石枧村

[①] 参见富川瑶族自治县水利电力局编《富川瑶族自治县水利电力志》,富川瑶族自治县水利电力局1992年版,第56页。

也处于该灌区之中，主要是村子南边的部分田地使用该水库的水。据村里的人说，石枧村自身虎井的水已经够用，而且使用该水库水渠的水也很不方便，所以石家水库实际上对村庄的作用不是很大。就其效益而言，更多的是滋润了下游的村镇。

四、水塘

除了政府建设的水库之外，村中还有多处自发组织修建的小型蓄水工程。据观察，村中有水塘不少于5处，现在多数处于废弃状态，并没有发挥水调节的作用，只用于放养鸭子。

此外，村中还有不少桑基水塘。笔者了解到的桑基水塘有石盆山塘、社尾井塘等，大多是20世纪50年代修筑的小山塘。在远离密集河渠网络的地方，这种水塘发挥了一定的蓄水灌溉作用。此类桑基水塘由于规模太小，不属于水利部门管理，由村内自管。

通过前面的描述可以看到，虽然我们将水系分为4种类型，但是也难以言尽水系全貌，因为这只是一种分类方式，并不能将水系的整体分割开来。石枧村的水资源是作为一个不可分割的系统来发挥作用的，泉井、河渠、水库及水塘互相连通、彼此补给，甚至连通着地下水，共同为石枧村的生产生活服务。

第四节 水资源利用方式

一、作为生活用水和生产用水的河水

石枧村的河渠网络是由3条主要的河流及其支渠构成的，它们都与村庄生产生活密切相关，集生活用水和生产用水于一体。在村民的日常生活中，河渠是清洗物件的聚集地，是儿童玩耍的地方，也是放养鸭子的水域，甚至是刷牙洗脸的地方。在生产方面，河流主要起灌溉的作用，从上游的果林、烤烟、玉米地到下游的稻田，皆受河流滋润。

（一）生活用水

现在村庄内密布的水渠是几代人辛苦建设起来的，随着村庄的扩建，水渠系统也不断扩张，河渠从村民的门前屋后流过，基本上每户人家离水

渠都不会太远，甚至有的房子就建在水渠之上，河渠与村庄的日常生活融为一体（如图4-3所示）。

图4-3 在面前河中洗菜的村民

村民与河渠的日常关系十分密切，最常见的景象就是三两个妇女蹲在河边洗衣服，即使现在很多家庭已经自己打了井，但他们还是习惯在河渠里洗衣服。与在大河旁边的村落不同，这里很少有妇女集中在河边某处一起洗衣服一块儿聊天，这是由于村庄内河渠分散而便捷，基本上大家都会在离自己家最近的河渠洗衣服，很少聚在一起；而且水渠在村庄里面要给建筑和道路省空间，也没有宽敞合适的河岸供多人一起洗东西，基本上河渠边的一块石板就是全部空间。不过，河流在村口的台阶较宽，所以有时可以看见几个妇女一边洗衣服一边愉快地聊天，偶尔还可以见到两人隔着河流拉家常。在进行一次入户访谈的时候，从云南嫁过来的ZY正在路边的水渠洗衣服，她3岁的孩子缠着她，但要洗的衣服又脏又多，她只能一边安慰小孩一边把丈夫的工装摊开在水泥路边用洗衣刷用力地刷净污泥，洗衣粉的泡沫也从地上流淌到水渠中，泡沫在不远处的下游逐渐消失不见。

在河渠中洗水果、蔬菜、禽肉等食物都是很常见的场景，还有不少人会在河渠里洗碗筷。尤其是村中六月十六过节那几天，村中很多人大摆宴席，河边时常可见忙碌的身影。妇女们忙着在河水里洗猪肚、牛肉、狗肉，褪鸡毛、鸭毛，宰杀肥鱼，清洗蔬菜水果，河渠里经常飘荡着被丢弃的动物内脏以及瓜果皮屑。上游的血水流到下游正在清洗蔬菜的人的面前，他也不会格外在意，只是再洗一洗，就将菜拿回了家。吃完饭后，再用大盆装着碗筷，拿到河渠边慢慢洗，或者干脆把碗碟放在水里浸泡一段时间再洗。平日里洗水果蔬菜就更加随性了，在村民家中吃西瓜的时候，他通常就把西瓜抱到对面的水渠里洗干净，然后一刀切开后再分给大家，大家在吃的时候也不会考虑这个河渠水是否干净，事实上也没有发生过什么问题。但是，这对于很多外地人而言可能很难习惯。例如，远卫的女婿唐大哥就直言自己刚来的时候不太能接受，那段时间甚至腹泻了好几天。看着村里人在水渠里直接洗水果、蔬菜、禽肉，又不太讲究河水是否清洁，唐大哥现在虽然心里还是不能接受，但是似乎生理上已经接纳了河水，至少，2016年他在这里待着没有感觉到身体不适了。

  在村里偶尔还能见到用河渠水刷牙、洗脸、洗澡的人。村中一位独居的年轻男子因为父母不在家，家里又没有打井，每天基本都是用河渠水刷牙、洗脸、洗澡、洗碗。有一次笔者借他家厨房做饭，他赶忙拿着前一天未洗的碗筷，带着洗洁精跑到对面的河沟里刷了一遍，同行的伙伴看不惯这种做法，还是坚持用厨房里储存的井水洗了一遍才使用，小哥也不以为意，觉得两种水差不多。7月12日上午8点多，正好看到村民们在洗井，一个小伙子已经下去，旁边忙活了大半天的几个大叔趁着歇息的空档，就用井边水渠的水洗脸洗手，还有一位在河边刷起了牙，一边刷一边对其他大叔说："你们洗手往下（游）去点，我在这刷牙呢。"一两个小时之后，井内污泥差不多洗刷干净，在一旁等待的大婶赶紧把西瓜在水渠洗了切开慰劳几个村民。

  另外，村中也养了不少鸭子，鸭子多数是在河渠里或者鱼塘里放养，尤其是面前河较为开阔，麻鸭常常成群漂浮在水面上。在下游洗手时，也常可看到上游不远处的鸭群欢快地游动，甚至会有羽毛漂荡到面前来。这种生活场景让人觉得奇妙，河渠在村民的生活中是非常自然的存在，但在外来者看来，河渠水并不干净，当地人却已习以为常。大概是一方水土养一方人，一定程度上的不卫生也能被长期生活在这里的村民适应和接纳，如果嫌弃生己养己的水，也很难说此人对家乡有多少感情——对水的接纳，是对整个村庄生活的适应与认同。

  在调查期间，村庄里随处可见放暑假的孩子在玩耍，他们三三两两在一起玩游戏，也常常在水边摸田螺、捞小鱼，家长们也听之任之。摸田螺、捞小鱼给孩子们带来了乐趣，但是也存在安全隐患。有一位村民跟笔者谈过，小朋友在水渠边玩耍，也容易落水，尤其是冬天的时候，衣服穿得太厚不太容易爬上来。他曾经救过一个小孩，但后来那个小孩隔几天又掉下去了,那个小孩的奶奶也不在身边,那次没有这么幸运碰到人救他,虽然没有溺水,但是撞到了下游的石头,不幸身亡。此类惨剧虽不是经常发生,但也是骇人听闻,这是家长对小孩在水边玩耍不警惕,监管有所松懈所致。

(二)生产用水

河渠作为生产用水,主要在农事灌溉和小作坊生产方面发挥作用。最为重要的作用还是河渠网络对农田果林的灌溉。果林、玉米地多位于河流的上游,在村落之上。水渠从林中、旱地间经过,需要水的时候村民就用水泵、水管将水从河渠中提取出来。又或者果林的主人有时担心干旱,会将河渠水储存在蓄水池中,以备不时之需。村中的稻田主要位于河流下游、村落之下,此时河道经过村落已经一分再分,形成许多条小水渠,这也正好契合了水稻需水的格局——四散的小水渠方便引水到各处稻田,水渠从村庄出来之后就变为涓涓细流,浸润着稻田,渠道消失不见,水流全凭稻田系统内化调节,剩余水量也会自行排到南边的河流中去。虽然有部分稻田也在使用现代的抽水机等机器抽水,但是机器受地形因素限制较大,成本也略高,原来形成的稻田自流系统还是主流,也能够满足生产需要。村民谈及水稻田的时候非常自豪,说从来没有听过村里哪些水田旱了,所有的稻田都是保水田。根据笔者的观察和了解,平原上河网密布,稻田确实水量充沛,只需要担心受洪涝影响,不用担心受干旱影响。大约是由于水资源充足,在用水方面村民也很少有争执,水都是自然地从上田流到下田,不同农户家的稻田自然地形成一个水系统,石枧村的水资源丰富程度可见一斑。

在小作坊生产方面,河渠水也发挥了一定的作用。村庄内做豆腐的大叔特意将作坊盖在一条水渠之上,水渠从屋内流过,做豆腐的工具架设在水面上,泡豆子、磨豆腐时取水方便。大叔做豆腐做了几十年,做出来的豆腐香嫩幼滑,在村中有不错的口碑,想必河水也发挥了不小的作用。另外,村里还有几户人家酿酒出售,部分也使用了河水。

河水不仅绕围着村庄,也像村落的血脉一样流动在人们的生活生产之中,倘若无此河水,石枧难成石枧。

二、作为饮用水和生活用水的井水

村落中大大小小的井有数十口,其中既有天然公塘井,也有村民家中自行挖掘的水井。井水在村民生活中主要是用作饮用水和生活用水。

整体而言，村民们现在主要的饮用水和生活用水来源就是井水，尤其是深水井。由于公塘井村中只有几口，有些村民家离井较远，往往自行打井使用，免得路途辛苦。村民们现在越来越倾向于在自己家打井，而且要深层水，认为这样比较干净甘甜。由于村落的地形地貌，有很多地方两三米下去就可以见水，但是这种水一般是地表降水直接渗透聚集的，而不是地下水。以前条件一般的时候，很多人家里挖的就是这种井。但这种井水受季节降水影响比较大，水位波动频繁，而且水质也不太好，容易受污染。一些人家选择重新打井，即使自行挖掘，也会尽量挖深一些，以保证水的质量。而且现在大部分井都是接了水管，构成便捷的自来水系统，安装热水器、冲水马桶也因此变得可能，家庭用水非常方便。传统按压式的水井已经比较少见，正在使用的只有几座，多在一些老人家中看到，有条件的家庭基本都改造了自家的井水系统。林声旺家在1996年挖了一口井，是按压式的，当时挖了两米多，是地表降水的渗漏形成的水源，所以干旱的时候水就不够用，故而2015年家里重新请打井人员施工打了一口16米的井，用上了自来水。

自行打井是主要趋势，但也有部分家庭还在使用公塘井作为水源，或者借用别人家的井水，这些家庭一部分是因为用地狭窄或者房屋位置特殊无法自行打井。如果要借用别人家的井水，相互间的亲缘关系一般较近，关系也比较好，比如远香家现在借用的就是堂弟家的井水。还有一部分家庭离公塘井近，使用公塘井比自行打井便利，一直以来使用的就是公塘井水，于是就直接在公塘井接水管使用自来水。远卫家使用的就是老桥井的水，尽管接水管还要过河，略有不便。但是，一方面因为自身房屋面积太小，房屋一般已经建在水面之上，没办法自行打井；另一方面，他使用老桥井的水已经多年，接水管自用也是自然的事情。但是，在六月十六过节的时候，他准备晚餐时常抱怨厨房停水，因为那时大家都在准备晚餐，用水量很大，而水泵的压力不够，导致他厨房里没水。他认为至少要加3个水泵才能够让使用老桥井水的人家同时用水，之前只是稍微修缮一下就一起接了水管使用，而且这种大规模用水的情况也比较少见，所以没有人提出要维修。老桥井水的使用困境应该也不是个案，可能几个公塘井都或多或少存在这样的情况，用水不足可能也是大家从公塘井转向自己打井的一个原因。

安装了自来井水系统的家庭，已经自然地将井水作为主要的生活用水和饮用水来源，洗衣服、做饭、洗澡都离不开井水。常常可以看见妇女在家门口井水龙头处洗衣服、洗菜，走进村民家中，也可以看见厨房的自来水龙头。从饮用水的角度而言，有些家庭习惯烧开了井水再喝，有些村民则直接饮用。不过，随着水土污染的影响以及生活习惯的改变，直接饮用的情况还是比较少见了，多见于老一辈人。但有部分水井还是可以直接饮用的，比如上村油榨屋的凉水井。根据林声旺的描述，这口井的水很好，以前家中没打井之前就到这里挑水喝，原来这口井没什么水，建了鱼苟山水库后，现在水量就变大了。他上山干活前常常带这里的水上去喝，村里的人后来也说这个水好，直接喝也不会拉肚子，他笑言自己早就尝过了。

三、作为生产用水的水库水

石枧村的水库资源也十分丰富，除了石家水库和芦家水库两大水库，还有众多桑塘水库，这些水库的水主要是作为生产用水，多用于农事灌溉。

直接使用水库水灌溉的情况较少，一般水库的水都是通过溢洪道或者引水渠流出才为村民所用。当然，使用何处的水，要依据方便程度而定。譬如，家友家里在水库旁边种了特早柑，这类柑橘林一般不用浇水，靠降水就基本足够。而因为果林离泄洪渠比较远，如果需要进行灌溉，一般直接用柴油机从水库抽水，管子一般要接50米，即使这样，也比到水渠近。因此，如何使用水源与地理位置和人力成本是密切相关的。

由于一系列水库的建设，现在石家水库灌区的有效灌溉面积已经达到了1.585万亩，其中仅石家水库和芦家水库的灌溉面积就达到了1.1万亩，石枧村大部分的土地都在灌区范围之内。石家水库灌区有东西2条干渠和3条支渠，极大地便利了农田灌溉。从石枧村的实际使用情况来看，石家水库的水主要灌溉了村庄南部的部分农田，而芦家水库的灌溉面积更大，北部的果林、旱地和部分稻田都受其润泽。

村民对两个水库的使用情况的看法却并不一样。大多数村民对石家水库都心有不满，认为石家水库占了石枧村这么多地，却没有什么赔偿，而且也用不着它的水，以前还要交水费，觉得并不公平。虽然实际上石家水库的水浇灌了部分田地，但是更多的还是流到了世家、黄竹等村庄，石枧村的实际使用量并不大。水管所的工作人员否认了这种观点，并且向笔者大致说明了石家水库灌区的情况，但这并不能改变村民的主流观点。一次在小卖部聊起这件事情，其中一个村民就说："水库放的水是深层的水，冰冷刺骨，我下田时一下子根本受不了。我们有虎井的水，石枧村根本不需要水库的水。以前还要收水费，村里的人意见都很大。"另外一个人也说："虎井的灌溉面积很大，水库的水基本不用来灌溉，石家水库的水放出来禾苗都不长。应该是那水太冷了，不好。"所以村里人基本只在"不得已"的情况下才使用石家水库放出来的水。而芦家水库，原本就是鱼苟山塘，在中华人民共和国成立之前就已经存在，为村民所用，即使它现在已经变为水库，也并没有改变它的使用情况，上石枧村很大一部分田地和果园都用芦家水库的水来灌溉，炉家宅、苟塘等村的农田更是如此。石枧村村民对芦家水库的称呼依然沿用从前的叫法——鱼苟山塘，对芦家水库水资源的使用也更加习以为常，这也反映了村民在心理上对两个水库的接纳程度。实际使用情况和村民认知中的使用情况有所冲突，但这并不能改变两大水库在村民生产活动中的作用。

另外，村中还有好几个桑塘水塘，在石枧村位于石家水库灌区之外的地方发挥着较大的作用，比如背后河往东靠近湖南边界及靠近坪珠村的地方，由于没有河渠系统的支持，主要靠这些小山塘来蓄水灌溉。比如，在石枧村和坪珠村交界的地方，有一个2014年才修筑的桑基鱼塘，石枧村和坪珠村的农田都在使用，但这个山塘是属于石枧村的，坪珠村的农田相当于借用石枧村的水。

由于石枧村本身水系统已经十分发达，水库水后来才作为石枧村的水资源，难以在核心位置发挥作用，只是作为一个生产用水的补充和储备，村民对其接受程度还不算高，但也在部分使用。

第五节 水资源的运转与管理

水资源作为农业社会发展的重要因素，农业生产尤其是粮食生产是伴随着水利建设的发展而发展的，水资源的富足与否也往往成为一个村庄是否兴旺发达的标志。在前工业社会，若要通过土地养活众多人口，必须通过扩大种植面积和兴修水利来提高粮食产量，而在可垦面积达到上限之后，水利就成为尤为重要的部分。即使在今天，农业仍然受自然因素限制很大，如果要保证农业生产的安全，就要大力发展水利。而水利并非一人一时之力就可以建成和维持，需要群体共同维系。由此，围绕水利，就产生了一系列水资源的运转机制和管理制度。

就石枧村而言，由于水资源丰富，土地丰饶，人均耕地面积较大，因此在水利方面的矛盾冲突是比较少的，水利合作的需求也不像一些北方地区那么大,水利的运转和管理实际上处于一个比较松散的状态。石枧村现在水资源的运转管理主要靠的是国家层面的维持,集体和民间层面也有部分作用,但是越来越松散。

以下分国家层面、集体和民间层面两个层面来谈水资源管理:国家层面的管理主要包括制度政策指标、资金支持和国家直接管理的水利工程,集体和民间层面的管理则关注中华人民共和国成立前的基层自发管理和中华人民共和国成立后的集体管理与民间运转。

一、国家层面

国家对水利的重视一直没有放松,在20世纪50年代到70年代中期,举国上下都在进行大规模的水利建设,修水库堤坝、建水电站等,并由此产生了一系列管理制度和部门,管理着从上到下的水利事务。20世纪80年代到21世纪头10年,国家对水利的监督有所松懈,而且中间一段时间水库管理权下放,很多水库实际上处于无人管理维护的状态,但由于近年来农业发展遇到困难,从2010年起,全国开展水利普查,水利得到重视,运转和管理发生了一定程度的变化。

以下从制度、管理部门、水库和河流的管理与建设4个方面讨论国家层面对水资源的管理。

(一)制度

国家近年来较为重视农田水利事业的发展,多次颁布与水利相关的文件,无论是中央一号文件还是《农田水利条例》,都从制度层面进行了完善管理。中央对水利的重视,也使得下级政府和基层感受到了来自上层的支持和自身不足而形成的压力,更多的水利项目也因此得以发展。最新的《农田水利条例》于2016年5月17日公布,从7月1日开始执行,笔者在乡政府阅读到此份材料,政府工作人员也表示正在推进水利工作。

(二)管理部门

就管理部门而言,石枧村的水利项目和水资源管理主要受到富川县水利局、富川县水利移民管理局和石家水管所等部门的影响。这些部门各自侧重于不同方面,对石枧村的水资源运转和管理产生影响。

水利局对农田水利的管理并不会直接到村社,而是通过水管所或者乡政府来实现。诸多的水利建设项目,通过水利局划拨到乡,再分配到石枧村；石梘村若要修建水利工程，也需要通过乡政府再向水利局报备、领取拨款。

水利移民管理局的管理有所不同，它主要是对水库移民进行补助和对移民村进行建设项目支援。水库移民的补助不经过乡镇，直接打到村民账户。石梘村作为一个移民村，可以向水利移民管理局申请资金发展村庄建设。

石家水管所实际上是水利局的下设单位，但它跟水利局的建设项目基本没有关系，主要是进行水库等水利设施的日常监测和管理，因而与水库关系最为密切。

（三）水库的管理

现在龙窝塘、桥头江、芦家和石家4个水库都属于国家管理，主要通过水管所的工作人员来管理，工作人员负责每日观察水文，记录水文数据，观察是否有异常情况并及时报备。

以个人为例，居住在石梘村的石家水管所的工作人员远卫负责管理龙窝塘水库和桥头江水库。和他共同管理的有3个同事，他们实行轮班制，一般半天一轮班。远卫通常在下午上班，开车去两个水库进行观测和记录，下午3点左右要去乡政府签字报到，以确定上班，也算是乡政府的编制人员。在乡政府工作繁忙的时候，还需要协助工作，如2016年石家乡人大代表选举，远卫就负责曹里选区的工作。遇到下雨等情况时，需要多人值班，夜间也要进行观测记录，由于4～7月是汛期，降水量多，因此常常需要加班。在笔者待在村中的一个月时间里，下过两三次雨，每次下雨远卫通常要半夜才能回家，早上也要去上班。通常他们是两个人一起在水库旁的值班室过夜，一人睡觉一人观测，轮流换班。

水库建成之初，多由县水电局管理，故多是国家职工，后来1979年体制下放，水库转为公社管理，水管所机构不变，但是性质已经变了，很多水库甚至连水费收入都没有，仅靠水库养鱼和发电的收入。石家水管所在20世纪50年代就成立了，但几十年一直没有解决员工的财政编制问题，很多老员工退休之后一无所有，子孙颇有微词。水库管理需要成本——水管所众多的工作人员都需要发放工资。像远卫这类工作人员的收入主要靠在各村各户收水费来维持，直到20多年前才有了财政拨款，解决了编制问题，现在远卫每个月工资3000多元。

重要的水库都归属县里管，都有了财政拨款，在管理经费上基本没有问题了。只是愿意来水库工作的人越来越少，新的工作人员都是在此挂名，实际上却在办公室工作。随着远卫这一辈工作人员的退休，水库的管理可能会遇到人员缺乏的危机。

（四）河流的管理与建设

石枧村现有的河流和水渠基本没有严格的管理制度，主要是维护和翻修方面的工作，政府在这方面提供了主要的支持。

其一，水利局每年都会有冬春农田水利建设项目，每个乡镇、每个行政村都有相应的建设任务。政府通过颁布这些强制的建设任务，以期达到保证河渠水库运转畅通的目的。从石家乡政府的文件来看，以《富川瑶族自治县2012~2013年度石家乡冬春农田水利建设目标责任状》为例，其中明确规定了关于水库水渠清淤、征收水费谷以及水利建设项目的任务。其中，提到石家水库有11千米的清淤任务以及干渠水毁修复工程、除险加固工程，芦家水库有4千米的清淤任务；甚至具体到每个村庄——其中石枧村有4千米的渠道清淤和7吨水费谷任务。国家试图通过这些硬性工作指标来推动水利建设和维护，但是具体到基层，可能就会发生变化。至少在石枧村，清淤已经成为政府工作人员的工作了，跟村民们的实际生活联系已经不大。在十几年前，石枧村每年冬天都会组织大家一起清理淤泥，以免阻塞河道，现在由于大家对水利都不如从前那么关注，政府强制安排任务也难以有所成效。

其二，政府会提供财政拨款来帮助建设水渠水库。这些年，由于国家的重视，水渠建设也乘着东风发展起来，石枧村的水渠"三面光"工程到今年①为止已经做得差不多了，需要修葺的大部分河道都已经做了水泥硬化。这其中除了"一事一议"工程、村民自筹和烟草公司资助外，政府财政的支持是主要力量。如果水渠、水塘出现了问题，村民向村委会反映，一般由村支书或者村委会主任代以上报，予以财政解决。

二、集体和民间层面

对于水资源的管理，从前国家集体时代管制得较为严格，村民主要从事农业生产，水利建设绝不落下，相关制度活动按部就班；现在基本趋于松散，主要是由于农业从业人口减少和水稻种植面积下降，大家对水利也不甚在意，水资源的管理主要靠村委会来维持。民间层面而言，由于并没

---

① 本书完成于2017年，书中"今年"如无特殊说明均指2017年。

有用水冲突,因此没有严格的用水规定,而小范围的问题则由利益相关的农户自行解决。

(一) 中华人民共和国成立前的管理

根据《富川瑶族自治县水利电力志》的记载,中华人民共和国成立之前,县里的塘堰泉井等水资源和大小水利设施多掌握在族长、乡绅手中,设置的塘长、堰长、首事等名头也多为内定,水利工程的管理形式有3种类型:"第一,灌溉范围宽,受益村多的工程,由各受益村选出1~2名头人来,再集中各村选出的人开会,推举塘长、堰长或首事组织管理","在用水期间有专人巡视堰坝,每村有人负责看水,执行议定的堰规";"第二,一族一姓所有的水利设施,则制订条规,选出专人管理";"第三,灌溉范围较小的水利设施,则由受益农田较多的农户管理"①。由于水资源的重要性,民间自发形成了相互合作的管理形式,多是派专人负责管理,并有着相关的条款规定。大致的内容有:"一是禁止耕牛从坝上过河,或在塘基上放牧,违者轻则警告,重则罚款。二是不得在塘内及塘基下挖土和在塘内捕鱼毒鱼,在农田用水期间,不得放坝、堵沟捕鱼,或私自挖渠开口导水入田,违者没收工具和罚款。三是不得毁坏工程建筑,违者轻则罚款,如有违抗或故意破坏者,即由公众联名禀官惩处。"而石枧村在中华人民共和国成立之前,村内主要的水源是虎井及面前河、背后河,有鱼苟山塘等与其他村庄公用的水塘,但与其他村庄合作的需求并不是很大。村庄内部有水利合作管理的传统,比如定期清淤、筹钱维修等,也曾经制定过条规进行管理,不过并没有形成独立的组织和完善的制度。随着中华人民共和国的成立,这些组织的作用很快就消失了,转而向国家层面靠拢,水利建设也依照国家步伐进行。

而灌溉权由于地方利益的纷争,往往成为纠纷械斗的根源。但村庄之间无法长期斗争,也有部分管理办法,如码口分水、轮灌或者串灌、漫灌等,但都是权宜之计,还是常常因为分水而发生争斗。石枧村虽然水资源丰富,但是在中华人民共和国成立前甚至20世纪80年代之前还跟其他村庄发生过争斗,尤其是由于虎井用水的问题跟炉家宅人打过几次,中华人民共和国成立后,国家的统一管理一时还难以消解这种矛盾,直到近年来才逐渐缓和。

---

① 富川瑶族自治县水利电力局:《富川瑶族自治县水利电力志》,富川瑶族自治县水利电力局1992年版,第117页。

（二）中华人民共和国成立后的集体管理

一是工程管理。石家水库和芦家水库自建设后，大部分时间是归国家管理，但是体制下放后，多个水库归为公社管理，水电部门只负责业务指导。当时石家水库就划归福利公社进行管理，石家水管所依然存在，员工还是国家职工，只是工资的来源变为水库自主经营的收入，如水费、养鱼、发电等。在这样的情况下，就如前文所言，水管所工作人员的日子并不好过，当地村民也不理解他们的工作。幸而后来国家又将水库管理权收回，恢复了财政拨款。

现在属于石枧村村一级自主管理的工程多是桑基水库和村庄的灌溉水渠，水库水渠年久失修仍然可以申请国家财政支持进行维修，集体层面需要发挥的作用越来越弱。在二三十年前，每年村庄都会安排水利冬修，大部分青壮年都要参与河道清淤。但随着国家管理的放松和水稻种植的减少，村里这类活动也逐渐式微。

二是灌溉管理。1956年全面实现合作化之后，富川县各地方基本上是以生产队为单位，建立看水小组，用水期间专人看水；制定了水源的管理使用和保护等公约，管水人员一般按同等劳力记工分参与分配。但据被访谈过的石枧村几届村支书介绍，村内都缺少这种看水人员和制度组织。这种严格用水的观念和制度在石枧村一直很难建立起来，村内用水一直很宽松，争斗也远没有其他村庄激烈，只是对外村会捍卫本村水源的所有权。灌溉在石枧村也是一个自然而然的事情，不需要制定太多的条条框框去管理。

（三）民间管理的现状

就现状而言，石枧村现在能够自发形成的水资源管理合作，就是小范围内的农户合作，而且这种合作多是临时性的，缺乏长久合作的基础，因为这种合作主要发生在季节性的河道阻塞和临时性缺水的时候。尤其是季节性的河道阻塞，让农民感到非常麻烦。因为多是局部性的事情，所以难以让村里一起上报解决。

芦家水库有几条灌溉水渠，现在经常发生淤塞，流向炉家宅的那条堵塞得比较严重，但是在石枧村境内的河段情况尚好。不过，另外几条在石枧境内的水渠就常常发生堵塞，之前政府也修过一次，但是收效甚微，没过两年"三面光"墙就倒了。在上石枧村北部的一些果园和旱地受此影响很深，上报又很难得到及时的回复和适当的修整，只能由相关的几家农户一起出资解决这个问题。一位利益相关的村民家记简要谈过这件事情。

> 现在鱼苟山水库流下的水渠在芦家寨那一段又堵塞了，因为2016年春天雨水比较丰富，把淤泥冲进了河渠。石枧村那一段没有堵塞，因为是刚刚流下来的一段。我家在大路往上一段有一点果树，现在因为河道淤塞，也没办法浇水抗旱了，你看最近也不怎么下雨。不过也比不上芦家寨的田地受的影响大，他们主要是用那条水渠的水。
>
> 开荒让土很容易冲下来，从前种茶树的时候土比较硬，就不会那么容易被冲掉。现在河道堵塞我们也没有办法，报上去给政府也没有用。政府建设的"三面光"水渠（石家水库东大坝路）现在水泥墙都垮了，河道就堵了。政府不管，我们自己请挖机清理，去年花了几千块。而且清理还要等到秋天玉米收割后旁边田地空出来才能进行，不然清出来的淤泥没有地方放。几家人合伙凑钱清理水渠，谁出多少钱还要商议，挺麻烦的，如果觉得你的田地、果林多一点，他们就会让你多出一点，所以这事真的很难弄。

可以看到，村庄有些水利工程的维持是靠这种临时性的协商生效的。这些工程问题说大也不大，政府认为村里自己筹钱就可以解决；可说小也不小，对于利益相关的几户人家而言，每年也是不小的负担。而有些水道，譬如面前河等河渠，甚至连临时性合作也没有，使得聚落内的水系开始逐渐出现问题。以前，村庄可能会筹钱进行这类公共设施的维护，也会定期安排清淤，但是在民间集体管理逐渐式微的今天，这些问题都难以自发地解决了；而政府也无法面面俱到地为农民解决问题，这样就陷入了困境。因此，比起重新建设一条水资源管理系统，当务之急应该是如何利用现有的组织制度来维持村庄水资源系统的正常运转。

第六节　水资源的变迁

一、水资源利用的变化

（一）水库与村庄

石枧村的水系统原来较为简单，主要就是虎井水系和其他泉井，后来逐渐扩展成水系网。水库是后来才成为村庄水资源系统的一部分，尽管村民现在还有些适应性困难，但是不可否认水库对村民的生产生活已经产生了重大影响。

1. 前水库时代的旱涝及应对措施

石枧村位于季风气候区，降水变化量极大，非常容易发生旱涝灾害。石枧村处于岩溶谷地平原地区，地下水系发达，当地表降水量极为丰富的时候，由于地下水位高涨，地表水很难下渗排走，容易形成内涝，因此洪涝灾害对村民的生产生活影响很大。对于石枧村而言，虽然旱灾发生的概率比洪涝小得多，但在极端情况下，也曾有过用水短缺的时候，而且在干旱的时候，即使自己村庄生活用水不缺，农作物也很难不受影响。根据《富川县志》（光绪十六年）和《富川瑶族自治县水利电力志》的记载，从明嘉靖十五年（1536）到1949年，富川县域发生过13次大规模洪涝灾害和17次旱灾。在20世纪50年代修建水库之前，对于以农业生产为主的地区而言，旱涝灾害都是灾难性的。

对于这些灾害，具体情况村中已经没有老人记得清楚，但是关于一些事情，还是有所流传。在石枧村及附近地区，如果发生旱情，村民一般都要去娘娘庙拜祭。这里有很多庙都叫娘娘庙，常常让人搞不清楚，村民解释："各个地方各有各的娘娘，这个娘娘他们说很灵，但对我们来说，就不知道了。"在鱼苟山塘尾有一口井，井旁有一座庙，当地人称之为娘娘庙。对于鱼苟山塘附近的村民来说，这个娘娘是很"灵"的。村民担心我们不相信，还举了一个例子，是在民国时期发生的故事："有一个农户，看到娘娘脚上的漆裂了，就说娘娘的脚茬了，就是皲裂了，结果他在劈柴的时候，第一斧头就把自己的脚给劈了，就是因为对娘娘不敬。"由于建设水库把庙给淹了，现在大家已经不知道鱼苟山庙里面供的娘娘到底是谁，但这种传说还是有不少人记得。不过根据老支书林远诚的说法，鱼苟山庙主要供奉的是八宝公，还有其他一些神，但他记不清了。鱼苟山庙会定期举行庙会，在干旱的时候还会求雨。求雨的时候会请师公举行仪式，而石家乡是没有师公的，要去湖南江华请。求雨仪式一般要进行三天三夜。请师公作完法后，还要请戏班子唱戏，之后还要砍牛。石枧村在干旱的时候也会出资参加求雨仪式，上、下石枧村一起买牛供奉，有时候一头，有时候两三头。像这类求雨仪式，一般两三年举行一次，中华人民共和国成立之后就不举行了，因为是封建迷信。而且兴建水库之后水资源储量充足，也不需要求雨了。现在还会偶尔求雨的地方就是刘家了，石枧村已经很久没有参与过求雨仪式了。除了求雨之外，石枧村也会自己修筑一些小山塘储水，但是规模有限，遇到大的旱情，大部分的农田也会受影响。

洪涝灾害在石枧村也经常发生,现在在下石枧村的老宅墙上还能看到数次洪涝留下的痕迹。因地处平原,内涝难排,村民们基本无能为力,主要是定期做好河道清淤,然后在房屋的周围挖比较深的排水沟,并建设有效的排水系统。从前,面前河比现在宽阔得多,对洪水的吸纳能力也比较强。

2. 水库的修筑

《富川瑶族自治县水利电力志》中记载:"富川县由于地形、地貌和气候的特点,'骤雨则沉陆浮丘,稍晴则田干圳涸','土燥石枯,水源短促',夏涝秋旱,频频发生;一进入秋季,有的地方甚至饮用水都成问题。农民一年辛苦,难得温饱。故解放前,有'富川不富'之说。在这种情况下,水利建设对富川来说,就显得尤为重要。据本志记载,解放前,富川县只有一些小山塘、堰坝,有效灌溉面积只有5.67万亩,其中旱涝保收面积只有3.42万亩。"①

中华人民共和国成立之后,为了促进农业和农村发展,鉴于我国农业水利建设的低水平状态,开始兴修水利工程。那时,各地都在进行水利建设,建水库、筑大坝、修电站,凡是经历过那个年代的人都记忆犹新。那个时候,富川县也在大兴水利,石枧村大部分的劳动力都投入水库建设,不仅仅是石家水库,还会被抽调到其他地方,如横塘水库、鸡公坝等。村民金玉就反复提到那一段艰苦的岁月:"以前每家每户都要修水库,每个人都不能偷懒,因为会有人说,还可能罚钱。每个人都是肩挑石头、泥,还要带碗筷炉灶上去做饭,辛苦得很呢!哪像你们现在这么幸福。"

当然,对于石枧村的人们而言,石家水库的建设才是最为重要的,当时不仅是村中的劳动力,其他地方来帮忙建设的人也非常多,县委书记也曾亲临现场参与劳动。某村民说起这个来还颇有感慨:"石家水库从1966年就开始建设了,动用了全县的劳动力,包括县长、县委书记都到场指挥。那个时候真是人山人海。1966年我在读初中,1968年我就到部队了,具体情况我也不了解。像我上次带你去的那个林家明家里,他就一直在水库工作,是水库的员工。1975年我回来时,鱼苟山那个坝还在填。"在水库工作20多年的林家明也谈到了相似的内容:"1966年冬,世家村开始建设水库,当时石家水库库容1万立方米都不到,就是世家村自己管;那

---

① 富川瑶族自治县水利电力局编:《富川瑶族自治县水利电力志》,富川瑶族自治县水利电力局1992年版,序第1页。

个时候兴修水利，县委书记亲自来填土。1975年又在修水库，因为不牢靠容易崩塌，最后采取了建设涵洞等措施进行改进。"不管后来人们的看法如何，全民兴修水利的时代，有艰苦也有热情，很多人都对县委书记的到来记忆犹新，政府的支持让当时人民受到鼓舞，也加快了水库建设的进程。

但是石家水库的建设就没有那么顺利了，可谓一波三折，从1966年8月开始建设，到1977年完成，中间出现过两次险情，最终因此而没有完成设计方案。第一次险情发生在1970年5月下旬，世家地区连降暴雨，当时正在建设中的石家水库由于大坝底层填土含水量大，突然发生滑坡，坝顶部全部下滑，库水位距剩下的坝顶仅有0.5米，下滑的填土还堵住了涵管口，情况十分危急。最后经过抢险排水，保住了堤坝，但现在主坝外坡中下部还是有50多平方米的坝土松软湿润，以至于难以完成设计库容。后来1977年6月10日又发生了一次险情，溢洪道正在修建不能泄洪，经过一天一夜的抢险才最终保证了大坝的安全。

时过境迁，集体时代的热情已经过去，石家水库给石枧村村民留下的是巍峨的身姿，却"毫无用处"。之所以这么说，是因为修建水库时还是生产队管理的集体时代，那时淹了石枧村300亩地。因为是集体土地，所以没有赔偿，可到了今天，村民们心中就有了想法。而且，石家水库占了石枧村的地，却对石枧村的田地灌溉起不了多大的作用，水还养不了稻苗，这自然让村民觉得愤愤不平。尽管近几年国家对此进行了赔偿，每年600元的补助却并不是每个人都知情的，也不是每个人都拿到了这么多钱。而芦家水库占了石枧村和炉家宅共100亩耕地，也没有赔偿，但是石枧村村民对此却很少抱怨。石家水库尽管已经建成多年，但是要获得村民的认可还有一个漫长的过程。

3．水库管理与村庄生活

石家水库建成之后，成立了水管所进行管理，但管理过程中也和村民发生了冲突，其中主要是关于收水费的事情。

《富川瑶族自治县水利电力志》对计收水费的事项规定有以下记载：

> 解放前，兴建水利的资金来源，一是按照受益农田面积摊派；二是田主出资，佃户出力；三是按田排捐，族产填缺；四是私人捐助。因水利设施规模小，政府极少投资。工程建成后，管理维修的人工费用，皆按受益农田面积分担，不收水费。
>
> 解放后，国家用了大量资金进行农田水利基本建设，为了加强管

理，1956年广西省人民委员会颁布了《广西省农田水利灌溉工程征收水费暂行办法》，要求各工程量入为出，适当积累，以水养水，以工程养工程，逐步实现自给。

1985年以前标准较低，水田每亩0.60～1.20元，水谷0.5千克，经济作物略高于粮食作物。电灌站供水的农田，每用1千瓦小时电，收水费5分，但搬迁移民区的电灌站，一般不用收水费。

1985年5月4日富政发〔1985〕135号文件规定：1.农田供水一律按照面积收费，每年每亩双季稻收费4.50元，单季稻收费2.50元，中稻收费3.50元，水浇地粮食作物收费1.50元，经济作物收费4元，蔬菜收费7元。2.经工程管理单位批准，乡（镇）、村自备机具从水库或渠道提水灌溉，水费按上述标准减半计数。

1956年以来，国营、乡镇管理的水利工程的水费征收是先由工程管理单位核对灌溉面积，根据收费标准计算出收费金额，再会同乡（社）、村（队）干部将水费落实到村、到户。具体收交方法如下：

由水管单位职工，逐村（队）、逐户登门收取。

由当地粮食部门在农户公购粮入库结算时代收，收齐后一次性付给水管所单位，水管单位付给5%的代收手续费。

由乡镇、村委干部组织人员代收，收齐后交水管单位，水管所按规定付给代收手续费。

按照文件规定："凡遇人力不可抗拒的天然灾害，或者农田需水时工程因事故受到严重破坏，一时抢修不好，或者由于水量不足，需水时无水供应，造成减产或失收的，可参照农业税减免办法，报县政府批准后减免。"在执行中除农业用水外，其他各项用水水费一律按照水量计征不减。但农田用水由于受益单位不积极抢修工程，造成减产失收者，一律不予减免。

《富川瑶族自治县水利电力志》统计了1962～1985年年底的水费计收情况，根据不完全统计，石家水利工程从1979年开始计收水费，每年水费情况不等，1985年调整水费之前，水费最少是在1981年，为0.60万元；最多是在1982年，为1.88万元。1985年的水费收入为3.21万元。

光从数据上并不能看出村民们的态度，但根据在调查期间了解到的情况，多数村民都认为他们并没有使用石家水库的水，却还要交水费，这非常不公平。根据水管所员工远卫的介绍，以前要收水费，是因为没有财政拨款，员工需要解决收入问题。水费一般一年收一次，秋收之后到12月收，一亩田12千克或者24千克稻谷，2002年农村税费改革后取消了。收税费容易引起矛盾，又很辛苦，村民也有怨言。如果有人坚持不交，也只能作罢，等下一年再补上。远卫并不想提到收缴水费的具体情况，但后来我们在益友家见到20世纪90年代的水费收据，跟《富川瑶族自治县水利电力志》上记录的情况和远卫所说的相符，每年收12千克或者24千克稻谷，还会开具发票，右下角的经收人签名恰好是远卫。益友也说："收水费可以收稻谷，也可以收钱。不过收多少就取决于水管所，每年都不一样，有时是12千克，有时是24千克。"

水利工程一般都会开展综合经营，诸如发电、养殖、种植等。1979年7月，石家水库建成的坝后电站，装机2台，共325千瓦。现在，石家水库的发电站还在运行，发的电直接输回主电路，不供石枧村直接使用。根据《富川瑶族自治县水利电力志》记载，石家水库也曾发展渔业生产。现在被私人承包经营的水库，依然还在发展鱼苗养殖，撒鱼苗到水库，2~3年捕捞一次，但是不能放水捞鱼，因为水库是农业用水。据林老伯说，水库里的鱼很大，最大的有三四十斤①。借着渔业的便利，现在水库还常有人来钓鱼。不过石枧村与湖南交界，来这里钓鱼的很多是湖南江华、江安的人，大多是周末自己开着车过来，虽然他们开车会经过石枧村，并在石枧的地界上停留，但石枧村暂时还没有发展相关的商业。据村民说，尽管在石家水库钓鱼不要钱，但根据水库的管理状态，应该还是会进行某种程度的收费的。

修建水库的好处无疑是巨大的，在中华人民共和国成立初期国家生产力落后的情况下，大量水库水利设施的建设，让大小电站的建设成为可能，这些电站为当地村寨的通电提供了可能。石家水库的电站于1979年建成，利用水头21.5米，设计引水流量2立方米每秒，当时投资总共17.68万元，其中国家投资8.28万元，工程贷款6.8万元，还有2.6万元自筹款。现在电站仍归乡水管所管理，发的电也是直接输回总线路。

另外，在水库大坝下面，曾经有江西人在这里建厂采炼松脂，后来工厂倒闭了，现在也没有工厂再进驻。现在有3个石家人合股在水库下面的

---

① 1斤=0.5千克。

水塘里培育鱼种，周围的果林则是石梘村和世家村人承包种植的。

4. 水库对村庄农业的影响

实际上，水库的建设对村庄农业的好处还是很大的。相比周围村庄而言，尽管石梘村的水资源条件确实优越，但是面对严重的自然灾害之时也缺乏抵抗力。虎井滋养一方，也兼顾不了所有农田，所以在中华人民共和国成立之前，石梘村也会频繁地参加求雨仪式，祈求天公护佑。但这种活动终究是心理层面的努力，实际上也阻挡不了干旱的步伐。只有随着水库的修筑，石梘村的水资源短缺情况才真正得到了缓解。老支书林远诚也说，正是由于水库的蓄水，他们从此就再也不需要求雨了。石家水库灌区覆盖了万亩以上的农田面积，多条水渠四通八达、润泽四方，再干旱还可以开闸放水，实际效用自然是极大的。

虽然水库在修建过程中占用了一定的耕地，但是带来的效益远比几十亩、几百亩土地重大。现在短期来看，水库确实带来了一定的负面效应，如果石梘村更多的土地能够使用到石家水库的水源，让村民们得到切身的好处，几十年后村民对石家水库想必又是另一番评价了。

（二）河渠的变迁

河渠随着村落的发展也在发生变化。在这里，笔者主要讨论的是从虎井发源的河渠系统。河渠的变迁，一方面是河渠自身形态的变化，另一方面是村民对河渠的利用方式的变化。

1. 河渠形态的变化

现在村庄内的河渠网络密集，以虎井为中心呈扇形分布。但仅在几十年前，石梘村还只有面前河一条河流，那时的面前河有六七米宽，水也深，甚至可以撑船，水底都是自然的泥沙和石头，河里有不少的鱼虾。在下石梘老村的临河门楼处，曾经还有吊桥，可随时收起放下，有利于交通和防卫。村里的其他水渠也还没有落地，只有用木头连接的水道。彼时下石梘村都位于面前河东岸，随着房屋扩展，水渠也逐渐引到了河流西岸。但即使是引渠，水面宽度也有1米。

中华人民共和国成立以后，为了给建筑让路，面前河逐渐变窄，缩到了现在最宽处不足3米，其他河渠的宽度也在不断缩减。河堤原来是自然的土石，后来开始有意识地将它们逐步换成大石板。在2011年之后，村庄开始有了大量建设项目，其中就包括水渠的"三面光"工程，将大部分的水渠都进行了修整，用水泥将河岸、河底都糊住，变成了三面水泥墙。虽然"三面光"省去了每年修理河岸的麻烦，但河水的宽度大大缩减，河底也抬高不少。在河道上游没有修筑"三面光"的地方，又由于近年来没有进行河底清淤，河床抬高了很多。而且大概是水土流失的原因，水里的泥沙也变多了。如果完成了河底硬化的下游不进行清洁，那么河流对水的调节能力也会迅速下降。

总体而言，河渠系统的变化趋势是变窄、变浅、变固定、变娇气。现在已经有部分农户感受到了这种趋势带来的后果。有个村民就谈道："这两年洪水涨得比较多，一是因为雨水多，一是因为上游开荒比较多，水土流失严重。没有修整河渠之前，河渠也有两米宽，现在打了水泥之后不容易淤塞，只是泄洪能力没那么好了。何况洪水淹了房子、农田都没有补贴的，家里今年还淹了两次玉米田，加起来一亩左右，就是在河边上。"2016年洪灾时的村庄如图4-4所示。

图4-4　2016年5月洪灾时的村庄

2. 河渠利用方式的变化

村民们对河渠的利用方式也发生了一些变化。在20世纪70年代，村民们还经常饮用河渠里的水，从80年代开始，村民就很少将河渠里的水作为饮用水了，开始转而使用自己家里的井水作为饮用水。河渠里的水现在主要是作为生产用水和部分生活用水在使用。这其中变化的原因，主要是污染。接下来将谈谈这方面的问题。

(三) 洁净与危险——安全用水的发展

安全用水是一个非常重要的话题，尤其对于今天的中国农村社会而言，实现安全用水还有一个较为漫长的过程。这其中不仅有国家的投入和科技的发展问题，还有村民的观念转变问题。下面将从石枧村家庭用水的变迁和国家对安全用水的推行两方面来探讨安全用水问题。

1. 家庭饮用水的变迁

石枧村的家庭用水在短短的30年间发生了不小的变化，但由于习惯，现在在村落里仍然可以看到各种不同途径的用水来源和方式，由此也展现了村民对于"清洁"与"安全"的认知观念。

一是河水的谢幕。如今，石枧村的河水已经基本退出了饮用水的范畴，但是在40年前，农户基本饮用的还是河水。

至于河水谢幕的原因，主要是污染，在与林声旺的交谈中我们可以窥知部分事实："虎井就在小树林里，虎井以上的水渠是建了水库之后才连着的。那条水渠是从桥头水库那边流过来，用来灌溉水渠的。本来不会流到虎井那边，在分汊的地方只有一个小孔，但是分汊处的大坝崩了，就流到虎井了。虎井被污染后，村里就很少有人喝河里的水了。20世纪70年代还基本是喝河里的水，但到了80年代就逐渐不喝了，多是打井了。"

但不仅仅是水源被其他引水渠带来的农药、化肥污染的问题，还有村庄人自身的行为观念。在村庄的水渠中，随处可以看见果皮、菜叶，可以看见动物内脏的残渣和油渍，可以看到随处放养的鸭子，可以看到小孩往河里撒尿，可以看到反映水污染的繁盛的福寿螺。虽说河水是流动的，但是上述现象已经让河水难以实现自我清洁了。村中虽有部分人对此有意见，却也从来没跟上游的人提过这些事情，村中也从来没因为这样的事情吵过架，大家似乎已经习惯了。

村民对污染的认知还停留在农药、化肥、粪便的层面，对于废弃物并不甚在意，在意河水被污染的人也主要是觉得小孩子在水里撒尿或者养猪的脏污排入让水不卫生了。并且，有时还能看到村民在河渠边刷牙洗脸，这也说明了习惯的影响。

二是井水的方兴未艾。现在大部分人家喝的饮用水都是地下井水。可以感受到村民对安全用水的逐渐重视，但村民现在对井水水质的判断主要来自水的味道是否甘甜、水是否清亮、水井是否够深这些比较表征的层面，对于水井是否位于厕所的半径50米范围内、水源是否干净、水质是否重金属超标等因素都还未曾考虑。翠玉的观点可能代表了村中大部分人的看法:"现在有人养猪直接把脏污冲进河里,所以河水就不干净了,还是自己打井比较干净。井是去年重新打的,3米多深,2米多其实就有水了,但是深一点干净一点。自己打的,但有些井需要请施工队打。村里大部分人家都自己打井。县道旁边有口井,是最甜最好的,只是现在建房子后有一点污染了。"

虽然他们也注意到了井水开始有被污染的可能性,但村中许多人对直接饮用生井水都十分放心,之前提到过的林声旺等人都是直接手掬井水喝,丝毫不担心虫卵或者其他污染源的影响。而在外人看来,直接喝生井水一定会肚子疼。不过在家中,村民一般都会把水烧开了泡茶再饮用。

三是饮用纯净水的加入。随着人们生活水平的提高和对用水品质的关注,也有不少家庭开始使用桶装的饮用纯净水。在村里,销售桶装纯净水的只有一家小卖部。小卖部的水有两种,一种是富川本地产的,7~8块钱一桶;一种是昭平产的,12块钱一桶。两种水卖的情况差不多,两三天就要去进一次货,平均一次进货每种水15~20桶。桶装水没有送货上门的服务,都是村民自己来提。一位打牌的妇女说,自己家的水过节的时候一天就用一桶,但是平时可能一个月也用不了一桶。再如林远卫,他用水较为讲究,只喝昭平产的12块钱一桶的纯净水,因为他觉得七八块钱的那种味道不好。但是老板觉得喝这种桶装水的家庭变少了,因为前段时间有人来村里推销净水器,大概有50户人家装了净水器,就不需要再买纯净水了,老板的母亲也买了一台净水器。这种净水器当时商家提出的口号是活到120岁,喊出这句口号时,老板和周围人都笑了。之前村里有人直言这种净水器是骗人的,但还是在部分人家中看到了这种净水器。不过主人都说净水器买回家后没用过几次,上面布满了灰尘。

虽然使用净水器和纯净水的在村中还是少数,但是市场有着逐步扩大的趋势。一方面,由于经济收入的提高,村民也愿意开始尝试更加昂贵的消费;另一方面,村民安全用水的意识也在不断提升。

2. 国家对健康用水的努力

国家对安全用水在农村的推行一直不遗余力,政府开展了"爱国卫生运动""清洁家园""清洁水源""清洁田园"活动,也在进行环境治理等工作,还督促村委会推广村规民约。虽然不见得每项工作都能立马见效,但是确实看到了一些改变,比如磐石上对水源地保护的标识、清洁工对村庄的清洁、对养猪场的整改、建设沼气池等。但由于石枧村不是贫困村,国家的支持力度就没有这么大,也许类似于饮水工程的建设还是要靠村庄自身的努力。

二、水系统与水资源利用变化的原因

从前面零零碎碎的一些分析也能够看到石枧村水资源系统变化的原因，可以归纳为以下几点。

（一）国家权力的介入

国家权力的作用使得石枧村在水资源类型构成上发生了极大的改变，大规模的水库建设改变了水系统的自然演变过程，将原本不会自然形成的水库直接插入石枧村的水系中。虽然石枧村到现在还有些不能适应，产生了一些意见和矛盾，但这是无法改变的事实，随着时间的推移，应该也可以内化。何况，水库确实让石枧村拥有了更充足的水资源，提高了村庄的抗旱能力。

另外一个重大的作用体现在国家对各项水利设施的维护的大力支持上，大量的财政投入让水系统得以维护和扩展，加速了水系统的发展。在调解村庄水资源建设的矛盾方面，国家也发挥了一定的作用。2012～2013年，石枧村因为建设烟水配套工程与石家社区双马塘村产生了土地纠纷。在项目建设的过程中，因施工占用了石家社区双马塘村群众的责任田地，引发了双方的矛盾。双马塘村群众认为在项目实施前，石枧村与施工方并没有和他们协商，也没有征得他们的同意，就占用了他们的责任田地，要求给予补偿或是恢复土地原状。最后政府在中间调停，做了双马塘村村民的思想工作，项目才得以继续推进。

（二）生计方式的变化

石枧村的生计方式在数十年间发生了较大的变化，这也导致了水资源系统的变化。

原本村民大多数都是从事农业生产，种植水稻等粮食作物。而后，由于烤烟利润的吸引，村里很多人家开始种植烤烟。这十几年来，柑橘等果树种植又逐渐成为富川农业种植的主流，现在近半数农户家中都种了果树。水稻面积不断下降，其他作物比重加大，导致村庄对水资源的需求量降低。因为水稻是需水量最大的作物，而果树、烤烟之类的经济作物对水的需求量远比不上水稻，故而整个村庄的农业用水需求就降低了。并且，由于在外工作的经济收入高于从事农业生产的收入，村中外出务工的人数持续增多，家中劳动力减少，田地的开垦和利用率也不断降低，农业用水需求亦随之降低。逐渐开放的村庄也让人们找到了更多可能的生活方式，不再局限于土地上的生产劳作，人们对水资源的关注也转向了别处。水资源在村民生计中的重要地位下降，也使得村中近10年来没有再进行冬修清淤。随着从事农业的人口减少，国家对水利的关注也可能会面临孤掌难鸣的境地。

（三）人口增长与聚落形态的变化

村庄人口的高速增长使得村庄面积不断扩大，建筑密度也在不断增加，这一方面使得河渠网络在不断扩张，另一方面却使水道越分越细。因为更多的房屋建筑压缩了水道的空间，使得水道不得不变窄。

同时，村庄规模的扩大也导致引水渠系统发生了一些变化，一些位于老村的水道被荒弃，位于兴建区域的水渠被很好地建设和维护起来。水资源为人们所利用，当人们的居住空间发生位移，水自然也要随着迁移。

（四）生活观念的变化

村民的生活观念发生变化也使得村庄水资源利用发生变迁。由于生活水平的提高，村民开始追求更干净的井水、自来水，开始尝试饮用桶装矿泉水，开始使用净水器。尽管他们还没有完全适应饮用纯净水，但这种方式也越来越流行。一方面是出于对安全用水的追求，觉得饮用水更加安全；另一方面则是一种对更高档生活的尝试，觉得这能提高生活品质，体现家庭条件的优越。

（五）生态环境的变化

水土流失和环境污染也导致水资源系统发生变化。现在河流上游的植被被破坏，使得水土流失加剧，河底泥沙沉积加快，河床抬升，河道变窄，调节防洪能力减弱。在笔者调查期间，石枧村下过一场雨，不算太大，大约从下午一直下到次日早晨，第二天上午在村子里就发现部分河段水已经淹了路面，还有不少废弃物堵住了过水的通道。村庄如果不加强水土治理，定期进行河道清淤，村庄水系将会变得越来越脆弱，也会给居民生活带来更多的危害。

另外，由于农药、化肥使用的增多，再加上各种养殖场对卫生不太注重，河流水质受到污染，福寿螺大量繁殖，反映了村庄内水污染的严重性。现在，土壤污染和水污染已经开始危及地下水系统，很多井水也受到了污染，村庄的用水安全依然面临着很大的威胁。

三、结语

水是人类发展的命脉，水在农业社会更是生存之所系，水资源的发达程度不仅会影响村落的农业发展、人口繁荣，甚至会影响当地的制度、文化等各方各面。就石枧村而言，水是石枧村的骄傲与象征，也伴随着村庄"改头换面"，为人所用却不为人所驭，惠民百年，润物无声。

石枧村是一个在水资源和水系统方面极富特色的村庄，本章尽量全面剖析石枧村落社会生产、生活与水资源系统的联系，希望能够展现村庄特色，为水系统、水资源利用与社会的研究提供一个典型个案。通过对石枧村水系统和水资源利用状况，石枧村水系统多样并存、连续不均的构成现状与系统联系，不同类型水资源的利用情况以及它们之间的区别和联系，水利系统的管理运作状况，水资源的社会变迁及其影响因素的分析，以及结合水库纠纷个案分析中国乡村所有权观念的变迁，可发现，村庄水系统和水资源利用的变迁历史中蕴含的是国家和地方、村庄的互动，既是村庄独特悠久的水利传统，也是国家意志对村庄水文水貌的改造，更是国家治理理念与村庄社会的变化。

就乡村水利的当代变迁而言，需要面对的问题还有很多。最为典型的是水库作为国家意志主导时代的产物，较之村庄自发自然扩展的泉井、河渠水系统，在社会适应和接纳上产生了一定的排异反应，村民在潜意识层面还是会认为水库是国家的，河、井是村民的。因而要解决乡村水利日渐废弛的问题，一方面，国家要重视水利建设和维护，加大财政投入以巩固水利系统和农业发展；另一方面，要探寻乡村治理的自发组织的生长，让乡村社区的水利问题尽量在内部协调解决，基层自治也更加了解当地实际，有利于乡村水系统因地制宜的发展，同时也可减轻政府管理的负担。

另外，面对日渐严峻的用水安全和水污染问题，政府应当对村民进行宣传教育，普及安全卫生用水的观念与做法；应该尽快推进自来水工程，并保证用水安全；同时还要进行有机农业、绿色农业的尝试，尽量减少乡村的农药污染，并通过规范垃圾处理的方式，防止水系统污染的加剧。

第五章 经济交往

第一节 经济概况

富川瑶族自治县位于广西壮族自治区东北边缘、贺州市北端，处于桂北湘南的江南古陆的东南部外侧，四面环山，中间低落，略呈椭圆形盆地，地势北高南低。石枧村隶属石家乡，地处富川县东北侧，喀斯特地貌，亚热带季风区，阳光充足，气候温和，雨量充沛，少霜无雪，年平均气温18.7℃，年平均降雨量1574毫米，年平均日照1573.6小时，优越的自然条件使植物终年生长繁茂，花常开，果常熟，充满亚热带景致；村庄境内水源较丰富，兴建水库1座，农田小区内桥、路、渠设施基本完备，确保了石枧村农业生产旱能灌、涝能排。

在得天独厚的地理条件与村庄基础设施建设的共同作用下，石枧村形成了以种植水稻、玉米、花生等农作物和春烤烟等经济作物、优质脐橙等水果经济林为主的特色农业格局。全村共有耕地面积1343亩，其中，水田面积913亩，旱地面积430亩，山地面积1万余亩，宜林宜果林地4000余亩。石枧村依托本村家盛果业有限责任公司，做好土地流转，采用统一规划、规模种植的脐橙生产模式发展农业特色产业。脐橙种植面积4000余亩，人均种植面积2.3亩，水果总产量约1600吨。石枧村仍推广"烟—菜—菜""稻—菜—菜"轮作模式发展循环农业产业，年种春烤烟580亩，产量1500担[1]，产值达1000万元。2015年，全村农民人均纯收入约为5800元[2]。

---

[1] 1担约为100斤，50千克。
[2] 数据来源：石家乡政府办公室。

第二节 基础设施

一、水

石枧村地处亚热带湿润气候区、萌渚岭暴雨中心边缘，本地区雨量充沛，多年平均降雨量为1574毫米，水资源主要来自地表水和地下水。石家乡政府统筹饮水项目，90%以上农户饮用安全井水（地下水），全村大部分实现了自来水供应，基本解决了人畜饮水问题。现今桶装饮用水在村里也较为流行，50%以上家户拥有饮水机，做农活的村民在暴晒环境下需水量大，婴儿、孩童同样需要良好的水质促进其健康成长。桶装水主要分为两个品牌："秀丽山泉"产自富川，7～8元一桶；"甘甜泉"产自昭平，品牌较大，12元一桶。大多数人选择购买"秀丽山泉"，原因有两点：一是水源来自本县，水质更为放心；二是价格低廉。尽管桶装饮用水更加安全放心，但多为孩子使用，成年人依然遵循多年的习惯饮用井水。

石枧村现有7口天然井、80座水塔、20口人工井。部分村民购买水塔，将其放置于3层高的家庭楼顶，另打人工井连接水管通向地下水，以供日常做饭、洗澡等使用；自打井1米深就可出水，但质量普遍较差，须再向深处挖掘。约有60户村民安装太阳能热水器，大多老年人不习惯使用热水器，更加偏爱或使用"热得快"，或用柴火烧水洗澡。

为完成烤烟种植指标，改善农田水利基础设施条件，解决烟区水源不足等问题，县政府投资实施烟水项目，以提高农业综合生产能力，实现渠相连、路相通、旱能灌、涝能排的目标。作为石枧村生产的主要灌溉渠道，六月庙至九月庙田垌水渠长200米、宽0.5米、高0.4米，涉及耕地面积达800亩，其中烤烟面积300多亩。水渠渠道狭小且部分年久失修，存在渗漏坍塌现象，灌溉能力非常弱，导致村民农作物灌溉不到位，雨后排水不畅。为此，下石枧村开展水渠"三面光"改造工程。修建后的水渠更加规律流畅，贯穿下石枧村落；但不流经上石枧村，上石枧村家家户户拥有自己的水井，水质较下石枧村更好，村民世世代代使用这里的流动水洗菜、洗衣服，天然方便。但难免有部分村民缺乏自律，将在此处清洗宰杀的家禽内脏、生活垃圾、商品包装丢弃到水渠内，久而久之，原本清澈透亮的水变得稍显浑浊。每逢雨季，水渠内的水成了黄泥巴水，村民不得不全部靠井水生活，平均每20户使用一口水井，早晚使用高峰期则难以打到水。因为水渠建设使得河道变窄，部分村民的新房地基也占用河道面积，清明前后如果连续一个月大雨不断，极易使得村庄排水不畅而引发洪涝，导致大水灌进地势低洼的老房子。

石枧村的生产灌溉用水来源除水渠、地下水外，还有竣工于1977年为消除防汛隐患的芦家水库，集雨面积3平方千米，设计灌溉面积1000亩，是总库容为125万立方米的小（一）型水库。正常情况下水位可达342.45米，蓄水量88.37万立方米。对于库区居民实施移民政策，涉及石枧村1154人，150亩淹田淹地，通过补偿苗木费、果园平整、坑底基肥等措施，调整农业产业结构和产品结构，并解决其住房、饮水、交通、供电等问题。

二、电

石枧村用电较稳定，由石家乡统一供电，实行季节性阶梯电价。用电高峰月为1月、2月、6月、7月、8月和9月，此6个月第一档电量为190度，当每户月用电量小于或等于190度时，电价维持在0.5283元/度；第二档电量为190～290度，每度提高0.05元，即按0.5783元/度计费；第三档电量为每户月用电量超过290度部分，每度提高0.30元，即按0.8283元/度的标准计费。非用电高峰月份为3月、4月、5月、10月、11月和12月，此6个月的第一档电量为150度，每户月用电量小于或等于150度，此档电量电价维持在0.5283元/度；第二档电量为150～250度，每度提高0.05元，即按0.5783元/度计费；第三档电量为每户月用电量超过250度部分，每度提高0.30元，即按0.8283元/度的标准计费。节约的家庭每月使用电费约20元，年轻家庭多使用电脑、冰箱、空调、电暖气等功率较大的电器，夏天或春节期间电费可达100～200元，村民每逢月初用农村合作社存折到石家乡缴纳电费。

随着经济水平的提高，石枧村家家户户的家用电器日益多样化，主要为电灯、电视、电冰箱、电风扇、洗衣机、电饭煲（锅）、消毒柜等，基本满足了村民的生活需求。

三、道路交通

过去石枧村方圆两三千米内铺设石板路，再远至麦岭、湖南等地则为泥巴路，不甚方便。乡村道路关乎群众生产生活，建设规划以村道路为纽带,计划通村道路、村内主要干道路面全部实现水泥路。2012年,村干部主持修建村内宽3米的水泥路,改变了过去泥泞石子路的状态,将村内排水沟加盖水泥盖板,彻底解决外行路难问题。2014年硬化长3.5千米、宽5米的村外围公路,在此基础上安装路灯,实现亮化,并于道路两旁种植桂花树。硬化公路必将占用部分农田,游说村民同意的过程同样考验领导团队的威信与人际交往能力。

20世纪70年代,石枧村因缴纳"双超粮"而获得一台中型拖拉机的奖励,为此修建了3000米机耕道。近年来道路建设过程中也对村庄所有的生产机耕道进行拓宽维修,修建成宽4米、厚0.3米的混凝土路面,方便农村生产使用的50厘米×50厘米土边沟。

四、建筑

石枧村保存着始建于清道光年间的林氏古宅七十二樘门和用大石条砌成的"大六楼"等古建筑,天井和过道使用大块石板铺成,封檐与门窗雕花精细,古石桥、石板街、古门楼、曾经用于防匪防盗的炮楼虽已失去了它们的实用性,但其历史价值被保留了下来,是石枧村珍贵的古代文化建筑遗产。

村内老居住区坐北朝南,下石枧村共有125座老房屋,占地面积40亩,分属120户人家所有,其中6座明清建筑保存完好。基于老住宅区地势低洼、道路狭窄、交通不便,房屋年久失修、易漏雨水、洪水漫灌等原因,石枧村村民大多利用多年积蓄与危房改造政策,在交通方便的水泥公路两旁选址建房;现老宅基本闲置,目前仅有7户老人居住。

20世纪90年代起,由于房屋逐渐老化失修、运输农作物不方便,家家户户陆续沿道路购买地皮或在自家耕地上新建砖瓦房,搬出老居所。与上石枧村相比较而言,下石枧村新老房屋分布更为分明整齐,更具规划性。村民将产生该现象的原因归结为下石枧村家族兄弟间相处更融洽,人与人之间的交流更频繁,在修建房屋方面能够互相妥协让利。

30年前许多村民自己烧砖建房,修建一座房屋的建筑材料和人工费共需300元;现今,建筑工程队形成专业队伍按平方米计价,水泥砖房屋90元/米^2、火砖房屋100元/米^2、火砖吊砖110元/米^2。2010年起,地区政府推行危房改造政策,改变房屋院落面貌,消除房屋安全隐患,对简易土窑洞、简陋土坯房的住户以及房屋已经倒塌的无房户发放改造补贴,确保农村困难群众住房安全、实用、经济,为新建砖制平房发放补贴:一般户补贴1.8万元，低保户补贴2万元，五保户补贴2.4万元。"好不容易补贴1万多块，平时节约一点，打工挣钱甚至借钱也要盖房子，建好后再慢慢装修。"这是大多数村民的想法。修建一层120平方米的普通房屋需要花费7万~8万元：钢筋、水泥和石砖等材料费需6万~7万元，人工费方面需1万多元。

村中两层半（约花费15万元）的房屋比比皆是。第一层为客厅、厨房、厕所等，存放农具、农作物；第二层以居住为主，特别是为儿女提供个人房间；顶层露天，故称为半层，以供晾晒谷物或放置其他杂物；房屋不设院落。村民大多先修建好第一层，砖制墙面、水泥地面、简易装修或不装修以便尽快入住，第二、第三层往往等待两三年凑足钱后再雇人修建。从外部观察，两层半房屋每一层都有明显的拼接痕迹，显得粗糙而缺乏整齐美观。村民会计算砖料等费用，雇请更为划算的建筑队。上层所需承重较弱，因此他们选择使用价格低廉、质量稍差的建筑材料以节省开支，每一层房屋的颜色自然而然差异较大。尽管主人为建好的房屋都设计了不同的用处，但家中人员往往外出打工，房间利用率并不高，多半处于闲置状态。在满足基本的居住功能之外，修建漂亮宽敞的房屋成为石枧村村民生活的主要目标。

五、大众传媒与通信

石枧村村民日常接触的传媒主要为电视和手机，他们很少收听收音机或阅读报刊。2011年，村庄开始发放电视接收机、投影仪等广播电视通信设备，实现村村通广播电视，家庭大多安装每月120元的有线电视，也有少部分家庭使用高清电视盒，收看网络电视。村内电话座机数量较少，每家成年男性基本人手一部手机，供日常联络使用，平均月电话费为50元；部分成年女性购买手机多是与亲戚朋友联络感情。小说、网剧、手机游戏等成为年轻人上网娱乐的内容，无论男女，人手一部手机，移动数据的使用也使得手机话费每月高达上百元。手机上网成为他们与朋友沟通、与社会联系的主要媒介。

近几年安装家庭宽带也逐渐流行起来，村庄道路两旁、电线杆上，四处张贴着移动、电信等公司的宣传单，电视、宽带二合一，网络收视全覆盖。依照套餐方案、网速不同，价格也在每月80~200元不等。妇女主任林萍成为安装移动宽带的村庄代理人，她家小卖部门前张贴着公司的广告牌，如有人前来咨询，她则负责联系安装人员，从中获得每月100元的中介费用。要求安装宽带的多为 30 岁以下的青年人，村内像林萍这样的妇女表示不会使用电脑，也并未表现出学习的兴趣，她们习惯用手机上网看小说、聊 QQ，偶尔使用微信发红包、充话费。

第三节 农　　业

　　石梘村世世代代以农业为生，自给自足，延续着小农经济模式。20 世纪 80 年代初实行家庭联产承包责任制后，打破了计划经济中的生产队工作模式，除按规定上交公粮与农业税外，其余收入归自己所有，极大地激发了群众的生产积极性。据当年的《农业生产责任制合同书》记载："社员向生产队承包的水田、旱地等只有种植经营权，没有所有权，自 1984 年 3 月起至长期不变。"石梘村的土地正是在此期间依照家庭人口划分，至今未变。当年，家中有女孩出嫁后，土地会留给父母或兄弟，而兄弟多、姊妹少的家庭则在这方面处于劣势。如今 30 多年过去了，村庄的家庭结构和人口早已变更，农户间土地面积的悬殊显而易见，也在极大程度上影响了他们的生产规模及经济收入。田地作为农民赖以生存的生产资料，必将以其为根源引发一系列问题与纠纷。

　　当年集体划分的土地均呈碎片化，每家每户一亩三分田很可能被划分为四五块土地，农民很难连片生产，大规模种植、机械化生产至今难以实现。同时，土地面积难以满足农民的种植需求。自 20 世纪 90 年代起，村民利用广西与湖南边界管理较宽松的便利地理条件，开始大规模开荒。

　　石梘村目前已形成以种植水稻、玉米、花生等农作物和春烤烟等经济作物、优质脐橙等水果经济林为主的特色农业格局，兼顾家庭个体户家禽饲养，但每年干旱、暴雨、低温、霜冻等恶劣天气的出现则会导致大规模减产，使当年作物价格大幅度下降，石梘村村民仍无法摆脱靠天吃饭的现状。村庄对连片种植脐橙 50 亩以上的果农实行政策扶持，免费提供果苗，促进水果生产快速发展，带动村庄经济转型。全村共有耕地面积 1343 亩，其中，水田面积 913 亩，旱地面积 430 亩，山地面积 1 万余亩，宜林宜果林地 4000 余亩。政府推进农村土地经营权流转、综合整治，调整种植业结构，因地制宜发展高效经济作物。村庄以保障粮食生产为基础，将水果生产、烤烟种植作为农业增效、农民增收的支柱产业，培育特色优势，促进石梘村由典型山区传统农业向现代农业、循环农业转变，以提高农业生产效益，增加农民收入。

一、种植业

以前,生产队的玉米、花生产量低,犁田、耙田、插田等工作被指定安排,农民早出晚归,每天每人大约赚取 9 个工分。种子质量差、农家肥少、技术不过关等原因导致亩产低,家家户户吃不饱。实行家庭联产承包责任制后,农民积极性大大提高,他们学习新技术,还会养牛犁田、养猪卖猪。如今,随着生活水平的提高,农户们居所安定、衣食无忧,农用机械的普及促使他们放弃了费时费力的养牛工作,20 世纪 80 年代起开始使用柴油机、铁牛犁地。机耕道同时在不断扩建完善,摩托车、汽车、卡车均可进田,村民已习惯开着手扶拖拉机运输水、农药、化肥、作物。县政府每年为农民购置农机提供补贴,以进一步扩大农机覆盖率。

石枧村的粮食作物以水稻、玉米为主,将水稻碾米后作为家庭全年的主食,玉米则晒干去粒后出售;经济作物以春烤烟、花生、黄豆为主,花生榨油自己使用,富余部分出售给乡镇居民;果树栽培以脐橙、柑橘、黄花梨为主。为提高土地利用率,果农常常于小型果树间种植花生、黄豆、西瓜等,这同时有利于保持水土。表 5-1 是对石枧村家庭种植情况的简要调查。

表 5-1 石枧村家庭种植情况简要调查

单位:亩

户主	水稻面积	玉米面积	花生面积	烤烟面积	果树面积
林远荣	4	3	2	20	5
林远利	—	20	2	—	20
林长祖	1	4	2	—	—
林长英	1	1	—	—	12
林长春	3	3	4	—	4
林增友	4	6	4	—	30
林远益	4	4	2	10	—
林远相	4	5	6	—	15

本地区秋冬旱较严重,重视春种,二月初八后农民们陆续开始准备农事,并前往龙湾参加物资交流会,购置农具。有一句俗语这样说:"龙湾二月八,石枧米缸烂。"这反映了此期间往来两地的客人数量极多,可见

农民对农事的重视程度。

(一) 农作物

农作物的种植生产少不了施肥、灌溉、除草等环节。过去经济与技术欠发达，田地大多使用农家肥，纯天然，更安全。现今化学肥料流行起来，易吸收、见效快的复合肥成为农民首选，其主要成分为氮、磷、钾，能补充土壤所需的营养，每包规格为50千克，价格为140～150元。水田用氮肥的主要成分为碳酸氢铵，含氮大于17.1%，含水小于3.5%；玉米、花生所用复合肥为高浓度硫酸钾，氮、磷、钾为14∶16∶15配比，总养分大于45%，每包为140元。20世纪80年代每包化肥约为50元，21世纪初上涨至70元。化肥成效快，但缺点是容易导致土地板结，使土壤日益贫瘠，化肥用量也越来越多，导致恶性循环。

在灌溉方面，石枧村东部使用充沛的地下水，西部使用水库水。水田抗旱性极强，3个月不下雨尚无大碍；旱地的灌溉设施基础较薄弱，须依靠降水。降水与灌溉会促进杂草的生长，须及时清除。每瓶200克的草甘膦除草灭生性除草剂价格为4.50元，兑水30斤喷雾使用，它使杂草根系腐烂，在玉米、大豆、水稻、小麦等作物出苗前，除去地表杂草和上期作物的残茬，并具备松土作用。

在农作物中，种植玉米工作量最小。石枧村地处亚热带季风气候区，夏季高温多雨，无须为玉米地浇水，投入精力尚不必过多。许多村民为玉米田施肥除草后外出打工，于秋季返回并不耽误收成。

生产队时期，玉米每株种植密度为5寸×4寸，现为8寸×6寸，农历二月初开始播种，每个坑投放2粒玉米种，每亩可种植约1000株玉米。由于存在野兔、老鼠偷吃玉米粒现象，村民有时使用育秧杯培育玉米苗后移植到地里。每包玉米种重1.2千克，市场售价50元，供2亩地用量，其中销量最好的为正大999牌精品种。玉米整个生长周期须施肥3次，每隔30天施肥1次：第一次施复合肥作为底肥，用量为60斤/亩，复合肥含硫，不可过量使用，否则易烧坏根苗。农历三月中旬出现玉米苞第二次施肥，四月中旬第3次施肥，每次施40斤/亩的尿素。玉米播种后还须立即使用草甘膦第一次除草；长成后则使用二甲四氯钠（价格为4.50元/25克）除草，如当年雨水较少需除草1次，雨水丰沛需2次，每亩用量为40～50克。玉米生长过程基本无须杀虫，约农历七月初可收获，也可留在田地里晒干水分后摘取。石枧地区的玉米亩产为700～800斤，收购价格依据市场浮动维持在每斤0.80～1元。

石枧村于20世纪70年代种植双季稻，如今地区温饱问题已解决，粮食产量提高，农户多选择种植一季稻，够吃即可，剩余部分则出售给县城。种植水稻需要先犁田、耙田，于4月初清明时节下谷种。土壤肥沃的情况下，将每亩60斤磷肥与20斤钾肥混合或60斤复合肥用作基肥；若土壤贫瘠，则每亩施用100斤复合肥。30天后用铁牛耙好地插秧，插秧7天后使用卡丁除草一次，7～15天内施肥一次，每亩需复合肥50斤。临近小暑，可选择是否为每亩地施加20～40斤复合肥作为壮胎肥。种植水稻每年需要杀虫4次，前3次依据预报与观察每20天杀一次虫，将六夫丁（30元/300克）与扑虱灵（1元/35克）混合，防治稻飞虱、稻纵卷叶螟、二三化螟等害虫，每亩用量50～60克；第4次于后期生出谷子后喷洒溴氰·马拉松（3元/20毫升）防治臭屁虫。三环唑（2.50元/100克）是防治稻瘟病的用药，勤快的农民会选择预防喷洒，有些则在出现病斑后再采取补救措施。

每年农历七月中旬是收割谷子的时节，收割机自安徽、湖南开来，以每亩100元的价格帮助收获，而大多数农户选择使用镰刀亲自收割。水稻亩产为800～1200斤，收购价为每斤1～1.20元。农户多会将稻米带去石家乡，缴纳5元手续费使用打米机脱粒，包装成每包重80斤的大米，作为家庭中一年的粮食。

本地区的花生、黄豆多间种在果树幼苗林地中，农历二月初八后开始种植，趁雨天施底肥，每亩放入磷肥100斤或复合肥30斤则更容易吸收。半个月发芽后再施尿素，投放量每亩为20～30斤。如果肥料过于充足，则会使藤蔓太高而使果实干瘪，土地板结不透风。在花生、黄豆生长期间，依照长势于4～5月在杂草3～5叶期适时除草一次，大多农户选择使用精喹禾灵除草剂（5元/25毫升），每亩需30～40毫升。花生与黄豆基本无须杀虫。

石枧村几乎家家户户都会种植花生，亩产约为600斤，收购价为每斤3～4元。村民会将去壳的花生送到石家乡街榨油，每家榨取2～3桶100余斤油便足够一年食用。每亩花生可榨120斤油，剩余部分出售给前来榨油厂的收购者。这里的油可以确定不掺假，质量得到保证，每桶花生油重50斤，每斤13～15元。

（二）经济作物

春烤烟是富川实现财政增长、农民增收的传统支柱产业。20世纪70年代生产队集体种植烤烟，兴建烤烟房，1981年实行家庭联产承包责任制后，提出"要想富，走烟路"的口号。90%的农户都会选择种植烤烟，并到湖南省江永县购买烤烟管，自行修建标准统一的烟房，但因没有排风扇，容易受潮，导致烤烟色泽发黑。2013年全乡种植烤烟6871亩，人均种植亩数排全县第一；收购烤烟15743担，收购担数排全县第二，单项税收393万元。为达到烤烟种植面积指标，政府为此实施一批烟水项目，建立万亩烤烟育苗场，向烟农以每亩50元的价格供苗，购买有机肥在每亩15千克以上实行买一赠一，农药方面每亩提供50元补贴，按烘烤后的烟叶量给予每担70元的烘烤补贴。烟农交售中、上等烟数量每担补贴180元，专业分级补贴每担30元。政府还鼓励村委会说服村民种植烤烟，并给予村委会每担3元的奖励。石枧村烤烟种植面积约为270亩，约定收购750担，村委会获得人均297元的奖金。

烤烟可秋种或春种。秋种时，九月初九前后整治烤烟土地，于冬至前搭建大棚播种烟秧。春种于农历二月惊蛰前整理好烟垄、撒种、覆盖地膜，随后剪洞口为秧苗生长留出空间。烟苗从移栽到成活为还苗期，一般为2~7天，主要任务是保苗全、苗齐、苗壮；从成活至团棵即为生根期，此阶段烟株的生长中心在地下部，根系生长迅速，主要是蹲苗、壮株、促根，重点做好培土、追肥和适当控水蹲苗等工作；旺长期对光、肥、水要求较高，是决定烟叶产量和品质的关键时期，要施肥3次，每隔20天一次，每株烤烟共需要2两①复合肥，钾肥可保证烟叶厚度以增加重量，而施肥过多则会使烤烟变为"老来青"，不容易烤至金黄色。旺长水在烟株整个生长周期中是非常重要的一环，旺长初期掌握"到头流尽不积水，不使烟垄水浸透"；旺长中期浇大水，而且连续进行，保持地皮不干；旺长后期保持土壤相对含水量达到70%~80%。成熟期需要做好打顶、抹芽工作，并适当控制水分，及时采烤烟叶，改善田间通风透光条件。采烟更是辛苦，厚重的烟油会黏在烟农手上，聘请采烟员的价格约为每天100元。烤烟须在烟叶失水分前尽快采摘，烘烤后才能有好价钱。

石枧村的烤烟房坐落于石枧村主干道旁，共25间。烤烟房由烟草公司修建，村干部负责日常管理。烟农普遍使用集体烤烟房，村民将田地中自家烤烟拉来后雇请临时员工在烤烟房中间的过道上捆绑，每杆约1.4~1.5米，每根1元，人工捆绑量约为每天80杆，每杆0.70元；按天计算为每天50元。临时员工多为上石枧村70岁以上的老人，主家为其准备饮用水和午饭，节省回家吃午饭的时间。他们将烤烟绑在竹架上，竹架固定

---

① 1两=50克。

高度为 1.4～1.5 米，竹架上将两根长绳固定，左右交叉，每股捆绑 3～4 棵烟叶。烤烟房内设置 2 排 3 层木架，每间烤烟房可放置约 300 杆，每杆烤干后约 2 斤，优质烤烟油分高、厚重、品质优，每间产出可达 900 斤。燃料为干柴或煤球，干柴多由主家上山砍捡，无经济成本。每炉全天约使用 70 块煤球，周期为 7 天，煤球单价为每块 0.60～1.10 元不等，全部使用煤球做燃料，每炉需要 500 元燃料钱，每斤燃煤补贴 0.20 元。林家伟使用两间烤烟房，4 批次，共 8 炉。4 人一天可完成一间烤烟房的捆绑工作量，每炉人工捆绑费为 200 元，总共花费人工费 1600 元。白天烧柴，每半天须前来增加燃料，夜晚 10 点向每间烤烟房的烤炉内放置 30 块煤球（蜂窝煤）供烧至第二天，每块煤约 0.60 元。每炉持续一周，甚是辛苦。

烟农将烤好的烟叶自行分级捆绑，等待抽签决定卖烟顺序，烟草公司预检员将提前 2～3 天向各家分发售烟通知单并告知售烟日期。优质烤烟（金黄色、长度较长、无斑点）为 14～15 元/斤，2016 年烤烟收购价格表中上等中桔一烟的单价为 1980 元/担。逊色烤烟（偏黑褐色、长度较短、有斑点）为 8～9 元/斤。烟叶收购调拨流程如图 5-1 所示。

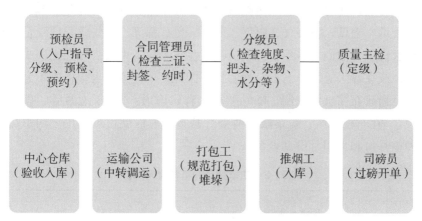

图 5-1 烟叶收购调拨流程

烤烟的亩产值是对比产业中收益仅高于玉米的产业，其生产劳动高强度和实际低收益形成鲜明对比。由于烤烟生产周期长，受气候因素制约较大。干旱和多雨的天气将严重影响烟叶产量、质量，连续风灾也会使烟叶严重受灾，烟农对自然灾害的抵御成本较大。近年来，在国家戒烟政策下鼓励种植规定数量烤烟，收购标准愈来愈高，划分烤烟等级亦愈发严格。人为确认等级难免存在不公平现象，掌权者容易从中得到优惠，低价收购，高价出售，压制烟农烤烟等级，使收购价格普遍低于农民预估值，挫伤其生产积极性，来年减少烤烟种植面积。此外，烟草公司于收烟期每日计划过秤 1.6 万斤烟叶，实际则为 2000 斤，较低的收购效率使烟农的交烟日期一再推迟，烤烟囤放在家中容易发霉变质，色泽大打折扣，自然就会影响到出售价格。

低效益的烤烟种植是影响该产业发展的关键因素，从种烟、管烟，到采烟、烤烟，再到捋烟、卖烟，多项流程均需要烟农付出诸多心血，而且随时准备承担风险，缓慢甚至缺失的扶持政策会挫伤烟农的积极性。为此，建议保护好烟农发展烤烟的生产积极性：加大烤烟种植所需的水利、烤烟房、机耕路等基础设施配套项目规划建设；对规模大、效益高、贡献大的烟农进行表彰，将种植奖励补贴等惠农措施落实到位；建立风险保障机制，构建种植保险防范体系，降低发展烤烟生产的风险，保护烟农利益；妥善处理生态建设与烤烟发展的矛盾，走可持续发展之路。

（三）蔬菜

石梘地区雨量充沛，气候适宜，一年四季可种植不同种类的蔬菜。家家户户会选择在房屋门前或两侧圈一块地种小菜，主要有豆角、辣椒、茄子、苦瓜、毛瓜、空心菜、白菜、萝卜、葱、蒜等。这些蔬菜已经足够村民自家食用，他们几乎不会再上街购买蔬菜。萝卜可始终埋在土壤中不失水分，或在春天晾晒萝卜干，然后封存保鲜；一些家庭也会将吃不完的萝卜、豆角放在酱缸中腌制，随吃随取。有句谚语："过了七月香，就得下菜秧。"在石梘地区，蔬菜撒种两个月基本成熟后就可以食用。四季蔬菜的种植月份和食用月份见表5-2。

表5-2 四季蔬菜种植与食用月份

月份（公历）	种植品种	食用品种
1月	—	白菜、菜花、萝卜、黄豆、雪里蕻
2月	豆角、四月豆	白菜、菜花、萝卜、黄豆、雪里蕻
3月	辣椒、豆角、四月豆、苦瓜、青瓜、芋头、青菜、葱、蒜	菜花、萝卜、雪里蕻、豆角
4月	辣椒、苦瓜、青瓜、芋头、青菜、葱、蒜	青瓜、四月豆
5月	茄子	青菜、五月豆、青瓜

（续上表）

月份（公历）	种植品种	食用品种
6月	茄子	辣椒、苦瓜、青菜、六月豆、青瓜
7月	茄子	辣椒、苦瓜、青菜、六月豆、茄子
8月	白菜	辣椒、苦瓜、青菜、八月豆、茄子
9月	萝卜、白菜、雪里蕻	辣椒、苦瓜、青菜、芋头、豆角
10月	萝卜、雪里蕻	辣椒、苦瓜、青菜、芋头、豆角
11月	—	白菜、萝卜、黄豆、豆角
12月	—	白菜、萝卜、黄豆、雪里蕻

二、养殖业

石枧村绝大部分家庭有饲养家禽的习惯，以鸡鸭为主，个别家庭养鹅，多从集市上以每只10元左右的价格购买雏仔。家禽或圈养或散养，饲养周期约为半年到一年，主要为自家食用，鸡蛋可基本满足家庭食用的需求。逢年过节家中来客人，多会杀鸡炖肉以示尊重，表达热情，农历六月十六祭拜之日则会宰杀公鸡祭祖。散养的家禽通常自己找食物，必要时主人会投放米糠、酒糟、玉米粉、剩饭等。

石枧村村民曾经家家户户都有养猪的传统，20世纪80年代，林长松家盖起了猪圈，并饲养了30余头猪，其他农户的猪仔散养外放，导致村内环境较差。现今石枧村建设生态文明村，出于环境质量等因素考虑，不鼓励农户在居住区养猪。因此，石枧村的2个大规模猪圈均建在村庄外围田地，林家保家养殖2000头，林远亮家养殖800头。村里共有3个猪圈，林声顺属于新手，以前没有养猪经验，平常经常关注"中国猪业"网站以学习养猪知识。他家的猪圈划分为3个区，按猪的体型从大到小分区饲养，大型猪有14头，中型猪16头，小型猪8头，共38头。猪幼崽以每只600元的价格购买，它们的主要食物为饲料配酒糟、玉米粉。林声顺前往富阳购买饲料，每斤1.50元，规格为每包80斤，38头猪在生长周期5个月中需6～8包饲料。他会不定期地为猪崽到山上采中药，运用草药治疗猪崽腹泻，如遇感冒咳嗽则使用西药或为它们打针。猪粪堆放在猪圈角落，可卖给果园用作肥料。

另一家养猪户已有10年养猪历史，现饲养4头母猪，猪龄6～7个月就重达 200 斤。母猪处于发情期时主人将出钱请人配种，怀孕 4 个月后生产。一窝可生产 10 余只幼崽，每只售价 600 元。生猪的市场价格约为每斤 11 元，猪肉价格为每斤 15 元。

20 世纪 80 年代的石枧村平均每家养 2～6 头水牛，全村共有 200 多头，其中牛犊 100 头。近 10 年间，脐橙、柑橘的大面积种植，养牛户难以承受牲畜破坏果树而带来的风险，并且村民开荒后草场面积也愈发变小，目前村庄水牛不足 5 头。村民普遍认为养牛麻烦，一年无论什么天气均需要一个劳力去放牛，投入如此多精力没有太大必要。

上石枧村的林长奉则有不同的观点，他对家中的母牛怀有感情，已养了 15 年，价值上万元。每日早上 8 点钟他将水牛牵至河边吃草，下午 7 点将其牵回家，关进牛栏——水泥地面夏日清凉，冬日铺稻草保暖。夏天，林长奉挑禾草喂牛，冬天禾草枯萎牛就吃竹子，水牛每顿的食量为 30 斤草；偶尔林长奉为它增加一瓢糠、一把盐，配上 30 斤水。夏天蚊虫、跳蚤、蟑螂较多，林长奉还会为牛喷洒喷雾剂。每逢农耕季节，林长奉会牵水牛犁水田和花生地，偶尔将牛借给邻里使用，但水牛对陌生人不够客气，不会认真作业。他自称习惯用水牛，年纪大了跟不上铁牛的速度，铁牛进田地需要两个人抬或用拖拉机拉，家中没有其他劳动力可以承担这样的工作，因此他坚守着养牛放牛的生活。

三、林业

(一) 富川脐橙——以龙头企业带动的经营模式

作为中国长寿之乡、中国脐橙之乡，富川瑶族自治县地处五岭都庞岭与萌渚岭余脉之间，属于典型的亚热带季风气候，县内生态优良、物产丰富，年均温度 18.7 ℃，降雨量 1574 毫米，相对湿度 75%，年平均日照 1573.6 小时，无霜期 318 天，光热充足，雨量充沛，昼夜温差大，气候条件绝佳；土质为沙质红壤，土层厚、疏松、肥沃，通透性好，富含磷、钾、铁等元素，土壤 pH 值为 5.5～7.5。富川产的脐橙质优、安全、耐储，色泽鲜艳，呈黄色或橘红色，果皮细薄，肉质脆嫩化渣、汁多，可溶性固形物（主要指含糖量）高达 13%～15%，富含维生素 C、钙、磷、铁等人体所需的营养物质，适合任何人群食用。纽荷尔脐橙和华脐因品质好、产量高、果形适中，且上市时间错开，自 1981 年开始引种，在富川大面积推广，至今已有 30 多年历史。2011 年富川脐橙种植面积已达 21 万亩，30 亩以上的规模果场 1000 余个，100 亩以上果场 327 个，500 亩以上果场125个，1000亩以上果场15个。以富隆、家盛等为代表专门从事脐橙产业的农业龙头企业创办者，正是来自石家乡石枧村的林家勋、林家盛两兄弟。

广西富川富隆果业有限公司是专业从事集水果基地种植、加工、冷藏保鲜、市场流通、农资配送、塑料果筐生产和出口贸易于一体的资源型农业生产企业。占地面积90亩，配备6个大型冷藏仓库、40个保鲜库、3个生产加工车间、6条生产线，日加工量可达300吨，年销售量可达3万吨，年销售额为1.5亿元，被评为广西壮族自治区农业产业化扶贫龙头企业。

公司为保证一年四季均有鲜果上市，实行生态多元、可持续发展，避免产品因过于单一而导致的抗风险能力差、病虫害泛滥、传染病蔓延、上市时间聚集、采果难销售难、工作积压等现象发生。富隆公司现总共出售12个柑橘类品种（柑橘、椪柑、南丰蜜橘、砂糖橘、脐橙、冰糖橙、红江橙、芦柑、纽荷尔橙、罗伯逊橙等），努力实现产业链畅通无阻。

富隆公司于富川县设了4个果园基地，全部隶属于家盛果场，主要品种为脐橙、温州蜜柑、南丰蜜橘等，已荣获国家"绿色食品认证"，每株种植密度为4米×3米。其中石家乡一队占地970亩，二队占地1060亩，城北镇380亩，莲山镇700亩，麦岭镇1700亩。公司凭借地处湘、桂、粤交界的地理优势，运用"公司+基地+农户+市场"的经营模式，以家盛果业公司自有的6100亩水果种植基地、年产量1.5万吨水果为依托，带动全县水果种植业的快速发展，促进流通销售渠道的畅通，直接推动富川经济建设、农业种植、劳动就业的发展，富川县农民的收入排在贺州市农民收入的最前面。近年来，公司产量不能满足客户需求数量，50%的脐橙依靠收购个体农户果品混装出售。面对该问题，公司也在逆向开发新基地以扩大种植面积，利用政府招商引资项目于湖南江华开发1700亩生态示范园区。此处红色高铁沙质土壤不易板结，计划建设三级阶梯水利灌溉设施，出品果皮颜色更红、肉质更细，便于储存，可延迟5~7天上市，有利于公司差异化、反季节上市。此外，公司于道县新建6000亩种植园。

林家勋和林家盛兄弟二人在致富的道路上没有忘记家乡父老，他们建立健全农资配送、技术指导、采购销售一条龙的流通服务体系，开启帮扶之路。公司向社会招工时，会优先考虑招收本村村民或贫困户作为公司员工或短工，从事抹芽、杀虫、除草、摘果、包装等工作，采取计产计酬、多劳多得等激励措施，吸纳上千人就业，使其基本摆脱贫困状态。当村民计划种植果树时，家盛果场会为农户提供便利，将树苗以便宜价格出售给村民；派遣技术团队不定时下乡指导，举行大型技术培训，给村民传授先进的栽培技术与病虫害防治方法；投资1000万元成立农资配送中心，设立完美结"橘"俱乐部，与农户签订购销合同，优先优价收购个体户水果，服务全县12个乡镇的水果种植户，为提升本地区水果品质提供技术支持，帮助解决水果销售或加工难题。家盛果场还与封闭性较强的村落寻找合作联盟，努力使富川脐橙口感具有多样性，以龙头企业带动当地水果产业的全面发展，形成稳固的农资经营网络。

富隆公司与家盛公司始终以诚信经营、互惠互利为原则，秉承团结高效、创新务实的理念，放远眼光，锐意进取。2015年行情不佳，脐橙市场价下降至每斤0.80元，外地收购商往往抛下订金以保自身，而家盛果场坚持以每斤2.20元的下订价格收购农户脐橙，宁愿公司亏损也要赢得村民信任。

（二）家盛果场——以种植基地为依托的生产模式

果树产出通常分为大小年，丰产年每株挂果300斤将会超负荷，小年则约为200斤。所谓"三分种，七分管"，如果管理到位，果树年年产量相当，探索精透技术有利于提高脐橙产量。在价格方面，脐橙收购价平均为1.80～2元/斤，高峰期价格可达2.50元/斤，低谷期则约0.80元/斤；蜜橘10年前的收购价约为1.80元/斤，现依据市场价格波动起伏，1.10～1.70元/斤不等，最低时为0.80元/斤；砂糖橘平均收购价为2.50元/斤，供不应求时高达5元/斤；早柑则基本维持在0.80～1元/斤。受供求关系影响，本地区近年来脐橙种植面积大幅度增长，供过于求，整体价格有所下降。

家盛果场内的员工基本为30～50岁的女性（仅有两名男性员工，他们是家勋的堂哥），她们来自石枧村、城上村等石家乡各村落，每日工作8小时：上午8～12点，下午3～7点，由果场提供午饭。工作高峰期需要近200人杀虫、抹芽。有的员工已有5～6年做工经验，她们依据不同时令被分配不同工作，每个工种的工作周期为8～10天，无周末休息日，主要工作包含抹芽、下肥、杀草、杀虫、包果等，下雨天则暂停工作。果场的工资按天计算、按月结算。抹芽每天70元，下肥每天80元，杀虫、除草每天100元（因农药毒性及气味故工资略高）。由于资金周转问题，公司存在拖欠员工1～2月工资的情况。包果工作多由60岁以上老年妇女从事，她们使用薄塑料袋包装脐橙，初级保鲜水果。脐橙依照直径分为70～95毫米不同大小类型，按大小划分的果子每筐对应重量50～70斤不等，对应的手工费为 0.70～1.40 元/筐，妇女们的日收入约为 70 元。

(三) 脐橙种植——环境与技术相交融的管理模式

石枧地区自 20 世纪 80 年代引进华脐、纽荷尔等脐橙品种，适应本地气候，产量很高，果农种植脐橙也基本选择此两类，还配之蜜橘、砂糖橘、早柑等品种的种植。

农历十二月中上旬或正月十五后种植果树，小果树新芽长出前每株施肥约 1 斤，此次施肥较为关键，事关该年度长势，冒芽后每半个月到一个月施肥一次，8 两到 1 斤复合肥配比 100 斤水，平均每株浇半瓢到一瓢水，雨季可减少频率，全年浇水共 4～5 次。果树定型后所需肥料剂量增加，本着"少食多餐"原则，3 月开花后施复合肥每株半斤，6 月下旬施壮果肥供秋芽，现多流行使用水溶剂冲施肥，既补充水分又增加养分，容易吸收。第 5 年长果期需要更多肥料，以滴水线为标准施肥，挖 12 厘米深的半圆形沟，围绕果树投放 2～3 斤复合肥，10 斤有机肥。2 月至 5 月、7 月底至 8 月中旬正是保春芽、秋芽时期，这两阶段病虫害最多，杀虫是保芽的重要手段。红蜘蛛是全年最普遍的害虫，它怕高温，三伏天至过后 40 天数量少，其余时间均有存在的可能性。立秋前 15 天（约 7 月 20 日）抹夏芽，抗旱打水，3～5 天后再次出芽长虫，遂杀虫保秋芽留到过年以供挂果。天气好时如此杀虫两次可保住芽，如雨水过多农药会失效，天旱出芽率不足也非杀虫的好时机，因此天气欠佳时须杀虫 3 次。保芽 40～45 天后枝芽成熟老化，10 月 20 日左右花芽分化会影响来年开花和出芽数量，恰到好处地在精准时机和天气保芽，对来年产量有决定性作用。果树仍须修理定型，尚未挂果即生长第一批芽之前或摘果后剪枝，每根枝条保留 3 个芽。

脐橙建园地形以丘陵、低山为主，一般选择坡度在 20°左右的山地，以 5～20 亩为一小区，小区与小区之间要有 1.5 米的工作道路为界，两边挖有排水沟。雨季来临，山地洪水顺坡而下，冲毁梯田，易导致水土流失。因此，利用幼龄脐橙园行间空地间种豆科或其他短期经济作物是很好的土壤改良措施。这些作物根系浅，茎秆矮，生长迅速，枝叶繁茂，与脐橙无共同病虫害，对土壤有良好的覆盖作用，如花生、黄豆、西瓜等，不仅可以为果农提供额外的经济收入，还可以起到以园养园、以短养长的作用。间种物的秸秆及残根能增加土壤有机质，可以解决大面积脐橙园的有机肥料问题，并提高果园地力，经济且有效。

1. 土壤

脐橙是多年生常绿果树，根系分布深、广，果实生育期长（8～9个月），需要消耗大量养分和水分，因此要求土层深厚、土质疏松、通透性较强、排水良好、酸碱度适宜（微酸性）、有机质含量高的土壤，使水、肥、气、热达到良好状态。

2. 灌溉

石枧地区的灌溉方式多为喷灌，大型果场从可容纳1.5万升的水池中放水，利用远程喷雾高压灌水机向水管输送喷灌，一是能节约用水，二是节省劳力，三是具有保肥、保水、保土作用。果树的水分需求量依物候期不同而不同，春梢生长和幼果期（3～6月）要求田间最大持水量不低于60%。果实膨大期（7～8月）又逢秋梢生长期，树体蒸腾量大，需要大量的水分，是一年中需水量最多的时期，要求田间最大持水量70%～80%。花芽分化期（9～11月），脐橙的秋梢已经老熟，进入花芽分化和果实膨大后期，需要保持土壤适当干燥，要求适当控水，田间最大持水量保持在50%～60%，有利于养分积累，促进花芽分化，提高果实品质。休眠期（12月至翌年2月），脐橙树体正处于相对休眠状态，田间最大持水量保持在60%～70%。

3. 施肥

脐橙在其生长发育过程中吸收的营养元素有碳、氢、氧、氮、钾、磷、钙、镁、硫等大量元素和铁、锰、硼、锌、铜等微量元素。碳、氢、氧这3种元素来源于水和空气，氮、磷、钾、钙、镁、硫主要靠果树从土壤中吸收，通过施肥加以补充。

脐橙每年萌芽、抽梢、开花、结果，需要消耗大量的营养物质，施肥量的多少对脐橙的生长、产量和品质等都有重大影响。根据脐橙营养的田间研究，结合叶片、土壤营养判断，并根据产量标准等来确定不同脐橙园的施肥量，可以提高施肥的精确度。计算公式如下：施肥量＝（吸收量－土壤天然供给量）/肥料的利用率。肥料的利用率大致为氮50%、磷30%、钾40%。氮的天然供给量约为氮吸收量的1/3，磷、钾各为吸收量的1/2。合理施肥，不但可以熟化土壤，提高土壤肥力，而且可以培育脐橙良好的根系和健壮的树冠，最终获得优质高产的果实。

施肥原则是将充足的有机肥和一定数量的化肥施入土壤，以保持和增加土壤肥力，改善土壤结构，避免肥料中有害物质进入土壤，从而达到控制污染、保护环境的目的。限量使用化学肥料，农家肥料无论采用何种原料（包括人畜禽粪尿、秸秆、杂草、泥炭等）制作堆肥，必须高温发酵，以杀灭各种寄生虫卵和病原菌、杂草种子，使之达到无害化卫生标准。

4. 防治病虫害

喷洒农药目前仍是防治病虫害的最主要措施之一，农药可以迅速控制密度较高的有害生物，但使用不科学、不规范则会降低药效，产生药害，污染环境和果实。要杜绝乱用混用、任意提高浓度和剂量、滥用高毒农药、连续多次使用同一种药剂等现象的发生。个体农户于20世纪80年代使用手摇式喷灌机，以汽油、柴油为燃料，既费力又不方便。近年来，"3WBD-16型背负式智能电动喷雾器"流行起来，充电自动化喷灌。空桶重约15斤，规格为16升，每桶水的用量可杀虫约10平方米。

病虫害以预防为主，无关果树年龄，每年均有发病的可能性——低龄幼虫、若虫期施药防治效果最好，随着虫龄增加，其抗药力将增强，5月、6月、7月3个月的月初须例行杀虫。2月下雨滋生细菌，使用代森锰锌、多菌灵、咪鲜胺防治炭疽病；5月温度达到25 ℃，气候闷热潮湿，多宁硫酸铜钙、农用链霉素防治溃疡病；红蜘蛛高发期集中在4月与10月，宜用阿维·螺螨酯（180元/500克）或螺螨酯·三唑磷（75元/500克）；用氯氰毒死蜱（70元/1000克）可杀灭蚜虫、蚧壳虫、潜叶蛾。蚧壳虫多出现在5月、8月、10月，小果树每月都要打潜叶蛾，大果树则7月打，用量基本一致；锈壁虱导致果皮变黑，使用丁硫克百威氨基甲酸酯类杀虫剂效果较佳。

为了减少农药污染，既要注意选用农药品种，还要严格控制农药施用量，尽可能选用低浓度农药进行防治，切忌随意提高用药剂量、浓度和次数，喷药次数根据药剂的残效期和病虫害发生程度而定。黄龙病和溃疡病是本地柑橘产区的主要病害。

一是黄龙病，又称黄梢病、"柑橘癌症"，是我国柑橘产区的毁灭性病害，目前国内外尚未找到有效的药剂及给药途径，只能防，不能治。其症状表现为："黄梢"和叶片"斑驳型"黄化；花小而畸形，花瓣短小肥厚，略带黄色，容易早落或不结果；果实小而皮硬，容易早落；着色时黄绿不均匀，果皮与果肉不易分离，汁少味酸；果实畸形，出现"斜肩果""红鼻果"；烂根由根尖逐渐向根部蔓延，由须根到支根，由支根到主根，最后全根腐烂。

在林地间，柑橘木虱是柑橘黄龙病的传毒虫媒，秋冬季木虱带毒率高，做好秋冬季木虱防治工作，可有效降低越冬虫源，减少传病机会。

防控黄龙病的十字口诀为：种无病苗，杀木虱，砍病树。主要防治方法有：严格实施植物检疫，禁止从病区引进接穗、苗木，是保障新区不感染黄龙病最主要的措施；建立无病苗圃，培育无病苗木；彻底防治柑橘木虱，消灭传播媒介；发现有病植株，要及时挖除，先打药后砍树，避免带病木虱飞到健康树；隔离种植。为防治黄龙病，石家乡农资店储备专杀木虱药水，按市场价半价销售给农户统一喷杀。2014 年，本地区普查黄龙病果园 56 个，病株 24500 株。

二是溃疡病，它是脐橙最易发生、危害性最大的一种细菌性病害。叶片初发病时，背面出现黄色或暗黄色针头大小的油渍状斑点，后病斑逐渐扩大，叶片正、反面均逐渐隆起而扩大形成圆形，出现米黄色的病斑。果实上的病斑和叶片相似，但木栓化突起更显著，坚硬粗糙。病害严重时常导致落叶、落果，影响树势和产量，果实品质变劣，影响商品价格。

溃疡病的发生和流行与气候有关，高温多雨，尤其是暴风雨时，此病易流行。病菌在病组织内越冬，第二年新梢抽生和幼果生长期，病菌从越冬病斑溢出，借风雨、昆虫、人、工具及枝叶交接做近距离传播，病菌通过苗木、接穗、果实和带菌的种子做远距离传播。防治方法有：加强检疫工作，严禁从病区引进苗木、接穗、果实，防止溃疡病传入无病区；建立无病苗木繁育体系，培育无病良种苗木；彻底清园；结合冬季修剪，剪除病枝、病叶、病果，并将其拿出园外集中烧毁，减少病源；加强对潜叶蛾、卷叶蛾、凤蝶幼虫等害虫的防治，减少枝叶果造成伤口，以免病菌侵入。

5. 采摘

在生产中主要通过人的感官器官对果实眼看口尝，观察果实果皮转色的程度，品尝果实的口感和风味，以此来确定果实是否成熟。估计产量后制订采摘计划，采取分批采收的方法，合理安排劳动力和劳动时间，准备采收和运输工具。脐橙贮藏果实宜在着色八成时采摘，鲜销果实宜在着色九成时和完熟后采摘，具体采摘时间可因市场需求进行，但不要在雨水天气采摘，果实成熟后不宜留树时间太长采摘。

由于同一株树的果实因着色位置不同，着色程度不一样，同时为了减少树体一次性蒸发量过大，宜采取选黄留青、先外后内依次分批进行。果剪要求圆头平口，刀口锋利；果筐大小适中，容量为 10～15 千克。

6. 包装

使用质地细洁柔软，薄而透明，韧性、防潮性、透气性好的纸张。尺寸大小应以包装全果不致松散脱出为度，一般为 280 毫米×280 毫米。每个果实包一张纸，交头裹紧，包装交头处在蒂部或顶部，装箱时，包裹纸交头处应全部向下，这样可大大提升果品档次，提高果品价格。

（四）经济转型——劳模精英与村庄的互动互利

20世纪90年代末，乡政府鼓励农户大面积栽种脐橙，发展脐橙产业，并免费赠送果苗给村民。大多数农户将果苗当作柴火烧，或为应付上级检查先种植后拔出，并不看好脐橙的市场行情。他们坚持传统的种植观念，以玉米、花生为主，尚未形成转变种植模式的意识。

自林家勋、林家盛两兄弟开办果场后，村民见脐橙与其他作物相比年收益更高，逐渐意识到果树商机，陆陆续续计划种植。2008～2012年间，正值石枧村村民外出打工高峰期，务工工资也有较大幅度增长，村民利用打工积蓄在家乡开荒地、租地投资果树，地租也一下由10年前的每亩一年40元飙升至每亩一年150～350元。在经济效益面前，农户们自觉地掀起大面积种植热潮；而考虑到种植经验与技术手段等因素，他们大多选择种植便于管理、被称为"懒人果"的蜜橘。

来自泽源村的一对夫妻选择了个体承包果场果园的经营模式，果场将每10亩果园划作1份，每个家庭承包户一般承包3份，负责该片果园的全部日常工作。果场一队的部分果树承包给3个家庭，二队则有4个家庭和1名个体承包。他们听从经理统一施肥、杀虫、抹芽，与果场整体相配合，自行决定工作效率，具体工作时间更加自由。这家5口人居住在果园，在空地周围饲养8只鸡、10只鸭。忙碌时，早晨5点到8点、上午9点到下午1点、下午3点到晚上8点3个时段夫妻二人都在做工，寒暑假时儿女也前来帮工。夫妻二人每人拥有600元/月固定工资。此外，公司实行激励员工机制，年末以正常果实的产量为依据，以0.10元/斤的标准奖励承包户，收成越好，奖金越多。效益与奖金直接挂钩有利于促进农户精心管理，提高产量。30亩约2000株脐橙2015年结果20万斤，夫妻二人获得2万元奖金，如此，个体承包户家庭每年纯收入为4万～5万元。

为吸引村民到家盛果场做短工，收购个体农户脐橙，促进地区脐橙产业壮大完善，家盛果场始终以优惠价格将果苗出售给果农。如今，村庄个体农户脐橙种植面积共约3000亩，富隆公司技术人员可随时通过微信等现代通信手段为果农提供管理建议与技术指点，年末以统一价格收购农户果品，免去乡亲们对销路不畅的担忧。果场一年四季招募临时短工。石枧村平均每天有60～70人在此工作，工资每日70～120元不等，吸纳着较多劳动力。如此，水果出售与果场短工的双向经济收入来源，改变了石枧地区曾经依靠自给自足、以烤烟种植为单一收入来源的经济模式。正因家勋、家盛两兄弟拥有致富带头人的奉献精神，以点带面示范种植脐橙，激发广大农户的种果热情，促进全县柑橘产业健康发展，极大程度上帮助果农们摘掉了贫困的帽子，带领石枧人民乃至富川人民奔向大农业时代。作为石枧村村民，家勋、家盛还依靠自身经济能力为村庄各项建设义务融资。2013年修建林氏宗祠，两兄弟各出资3万元，祠堂墙壁上印刻着赞颂他们的语句。

富隆、家盛公司正引领着石枧乃至富川人民将脐橙产业做大做强。2014年，石家乡脐橙种植面积达1720亩，砂糖橘种植面积850亩，蜜橘种植面积250亩。但这其中也并非完美无瑕：近两年极端天气频发，干旱少雨的气候制约着果蔬产业的发展步伐，地处桂东北的富川易发生霜冻，给脐橙种植带来技术上的挑战；部分农户外出打工，在家老人无力管扶，部分果园存在失管现象，而失管果园成为木虱高发地区，是黄龙病株的潜在根源；外出务工人员不愿外包土地，土地整合难度较大，某种程度上制约了脐橙产业的规模化发展。

从长远来讲，公司与农户不断扩大种植规模必将承担更大风险，及时引进先进技术与高精尖管理人才势在必行。富川脐橙知名度与享誉度相比于赣南等地较低，其宣传形式可进一步深入挖掘，突出地方特色，强调不可替代性。随着化学工业的发展，在脐橙生产中农药和化肥的施用量不断增加，有毒物质在果实和土壤中的残留问题也开始出现。为增强脐橙发展后劲，提高产量品质、生态效益和经济效益，增强市场竞争力，实施无公害脐橙生产成为当务之急。可持续农业、生态农业、环保农业是农业的发展趋势，人们的生活水平已由过去的温饱型逐步进入小康并渐渐迈向营养保健型，人们更青睐有利于身体健康、安全、优质、营养的无公害食品。在重视养生、食品原生态的今天，富川少工业成分、纯天然的生态环境具有得天独厚的优势，契合生产绿色食品的标准与期待。富川作为长寿之乡，更能迎合现代都市人们的消费心理，着力打造以原生态为主题的精品品牌，助力瑶乡脐橙经济大步向前。

第四节　副　　业

一、酿酒

石枧村村民有着喝米酒的习惯，曾经家家有酒缸，自酿自喝，解乏忘忧，祛除疲惫。如今，村庄有3家专门售卖米酒，他们自己摸索酿酒技术，林家雄就是其中之一。

酿酒以使用旧米为佳，每斤大概 1.50 元，每酿一缸酒需使用 15 斤米。林家雄家并未种植水稻，通常靠儿子开摩托车前往富阳购米，每次购买 100～200 斤，小米酒更为香醇。烧大锅将米蒸熟后铺展在尼龙袋上晾凉风干，发酵 5～6 天，放入酒曲。每缸酒需放 80 克酒曲，成本价约为 1 元。

（1）热天酿酒方法（气温 20 ℃ 以上）。把煮出来的米饭冷却到 38 ℃ 以下即可下酒曲（下酒曲量为米重量的 1%），充分搅拌均匀入缸。入缸后立即冲水，冲水量按原料的 2 倍，即 1 斤米饭冲 2 斤水，然后把盖子盖上。经过 24 小时发酵后搅拌 1 次，然后用薄膜封缸口，千万不能漏气，经发酵 6～7 天后即可蒸酒。

（2）冷天酿酒方法（气温 20 ℃ 以下）。把煮出来的饭冷却到 35 ℃～40 ℃ 时下酒曲（下酒曲量为米重量的 1%），充分搅拌均匀入缸后在饭的中间打一个孔，注意保温发酵，经 24 小时后米饭发热或有少量酒出现即可冲水，冲水量按原料的 1.5 倍（即 1 斤米冲 1.5 斤水），然后用薄膜密封缸口，保温发酵（一定要保温），经 6～7 天即可蒸酒。

后续利用蒸馏法蒸酒，将发酵好的米饭放入大锅，盖好锅盖，开始烧火。利用酒精沸点低于水的原理蒸馏达到酒水分离的效果，锅盖右上方设置一圆孔连接盛放酒蒸气的酒缸，受热后酒蒸气通过连接器管道挥发到石缸内，石缸上方放置盛有冷却水的铁锅，酒蒸气遇冷凝结成酒落入石缸内，沿细管道流入酒桶。铁锅内水温易提升，蒸酒期间需要不断换水，并把握火候及时间，时间过长水会被蒸馏到酒缸内，影响米酒纯度。

林家雄的酿酒坊内摆放着 5 桶正在发酵的米饭，他用粉笔标注好发酵起止日期并依次排列，每天酿 1 缸酒，每缸产出 20 斤，每斤 3 元，酒的度数约为 20 度。他日复一日早起酿酒，已有 5 年历史，每天赚取 20～30 元，利润较小。林家雄曾经前往广西宜州修路，现因年岁大，外出做工不被接纳，所以在家根据酒曲说明书自学酿酒。小作坊生产出的米酒口感更佳，石枧村村民经常来家雄家以缸为单位预订米酒，供不应求。

二、豆腐

除蔬菜、肉类外，豆腐是石枧村村民一年四季饭桌上必不可少的菜肴。村庄内共有 3 家制作豆腐的村民，其中林增友使用产自广东的胡白豆作为原料，打碎豆子磨原浆，煮好豆浆后手动过滤。纱布下方放置水桶，将 5～6 桶过滤后的纯净豆浆倒入大锅，炉灶燃烧秸秆一小时煮沸豆浆。火候不可过急，否则容易烧焦。滤去表面泡沫后，舀出豆醋水用于点豆腐（豆醋易变质，须每天更换）。将醋水缓慢倒入锅内，边画圈边搅拌，使豆浆凝结成豆花。当水与豆花完全分离时，将准备好的纱布平铺在豆腐模具上，用汤勺把豆花盛进模具中，将四周纱布折叠盖平整，盖上模具盖子压紧，压得越久豆腐越老。成形的豆腐切块后使用菜籽油烹炸成豆腐泡出售。

林增友每天消耗30斤豆子，每斤为2.80元，成本约为90元，最终可产出约40斤豆腐泡。豆腐泡价格为每斤8元，豆腐为每块1元，相比较而言，豆腐泡的利润更高。林增友每天早上3点钟起床炸豆腐，天亮时骑摩托车到上洞村，一路骑车一路售卖，日复一日，每天都可将豆腐泡卖完。

第五节　务　　工

一、村庄做工

于石枧村内及周围做工的工种主要分为两种：一种是妇女从事的果场短工，另一种是男性从事的建筑工。

石枧村约有100名妇女在家盛果场做短工，固定员工50人左右，年龄为30～50岁；外村员工则由货车按时接送，每辆车可承载50人，高峰期果场每日近200人做工。依照季节不同，工种也不尽相同，主要分为施肥、抹芽、杀虫、包果等类别，每日工作8小时。果场季节工用工量高峰期超过1000人，辐射整个石家乡镇。工资根据地域经济发展水平而定，按天记录，平均富川80元/天，湖南70元/天，钟山部分乡镇60元/天。按工种划分，抹芽、包果70元/天，种植、杀虫、装卸车属体力活，100～120元/天。陈经理预估每日工作所需员工数量，负责记工时。各村设置组长通知村内员工，人员交替而来，并非完全固定。她们一般完成家中农事后会前来做工，与果场保持着较高的合作程度。

石枧村有两支建筑施工队，一支属专职队伍，另外一支则在农闲时兼职做建筑工。林家勤2011年从村支书卸任后，带领本村9名30～50岁的青壮年男子组建团队专职建房子，一人拌浆，其他人砌砖。2015年盖了28座房子，2016年上半年由于雨水较多，影响了修建效率，仅盖了6座。

包工不包料，水泥砖 90 元/米²，火砖 100 元/米²，火砖吊砖 110 元/米²。林家勤日常牵头负责挂工，根据工作天数分工钱，正常工作日 170～200 元/天，雨天 150 元/天，包三餐。每 100 平方米需要 10 天工程量。为提高建房效率，每个周期结束休息一天后，建筑队将继续修建另一座房子，每套模板拆卸需要 3 天，3 套脚手架轮流拆建以不间断地工作。每年每个建筑工收入达 8 万元。20 世纪 90 年代每个建筑工每天 25 元，近年来人工费上涨，村内建筑工数量也在增加，大多在石枧或周围其他村庄结队建房子。

此外还有绑烤烟、装修工、货车司机、加工树木刨片、操作搅拌机等行业，林家勤女婿和石枧村林显勤各有一台搅拌机，价值 4 万元，每台须组建 7 人队伍管理，搅拌机主家收取费用 400 元/天，工作人员 100 元/天。

二、外出打工

20 世纪 90 年代起，石枧村开始掀起打工热潮，未婚青年们花费 6 元乘班车到富阳后，坐大巴直达广州，外出的年限 1～10 年不等。大多数人因照看儿孙等原因返回家乡。21 世纪初，石枧村村民打工者数量较大幅度增加，一般情况下，村民外出务工后，如果觉得工作内容、薪资较合理，则会在回家时介绍同伴下次一同前往，三三两两通过熟人介绍说走就走，呈现出较大的随意性。领来的老乡如做满 3 个月，工厂则会给中间人 50 元/人的奖励费。以前，工厂（大多为不正规的厂）对新来的员工会先扣押身份证，满半年后才会归还，存在身份绑架的现象；如今，工厂大多变得正规，不再扣押工人身份证，薪资也有所增加。村民普遍在每个地方工作 1～2 年，他们习惯小厂后不愿进大厂，薪资相差无几，但大厂管理更加严格，如不准工人在流水线上聊天。"现在去广东像去富川逛超市一样，车比较多，有两三天假就可以回家，说回就回。而且现在一家人中有一个人在外打工攒不了多少钱，天气好的话在家里面盖房子跟外出打工相比，收入会稍微好一点。"

2010～2014 年间，石枧村 80% 的 20～50 岁村民外出打工，其间务工工资大幅度增长，每月平均收入 3000～4000 元。工资的飙升期与村民建房高峰期、果树种植增长期一致，这意味着村民外出打工的收入大多用于修建房屋、投资果园。村民主要前往广东广州、东莞、佛山、深圳等地，从事保姆、司机、建筑工、修路工等低技术型工作，或进入服装厂、电子厂等劳动密集型工厂做工。

林益旭的妻子于 2004 年 15 岁时前往梧州打工，从事磨宝石工作，因为工作需要较大力气，自身又不熟悉流程，做工效率低。工厂扣除伙食费后，第一个月的工资只有 200 元，种种不适应迫使她做了一个月后便返乡回家，归家后不久又动起外出念头，于是回到梧州继续在宝石厂工作，半年积攒了 100 元拿给父母。随后，她与同伴前往浙江宁波，在制衣厂工作了两年。接下来她又辗转于广州的五金厂一年与富川的首饰厂两年，兜兜转转结束 5 年打工生活后于 2010 年结婚，婚后外出一年，随之开始了育儿生活，现在偶尔到果园摘果子做零工，计划等孩子读幼儿园后再次外出务工。

第六节 小商品

一、小卖部

石梘村共有 5 家小卖部，彼此之间的地理位置相对较远，各有各的区位优势——林萍家的小卖部位于村庄中心，也是村民的娱乐聚集地，林远权家、林声进家的位于下石梘村口公路一侧，林淑琼家的位于上石梘村公路一侧，林远香家的则处于石梘村小学附近。

林萍家于 1996 年在老房子住处（村公所旁）开设小卖部，2000 年将其搬到村中心，2003 年在原小卖部的基础上扩建房子至 110 平方米，由瓦房变为砖房，2012 年在旁侧新建 80 平方米的瓷砖房子供居住。位于村中心、人流量大是小卖部得天独厚的优势，它自然成了村内最大的商店，也成为村民们娱乐休闲的聚集地。小卖部以出售保质期较长的商品为主，如香烟、日用品、文具等，种类繁多，生意兴隆。林萍的丈夫林声顺曾经靠骑摩托车前往富阳县购买小物品，而大件商品则通过经销商配送。2011 年，林声顺买下一辆皮卡车，夏天 1~2 天一次，冬天每周一次前往县城进货，节省了配送费用，同时扩大了经营范围——售卖桶装饮用水、煤气、啤酒，以车代步出行更加自由便利。石梘村每家拥有两个煤气罐，村民将用尽的煤气罐做好标记后堆放在林萍家角落，林声顺每周开皮卡车运送大约 10 个空罐到富阳换煤气，每罐收取 100 元，赚得 10 元运费差价。近 10 年间，在经营小卖部的同时，林声顺也开货车拉砖料等，为供两个儿子读书忙碌奔波。大儿子 2016 年大专毕业，小儿子 2015 年已去服兵役,夫妻二人经济方面的压力减轻,紧绷的神经稍稍放松,于是林声顺决定卖掉大货车,开始尝试养猪,这样生活更加轻松自在。

林声顺的哥哥林声进早在20世纪90年代初就在村口开设小卖部,一直维系到现在,但他将工作重心放在两个果场和20亩农田上,如今的商店规模远低于林萍家。

小卖部日常卖烟较多,依照人群年龄而定,20岁左右的青年倾向购买17元、27元一盒的香烟,30～40岁的男子大多选择每盒6.50元、10元、12元价位的,40～50岁及50岁以上的选择以当地产的3元一盒的"桂林甲天下"为主。专卖局要求买方在网上订烟,石枧村每周四预订,周六则会有专车依照固定路线从富阳赶来送烟。因此,林萍家近几年买电脑并安装了网络(128元/月)以方便预订烟。通过向儿子学习,林声顺每周上网预订价格1000～3000元不等的香烟,他对电脑的其他功能不甚熟悉。他自称初中毕业,文化水平低,生意忙,没时间学习如何使用电脑。

每逢下雨天,村民聚集于此打牌、打台球,放松休息,顺带在这买水买烟拉动消费。两台价值千元的麻将桌年久失修,林萍花费1690元购买的台球桌也早已不再向玩家收费。农闲时,每天上下午均有村民在小卖部隔壁的房间内打大字牌,其中有年轻媳妇、中年妇女,也有老练的大叔。小卖部还经常出现孩童的身影,在一旁打牌或聊天的妈妈们一边塞钱给他们让他们安静,一边数落孩子吃的都是垃圾食品,孩子们大多选择自己喜欢的冰棒、辣条和糖果。

林远权家位于村口主干公路一侧,2015年9月起他与人合伙从事铝材加工工作,经营范围主要有楼梯扶手、货架焊接等。他还利用区位优势兼开小卖部(如图5-2所示),这里人流量大,地理位置良好,可以增加收入。该小卖部占地面积大,干净整洁,品种较齐全,却稍逊于林萍家。公路外延与村庄中心的位置相比,村民所需物品不尽相同——多有外出等车的人们在此处购买红包、饮品、礼盒,做工的村民购买烟、水,还有为摩托车加汽油的。与林萍家以开办小卖部为主业长达20年不同,林远权家小卖部的利润为家庭总体利润的10%～12%,远低于铝材加工的收入。两家侧重点不同,资金与心血投入的比较差异不足为奇。

林远权与林萍的小卖部均售卖桶装饮用水,且都是从富阳运输来的,夏天每天运输一次,冬天每周一次。桶装水主要分为两个品牌,大多数人选择购买"秀丽山泉",因其产自本地,让人更加放心,而且价格更为低廉。林萍家房间内堆放的35桶饮用水中有7桶"甘甜泉"和28桶"秀丽山泉",林远权家则只有"秀丽山泉"一种品牌。

图 5-2 林远权家的小卖部

林淑琼于1978年与兄弟一起建了砖房,1982年在这座房子里以190元的本钱筹建小卖部。小卖部尽管规模小,却仍然坚持售卖正宗商品,不追求高利润,推崇薄利多销。当时身为妇女主任的林淑琼日常负责管理货物和田地,她的母亲在家卖货带孩子,日子过得风生水起,连续两年被评为"富川县五好家庭"。

这是20世纪80年代上下石枧村独有的小卖部,石家供销社每天下午5点关门后,小卖部则成为村庄唯一的商品交换地。红红火火的生意让林淑琼家在10年间攒下20万元,并在1983年买下村中第一台拖拉机。为了停车,林淑琼家以650元的竞标价于上石枧路旁购置两块空地。此后又在石家租房开办新商铺,几年下来,家人判断石家很难发展成大型集市,最终放弃在这里购买地皮的机会。同时村内老瓦房年久失修,于是他们在路旁空地新建砖房,全家搬移此处,小卖部随之迁移。2015年,林淑琼的两个儿子各出4万元提升房子的地板高度以防洪水,加高加固房屋以达到通风凉爽的效果。林淑琼的两个儿子常年在外居住,家中11口人至今仍没有分家。林淑琼日常除进货外,还兼顾帮儿子管理果园。丈夫林长英患有高血压,长期依靠药物维持,很难再做农事,主要照看家中的小卖部。2个四层玻璃柜、1个四层八格货架、1个冰柜,稀稀疏疏地摆放着商品,这是目前小卖部的整体规模。由于年纪大,到富阳县不甚方便,林淑琼每次骑电动三轮车前往2.5千米外的石家批发商店进货500斤。石家的进货价格高于县城的批发价,因此林淑琼家的整体利润大约低于林萍家

10%。地处公路一侧，售卖烟、水为主，每天靠 10 多元的利润维持生计。丈夫林长英每星期酿一坛 50 斤的酒供售卖补贴收入，每斤 2.50～3 元。这个小卖部虽不再是家庭的收入重心，但或多或少可为儿女减轻负担。此外，这一场所常吸引村民来打牌，可以消解林淑琼日常的苦闷无聊。

林远香家靠近石枧村小学，小卖部内商品类别较单一，规模最小。小卖部以卖零食、文具为主，香烟、啤酒则主要卖给居住在周围的村民。小卖部的进货渠道为石家乡各批发店，利润维持在 10% 左右。

对比其余几家小卖部，位于村中心的林萍家小卖部规模最大、商品最齐全，种类基本能够满足村民各种生活需要，夫妻二人全力付出，扩大进货渠道，赴富阳批发所需商品，平均一两天前往一次；其他家大多在石家乡商店内批发，种类有限，成本自然也较高，利润减少。作为妇女主任，林萍是村中的女性精英，年轻有活力的她可召集带动石枧村妇女在小卖部门口跳舞休闲。同时，作为村庄信息的聚集地，林萍家成为石枧村张贴公告海报、村民拉家常的重要场所，此外还兼具着休闲娱乐的功能。

依照林萍家小卖部此前的繁荣景象，可以想象 10 年前林淑琼家小卖部相类似的画面，同为妇女主任，林淑琼在任期内可掌握村庄事务与舆论话语权，同时带动个人职业发展。村庄小卖部的经营状况是个人工作重心、地理位置、经济资本、权力结构共同运作的结果。

二、集市（"赶闹子"）

石枧村内不设市场，除小卖部外再无其他商品交换的固定场所。村民如果想购置更加齐全的生活用品，便会骑电动三轮车或乘公交车到两千米外的石家乡集市。至此之前，石家乡集市尚未成立，大家则会前往葛坡镇、福利镇、湖南白芒营等较大集市。赶集又称为"赶闹子"。石家乡集市商品种类丰富，水果、蔬菜、熟食、服装、鞋子、小家电、床上用品等琳琅满目，大人们也愿带着孩童逛集市，权当娱乐放松。石家街上常设有 6 家商店、2 家饭店、7 家化肥农药店、3 家农用车维修店，还有蛋糕店、窗帘建材五金店、太阳能供销店、洗车店、建筑材料店、电脑维修店、农村金融综合服务站（广西农村信用社）、农资部、美的电器专卖店、摩托车修车行，以及中国邮政、联通、移动、电信营业厅及手机店。临时摊位则有 3 家卖活鸡、3 家剃头发、1 家卖种子、2 家卖服装、3 家卖鞋子、2 家卖豆腐、1 家卖零食、1 家卖鱼、5 家卖猪肉、4 家卖卤肉。

前来摆摊的摊主多从福利镇而来，他们早上 7 点出发，约有半小时车程到达石家乡。每逢1、4、7日为兴华集市，2、5、8日为石家集市，3、6、9日则为福利集市，摊主们每天轮流赶3个集市做生意，逢10日休息。与福利集市相比，石家乡市场较小，人流量也较少，生意相对较差，这与各个乡镇不同的经济发展水平密切相关。集市上的顾客来自石家乡各村，妇女或老人带着孩童购买衣服、生活用品、零食等，中年男性（石家及其他各村赶集村民、男性摊主等）则聚集在空摊台上打牌。下午人流量会急剧减少，摊主们大多会打牌消遣娱乐，两点钟左右收摊返程。

一对60岁左右的夫妻7点开小货车从福利镇赶来石家集市，他们从湖南、柳州、玉林批发市场进货，售卖帽子、凉席、毛毯、衬衫、毛巾被、毛巾、夏凉被、蚊帐、内衣、内裤、枕头、儿童衣服等。摊位占地面积10平方米左右，摊位费每天5元。早上9：00~9：40短短40分钟内出售了2张凉席、4条毛巾、3条短裤，共计154元，生意不错。相比之下，鞋摊则显得极为冷清，摊位面积很大，多摆放凉鞋、拖鞋，主要也是本地村民夏天穿的鞋子。整个上午收入100元。

集市的角落有3个剃头发、刮胡须的摊位，理发师均为50岁以上的中年男子，街头放上一把椅子、一桶水、一个脸盆和洗发水，只需简易的剪刀推子便可以做生意，其中2人来自福利镇，1人来自石家乡。无论头发长短，剃发一律每人6元，顾客多为中年男子和儿童。前来剃头发的人络绎不绝，相比之下，来自石家的理发师生意更好，他们的技巧熟练，熟人多。理发摊位隔壁，圈起了3个鸡笼，活小鸡12元/只，小鸭子5元/只，村民大多购买4~5只供家养。毛鸡仔多来自广东孵化批发市场，一箱可容纳100只鸡雏，每次开货车可运送2万只。平时商贩投喂鸡饲料、玉米粉，每年清明时期为鸡仔高价期，小鸡雏可卖至12元/只，因前期投喂时间短，成本自然小。

尽管石枧村无固定交易场所与商品集市，但村内仍保留着商贩开摩托车转街售卖吃喝的形式，如长期有3家售卖猪肉、2家出售豆腐，还有来自湖南的人员不定期修理电风扇、高压锅、煤气灶等。此外也不乏将临时摊位设在人员聚集程度高的村口，出售鱼干、锅碗瓢盆等生活用具的。出售鱼干的中年男子为富阳人，62岁，售卖鱼干已有5年。他通常以每斤2元的价买好活鱼自己宰杀，然后放盐熏制烘烤。每逢1、4、7日来石枧村卖，每次运来150斤左右的鱼干，生意时好时坏。草鱼、钩子鱼、迷你鱼等鱼干15元/斤，色泽稍差的小鱼干12元/斤。村口作为村民休闲聚集地，在此售卖鱼干极易引起其他村民注意。大多数路过或者闻讯赶来的村民每人购买1斤鱼干，主要用来搭配着炒酸菜。

尽管石枧村有5家小卖部，但村民对于集市的需求仍不可忽视。它作为村庄乡镇间、湘桂两地间的经济互动方式，已超越集市本身的单一交易功能，维系着不同地域的经济往来与联系，同时满足村民的生活需要，让村民接触最新商品，享受娱乐需求。

三、六月十六

农历六月十六是石家始祖德润公的生日，石家村、石枧村、城上村3村共同祭拜祖先，每个村子供奉3年，依次轮换。村民期盼着这一天的到来，在外打工、上学的村民陆续回村过节，并邀请三亲六戚、朋友同事前来吃饭看戏，以彰显家庭经济的繁荣和家族地位。购置碗筷、准备鱼肉酒菜成为村民宴请必不可少的环节，近5年流行起亲戚朋友购买用礼盒包装的饮料、鸡蛋、水果等前来赴宴的习俗。这带动了节日期间临时进货摊位的兴起，摊主多来自福利镇、葛坡镇、富阳镇，他们的日常工作并非售卖礼盒，只是在逢年过节时临时摆摊。沿石枧村口道路两旁紧挨着26个摊位，摊位上多摆放用红色礼盒包装的饮料（旺仔牛奶、花生牛奶、加多宝凉茶、和其正凉茶、椰汁等），每盒价格在35～65元之间浮动。拜访一户亲戚提一个礼盒就足够，如果亲戚家里有老人，可购买18元/提的鸡蛋。外村的亲戚多从家中带来礼品。由于摊位过多，村口摊位的生意并不好。

村庄事务管理员还于祖公生日之际聘请剧团唱戏，戏台前空旷的场地间摆满各式各样的小吃类、游戏类摊位，成为青年人聚集、孩童娱乐的热闹场所。在特定的时间和场域内，他们从父母手中得到丰厚的零用钱，尝试着日常难以接触的消费刺激与体验。对于青少年而言，六月十六祖公生日意味着美味与狂欢。村民们期待着这一天的到来，甘愿在这期间大手笔花费，重视程度与春节不相上下，仿佛忙碌了一年，为此花销迎客都是值得的。每家每户的花销都上千元，这对于以农业为主要经济来源的石枧村并不是一个小数字。

摊位中设置了13个玩具摊位，出售头饰、发夹、梳子、竖笛、祈福挂件、扇子、风车、芭比娃娃、奥特曼玩具、立体拼图、小风扇、泡泡机、氢气球、荧光棒、风筝、玩具枪、玩具汽车、花环等物品，摊主日常多在花海、风雨桥等旅游景区摆摊；7个烧烤摊位，出售烤肠、鸡柳、鸡胖、面筋等油炸类食品；5个冷饮摊位，出售饮用水、饮料、奶茶、凉粉、冰激凌、棉花糖、爆米花；此外，还有2家投掷类竞技游戏摊位、1

家掷色子游戏摊位，金鱼、乌龟、兔子作为丰厚的奖品，同时可以出售，金鱼3～5元/只，乌龟15元/只，兔子50元/只。9台游戏机是现场最夺人眼球的设施，拍拍乐、射击类、拳打类等男女老少皆宜，玩家不断。1元钱一个游戏币可兑换5个玻璃球，使用5分钟左右。游戏机摊主来自福利镇，为了在节日期间看管新购置的游戏机，摊主夜晚会在广场内打地铺，为了方便次日继续摆摊。此外，抽奖游戏同样大受男孩子欢迎，主要有1毛钱一次或1元钱一次两种。尽管摊主号称中奖率为80%，但抽中"谢谢惠顾"的不在少数。孩童们的中奖欲望和好奇心促使他们甘愿将零花钱拿去抽奖，即使抽中也很少兑换成现金，而是继续尝试直至一文不剩为止。

第七节 其他经济活动

一、娱乐活动

石枧村村民日常以电视、手机为媒介与社会沟通，成年人以打大字牌、麻将为娱乐。石家乡妇联于石枧村村口处捐赠建设的游乐设施及乒乓球台，成为孩童们的娱乐集聚地，他们还会到河渠中摸田螺、捉龙虾。为丰富村民的业余生活，石枧村鼓励村民在三八妇女节登台演出。身为妇女主任，林萍2016年承担起教授村内妇女学跳广场舞的任务，她将光碟放入移动电视，在白天空余时间重复练习，选取简单的步法、动作确保每个人都可以学会。每晚9点钟，10名左右妇女陆陆续续赶到小卖部门口学习跳舞，反复切磋，享受傍晚的闲适。她们偶尔还会在县镇内参加演出与比赛。而村内大多数妇女因一天劳累的农事而选择在家休息。她们说："做工就当作锻炼身体了，哪里还有精力跳舞。"

二、公共事务建设

于本届村委任期内，石枧村公共事务建设开展得如火如荼，村庄通过一事一议、家族企业融资等方式获得资金来源，改善村庄环境、完善各项事务建设。现建有村办公楼、村科技文化中心、农村党员培训基地，开设阅览室、娱乐室、卫生室等，建成1个篮球场、1个文化娱乐室、1个文化舞台、1个公共活动场所、1个农家书屋等。落实九年制义务教育，适龄儿童入学率达100%；群众普遍参加新型农村合作医疗，参合率达98%；实现广播电视网络、通信网络和互联网网络全覆盖。

2011年向县政府申请60万元，修建两条分别为1500米和2000米的机耕道，通向石枧村2000亩果园。其中，挖机平整路面花费5000元，铺角石路花费7.8万元。

村庄水渠渠道狭小且部分年久失修，存在渗漏坍塌现象，灌溉能力弱，导致农作物灌溉不到位，雨后排水不畅，无法满足农作物灌溉需要，严重影响下石枧村经济作物生长。2011年申报石枧村"三面光"水渠修建工程，涉及耕地面积达800亩，水渠总长200米，宽0.5米，高0.4米，项目金额为5万元。

2011年实施危房改造项目，遍及170~180户，含60余户低保户。

2012年完成800亩复垦项目。

2012年实现村内道路硬化，保持路基坚实、边坡稳定、排水畅通、路面平整完好整洁，路况良好。无堆积物，夏无积水，冬无积雪，巷户道由受益居民实行"门前三包"。拆除土厕所，道路两旁绿化，种植规划树600株、小型树苗1000株。

2013~2014年修建水泥公路，宽5米，长3.5千米。

2013~2015年筹资80万元修建宗祠，林家勋、林家盛二兄弟各出资3万元，并篆刻"重建石枧林氏宗祠碑记"于祠堂墙壁："原石枧林氏宗祠建于一九六一年，数十年历经风雨，有所残旧，经族人共商，为继历代先祖之贤风，树本族家教之正气，弘扬耕读文化之内涵，特定于二○一三年八月初十日在原址原方位重修建石枧林氏宗祠，其间全村族人，含移居城北狮山村及各地叔兄和贵戚、友人踊跃集贤、捐款，工程得以顺利进行，于二○一五年四月初十圆满竣工，使得宗祠焕然一新更显辉煌。"

2015年修建残破戏台，向政府申请7.4万元，并通过"一事一议"财政奖补项目筹得所欠资金。

2015年村部楼通过"一事一议"财政奖补项目筹得4万元，征地4亩，楼宇占地120平方米，高两层半，花费60万元。

2015年建设垃圾堆放处理场，铺设泥夹石路长300米、宽4米、厚0.08米，修建围墙长450米、宽0.2米、高2米。

2012~2015年村级"一事一议"财政奖补项目见表5-3。

表 5-3 村级"一事一议"财政奖补项目

单位：万元

年份	项目名称	项目总投资	财政奖补	村民筹集资金
2012	村内公共活动场所及水渠挡土墙	18.375	16.800	1.575
2013	村道水泥硬化	9.625	8.800	0.825
2014	"三面光"水渠及铺垫盖板	7.000	6.400	0.600
2015	挡土墙、水渠、围墙建设	21.525	19.680	1.845

2016年，计划硬化、绿化村部楼场地及建设宣传栏；采取民族特色结构建设石枧村进村门楼一座；进村路长600米，建设安装太阳能路灯45盏；建设300户1200人饮用水供水点；完善生活污水处理系统；建设文化娱乐场所生态休闲小公园。

2017年村委会换届，如继续当选任职，村支书林家得将带领村委会申报石枧古村落，修复6座天井屋，建设"美丽乡村"示范村。

在公共事务方面，石枧村有农历六月十六日祭拜祖公生日的传统，祭祀石家、石枧、城上三兄弟的同一祖宗。六月十五至十七日3天内，村民基本不再工作，男女老少为此奔波忙碌，3个村庄各轮流供奉祖公3年，家家户户宴请宾客，依据经济实力等情况设置3~20桌宴席不等。作为村民共同的祖公，每人都有为节日贡献的责任和义务，在祭拜礼仪、庆典活动等方面将由村务管理人员向村民集体筹资，用于购买烟花爆竹、邀请戏班子唱戏、歌舞团表演等事宜。集资主要由3部分组成——上石枧村民筹资、下石枧村民筹资以及村庄民营企业捐资，村民每人捐资约为30元。

六月十六日前夜，石枧村内开始弥漫节日的氛围：林增友的儿子将投影幕布挂在后墙上，支好支架，来来回回调整投影仪几次，打开网络电视。母亲坐在中央，吹着风扇，电视里播放的正是她最喜欢的广西、湖南彩调剧《除夕夜》。三三两两的村民搬来竹椅、塑料凳，陆续闻声赶来看戏。此时，林增友坐在门槛上照着电话本，挨家挨户打电话邀请亲朋好友前来吃饭过节。他将豆腐做好，次日凌晨3点钟起来就可以炸好去卖，之后赶去湖南沱江集市买菜准备宴席。此后的几天便不做豆腐了，借此休息几天，自家也要看戏过节。

祭拜当天，家家户户将饲养已久的公鸡拎到祠堂祭祀，供奉水果、糍粑甚至是儿童的零食给祖公，随后便烧纸钱、放鞭炮，完成祭拜仪式。结束后将公鸡拿到家中，作为宴席上的一大主菜，煮熟后还需要将其端至祠堂供奉祖公。在祠堂的门口，一支不请自来的舞狮队伍前来表演，写上"恭喜发财"等字样向村支书讨要好彩头，随后挨家挨户进行表演。为图吉利，在节日期间村民会发给他们每人10元的红包。

为营造节日氛围，村务人员邀请戏班子于十六日当天表演祁剧，观众大多为年长者，年轻人更偏爱十七日的歌舞晚会及广场舞表演。传统与现代的碰撞折射出时代背景中代际的文化差异与观念认同，某种程度上，祖公生日也不仅仅是为了祭拜，同时也是村民于忙碌的日常农事中得到暂时解脱与休闲娱乐，为其提供享受当下的时空场域。

在宴席方面也已超越邀请宾客吃饭、对方顺应送礼的简单礼节。仪式与饭菜本身或许并非主人关注的焦点，亲戚朋友的数量、摆酒席的数量则成为家家户户的关注点。客人的来历、职业均是其地位的体现，也彰显了主人的经济实力与地位。这种依靠节日来维系当地人之间的关系，同时还蕴含着不同地位与势力的帮扶与支持，成为村民于乡民社会立足及炫耀的资本。

三、生态文明建设

石枧村2013年被列为贺州市生态文明新农村，现建设生态村的目标是实现村庄绿化、街院净化、道路硬化——创建生态村庄，优化人居环境。石枧村要彻底治理"脏、乱、差"，达到道路硬化、村庄绿化、整体美化，建成设施完备、功能齐全的文化体育场所。产业发展方面，以优质脐橙为主的水果种植等成为村民主要经济来源，因此应扩大果园的生态种植规模。

石枧村总面积4.6平方千米，人居生态环境质量明显改善，统一外部装修风格、改厨、改厕、改圈舍、改水，拆除不适用住房。建设与完善村委会办公楼、文化活动室、卫生室等村级设施。完善道路两侧绿化带和房前屋后的绿化工程，村庄绿化区3643亩，居住区绿化500亩，绿树成荫。村民自发于村道、巷道两侧种植树木、花草，使全村绿化覆盖率达52.8%；生活污水经生态处理池净化处理后，基本达到排放标准，处理率达98%；生活垃圾做到村收集、乡转运和处理，生活垃圾定点存放，清运率达100%；村内没有规模化畜禽养殖场，实行人畜分离，改变了"粪便到处堆，晴天苍蝇蚊子乱哄哄，雨天满路污水横流"的现象；提倡使用清洁能源，扩大沼气、液化气、太阳能和电能的使用率，减少柴火、燃煤对大气的污染，清洁能源普及率达92%；饮用水合格率达98%。全村生态环境、村民生活质量和文明素质得到较大改善和提升，真正符合建设农民新村的要求。

石枧村农业生态环境也得到良性发展，将保护基本农田、改造中低产田、建设水利设施和农业机械化等有机结合起来，对坡耕地实行退耕还林，对中低产田进行保水保肥改造，完善排灌设施。充分利用荒山荒岭以及闲置土地发展水果种植业等生态农业，农膜回收率达91%。村庄总秸秆量232吨，用作饲料及柴火150吨，还田综合利用80吨，农作物秸秆综合利用率达99.1%；长期将电、沼气以及液化气（辅以秸秆及少量枯树柴火）作为生活能源的农户有245户，清洁能源普及率达92%。在种植方面，逐年减少农药使用量和化肥使用量，每年每亩农作物平均使用农药分别是2012年2.2千克、2013年2.1千克、2014年1.85千克，每年每亩农作物平均使用化肥分别是2012年128.6千克、2013年125.1千克、2014年123.3千克；积极推广使用农家肥、有机肥，农田土壤有机质含量逐年上升，每千克土壤中含有有机质分别是2012年2.7%、2013年2.8%、2014年3%，农业生态系统资源利用日趋合理。

为此，村庄健全良性生态系统，创造舒适的人居环境，从而有利于建设人与自然和谐共处的生态村。

四、结语

自然环境的优美是石枧村村民数百年前迁居于此的原因。为了保留原生态，石枧地区今天仍然以农业为主；但同时主动参与经济转型，共同推动脐橙种植向专业化、产业化发展。如今的石枧村面对传统与现代经济的交织，每个人都努力地主动参与、积极适应，扮演所应承担的角色，为家庭生活、宗族繁盛寻找一席之地。

地处亚热带季风区，优越的自然条件为作物生长提供条件：阳光充足，气候温和，雨量充沛，少霜无雪。石枧村村民种植的主要农作物有玉米、水稻、大豆、花生，经济作物主要为春烤烟。由于春烤烟耗费地力，地区耕作方式多采用轮耕。该地农田面积狭小且不规则，尽管拖拉机等机械化农用设备已于20世纪末投入使用，有助于提高生产效率，但在农田间大规模推行机械化至今仍难以实施。20世纪80年代初实行家庭联产承包责任制后，分产到户的农民难以拥有大规模成片土地，他们重复着翻地、撒种、施肥、浇水、杀虫、除草、收割等农事流程，日复一日，永不倦怠，只是期盼着秋天可以得到好收成。然而，辛劳并不等于回报，不定期的旱涝灾害同样可能使农民的付出功亏一篑。现今并非家家户户养殖牲畜，大多数农民无农家肥供给田地，他们只得通过增加化肥用量改善地力，提高农作物的产量及质量。品种繁多的害虫抗药性增强，农民也只能加大药剂，这将加速污染地下水，耗竭地力，与绿色农业理念有所背离，不利于生态的良性互动。石枧村村民仍然难以改变靠天吃饭的生产模式，因此农作物种植、蔬菜种植、家禽饲养等常规农业形式只能使村民自给自足或者勉强补贴家用，依靠其提高经济收入、大幅度改善生活水平几乎不可实现。大部分家庭以米饭为主食，蔬菜主要是自家于庭院种植的，肉类除每家每户饲养的鸡鸭外，日常多购买猪肉。

土地的有限性、土地的开发程度均难以满足农民的种植需求，剩余劳动力只增不减，外出务工成为未婚青年及已婚男性最便利且效益最好的方式。无论男女，只要任劳任怨、埋头苦干，务工的薪资水平稳定且大大高于种田收入。现今非农就业机会增多，部分农户积极参与村外非农就业；因受教育水平和专业技能限制，农民在外出劳动力市场参与程度上呈现较大差异，大多以技术含量较低、消耗体力和时间为主的普工居多。尽管务工地物价水平、生活成本远高于家乡，但只要省吃俭用就可以省下一大部分工资寄给家里，养家糊口。中国农村存在大量剩余劳动力，存在明显的二元经济结构，农村非农就业的增加，特别是外出务工人员的大量增加，使原本存在的劳动力季节性短缺变得更加明显。① 因而建议本地区年轻人转变就业观念，充分利用本土脐橙产业资源与平台，为脐橙科学管理、市场化营销做出贡献，助力本地区由传统农业经济向市场化脐橙经济顺利转型与发展。

年轻务工人员在外闯荡数年，接受新鲜事物较快，返乡后自然而然沿用自城市习得的某些生活方式，体现在物质生活、行为方式、价值观念等多方面。例如，购置电磁炉、电饭煲、消毒柜等新型电器。广播电视成为村民获取社会信息的最重要渠道之一，他们通过电视节目学习普通话；利用手机上网看小说、玩手游、聊天，满足其娱乐消遣需要；当然，也有极少部分村民在网上做生意，积极加入互联网经济热潮。石枧村不再是20世纪时完全封闭、与世无争的古村落；村民不再为温饱担忧，他们甚至开始享受城镇化、工业化带来的便利与新奇。尽管村庄尚未完全摘掉贫困的

---

① 参见石晓平、曲福田等《农村市场发育与村庄经济研究》，载《中国农村观察》2004年第1期。

帽子，尚未做到全民脱贫，但这并不妨碍村民主动融入并享受现代化带来的便捷生活。

商品流通及贸易打破了该地固有的村落边界，每位朴实无华的村民都向往更加现代的物质文明，他们极力调整状态、摒弃旧思想、适应新环境。于省际贸易与商品流通发展过程中，建议此地加强与湖南的农贸、经济、交通、旅游等方面的合作交流。提升边贸规模和产品档次，提高产品附加值；完善石家乡集市的基础设施和交通网络，为发展边贸提供硬件基础；当地政府加大对边贸发展的政策扶持力度；完善边贸立法与管理制度，建立稳定的边境贸易和经济合作的机制。

以农业生产为依托的石枧村如今处于内部结构转型阶段，脐橙种植的兴起与繁荣也冲击着曾以烤烟经济为主要收入来源的种植模式，石枧村的产业正在分化。相比之下，果园经济更趋于稳定，收入更高，深受村民欢迎。在家盛果场的带动下，石枧地区脐橙种植行业先发制人，取得丰厚收益后吸引大批农户加入该行列。林家勋、林家盛两位经济能人凭借智慧、勤劳与远见发展地方种植业，一方面为果场吸纳所需员工，从而保证生产链顺畅无阻，另一方面带动周边剩余劳动力再就业，提高村民经济收入。此外，果场鼓励父老乡亲种植脐橙，并为其提供幼苗优惠与技术指导，目的在于有效补充公司销售空当。这种互惠互利的经济种植模式有助于扭转村民外出务工的空心格局，在外务工人员数量大幅度减少，农户返乡后专心致志搞脐橙管理，推动生产与就业逐步转型。

针对石枧地区脐橙种植和生产与销售现状，建议减少毒性重、残留时间长的除草剂、杀虫剂的使用频率，建立绿色脐橙的生态指标体系，从农药喷洒、化肥管理、鲜果采摘、商标审核、生产包装、鲜果贮运等多个环节严格把关，邀请专业机构对鲜果进行绿色食品标志的认证，以达到4A级绿色食品的管理标准，进一步提升脐橙的消费层次。依托家盛果业有限公司的资金与技术，将养猪、养鱼、果树种植有机结合起来，打造复合型生态农业模式。通过间种花生、西瓜、辣椒、药材等，建立良性农业循环体系，促进农业持续发展，实现经济、社会、生态效益的统一。

农产品区域品牌体现了一个地区农业经济和农业产业化的发展程度，有利于为区域繁荣提供持久动力，形成该区域农产品的核心竞争力，对区域经济的持续发展和农民增收具有重要的现实意义。赣南脐橙品牌战略一方面利用得天独厚的地理环境培育出优良的脐橙品种；另一方面，当地政府协会的政策和技术帮助，提高了果农的种植技术和研发新品种的技术。富川地区可借鉴赣南脐橙区域品牌发展模式，完善产业链集群，加强农产品深加工产业；构建农产品区域品牌营销管理和市场推广体系，加强销售环节；建立起"产、加、销"三环相扣、对接有序的脐橙营销网络体系。

现代农业型村落承担了主要农产品生产基地的职能，古村落和旅游型村落承担了为区域居民提供休闲活动场所的职能[①]。由于此地个体果农品牌意识欠缺，缺乏长远发展眼光，农业产业化和组织化程度较低，物流业亦处于初步阶段，小规模农户家庭经营难以对接国内外大市场，本土的脐橙发展规划仍有待完善。

第一，以提高农民素质为根本，注重实效培育新农民。把职业技能培训与促进劳动力转移、打造劳务品牌、发展劳务经济、培育劳务产业结合起来。第二，开启网络营销的新时代，利用互联网助推脐橙产业发展。普及互联网进村项目，打造脐橙淘宝村，聘请专业技术人员对村民进行计算机使用、网络使用、网上开店等的培训和指导；建立与物流、快递、移动和电信公司的合作机制，完善产品物流、产品质检、产品宣传等环节。第三，开辟特色营销模式，培养脐橙文化，从果园子到果篮子，以产业文化作为发展落脚点，打造脐橙观光旅游业。利用乡村特有的自然资源、农产品、乡村文化吸引长期居住在都市中向往返璞归真的城市居民，开展乡村风情旅游。利用现有的纯乡村自然、人文景观或农业产业园区，稍加改造设计甚至无须任何修饰就可开发出各具特色的观光系列产品。同时，利用村庄鱼塘的生态作用，调节生态系统，与村落交相辉映，形成良好的村庄布局。在挖掘本土文化特色的基础上形成"一村一品"的格局，着重对旅游产品的主题、形式等进行创新开发，形成品牌和特色。主题的确定根植于旅游需求和当地的自然人文资源，凸显特色与个性，避免与周边同类旅游项目雷同。开发体验式果园观光模式，将果园打造成集观光、餐饮、采摘、娱乐等一条龙服务的乡村休闲体验区。

国家的经济建设大幅度波及社会每个角落，20世纪80年代以来的农村改革使中国农村发生了巨大变化，非农经济和工业化使一些发达村落成了"超级村庄"，尤其是集体经济得到长足发展。在集体经济发展历程中，村落以其自身的方式吸纳了非农化和工业化带来的异质性，将非农经济组织成功地移植到村落乡土社会的土壤中，完成了"离土不离乡"的历史使命[②]。20世纪50年代至70年代末，石视村实行社会主义集体经济；80年

---

① 参见车裕斌《典型村落经济社会转型及发展趋势》，载《广西民族大学学报（哲学社会科学版）》2008年第3期。

② 参见张志敏《村落经济组织与社区整合》，载《浙江社会科学》2003年第4期。

代实行家庭联产承包责任制后调动了个体农户的生产积极性，生产力得到解放；直至90年代社会主义市场经济建设如火如荼，商品化、市场化、现代化"三驾马车"并驾齐驱，石枧村的经济模式也历经变迁与过渡转型。

随着市场经济机制的逐步完善，产业结构调整以市场信息为导向，以村民的趋利性为动力，石枧村逐步实现了农业结构调整，由传统型小农经济向统一规划、规模种植的特色脐橙农业产业的过渡转型是国家政策、市场需求、技术支持、地方引导、村庄内部互动的共同结果，环环相扣，缺一不可。当地脐橙迎合"原生态"标准，与村庄及地区建设的绿色生态理念不谋而合。聚焦至农民的生产观念与生活行为、心理追求，它们也在同时发生着改变。这与传播工具、信息媒体的介入大有关联，村民们不再满足于自给自足的自然经济状态，每个人都有了更高的物质和精神需求。

第六章 村庄教育

第一节 教育概况

据祠堂碑刻记载，石枧村于明宣德年间建村，始祖茂公为福建莆田人氏，本为举人出身，官居广州府教授，素重读书风气。教育是文化传播的过程，不仅指群体内文化从上一代到下一代的纵向传承，同时包括文化从一个群体到另外一个群体的横向传播。[①] 目前石枧村分为16个村民小组，共有302户，1170人，全村为汉族村，但是由于多年来与附近瑶族通婚，如今村内出现了不少户籍为瑶族的村民。虽然大部分村民的教育程度目前处于初中文化程度及以下，但是当地学龄儿童进入学校教育的比例越来越大，村中高中生的人数每年上升，村民对现代教育的重视程度在逐渐提高，"读书无用论"的思想正在逐渐改变。调查资料显示，自中华人民共和国成立以来至2014年，石枧村（含迁往狮山）共有127名村民接受高等教育（本科及大专），其中本科生所占比例高于专科生，亦不乏研究生。

石枧村位于富川瑶族自治县东缘，虽不至于被山岭包围而与外界隔绝，但是因其与县城富阳镇之间相距约22千米，加之受到以往交通不便的影响，导致村民与区域中心接触较少，形成相对封闭的局面，经济文化一直处于缓慢发展的阶段，村民的思想较为保守传统。一方面，当地的物质条件较为缺乏，教育基础设施不完备；另一方面，村民对现代教育的认知起点较晚且较为浅薄。在二者的共同作用之下，石枧村现代教育发展滞后。日常生活中，村民使用本土方言进行交流，但是当地对汉语拼音、普通话的教学可以追溯到中华人民共和国成立之初，所以村民在接受现代教育时没有遇到严重的语言障碍。近年来，石枧村经过重新铺设道路，加强了与外界的联系，村民改变了传统的生计方式，因此生活水平得到提高。在此过程中，村民受教育的条件以及教育观都有所改变。但是，与县城富阳镇的情况相比，当地村民接受基础教育的硬件条件仍然较差，教师和家

---

① 参见李复新、瞿葆荃《教育人类学：理论与问题》，载《教育研究》2003年第10期。

长的教育方式较为传统、单一，青少年在完成学业的同时仍须兼顾大量农活、家务，进行课外拓展的机会不多，而且课外自主学习的意识普遍较弱。

中国的教育自"文化大革命"结束以后进入新的发展阶段，基础教育和高等教育的改革使得全国整体的教育水平得到了提升。所以，本章以"文化大革命"结束为时间节点进行前后划分，大致将石枧村的教育分为改革开放前的传统教育与现行教育两大部分，其中现行教育又以现代学校教育、家庭教育、社会教育、成人教育4种方式出现。

第二节 村民受教育程度

石枧村村民受教育的情况见表6-1。

表6-1 石枧村村民受教育程度统计[①]

受教育程度	不详	文盲	小学	初中	高中	中专	大学（含大专）	总计
人数/人	80	42	317	351	28	11	13	842
比例/%	9.50	4.99	37.65	41.69	3.33	1.30	1.54	100

表6-1反映的数据显示，在石枧村，初中文化程度的村民所占比例最高，小学文化程度的村民次之，另有文盲42人。在所有数据中，小学以及初中文化程度所占比例近八成，这表明九年义务教育工作在石枧村获得了相当的成效。但是，达到高中及以上文化程度的人数仍然不多，这意味着村民主动接受更高等级教育的意识仍滞后，学业水平依然有待提高。值得一提的是，专科是不少村民的优先选择。据村民所言，20世纪八九十年代，专科比高中和本科更受人欢迎，因为村民从专科毕业后不仅掌握了一门技能，更能够获得工作分配。另外，虽然户籍资料上登记仅有13人接受高等教育，但是实际上石枧村接受高等教育的人数远不止此数，由于大部分接受高等教育的村民都已经将户口迁出本村，也有部分女性村民

---

① 数据由石家乡派出所户籍资料统计所得，以村内21周岁及以上年龄村民为统计目标。

外嫁、年迈村民死亡等因素,因此从户籍资料上反映的人数与林氏宗祠碑刻上的人数有所差距。

石枧村各年龄组不同性别受教育情况见表6-2。

表6-2 各年龄组不同性别受教育程度统计①

年龄组	21～30岁		31～40岁		41～50岁		51～60岁		61～70岁		71～80岁		80岁以上	
性别	男	女	男	女	男	女	男	女	男	女	男	女	男	女
不详	29	28	3	5	0	1	1	1	1	1	3	4	1	2
文盲	1	0	0	2	0	4	0	5	1	7	2	13	2	5
小学	20	12	14	28	34	48	18	48	20	23	18	25	3	6
初中	75	42	56	31	57	18	39	14	11	3	2	1	2	0
高中	4	5	4	2	0	5	3	5	0	0	0	0	0	0
中专	0	3	3	2	1	0	0	1	0	0	0	1	0	0
大学	4	4	5	0	0	0	0	0	0	0	0	0	0	0

从表6-2反映的信息对比可以得出如下3点结论。

第一,文化程度高低与出生年代相关。出生年代越早,低文化程度以及文盲的人数越多。从1976～1985年,即20世纪80年代入学的一代人开始,初中文化程度的人数开始多于小学文化程度的人数,并且进入高中的人数开始逐步增多。

第二,文化程度高低与性别相关。首先,男性文盲数量远少于女性文盲数量,而且几乎每一个年龄段的女性文盲数量都高于男性文盲数量。其次,接受中等教育的男性远多于女性,尤其是在各年龄段的初中文化程度中表现更为明显。

第三,文化程度高低与当时的环境相关。在"文化大革命"时期,村民进入高中并非通过考试成绩评定,而是按个人成分分配指标,由于当时村中大部分村民属于雇农、贫农、中下农等,所以在当时进入高中的人数有所增加。在"文化大革命"以后,学校招生恢复正常秩序,进入高中的人数相应有所回落。

---

① 数据由石家乡派出所户籍资料统计所得,以村内21周岁及以上年龄村民为统计目标。

第三节 传统教育与现行教育

一、传统教育

石枧村传统教育,主要分为3个发展阶段:中华人民共和国成立前、中华人民共和国成立初至"文化大革命"前、"文化大革命"时期。

中华人民共和国成立前,石家乡范围内并没有设立现代意义上的学校,林姓宗族也并未如同许多东南沿海的宗族一般设有族塾,青少年读书是通过从外村聘请先生到家讲学,较为零散。所以,当时只有地主家等有经济实力的家庭才有能力请先生到家中教授子女读书认字,普通的村民几乎没有接受教育的机会。当时村子里有人从龙湾聘请先生到家中教学,所教授的内容为认字,先生的报酬按天以谷子结算。

中华人民共和国成立之初,石枧村开始设立学校,校址设在祠堂,并未另建校舍。然而,这所学校并非完全小学,只含初小部分,而且由于缺少教师,因此当时经常是两个年级不同的班级在同一课室内进行教学,当教师在为一个班级上课的时候,另外一个班级的学生只能自习,这样的教学称为复式班。高小部分的学校设置在石家村,当时学校所设置的科目有语文、大数、俄语、地理、唱歌,教师教授的内容以及教学使用的课本都较为基础,教师的水平参差不齐,很多时候甚至是高小毕业生担任教师教授小学内容。1958年兴起大合校运动,全部小学生都到石家村的学校集中上课,并被要求在校住宿。当时石家乡并没有设立初中,小学毕业升初中的学生都需要到外乡就读。因为福利镇和石家乡距离较近,所以他们一般都到福利初中而不是去现在的县城富阳镇内的初中上学。当时石家乡和福利镇之间并没有班车,学生都是步行上学。

1966年"文化大革命"开始,学校教学受到严重影响,不少教师在学校内部组织派系斗争,导致教学质量下降。当时的小学并没有因为"文化大革命"停课,但是初中曾经一度停课。20世纪70年代,福利镇、石家乡和新华乡合并成为一个公社,称为福利公社,政府新建了一所福利公社初中。初中所设置的课程主要是语文、大数、英语以及政治,但是英语课的教学水平非常低,课程内容也并非系统的教学,而俄语课则被取消。

当时在小学内上课的教师多是民办教师①,而且不少教师是非正式的师范类院校毕业的,教师队伍素质参差不齐。如上文所提及的,"文化大革命"时期村民能否读高中取决于自身的阶级成分,所以不少成分"不好"的学生只能无奈地在初中毕业以后终止学业,无法升学。

石枧村村民世代务农,大部分村民全年为温饱忙碌,一般的青少年不仅需要分担家务、照顾弟妹,还需要跟随父母下地干农活,所以他们能够用于学习的时间并不多。当时生活水平普遍较低,村民接受教育的主要目的仅仅是识字以及基本的计算,识字的范围也只限于自己的名字以及一些日常用字,绝大多数人并没有将读书作为主要任务。在经济困难时期,很多家庭都无法负担学费,子女只能辍学回家干农活。当时的教育条件十分恶劣,基本上只能保证每个学生拥有课本进行学习,没有多余的教学设备。而且由于大部分教师是民办教师,他们没有接受过正规系统的师范教育培训,对教学工作并不十分熟悉,因此教学质量难以保证。另外,当时"重男轻女"的思想盛行,女孩上学的机会并不多,当地不少学校内的班级还是"和尚班",根本没有女学生。从课程设置上可以看到,受到中苏关系的影响,中华人民共和国成立初期的小学所开设的外语课并不是英语而是俄语,但是在中苏关系进入紧张状态以后,俄语不再成为小学教育中的课程。在"文化大革命"时期,村民获得教育的机会处于不平等的状态,选拔的标准脱离教育本身。

二、现行教育

(一)学校教育

过去,石家乡政府设立独立的教育委员会办公室(以下简称"教委办")统管全乡的教育教学工作,主要负责小学、初中的教育工作以及人事安排。目前,教委办业已撤销,由石家中心校直接负责全乡的小学教育教学工作,原石家初中负责初中的教育教学工作。

1. 学前教育

受到经济文化发展落后、教育基础薄弱等因素影响,石家乡的学前教育起步较晚,直到2008年才由民间兴办了第一所幼儿园——石家乡精灵

---

① 当时的民办教师是在特定历史时期教师资源严重不足的产物,根据国家的政策,现在已经全部取消,与当下民办学校的民办教师并非同等意义。

幼儿园，而石枧村的村民则是在近四五年才开始大规模、有意识地将儿童送入幼儿园接受较为规范的学前教育。如今全乡共有4所幼儿园，分别是石家中心幼儿园、石家精灵幼儿园、蒲公英幼儿园以及龙窝幼儿园（如图6-1、图6-2、图6-3所示）。石家中心幼儿园的前身是石家精灵幼儿园，目前两所幼儿园分开办学，石家中心幼儿园是公办幼儿园，而石家精灵幼儿园只在暑假期间开设兴趣特长班。

图6-1　石家中心幼儿园

图6-2　蒲公英幼儿园

图6-3　龙窝幼儿园

幼儿园的招生对象均为2～6岁的健康儿童，但是大多数石枧村村民会在儿童三四岁时送他们入园。原因主要有两点：一是幼儿园的学费对当地的一个普通家庭而言并非一笔小数目，过早将儿童送入幼儿园花费太高；二是村民觉得儿童太小，送进幼儿园他们不放心。在儿童成长到一定岁数的时候，村民将其送入幼儿园，虽说也是由于经济条件改善，现代教育观念影响，但首要原因是将儿童送入幼儿园以后村民能够专心干农活而不用分心照顾子女，其次才是希望儿童能够掌握知识，为上小学做准备。但是，在调查过程中也发现，个别家庭由于已经有子女正在上学或是子女较多，难以负担学费，只能把儿童留在家中亲自看管。

在石枧村，笔者所访谈到的家庭选择的都是石家中心幼儿园或是龙窝幼儿园，所以笔者着重关注这两所幼儿园的情况。石家中心幼儿园于2008年兴办，龙窝幼儿园则于2010年兴办，两所幼儿园距离石枧村都约有两千米，所以小孩上下学需要家长或是校车接送。至于费用方面，石家中心幼儿园每个学期的费用是2200元（含校车接送费用），而龙窝幼儿园则是2000元（含校车接送费用）[①]。因为龙窝幼儿园的费用较低，而且在石枧村的口碑较好，所以村民们更愿意将儿童送往龙窝幼儿园。但是，据笔者实地观察发现，石家中心幼儿园的教学环境明显比另外3所幼儿园要好。幼儿园所开设的课程大同小异，主要是拼音、美术、唱歌。在幼儿园内，

---

① 数据来自两所幼儿园的内部行政人员。

师生都需要讲普通话，所以虽然石枧村的青少年在日常生活中使用本地土话，但是他们对普通话并不陌生，能够运用普通话进行基本的交流。

由于石家中心幼儿园属于教育行政部门审批设立的普惠性幼儿园，因此根据国家优惠政策，在园的家庭经济困难儿童、孤儿、残疾儿童有入园补助金的资助。入园补助金由幼儿园根据儿童家庭经济困难程度分两档执行：一档每人每年补助800元，主要用于家庭经济困难的儿童；二档每人每年补助1200元，主要用于家庭经济特别困难的儿童①。

以往村内小学曾经开设学前班，供学龄前儿童读书，幼儿园还未在当地开办之前，学前班承担了学前教育的功能。但是因为学生人数逐年减少，如今学前班已经不再开办。在学前班还未撤销之前，有部分村民选择直接等到儿童5岁左右才将其送进学前班而不去上幼儿园，因为相对幼儿园的费用而言，学前班的费用较低，每学期的费用约为500元。

个案1：

　　DM，现年24岁，曾在广州务工，育有一子一女，儿子现年4岁，女儿现年5岁，均在龙窝幼儿园上学。

　　"近几年大家的生活都好过一点，虽然学费贵，但是省一省还是能够拿出来的。"

　　"我们都忙着干活，没空管他们，送去幼儿园我们就能够脱身，也没打算能够学到多少知识，但是多多少少也总能够学到一些。"

　　"他们在幼儿园有学普通话，但是他们自己玩都是用方言啦，回家和我们也是说方言。有一次老师就说，他在学校午睡想盖被子，说到一半，不会说'被子'，他就用了，就是一半普通话一半方言。"

个案2：

　　YP，女孩，现年3岁。父母在广东打工，大约半年回家一次，平时由爷爷奶奶照顾。

　　在访谈过程中，聊到为什么家里选择龙窝幼儿园而不是其他幼儿园的时候，其母亲说："之前有和别人打听过，就说石家那边的老师不是很有耐心，迟一点接送就摆脸色，对小孩子也很随便，小孩子尿

---

① 参见富川瑶族自治县人民政府公众信息网：学前教育资助政策宣传资料（入园补助金），http：//www.gxfc.gov.cn/E_ReadNews.asp? NewsID=1206，后经村民核实。

湿了也不管，不过现在龙窝这边就不同了，小孩子有什么事情都会打电话告诉家长。"

"她以前是跟着爷爷奶奶说方言的，但是上了幼儿园之后她就不说了，只说普通话，我和她也是说普通话。"

2. 小学教育

目前，石枧村仅有一个教学点——石枧小学，位于石枧村中部，只含一至三年级，并非一所完全小学，在读学生全为石枧村的适龄儿童。学生在石枧小学完成三年级的学业以后需要升学至石家中心校继续完成小学课程。以前，学生在升学考试中成绩优异的话可以选择进入富阳的小学（一小、二小、三小）继续完成小学课程，但是在富阳镇的小学严格实行生源控制之后，一般情况下村小学的学生全部升至石家中心校继续小学课程。

（1）石枧小学。20世纪60年代，石枧村开始办学。80年代，在村干部的带领之下进行了校舍翻新。2008年由教育局拨款、村民以及社会各界人士捐资，在旧校舍旁边新建一栋教学楼，共两层，一层二室全为教室，二层的三室则是教师办公室以及器材室，校舍前有一篮球场供学生进行体育活动。2013年7月，石枧小学参与营养改善计划，由教育局拨款在校舍旁新建伙房为学生提供免费营养午餐，建筑面积80平方米。在伙房建设以前，学校提供的是营养早餐，每天每人两个独立包装的面包和两瓶牛奶，每周周一统一在学校一次性发放。但是，由于学生年纪较小，大多没有自行平均分配每天食物的意识，因此经常发生学生将食物在一两天内吃完或是四处丢弃的情况。

以往，学校的办学经费来源于学生上缴的学费，一个班按50名学生计，一个学期能够收取2000多元的学杂费①。自国家实行义务教育开始，办学经费改为由国家按照学生人数下拨；换言之，学校的人数越多，办学经费越多。因为每年的学生人数都会有所不同，所以办学经费也并非定额。石枧小学的办学经费主要用于教学以及学校设施的维修，在需要使用经费时先由教师垫支，之后再统一到石家中心校报账。虽然已经免除了学杂费，但是石枧小学的学生每个学期仍需要缴纳大约120元的费用，其中包括保险费、复习资料费、作业本费。保险费约为每人80元。

第一，学生情况。石枧小学现在一共有40名学生，其中包括一年级19人，二年级11人，三年级10人，每个年级只有一个班。

---

① 数据来自石枧小学退休教师。

第六章　村庄教育

从 2015 年起，学校招生严格按照国家规定，入学儿童必须在当年 9 月 1 日前满 6 周岁，未满 6 周岁的儿童只能在下一年秋季入学。但是，在石枧小学也有特别的情况，有个别儿童未满 6 周岁已在读一年级，村民称之为陪读，并非正式入学，学生仍须在明年秋季重新就读一年级，陪读一年，学生要缴纳 1000 元左右的"学费"，但是这种情况比较少。

个案 3：

> SW，现年 62 岁，退休高级教师，2002～2014 年在石枧小学担任教师。
>
> "12 年间，学生人数的变化很大，我还在石家教委办工作的时候（2002 年之前），石枧小学的学生有 160 人左右，包括学前班，到了 2012 年、2013 年、2014 年，就是我退休前，学生不到 50 人，只有 40 多人。"

近年来学生人数日益减少，原本开设的学前班以及四、五年级都已经撤销。出现这种情况，一方面是受到计划生育政策的影响，石枧村内的适龄儿童数量减少；另一方面是由于村民日益重视教育，有经济条件的家长会选择将子女送往富阳镇的小学就读，目的是让子女获得更好的教育机会。但是据村民所说，近两年富阳镇的小学加紧对生源的控制，小孩入学必须拥有富阳镇的户口，否则只能通过各种关系尝试入学。

第二，课程表。按照上级的规定，石枧小学目前开设有语文、数学、品德等科目，促进学生德智体美劳全面发展。每天的课程从上午 9 点开始，直至下午 4 点结束，共有 7 节课。一到三年级的课程安排基本一致。

第三，师资力量。石枧小学目前有教师 3 人，全为男性，均属公办教师，由石家中心校负责安排上任。以前对乡村小学教师的要求并不十分严格，但是从 1996 年起，所有教师均要求持教师资格证上岗，教师来源主要是师范类院校的毕业生以及招聘的特岗教师。所谓特岗教师，是指高校毕业生通过统一的特岗教师考试以后进入农村学校任教，以 3 年为期，3 年后可以选择继续留任或是另谋出路①。由于村小学的教学条件较差而且待遇上并无优惠政策，因此一直少有教师自愿上任，尽管由石家中心校负责安排工作，但是实际上教师资源仍然紧缺。2010 年开始招收特岗教师

---

① 参见刘祯干《特岗教师的生存状态研究——以安徽省 LQ 县特岗教师为例》，华东师范大学硕士学位论文，2011 年。

159

以后，虽然扩大了教师来源，但是教师队伍却更加不稳定，不少人只是为了通过担任特岗教师满3年获得教师编制，也有不少人是因为毕业以后就业困难，以特岗教师的工作作为过渡，还有一些特岗教师由于条件恶劣坚持不到3年就辞职另谋出路了。另外，外地年轻教师在当地就任还面临着婚配问题，难以长久驻留。教师队伍流动性较大，学生经常需要重新适应新教师，这对他们的学习是非常不利的，而且新教师对学生的情况也不熟悉。小学教师每个月的工资按照国家教师工资标准发放，从2014年下半年起，每月增加交通补贴300元。以往石枧小学的教师多为本村人，但是目前这3名教师均家住在外村，每日来回，与村民之间的关系并不十分熟络。

第四，辍学率。目前，石枧村的适龄儿童在小学的辍学率为零。一方面，村民们受到现代教育观念的影响，明白教育对于子女的重要性。以前，子女不读小学可能是一件平常的事情，但是当下则会成为被讨论的话题。另一方面，随着村民经济条件的改善，加之九年义务教育的普及，学生学杂费用得到减免，以往一些因经济困难无法支持子女上学，或是子女不想读书、家长考虑到家庭经济窘迫也同意子女辍学的情况都得到改善。另外，2015年3月，石家乡人民政府、石家中心校负责人以及各村村支书均签订了"控辍保学"责任状，学生辍学与学校关系密切，学校会通过各种途径与家长、学生进行沟通，努力保证学生能够顺利完成学业。

第五，教学情况。在2008年新修校舍以前，石枧小学的旧校舍残破不堪，师生在黄泥砖瓦房内上课，而新校舍在经过近8年的使用又无翻新的情况下也显得略为落后。教学硬件设备较为简陋，目前师生们使用的还是木制的讲台和桌椅，没有使用一体机、投影仪等设备。课室前后各有一块黑板，分别用于上课教学和知识宣传。学校内没有设置宣传栏，也没有设置小型图书馆或图书角，但是每个学期会由石家中心校统一列出课外阅读书目让学生订阅。

学校器材室有篮球、足球、排球、绳子等，上体育课时，教师只是简单地进行指导，校内没有可以专门进行足球、排球、羽毛球等体育活动的场地，更多时间是学生之间互相玩闹。虽然课程表上列有美术、音乐、劳动、科技等课程，但实际上只有美术课与音乐课是偶尔上课，上课的内容也并不系统、有序。音乐课一般是教师带着学生唱一些红歌或儿歌，其余课程都是学生进行朗诵、玩闹或是自习，主要课程还是语文课和数学课。目前石枧小学并没有开设英语课，也没有传授与英语相关的零碎知识。在课堂上，教师采用的是传统的教学方式，由教师带领学生学习课本上的内容，学生只是被动地接受教师的教学，缺少学生之间的讨论与自主学习，教授的知识范围以应对考试为主，少有拓展。造成此种局面的原因有多种。首先，由于本村地处偏僻，教师数量少，因此每位教师所负责的工作量大，没有充足的时间和精力钻研如此多的课程。其次，村小学内的教师并没有接受过本专业以外的其他专业的培训，所以对于自身所不擅长的课程难以进行系统的教学，只能凭借自身的了解传授一些零散而非专业的知识，难以引起学生的兴趣。再次，虽然素质教育早已提出，提倡学生全面发展，但是实际上在农村，素质教育仍未深入人心，应试教育仍为主流，师生对非考试科目的关注度都不高，认为非考试科目对于升学没有帮助，无须浪费时间。最后，办学经费按学生人数下拨，导致在学生人数较少的时候，学校置办器材或是组织一些课外活动时显得有心无力，村小学的办学状况因而显得更加落后，如此容易陷入恶性循环。虽然大家都意识到石枧小学与乡内小学、县城小学之间存在较大的差距，但不少村民仍然选择村内的小学，原因是子女能够就近上学，方便照顾，如果学校太远还需要亲自接送或是额外支出校车接送的费用。

个案4：

> SW，现年62岁，退休高级教师，2002～2014年在石枧小学担任教师。
>
> "小学老师被叫作'万金油'。什么是'万金油'？就是哪里痛都能擦一下。小学老师什么都要教，语文、数学、唱歌、画画，总之教导主任安排教什么就教什么。一个老师包班，什么事情都要管，反正一上班就没有休息时间。"
>
> "乡下小学正课一天5节课，加上早读、晚读，算起来有6节课。老师都没有休息，还得利用课间休息和中午、傍晚的时间批改作业，还要备课写教案。一天的课程都是满满的，而有的老师家里面还有一点农活要忙。"

（2）石家中心校。石家中心校是全乡唯一一所完全小学，全乡共有9所小学，从2016年年初开始，根据《富川瑶族自治县义务教育学校布局调整规划（2010年～2015年）》，所有村小学五、六年级撤销，统一合并到石家中心校，所以所有学生都需要到石家中心校上五、六年级。目前，据石家中心校行政人员介绍，石家中心校约有480名学生，其中，男生约有210人，女生约有270人，每年从石枧小学升学至石家中心校的学生与其他村小学相比是最少的。与一直在石家中心校就读的学生相比，从村小学升学的学生总体成绩表现稍差一些。石家中心校各教室都配有多媒体教学设备，拥有仪器室、实验室、图书室、阅览室、音乐室、美术室、微机室等功能室。石家中心校近两年开始重新增设英语课，虽然只是兴趣班性质，不作为主要科目进行教学，但是能够让小学生从四年级开始较为系统地接触英语，为初中的英语学习打下基础。以前，石家中心校也开设过此种类型的英语课，只是当初的任课教师是由英语较好的其他科目的教师兼任，而现在重新开设的英语课则是由专业的英语教师任教。不过，专业的英语教师并不容易招聘，尤其是非考试科目的教师。据石家中心校的教师介绍，学校一度希望开设计算机相关的课程，但是在过去7年内学校陆续招聘过20余名计算机教师，没有一名教师能够坚持超过3年，所以始终不能开设相关课程。

在原石家初中撤并为富阳三中以后，石家中心校搬到原石家初中。五、六年级的学生需要住宿，但是无须交住宿费。另外，根据国家对农村家庭经济困难寄宿生的生活补助，加上石家乡位于民族自治县内，资助面积实行100%全覆盖，每人每年可获资助1000元，无须申请及评审。① 目前，石家中心校的学生每个学期需要缴纳的费用大约是200元。

3. 中等教育

（1）初中。石枧村没有开设初中，全石家乡仅有一所初中，即石家初中。根据《富川瑶族自治县义务教育学校布局调整规划（2010年～2015年）》，逐步实现初中向城镇集中、小学向乡镇集中，2016年年初，石家初中正式被撤销，与其他乡镇所撤销的初中一齐合并为富阳三中，由于新校舍正在兴建，目前借用富川县职业教育中心的校舍办学。原石家初中以及现富阳三中都是石枧村的小学毕业生能够直接升学的学校，不需要根据成绩录取，但是富阳一中、二中则需要按照成绩高低分别录取，所以就学生总体学业水平而言，富阳一中最优，二中次之，三中最末。另外，富阳镇内还有一所私立的阳光中学，私立学校的学费较高，每个学期需要2000元。

原石家初中于1971年始建立，石枧村内的小孩在小学毕业以后的升学去向大部分都是石家初中。2013～2015年，石家初中的中考上线率分

---

① 参见富川瑶族自治县人民政府《义务教育阶段学生资助政策宣传资料（农村家庭经济困难寄宿生生活补助）》，https：//www.gxfc.gov.cn/bsfw - wuyong/msly/jypx/9585.do，后经村民核实。

别为96.83%、97.87%、95.45%，2015年中考总评成绩居全县乡镇初中第一名。①石枧村的青少年基本上都是在进入初中以后才开始系统地接受英语教育，与原本在富阳镇小学就读的学生相比，他们的英语水平较弱。而且，很多学生由于英语基础薄弱，难以跟上进度，对课堂的内容不感兴趣，很容易产生厌学情绪，因此英语成绩更加难以提高。英语往往是严重影响他们中考和高考成绩的科目。

目前，初中生缴纳的费用大概是每学期150元左右，住宿费全免。另外，根据国家对农村家庭经济困难寄宿生的生活补助，加上石家乡位于民族自治县内，资助面积实行100%全覆盖，每人每年可获资助1250元，无须申请及审批。②

（2）高中。就调查的情况表明，石枧村的初中毕业生继续升学主要有3个去向：富川瑶族自治县高级中学（以下简称"富川高中"）、富川瑶族自治县民族中学（以下简称"民族中学"）、富川县职业教育中心。富川高中和民族中学是富川瑶族自治县仅有的两所高中，另外还有一所富川瑶族自治县富江学校，是为富川高中的高四复读生专门开设的。富川高中和民族中学的录取是按照学生的中考成绩排名招生，每年基本上是以全县1000名左右为划分界限，在1000名之前的考生可以进入富川高中，在1000名之后的考生则是进入民族中学。两所高中均为自治区示范性高中。

富川高中于1930年创建，历史悠久。在2016年高考中，富川高中一本上线人数114人，二本上线人数868人，其中3人考上北京大学，1人考上清华大学（4人均享受农村贫困地区定向招生专项计划政策）③。民族中学于1987年创建，校舍以及配备设施更新，但是师资水平与教育水平不及富川高中，学生总体成绩和富川高中相比仍有差距。而且，在村民的心目中，考上富川高中的学生更有出息，考取大学的可能性更高。

据村里的青少年说，高中阶段学校组织了补习班，是在寒暑假期以提早上学的形式开班，一个月的费用约为200元，并非强制上课，学生可以自由选择是否进行补习。但是由于补习班的课程内容在正式开学以后不会再重复教学，所以如果学生不上补习班，开学以后就会难以跟上进度。

进入高中阶段以后，学生的学杂费和住宿费都需要由家庭承担，但是

---

① 数据来自富教字〔2015〕98号文。
② 参见富川瑶族自治县人民政府《义务教育阶段学生资助政策宣传资料（农村家庭经济困难寄宿生生活补助）》，https://www.gxfc.gov.cn/bsfw-wuyong/msly/jypx/9585.do，后经村民核实。
③ 来自富川瑶族自治县高级中学宣传栏。

由于富川高中自身另有补贴，因此学生的学费每个学期只需要450元（含住宿费），而民族中学则需要750元（含住宿费）。根据国家对普通高中学生的资助政策，民族自治县内的普通高中学生资助面积为40%，执行中分两档评定，一等国家助学金每人每年2500元，主要用于补助家庭经济特别困难的学生，二等国家助学金每人每年1500元①。这项国家优惠政策需要学生自行提交材料进行申请。另外，由于石枧村位于少数民族自治县内，因此在高考的时候学生享受少数民族自治县内的加分政策。而且，学生报考的时候根据当地情况还可享受农村贫困地区定向招生专项计划、农村学生单独招生、地方重点高校招收农村学生专项计划三项政策，高考录取时能够与其他地区的考生进行分开录取。

在调查中发现，村里的高中生并不都是参加普通高考的学生，还存在高中生通过艺考进入高等院校的情况，但是这种艺考的情况并不多见，其中一个原因是艺考所需要的费用不菲，许多家庭不能够承担，而且在不少村民的观念中，艺术并不靠谱。学生选择艺考的部分原因是自身的文化课成绩并不足以考上理想的大学或是大专，但是自己非常渴望进入高等院校，所以在家庭经济足以支持的情况下他们通过艺考实现自己的愿望。

富阳镇有各类科目的补习学校，但是村内的青少年很少参加补习班。首先，补习学校与石枧村的距离较远，往来并不十分方便。其次，在家庭经济条件并不宽裕的情况下，家长们并不会额外花费一笔钱让子女进行补习。最后，学生除了学习外，家中农忙时可能连日常的作业也需要抽空才能完成，所以根本没有时间和精力去接受其他课外辅导。

4. 高等教育

据林氏宗祠碑刻记载，自中华人民共和国成立以来，共有127人进入高等院校，其中本科生87名，大专生36名，研究生4名。从高等院校的地域分布来看，石枧村学生更多的是选择在广西境内的高等院校读书，选择外省院校的学生并不多。

2015年石枧村共有8人进入高等院校，2016年共有6人进入高等院校。家中有子女进入高等院校的一般会成为本家骄傲以及炫耀的资本，虽然村民一般都比较清楚村里有什么人考上本科或是大专，但是村内并没有对考上大学或大专的学生进行奖励，只是在林氏宗祠中每逢3年补刻一次考上本科或大专的人的名字。另外，当地一些家庭会在家中子女考上大学

---

① 参见富川瑶族自治县人民政府《普通高中学生资助政策宣传资料》，https://www.gxfc.gov.cn/bsfw-wuyong/msly/jypx/9581.do，后经村民核实。

后宴请亲朋好友,村民称之为"大学酒",但并不是每个有子女考上大学的家庭都会摆宴席,他们要考虑自身的经济能力,也有考上大学的学生表示不想太高调,所以没有摆宴席。在调查过程中,笔者发现村民对于本科和专科之间区别的认识较为含糊,尤其是年龄较大的村民对于高等教育的认知存在较大偏差,并不清楚高等教育的实际意义。由于手机在青少年群体的普及,村内的青少年通过手机网络能够接触到外界的事物,不至于对外界一无所知,但是他们大多从来没有离开过本市,所以外出读书以后对新环境的适应仍然是一个无法避免的问题。

在填报志愿、选择专业时,无论是家长还是子女,更多的是以就业率高为首要考虑因素,其次才考虑子女自身的兴趣。但是,一般都是子女独自做决定,家长们表示对选择志愿、专业等不是很清楚,子女的文化程度比自己高,他们更加了解相关事宜。因为高等教育高昂的学费和生活费让家庭难以负担,不少家庭都需要贷款才能够承担子女上学的费用,而子女也需要在上学和放假期间通过打零工的方式来补贴自己的生活费,所以毕业以后能否尽快就业以偿还债务就成了首先要考虑的问题。近些年,村里考上本科和大专的学生,在放假期间也很少回来,一般都是直接在外地打工,毕业以后也在外地工作,这意味着他们改变了一辈子务农的命运。

个案5:

> LH,现年20岁,应届高中毕业生,被广西大学化学与化学工程专业录取。
>
> 她刚刚知道被录取的消息。在访谈时聊到当初为何选择此专业,她说:"就是填志愿的时候我上网查了,别人说这个专业容易就业,毕业以后有很多的就业方向。"

针对农村贫困户当年参加全日制本科学历教育并取得学籍的大学生,广西壮族自治区人民政府推行了专门的资助计划——"雨露计划"扶贫培训,大学本科全日制学生按每人5000元的标准资助,一次性发放;大学专科全日制学生按每人每年2000元的标准资助,连续资助两年。[①] 这项计划开始于2012年,虽然对于整个高等教育阶段家庭所需花费的金钱而言并不算多,但是也在一定程度上减轻了家庭负担。

以上就是石枧村村民目前所接受的现代学校教育的基本情况。首先,

---

① 来自村内干部提供的纸质资料,后经村民核实。

从学校教育的覆盖程度上看，如今不同等级的现代学校教育基本上都覆盖到每一位适龄学生，相比以往，他们有更多的机会接受学校教育。其次，从费用开销带给家庭的经济压力上看，虽然在国家教育政策的普及之下，义务教育阶段的学费得到减免，而且在各阶段都有不同的补贴，但是村民们供子女完成从幼儿园直至大学所产生的费用加起来仍不是小数目，这对于一个农村家庭而言是一项巨大的投资，因而也寄托了他们对改变命运的希望。再次，从专业教师的质量与数量上看，据当地学校的教师反映，除了语文、数学以外，其他专业的教师难以招聘，即使能够招聘到合适的教师，也很难将其长期留在当地任教。因为缺少专业的教师，部分课程难以开设，当地学生的受教育水平与经济发达地区学生的受教育水平之间的差距难以弥补。最后，从农村教育的价值取向上看，文化的传递有赖于教育，通过特定的学校课程，特定社会的价值、道德规范和习俗等得以传播①。值得指出的一点是，目前的农村教育停留于照搬城市学校教育的阶段，忽视了农村与城市之间的差异以及其中的不适应性，以城市需求为目标，导致了农村学生在教育方面的难以适应。

个案6：

> LH，现年18岁，应届高中毕业生，被广西大学录取，专业是化学与化学工程。
>
> 她在2003年开始上小学，一至五年级在石梘小学就读，当时全校有五六名教师。她读一年级的时候，班上有26个人，到五年级，班上就只剩下10个人，对此她印象十分深刻。大多数转学到富阳镇的小学读书了。到了六年级，她和同学们到石家中心校读书，当时班上共有48个人。
>
> "到了中心校以后，最大的感觉就是学校好漂亮啊，以前村里的教室还是盖瓦片的，有一次下雨，瓦片掉下来，吓得我们和老师都赶紧跑出去。而且中心校的老师教得好，我的数学成绩提高了很多，到现在我都很喜欢数学。"
>
> 小学毕业以后，她到石家初中上学。初一的时候她班上有51个人，但是到初二就只有44个人了。初三的时候，学校分设中考班和非中考班。所谓非中考班，针对的就是不以升学为目标，只想拿初中

---

① 参见袁同凯《传统文化习俗与学校教育——教育人类学的视角》，载《西北民族研究》2009年第1期。

文凭的学生。她有不少同学初中毕业之后就进入社会,男生一般都是外出打工,而女生在年纪很小的时候就已经结婚生子。

当我们聊到初中的老师时,她说:"我的政治老师是美术专业毕业的,不过我觉得他教得很好,我们的成绩也不差。不过有个生物老师,也是化学老师,他就教得不好,他是刚刚毕业就来我们学校教书的。"她还提及她的英语老师曾经多次更换,每个老师教的都不一样,因此,她的英语一直都不好,这还影响了她高考的总体成绩。虽然石家初中的总体成绩比不上富阳镇的一中、二中,但也并非全部科目都不及一中、二中,只是英语水平差太远。上了高中以后,她自己选择了理科,因为她觉得她对理科更有兴趣。

除了学习以外,她还要跟随父母干农活,放学和放假的时候帮忙喂猪、下地,直到现在高考结束,她还在家里帮忙收花生、玉米。

(二) 家庭教育

广义的教育并不只是指学校教育,家庭教育也是其中不可忽视的一个方面。从小孩出生起,首先接受的是家庭内部成员对他的言传身教,其次才是进入学校以后接受的规范教育。所谓家庭教育,指的是家庭对子女之一切直接或间接、有意或无意的种种精神上和身体上的教育[①]。从家庭教育的定义出发,结合现代生活对其进行细化分类,可以大致分为文化知识传授、思想品德引导、素质教育提升。就石枧村的情况而言,家庭教育主要体现在生活常识、品格塑造、家族世系与民俗教育、生产技能教育、儿童娱乐以及女性的性知识教育方面。而且,在同一区域内的青少年几乎都接受着相似的学校教育,家庭教育更加成为影响青少年品行、学习发展的重要部分。

1. 生活常识

在调查过程中,随时可见村民随手将垃圾扔入提取日常用水的河里,其中也不乏青少年。部分村民表示,虽然他们也知道此种行为不对,但是在大环境之下也无力改变。小孩在路边随地小便的现象也不少见。虽然村民们整体对于保持生存环境的卫生意识较为薄弱,但是对于保持个人基本卫生的意识较强。村民一般都会每天清晨刷牙,每天换洗衣物,洗澡。尤

---

① 参见季瑾《家庭教育现代化的启动与发展——基于民国家庭教育史的研究》,南京师范大学博士学位论文,2013年。

其是每天洗澡和换洗衣服在当地一直以来都做得比较好。据村民们说是因为当地的气候炎热，他们如果不这样做会感到不舒服。但是对于较为年幼的儿童，有时候他们不刷牙，家长也不会过多苛责，很多是到学校寄宿的时候，才跟着其他学生一起每天刷牙。尤其是部分儿童由爷爷奶奶抚养，他们对于儿童的卫生并不重视，所以这些儿童喜欢随意地在地上玩闹，他们身上的衣服也显得脏兮兮的。在村里，打赤脚的村民并不多见，村民不论年龄大小一般都是穿塑胶拖鞋，只是一些儿童玩耍的时候把鞋子弄掉了或是故意不穿鞋。

在进入石枧村展开调查的初期，笔者的同学尝试使用糖果和儿童拉近关系，但是屡屡受挫，后来无意间得知现在村民都会向子女强调不能随便接受陌生人的食物，尤其是年轻的家长，因为他们在网络上看到许多关于陌生人用零食拐卖、毒害儿童的消息，所以担心子女的安全受到威胁。

2. 品格塑造

虽然石枧村各处张贴着"石枧村村规民约"，但是实际上村民对此类村规的认知度并不高，家庭长辈仍然是塑造子女品德的最重要人物。在石枧村，家长普遍十分重视培养子女独立自主的品格，自己的事情要主动承担，不能依赖别人。所以，不少青少年从小就养成负责自己饮食起居的习惯，相对城市中的青少年而言，他们更早进入独立的阶段，对自己的事情有自己的主见。

另外，勤奋也是石枧村村民非常重视的品德。由于一直以来村民大多是农民，靠双手劳动养活自己，因此为了维持生计都会勤奋劳作。而村民的子女从小对父母的行为耳濡目染，大多较为勤劳懂事，习惯通过自身的努力赚钱。调查期间正值农忙时期，也是学生们的暑假时期，村里的青少年都会跟着父母从一大早开始忙活，虽然有些青少年会去"小网吧"玩电脑游戏，但是他们一般都在忙完家里农活以后再去。还有一些村民虽然平时在八步工作，但是周末都回家帮忙。在村民的心目中，评价子女是否乖巧听话，读书的好坏并不是最重要的评判标准，而是是否认真帮助家里干活。即使子女在初中便辍学，只要他们勤劳，村民仍然觉得他们是乖巧的孩子。

个案7：

JS，现年35岁，育有一子，现年1岁。

在访谈的过程中，笔者询问他对儿子的未来有什么希望时，他说并不一定逼着他要上大学之类的，要看儿子自己，但是他强调："不管他以后读书怎么样,但是一定要学会自立,不是说读书就可以在家里不干活的。"

3. 家族世系与民俗教育

石枧村的村民虽然已经不再是大家族同居在同一座房屋内,但是亲戚之间大多相隔不远,平日往来较多,子女们也经常互相串门,彼此之间关系密切。而且石枧村村民非常重视辈分,在日常生活中称呼亲戚一般会严格按照辈分,对于家庭的长辈也十分尊敬。但是,当两人辈分不同而年龄相近时,青少年之间私底下玩闹的时候就会直呼名字而不称辈分。所以,久而久之,就算是青少年也对自己的家族以及亲属关系有相当的了解。另外,吃饭时,晚辈一般会等长辈先动筷子,但并不是每个家庭都对此有严格要求。

每逢清明节,村民们会带子女一同前往扫墓拜祭,教导子女记认本家的祖宗及其坟墓的位置,年龄较大的青少年一般要帮忙割草、烧香、摆祭品。同一个家族内的亲戚有婚丧事时,无论大人小孩都一定要去参加,而且年龄稍大的青少年还需要负责某些事务,例如担任姐妹帮、负责发烟等,所以他们对于这些事务并不陌生,但是本村内的一些节日风俗更多的是在家庭以外学习的。虽然石枧村中有不少关于碾米、榨油、纺织、唱山歌等传统民俗,加之汉瑶之间通婚以后瑶族自身的传统文化也与村内的汉文化有所交流,但是目前几乎没有青少年习得这些技艺,只有传统食物的制作相对传承得较好,一般是在节日的时候母亲带着女儿动手制作传统食物。

4. 生产技能教育

在石枧村,关于生产技能的教育是家庭教育中必不可少的一部分,一般小孩从三四岁开始就需要参与家庭劳作,所以青少年对于生产技能都十分熟练。笔者调查期间正好是村民们忙着收花生的时期,花生从地里拔出来以后还需要从植株上摘下来,这是一项简单却烦琐的工作,不少年纪非常小的儿童都在认真地帮长辈摘花生。村民们在子女小的时候就开始带着他们到田地里干农活,虽然儿童的体力不足、经验不够,通常只能做一些较为简单的农活,但是他们长大以后就能够根据自己以往的观察学习和父母的指导快速熟练地做更多的农活,比如各类农作物的种植、收割与日常管理,以及牲畜的饲养等。

虽然大部分劳动都是男女共同参与,但是男女之间所负责的内容还是存在着一定差别的。简单而言,男性主要负责重体力活,而女性则负责劳动强度较低的农活与大部分的家务，例如打扫卫生、洗衣服、做饭等。其中最为明显的是，村内一般都是女性负责洗衣服，男性即使洗衣服也只会洗自己的。有男性村民说，小时候如果被其他小伙伴看见自己洗衣服会成为被开玩笑的对象。现在村中不少男性村民也负责做饭，这并没有严格上的性别区分。

5. 儿童娱乐

在石枧村，传统民间故事的流传并不广泛，不少青少年都表示在年幼的时候没有听过家里长辈讲述地方性的故事，他们记忆中的故事更多的是在课本和一些课外读物上看到的，年纪稍大的年轻人在小的时候听祖辈讲述过，但是现在都已经遗忘了，更不要说给子女讲述了。只有一名50多岁的男性村民提到了一个他小时候听说过的故事：当时在建庙的时候，有一名工人偷偷把牛肠藏到墙壁里，等到没人的时候他再偷偷回到庙里，把牛肠取出来，可是他的手伸进去以后就拔不出来了，后来他向仙娘烧香告罪，他的手才得以拔出来。这是一个关于诚实的民间故事，但其他村民都表示没有听过这个故事。在村子里有一句出现频率很高的民间俗语——指月亮割耳朵。很多青少年都记得小时候家里人这样告诫过自己，但是对其中的内涵却含糊不清，各有说法。有人认为是让儿童不要玩得太晚，有人认为是让儿童讲礼貌，不要四处乱指。

游戏是儿童认识世界的一个重要途径，也是影响儿童心智发育的一个重要因素。在玩乐的过程中，儿童培养了动手能力，也逐渐形成规则意识，而且儿童进行群体游戏也是人际交往的一种方式。在调查的过程中，笔者经常看见儿童结队在村落中四处跑动，在各种小径上穿梭。这样便于他们熟悉村子，了解村里的每个角落。随着时间的变迁，儿童游戏的方式也发生了改变。上一代人流行的游戏更加倾向于群体游戏，比如捉迷藏、木头人、捉鱼等。四五十年前流行"打三棋"，这是一种考验游戏者双方攻防意识的游戏，虽然现在石枧村中一些房屋门前的地上仍然保留着打三棋棋盘（如图6-4所示），但是已经鲜少有人使用，尤其是青少年，基本上不会下也不知道打三棋。现在，村中有小孩的家庭，几乎每家每户或多或少都有一些塑料玩具，这些玩具娱乐功能较强，称不上益智玩具。而且，随着电脑、手机在石枧村中普及，小孩的游戏也开始向电子化、个体化转变。由于村中女性流行打大字牌，调查中发现不少女性在打大字牌的时候将手机游戏打开给子女玩，让子女安静地坐在一边，这使得现在的儿童在年龄极小的时候就开始沉迷于电子游戏之中。另外，石枧村的林氏宗祠门前有一片空地，设置了简单的儿童娱乐设施，包括乒乓球桌、滑梯、跷跷板等（如图6-5所示），是富川县妇联于2015年捐赠的，每天都能吸引不少儿童在此玩乐。

图6-4　地上打三棋棋盘

图6-5　儿童娱乐设施

6. 女性的性知识教育

在中国，与性相关的事情向来都是私密的话题，虽然在城市中性知识的普及已经较为广泛，但是在传统的乡村，女性对此还是羞于启齿的。即使是在当下，不少女性村民表示和女儿交流这方面的知识会感觉非常尴尬，不知道应该从何时开始对其讲述，而且自身对相关性知识实际上也是一知半解。以前，一般是由姐姐向妹妹传授性知识，但是近年来学校教育中也开始普及性知识教育，有女性教师专门向女学生普及相关知识。

（三）社会教育

石枧村虽然不是一个封闭落后的村落，但是对于两性之间的交往还是较为保守，一般不会出现男女在公开场合拉扯不清等行为，即使是已婚夫妇，回娘家时也需要分房睡，不然就需要向娘家赔礼，也会遭到其他村民的调笑。

林氏宗祠中有不少关于村庄历史、村落名人的记载，每逢重要节日祠堂开放时，村民带着子女入祠堂进行祭拜，青少年在耳濡目染中了解到祭拜的仪式和流程。与此同时，也会有村民带着子女阅读祠堂的碑刻。每年的农历六月十六以及十一月十九是石枧村庆祝祖先诞辰的日子，全村几乎每户家庭都会设宴，邀请亲戚朋友到家中做客，请戏班子唱戏。这是一年中少有的热闹节日，青少年在过节中逐渐了解到本村的历史以及相关的亲属关系，同时加强了对本村、本家族的认同感。每逢喜事都会吸引不少儿童前往凑热闹，在多次参与的过程中，他们逐步了解、熟悉一整套流程、仪式。

（四）成人教育

一是扫盲班。在20世纪50年代，石枧村响应政府的号召组织了扫盲班，但是并没有设置一个集中的办学点，而是由教师走访家中教学。扫盲班上课的时间定为每天晚上，因为村民们白天都需要下地干农活，没有空闲时间。扫盲班的教师并非专业的教师，而是由村中文化程度较高的村民担任，每位教师被分配负责一些家庭，教不识字的村民一些基本的日常生活用字以及学会写自己的名字。扫盲班大约持续了一年的时间，之后就没有再开办，所取得的成果也十分有限。

二是计生培训。计划生育工作的落实在石枧村也是一件重要的事情。目前，石枧村几乎没有进行专门的计生培训或是普及妇婴生产知识，村民对于国家计划生育方面政策的了解大多是来自国家的宣传，最突出的是墙壁上印刷的相关标语，而关于妇婴生产知识则更多是在代与代之间流传。

三是职业技术培训。虽然现在村民们的生计方式发生了转变，从普遍种植传统的水稻、玉米等转为种植脐橙、烟叶等，但是村里并没有进行大规模的职业技术培训，只有一些简单的标语横幅，也几乎没有村民去外面参加职业技术培训，只有极少数的村民会自己购买相关书籍学习，基本上还是依靠村民自己的探索以及村民之间的口口相传。

（五）现代学校教育与其他教育方式的关系

虽然当地的学校在教育水平、教育方式、教育设备上与城市的学校仍有较大的差距，但课程是按照国家的标准设置的。现代学校教育的课程设置，更多的是引导学生成为一个符合当今主流文化所要求的社会人。值得注意的是，由于大多数村民仍未重视家庭教育对小孩智力开发、人格塑造等的作用，因此村民们从小开始无意识接受的家庭教育、社会教育中更多的是关于生活、生产技能的知识，以能够适应日常生活为目的，而不像城镇中的不少家长那样从小就培养子女为上学读书做准备。村中儿童被送入幼儿园，几乎可以说是从零开始进入现代学校教育，他们需要适应学校教育的一切，包括行为规范、学习方法、学习内容等。家庭教育无法为学校教育做准备，学校教育也无法对家庭教育等起到很好的辅助作用。所以，青少年基本上在学校学习的和在家庭中学习的是两套完全不同的知识系统，其中还存在着二者互相冲突的部分。在日常生活中不难发现，石枧村中基本上每家每户都设置神台供奉祖先，在一些特定的日子会进行祭拜，在很多较年长的长辈心中，他们相信"祖先之灵"的存在，而长期接受学校教育的新生代，他们更多的是把祭拜作为一种习惯而已。

第四节　教育观与教育行为

一、村民的教育观与行为选择

本节的教育观指的是村民对教育的看法，行为选择则是指在教育观指导下村民如何对待教育的具体表现。

随着九年义务教育的普及和现代教育观念的逐渐深入，大部分村民不仅了解到不让适龄儿童入学属于非法行为，更重要的是他们逐渐意识到教育在当今社会的必要性，认识到一个人的文化程度太低将难以适应社会生活，所以他们不再将读书视作"无用"。除此以外，在村民教育观中表现较为突出的是对女性接受教育的态度发生了转变。在石枧村，尽管如今村民们依然普遍渴望要有儿子继承香火，但是重男轻女的观念在教育方面已经体现得不再明显。不同于以往家长出于各种目的剥夺女性接受教育的权利，现在村中女童入学是一件正常的事情，而且在不少家庭，女儿的文化程度反而比她的兄弟的文化程度更高，家里人对于女孩能够在学业上取得成功也非常自豪。在调查中发现，女性接受教育的机会提高，一方面是因为受到计划生育的影响，家中子女数量相对减少，经济压力有所降低；另一方面是不少的女性村民表示自己以前没有机会读书，现在女儿想读书就尽力满足她们，不让她们留下遗憾。

与村民进行访谈时，笔者问及他们是否期待小孩未来能够读大学时，村民口中出现最多的一句话是："当然是想要他们读多点书啦，他想读，读得进去，我们肯定会给他读的。不过，如果他读不进去，我们也没办法。"这样的态度虽然反映了他们支持子女读书并且期待他们能够取得一定的成就，但也表明他们没有意识到，对于子女的教育，家庭也是一个重要的参与部分，而且对子女的期待表现得并不十分强烈，给人一种即使放弃学业也没有关系的感觉。

个案1：

> GN，现年15岁，富阳三中初三学生。
> 当我们聊到该生的教育时，其父亲态度很强硬，表示："我是让她一定要读书的。我们这个家都是这样的，我们自己的学历也不是很

低，希望她的学历更高。"

她自己说："读书就不用去打工，我们一家人都是要读书的，像堂姐一样，她都是读了大学的，现在就坐在办公室里面，很舒服，又不用晒太阳。"

但是，后来在一次访谈过程中，她向笔者询问一些关于城市学生学习的事情，最后她表示："其实我觉得读书很无聊。"

总体而言，村民的教育观日益现代化，但是村民对教育的重视，很大程度上是建立在子女通过读书能够获得一份好的工作从而提高生活水平的基础之上的，甚至在大多数在校生心中，读书仅仅是他们逃避繁重农活的一种途径，他们坚持读书更多的是为了摆脱处境，而不是出于对知识的渴求。他们的这种观念很大程度上是受到上一代的影响，也是当下舆论主流的宣传作用。"我们这些农民，不做就没得吃，不像你们这些大学生，不做也有得吃。"这是笔者在进行调查过程中听到的村民对高等教育与生计温饱相联系的最直接的话语。不仅如此，虽然村民们提高了对教育的重视程度，但是他们对现代教育方式的认知依然存在误解。不少村民依然保留着"子女的学习都是学校和教师的事情"的思想，还没有意识到家庭教育、社会教育对于子女学业的重要性，认为既然交了学费，孩子又在学校寄宿，那么管教孩子就是学校的事情。对于子女在学业上的失败，更多地归咎于子女本身不愿意学习，很少考虑其他因素，相信学校、教师对子女的评价。在他们心目中，学校、教师等作为知识传播者，更像是一种权威的存在。而且，一些村民对于"体罚"持赞成态度，认为教师在管教不听话学生的时候可以采取打、骂的形式。另外，与多数城市中的家长相比，大多数的村民对子女教育的重视程度仍然有所差异，缺乏有意识地对子女进行早期智力开发、兴趣培养等，仅在课业辅导方面稍微加以重视，这主要取决于村民的空闲时间和文化程度。在石梘村，村民们对儿童仍然采取自由放任的教育方式，早期智力开发、兴趣培养等几乎还处于空白的阶段。近些年有不少关于家长在子女参加重要考试之前为其拜神求符的报道，但在石梘村几乎没有家庭会为了子女的中考或是高考特意去求神拜佛的情况，一般只是在六月十六、十一月十九、清明节这些日子祭祖时提到让祖先保佑子女好好读书。

美国教育社会学家珍妮·巴兰坦认为，儿童教育的成功在很大程度上取决于家庭背景以及家长在支持他们教育中所采取的行动，父母的教育方式和教育期望对儿童的成长起着至关重要的作用。① 换言之，家长关于教育的观念以及行为选择在很大程度上会影响子女今后在学业上的表现，所以即使是在大背景相同的情况之下，不同家庭的青少年的行为表现仍有所差异。在此简单地以抚养者为划分标准，将石柳村的家庭分为隔代抚养型、双亲抚养型、单亲抚养型，试图通过个案的对比来表现在不同类型的家庭中子女所受到的家庭教育的异同之处。

（一）隔代抚养型家庭

与其他地区的农村相比，石柳村留守儿童的情况并非十分严重，而且在这些留守家庭之中，双亲均外出务工的情况远少于单亲外出务工的情况。不少年轻的夫妇是在未生育之前外出务工，有子女以后就留在村内或是只有其中一方外出务工，另外一方留在家中照顾子女。父母都外出务工把子女留在村里大多是不得已而为之。石柳村去广州、深圳等地务工的村民一般都不会将子女带去，因为自己工作忙碌无暇照料子女，而且在外地抚养子女的花销太大，难以承担，所以只能留给祖辈抚养。不少外出务工的村民表示，只要经济条件稍微过得去，他们也不愿意外出务工，不仅因为外出务工十分劳累，而且他们也想亲自在家照顾和教育子女。当长辈身体健康的时候或许可以看管小孩，但是随着长辈年纪越来越大，也没有精力同时兼顾农活和照顾孙辈。现在，不少年轻的夫妇都开始明白将子女留给长辈照顾带来的弊端，不到迫不得已一般不会做出这样的决定。

个案2：

> YM，现年25岁，育有一子，现年5岁，就读于龙窝幼儿园。
>
> 她以前在深圳打工，今年年初才回村。"之前就是觉得小孩很调皮，爷爷奶奶带不好，所以我决定不打工了，回家带孩子，趁着儿子还小好教育，等到长大了，就没有办法了。"

通常情况下，长辈都愿意为外出的子女照顾孙辈，但是由于长辈的教育观念多数更新较慢，不少年轻的村民普遍反映那些由爷爷奶奶照顾的儿童都比较顽皮，卫生观念较差。年长的长辈更容易溺爱孙辈，而且祖辈通常也不能为孙辈进行课业辅导。他们对于学校教育的认知更加模糊，对孙

---

① 参见张宏《散居回族学校教育的隐性力研究——基于花埠圈村回族学校教育的田野考察》，西南大学博士学位论文，2012年。

辈的学习情况也仅限于成绩排名的先后，并以此作为评价其学习好与坏的标准。另外，年纪较大的村民依然保持着下地干农活或是在建筑工地干活的习惯，他们的空余时间并不多。在一些祖辈的心目中，小孩子不哭不闹就可以了，其余的事情也没有精力去管，就任由小孩自己发展，采取一种较为放任的态度。

个案3：

> LCH，男孩，现年14岁，于富阳二中读初二。
>
> 笔者第一次见到他是在村中的"小网吧"门前。所谓的"小网吧"，其实是一对兄弟的家，平时他们的父母在外务工很少回村，家里面有两台电脑，所以只要两兄弟在家的时候就有不少小男生在里面上网玩游戏。在访谈中得知，LCH的父母在外务工，平时很少回家，一直都是爷爷奶奶照顾他。后来经过与别人的访谈得知，他的父母在多年前离婚了，后来父亲又两次再婚，他与父母之间的关系很淡薄。
>
> 聊到他的学习情况时，他说自己的英语很差，但是同班有英语好的同学，因为他们会去补课。当笔者问他为什么不去补课的时候，他回答说不想去。笔者继续询问："那你的爷爷奶奶看见你英语不好不会让你去补习吗？"他声音低沉地说："他们不管这些的。"在他心中，石枧小学与石家中心校相比，他更加喜欢石家中心校，因为那里的学生多，很多人一起玩。平时在家他会帮忙做家务，也要帮忙干农活。现在放暑假，他每天晚上一般都到12点才睡，因为要看电视剧。
>
> 有一次在和他家的邻居聊天时，看见他跑回家不久又出门了，他邻居说他是回家拿钱去玩的。邻居说："他的爷爷管不住他，而且他爷爷也忙着帮别人盖房子，哪有空管他。"

外出务工的父母出于对子女情感上的亏欠，很多时候会在金钱上弥补子女，对于子女提出的要求会尽量去满足，这其实可能成为另外一种溺爱的行为，物质上的补偿并不能够代替精神上的缺失。另外，由于父母不在子女身边，部分青少年容易欺瞒父母，一旦成功以后，他们就会逐渐养成用各种理由向父母要钱的习惯，然后拿着钱在网吧玩游戏或是和朋友进行其他娱乐，荒废学业。

个案 4：

　　YP，女孩，现年 3 岁。父母在广东打工，大约半年回家一次，平时由爷爷奶奶照顾。

　　一次路过她家时，笔者看见她正坐在一辆玩具车上玩，她的妈妈正在用遥控器操控玩具车前进、后退。她妈妈说："她在别人家里面看到过这种车，想要这种车很久了，但是她爷爷就说很贵，不想买给她。最近我回来，看见她又在别人家里面玩，看见她这么喜欢，想着平时我不在家，她也没什么玩的，我就买了一辆回来给她玩。"后来笔者得知这辆玩具车花费了 500 元左右。

但是，即使在相同的家庭类型之中，家庭成员的文化程度以及工作经历也会影响他们的教育观，从而促使他们做出不同的行为选择。所以，并非所有在隔代抚养型家庭中长大的青少年所受到的家庭教育都相似。

个案 5：

　　CS，男性，现年 66 岁，年轻的时候曾经在部队中担任卫生员，之后任村干部，人脉广，在村中的威望高。

　　他的儿子、儿媳在外务工，两个孙子是由他带大的。一进他的家门就看见客厅的墙壁上张贴了满满一面墙的奖状，从小学到高中都有，包括"三好学生"以及各次考试的成绩优异的奖状。提起两个孙子，他觉得非常自豪，因为富川高级中学在当地是一所非常出名的高中，他的两个孙子都在里面读书。

　　当谈到他对孙子们的教育时，他说："有一次我孙子考完试，他拿着奖状回家，是第一名。但是我一看考试成绩，语文 40 分，数学 30 分。我还以为是搞错了，去学校问老师，老师说其他小孩的成绩都比他差。我觉得这样下去不行，就想办法帮他转学去一小。"

　　由于转学去富阳镇一小需要考试，而当时他孙子的拼音非常差，他为了提高孙子的拼音水平，制订计划亲自督促孙子对着拼音表学拼音，还特意买了一块小黑板方便辅导孙子，现在小黑板还悬挂在家中的墙壁上。

　　在访谈中他还提到家里盖了新房子，但是目前先不装修了，因为两个孙子都快要高中毕业了，他想把钱留给孙子们上大学。

（二）双亲抚养型家庭

在双亲抚养型家庭中，青少年从小得到父母的陪伴与照顾，出现心理问题、人格缺失等问题的可能性相较其他类型小。年轻父母的精力远比年迈的祖辈旺盛，而且更愿意在空闲的时间里关心子女的学习和品德，对子女的情况了解得更为具体、深入，能够及时给予适当的引导。另外，年轻的父母受现代化影响的程度更深，通过日常生活的言传身教给子女灌输现代化的观念，包括保洁意识、法律意识、自学意识等。

个案6：

>   YW，现年40岁，育有二子。大儿子现年11岁，在石家中心校读五年级；小儿子现年9岁，在石梘小学读三年级。
>
>   他白天忙完农活以后，晚上有时间会检查儿子们的作业，帮他们辅导功课。他只有初中文化水平，现在基本上还能应付儿子们的作业。
>
>   他以前在外务工，后来选择回村务农，不仅是因为他觉得在外务工不是长久之计，更重要的是他希望能够亲自教育小孩。他认为如果他在外务工，小孩在家有什么情况自己都不清楚，学坏了、说谎了自己也不知道，这样不利于小孩的成长，而且小孩子学坏了以后很难再重新教好。
>
>   有一天晚上，笔者路过他们家时，他们正在看电视，看到笔者后他们非常热情地招呼笔者坐一会儿。聊到小孩学习的事情时，他提到自己最近在帮小孩辅导暑期作业时遇到了难题，他觉得现在小学的作业越来越难，已经快超出他的知识范围了。但是对于送小孩子去补习，他说："还是靠他们自己吧，努力一点。"他还让儿子将暑期作业拿出来向笔者询问。那是一道"鸡兔同笼"原理的题目，需要运用解方程的知识去求解。他说他为了解出这道题目，几乎花了两小时，他只知道自己的答案是对的，但是应该用什么解法他不确定。在解完数学题以后，他又提起他的儿子们字写得不好，所以他规定儿子们在放假期间每天要练字，大儿子每天写两页字，小儿子每天写一页字。
>
>   他的大儿子说以后长大了想当科学家，他就说他也支持儿子的梦想，只要他努力去学习，当科学家需要自己多去思考身边的事情。不过最后他还是说："干什么都可以，但是科学家太遥远了。"
>
>   虽然他的妻子是一名瑶族人，但在日常生活中也并没有给小孩传

授一些关于瑶族的传统文化等知识。

(三) 单亲抚养型家庭

石柳村不乏单亲抚养型家庭,如上所述,在这部分家庭中,不少是由于父母其中一方外出务工,而形成的。一般情况下是男性外出务工女性留守家庭。因为在传统的观念中,女性更加细致温柔,擅长照顾子女,而男性更加倾向于供养家庭,男性的体质优势也使得他们在外更加安全。单亲抚养型的家庭中,如果外出务工的一方长期缺席,会对子女的心理发展造成影响。但是这也取决于在外务工的家长是否有意识地持续与子女保持联系,这样子女反而会因此增长对外界的见识。

个案7:

> LH,应届高中毕业生,被广西大学化学与化学工程专业录取。
>
> 虽然她的父亲在外务工,但是基本上3个月回来一次,而且当他在家的时候,他会给他们三姐弟讲他在外面的见闻。有一点令笔者印象深刻,她说到她的父亲每当看到一些优美的语句都会摘抄下来回家和子女分享。她和姐姐在高考的时候,家里并没有给予她们一些比较特殊的优待,只是由于她经常在学校,加上回家的时候母亲也让她在家休息,所以她高三的时候基本上没有下地干活。她曾经在父亲的房间里看到过一本书——《孩子高考家长怎么办》。

二、影响村民教育观、行为选择的因素

教育作为社会生活中的一部分,并非脱离于其他社会活动而独立存在,而是与各方面息息相关,当外部条件发生改变时,教育也会因之受到影响,而行为选择则是受到教育观的支配。

根据马斯洛在《人类动机理论》一书中所提出的需求层次理论,人类的需求由低到高共有5个层次,分别是生理需求、安全需求、归属和爱的需求、尊重需求以及自我实现的需求。对于目前仍将生理需求、安全需求置于最迫切需要满足的村民而言,影响他们的教育观与行为选择最为突出的因素是经济。笔者认为,这一因素的影响是双面的,并不能以绝对的好坏一概论之。对于石柳村大部分的家庭而言,在农忙季节的作息时间一般

是四五点起床开始下地忙农活,一直到10点多才休息,到了下午4点多又要开始忙农活,一直到晚上7点多才回家休息。尽管如此,他们家庭的经济状况并没有明显地改善,只能维持在满足温饱的水平。如出现可以改善经济状况的其他选择,他们都会去尝试。从某种程度上讲,从小忙农活的辛苦以及生活的拮据使他们想尽快逃离这种生活,由此产生了两种不同的路径:一是通过读书获得高学历,从而寻找一份高薪工作;一是尽早外出务工,减轻家庭负担,自由支配金钱。在调查过程中,坚持进入高等院校的青少年都认为虽然尽早外出务工可以在短时期内较快地获得报酬,但是他们相信自己在将来毕业后可以获得更加可观的经济收入,所以并不急于一时挣钱。在这两种路径的选择之中,近年来试图选择前者的村民不断增多,发生这种转变与经济形势的发展有关。

首先,自从中国步入市场经济以后,各类企业对劳动力的需求量极大,对劳动力的文化程度的要求偏低,工薪报酬相对务农所得提高。在石梘村刚开始出现外出务工现象时,敢于尝试并且能够吃苦的村民很快就在城里赚到相当可观的薪酬,在回村的时候显得非常风光,家里开始盖新房、置办家电等,令不少村民都对外出务工产生向往,认为这是脱离贫困的途径。但是,随着越来越多村民在外面体会到进厂打工的辛苦,并且见识到高层领导如何运用脑力赚取高薪时,村民们逐渐了解到,虽然外出务工的酬劳相比在家干农活的收入高,但是劳动强度并不比干农活低,而且一旦开始工作就意味着失去自由。随着国际形势的变化,中国的劳动力成本优势下降,劳动力密集型企业向技术密集型企业转型,外出务工的村民因难以适应城市生活以及低酬苦工,开始意识到通过下苦力赚钱是非常辛苦和困难的,只有通过读书升学才有机会改变命运,才有可能真正提高生活水平。所以,在村民心中,理想的工作是一份报酬相对较高而且稳定的工作,最好的选择是教师、医生、公务员等职业,而这些职业对文化程度要求较高。

个案8:

SC,现年21岁,在南宁一所大专院校读汽修专业二年级。

高一的时候,他处于叛逆期,经常和父亲吵架,曾经有一次他和父亲吵架后离家出走,在朋友的介绍下进了工厂干活。那个时候他不想读书,觉得读书没意思,而且读完书以后还是要打工的,不如现在去打工,赚的钱也不少。但是,在工厂里干了一个月以后,他的想法改变了,认为像这样打工太辛苦了,要改变自己的命运还是得读书。

之后他又回家重新开始读书,所以留了一级。

虽然他内心希望自己做出改变,认真努力读书,但是实际上他很难做到。一方面是以往的基础薄弱,现在成绩很难赶上,而且也没有兴趣;另一方面是他结识的朋友对学习的积极性不高,很容易受到朋友的影响而忽略学习。

由于接受过高等教育的村民不多,村民对于高等教育的认知更多的是从其他村民口中或是电视上得到的,对具体的情况并不了解,因此不少经济较为困难的家庭把供子女上大学然后找到好工作作为改善全家经济状况的希望,将所有资源都投放在子女身上。

个案9:

QD,现年43岁,育有二子,大儿子现年20岁,在读大学。

他家的房子几乎是全村最简陋的,是传统的黄泥砖瓦片的平房,只有30平方米。他们目前几乎将全部收入都用于供大儿子上大学。当初小儿子在初中毕业以后就自己主动提出不读书了,认为自己的成绩没有哥哥好,干脆出去打工减轻家里负担,让哥哥能够继续读书。大儿子在大学读书期间勤工俭学,假期还外出务工。

在家庭的高期待之下,子女为了不辜负家庭的付出会不遗余力地学习。但与此同时,笔者认为这或许会对子女造成过度的心理压力,会让子女产生不健康的心理。

其次,以前村民外出务工所得到的工作机会相对较多,现在不少村民逐渐感觉到初中文化程度已经不足以让他们在外谋生了,所以他们希望子女能够达到更高的文化程度。据在外务工的村民说,一些规模比较大的工厂现在都是有学历要求的,有的都已经不再招用初中毕业生了,他们只能去从事一些劳动强度更大的工作。有些村民在外面打工以后意识到自己的文化水平低,难有上升的机会,但是家长或是自己都觉得已经不再年轻,不适合读书了,而且如果重新读书还需要继续花学费,所以一般都只能作罢。村里几乎没有听说过参加成年高考的村民,只是曾经有村民在进入社会以后选择重回职业技术学校学习一门手艺。曾经外出务工或是一些文化程度相对较高的村民在思想上更为开放,眼光更加长远,更加能够支持子女做出选择,而不是简单地以短期内的收入去衡量子女的选择。笔者所认识的石枧村的两名艺考生,他们都是在家庭的支持之下选择艺考道路的。

虽然艺考生的投入比普通考生要高，而且可能今后所从事的职业也并非传统观念中稳定的职业，但是他们的家长愿意支持子女，认为能够因此进入高等院校也是值得的。

最后，除了经济的因素以外，还有其他因素促使村民子女进入高等院校。在调查的过程中，笔者发现村民对高文化程度的追求除了与未来就业的期待相联系以外，还与对婚姻的期待有关。有不少年轻的女性表示在选择伴侣的时候会考虑对方的文化程度，她们更加倾向于寻找与自身文化程度相当的男性作为伴侣。所以，她们不希望将来因为自己的文化程度低而影响择偶的条件，希望自己做一个有知识的人，能够和未来的伴侣平等沟通。还有村民表示，由于文化程度低，对法律、政策等都不清楚，会很容易吃亏。另外，家族中有文化程度较高的人往往能够影响其他的亲戚。在调查的过程中，不少进入高等院校的村民都表示受到家里亲戚的影响，从小看到亲戚通过读书、升学从而感染到读书的氛围，向往过上像亲戚那样的生活。

根据布迪厄所提出的观点，首先，个人会根据自己感受到的成功机会而调整其抱负，若客观上显示的机会并不大，就容易放弃这份企图，将自己排除在外；其次，人们也会因在特殊社会环境中不熟悉其文化规范，感觉到不自在而将自己排除。① 虽然在九年义务教育的普及下，越来越多的人能够完成初中学业，但是进入高中学习的青少年所占比例仍然不多，因为许多学生初中毕业后就不再升学。"读不进去，成绩不好"是放弃继续升学的青少年以及他们的长辈口中最常提及的原因。青少年一开始就对读书的兴趣不高，成绩不好更加容易对学习失去兴趣，对学习的积极性不高，久而久之就放弃上学了。

初中升学的人数少主要有以下几点原因。首先，九年义务教育以初中毕业为结束点，初中毕业以后不再继续学业不会受到别人过多的关注；更重要的是，进入高中学习所产生的费用会明显增加，这对一个农村家庭而言是需要慎重考虑成本与收益的事情。一旦子女已经明确表示不愿意继续学业而且成绩也确实不理想，家长也就不会再反对。子女的生活能够自理，不需要父母再操心，父母就已经很满足了，所以对于子女的文化程度也没有太高的要求。一般而言，进入高中学习的学生都是以考大学为目的的，可以说，选择高中就是选择了以后更长的学业道路以及在更长的时间

---

① 参见张宏《散居回族学校教育的隐性力研究——基于花埠圈村回族学校教育的田野考察》，西南大学博士学位论文，2012年。

后才能够获得的实质性收益。

另外,不少村民对职业技术学校存在一定的偏见,认为子女进入职业技术学校不仅需要支付高额的学费,而且可能并不能掌握到实用的技能,更有甚者将职业技术学校比喻为"监狱",认为在里面读书非常痛苦。当然,这与当地的职业技术学校整体水平的高低有一定关系。总之,职业技术学校培养人们掌握一定的专业知识和劳动技能的功能并没有得到很好的发挥。所以,部分成绩不好的学生在认定自己升学高中无望以后,并没有将进入职业技术学校就读列入考虑之中,而是选择外出务工。这导致年轻人一方面文化程度较低,另一方面没有一技傍身,在外出务工时可以选择的职业范围受到限制。

其次,由于国家政策的变化,高等院校的毕业生从以往的国家分配工作到现在的自主择业,这无形之中增加了家庭的风险,因为子女有可能在毕业以后不能找到适合的工作。现在就业形势严峻,社会上的确存在着不少大学生、大专生毕业即失业的情况,部分学生原本对学习的兴趣就不浓,这样更加动摇了他们自身以及家庭对坚持继续升学的信心,心想不如尽早进入社会,还可以降低读书所产生的成本。

最后,在初中毕业的时候,青少年已经有独立的想法,对外部世界充满了好奇,对未知的世界拥有勇气去进行探索。家长对子女在初中毕业以前的态度比较强硬,因为在初中毕业之前子女通常未满16岁,家长不放心他们外出;初中毕业以后,不少村民认为子女已经不再是小孩子,劝一下没有用就作罢了。总体而言,初中毕业以后外出务工的男性比女性多。据年轻的男性村民表示,读初中的时候,由于实行寄宿制,和其他朋友有更长时间的接触,家长也不清楚自己在学校的情况,所以在无人管束的情况下很容易跟着朋友一起"学坏",无心向学。青少年的人生阅历尚浅,在他们的价值观、人生观、世界观仍未发展成熟的时候,极易受到其他人的影响,尤其是来自身边的朋友的影响,一旦与行为不良、耽于玩乐的朋友结队,就容易产生不良行为。不少初中毕业即外出务工的村民还表示,当看到别人已经开始赚钱而自己还要向家长要钱,无法自由地支配金钱,加之自己对家庭没有实质性的贡献,对未来也没有把握,所以很早就萌生辍学打工的念头,认为有了钱会更加自由,只是混日子等到初中毕业。

除了初中毕业以后不再升学的学生以外,还有部分学生是在初中就辍学的。不过,目前初中生的辍学率越来越低,初中辍学的学生越来越少。一方面,学生辍学的原因或多或少与初中毕业后不再升学有关;另一方面,九年义务教育阶段学校是不允许对学生做出开除处罚的,所以学校一一般都只会对违纪学生进行批评、记过等处分。而据调查了解，辍学的学生大多是在受到学校的处分后不肯再回学校继续学业的，即使学校约见家长共同进行沟通也无能为力。虽然教师不应根据学生成绩对其进行区别对待，但是一般情况下，教师对成绩优异的学生的关注度会更高，对成绩较差、行为不良的学生更容易形成刻板印象，对他们的态度较差甚至淡漠，由此造成学生对学校难以产生归属感。

个案10：

> LC，现年21岁，高中毕业后外出打工，如今在电子厂当工人。
>
> 自他初中起，他的父母在外务工，一直是兄弟二人互相照应。他在高中毕业以后就没有继续读书了，主要是他自己对读书没有兴趣，成绩不好。当我们聊到他在外面的工作时，他的表情并不兴奋，带着点嫌弃的语气说："就像机器人一样，在电子厂工作，反正生活也就那样。"当问到有没有去一些职业学校继续读书的念头时，他表示很惊讶："还读啊？都没读了还读什么啊？可能在外面工作几年了吧，反正学点技术回来自己做，不用天天干农活这么辛苦，够养家就行了……现在电视上也天天讲就业困难，读了大学也未必有工作啊。"
>
> 他的弟弟现年17岁，初中的时候就辍学了，也是自己不愿意读书。"拉也拉不住啊，他自己向朋友借了点钱就跑到外面去了，我们有什么办法？"

值得注意的是，无论是初中毕业以后不再继续升学还是初中辍学，对学习不感兴趣或者在学业上的不如意都是促使他们放弃学习的原因，而这与当地的外部因素不无关系。首先，石家乡没有书店，如果村民要购买图书需要到较远的县城富阳镇。在调查中，笔者发现村中青少年的家里很少有课外书籍，他们的课外阅读时间也很少，对经典作品的兴趣不高。不少学生表示，在学校最受欢迎的是言情小说，不论男生女生都对此非常着迷。阅读的兴趣不高，缺少对课外书籍的阅读，将知识的范围缩窄在教科书上，由此造成了他们求知欲望不高，而且对所学习的内容难以产生兴趣，知识面不广。其次，如前文所提到的，课本内容和价值观更多的是关于现代化和城市的，与村中青少年从小对生活的认知有较大的差距。最后，手机和电脑的游戏对青少年的学业产生了越来越严重的影响。目前，村里不少青少年都拥有手机甚至电脑。部分青少年由于沉迷游戏，学习的时间越来越少，学习兴趣也在下降。父母为子女买手机的目的是方便与家中联系，但是由于青少年自控能力较低，他们会不自觉地使用手机进行娱乐。在调查中，笔者每天都能见到不少青少年在家或是能够连接上无线网络的村中一角抱着手机玩乐。五花八门的手机游戏、视频网站上的连续剧、各类小说等都是他们热衷的消遣。虽然部分家长出于让子女免受诱惑的考虑，不给子女买手机、电脑或是安装网络，但是逆反的心理让子女对此更加渴望，并且通过各种途径试图获得手机、电脑。

总而言之，在影响村民的教育观以及行为选择的因素中，经济因素处于突出地位，人们根据自身的经济状况以及对未来经济状况的预想去调整对教育的看法以及行为选择。对青少年而言，影响他们选择继续学业或是放弃学业还与学习成绩有关，在意识到自身成绩不如意时，他们很容易选择放弃学业。而这种成绩方面的不如意不仅是个体因素造成的，在一定程度上也受客观环境影响。

三、结语

总体而言，改革开放以来，社会整体经济建设取得了较大成就，国家对人民的精神文明日益重视，边远穷困地区的教育发展问题不再被忽视。目前，石枧当地的教育发展呈现现代化、标准化趋势，重点表现在当地教育资源的日渐丰富以及村民文化程度的整体提高上。一方面，自上而下的教育资源逐步倾斜，不仅从基础设施上为当地学龄儿童创造良好的学习氛围，而且提供各种优惠政策以减轻家庭教育支出以及提高学生进入高等院校的机会；另一方面，青少年接受知识的方法与途径逐步拓展，不再局限于学校。所以，从可见的数据中，我们可以看出村民的文化程度在不断提高。

与此同时，当地村民逐渐意识到知识和技能的重要性，也认识到教育在下一辈的生活成长过程中处于不可或缺的地位。目前，阻碍学生们进一步升学的主导因素已经不再是家庭经济条件困难、长辈的不理解或是社会氛围对教育的轻视，而是自身对升学的意愿。从深层次来看，这与地区之间政治经济发展的不平衡以及当地村民对教育的理解有关。对他们而言，教育的价值更多的是可以让他们摆脱依靠出卖劳力维持生计的道路，改善生活环境，以经济物质上的"有用"覆盖了曾经的"读书无用论"，所以一旦出现其他可能的出路或是村民认为能够进行其他选择时，坚持读书升学的意愿很容易被动摇和放弃，而追求更高的精神需要似乎较为遥远。

最后，文化水平提高的过程必然引起人们思想的变迁，村民对于新事物的接受程度更高，更愿意去尝试新事物，愿意通过新事物与外界进行交流，从而更新自己的认知。村民通过教育所接受的现代文化与原有村落传统文化在交流融合的过程中此消彼长，有的传统消失不见或是发生了改变，如传统的通婚规则、生计方式等。值得一提的是，由于进入高等院校的青年在毕业以后一般选择在城市工作而较少返回家乡，所以他们并未明显参与村落中的大小事务，以至于现代教育的成果对村落的未来发展和规划并没有形成直接显著的影响，从某种程度上也反映了教育与村落政治之间的疏离。

第七章 土地流转

第一节 土地概况

石枧村是广西壮族自治区贺州市富川瑶族自治县石家乡的一个行政村,《富川瑶族自治县石家乡土地利用总体规划（2010～2020年）》[1]统计的数据显示,石枧村现有基本农田246.44公顷,合计3696.6亩,耕地面积420.59公顷（2009年年底）,合计6308.85亩。据村支书所言:"石枧村农户种植果园面积两三千亩（其中脐橙占80%）,家盛果业在石枧村包地2000亩,贵州裕翔公司在石枧村种植桉树2000多亩。村里现有水田400亩,旱地1000多亩（其中玉米几百亩）,荒山1000亩。"石枧村农作物种类丰富,有玉米、春烤烟、花生、脐橙、砂糖橘等。

历史上,奠定石枧村现有土地格局的是20世纪80年代（1981年、1982年）的分田到户,当时石枧村按照每个人有一亩三四分水田和两三亩旱地,分田到户,后来又有农户自己开垦荒地。分田到户时过于强调平均和公平,使得石枧村出现了土地碎片化的现象,不少农户家里只有二三十亩地却被分成了四五十块。1990年（年份由石家乡乡长提供）开始有农户陆陆续续地自发地流转土地,以土地转让和土地承包为主、土地互换为辅,流转土地使用权,后来,随着果业和林业的发展,土地流转也加快步伐。但这依然未能改变土地碎片化的现状,土地仍然未能大规模连成片,这也在一定程度上制约了石枧村发展农业现代化的进程。

选择土地流转进行调查的原因主要有以下几点:村民是土地流转的主体,在土地流转的过程中,村民间的人际关系、村庄的社会网络和权力结构等都会显现出来,当地人的思维方式和价值理念也会体现在其中。这些方面都是值得关注和研究的,而土地流转则可以成为一个很好的研究介入点。

---

[1] 参见富川瑶族自治县国土资源局《富川瑶族自治县石家乡土地利用总体规划（2010～2020年）》。

土地是村庄的生存和发展之基，是农民的安身立命之本。土地方面的问题是乡村研究的关键问题之一，而土地流转正是当前关于土地的众多现象中最重要的现象之一，更关键的是，土地流转决定了农村土地的现状和未来。

农业的现代化生产是农村经济发展的大势所在，连片成规模的土地是农业现代化生产的刚需。土地流转则是形成连片土地的手段之一。目前大的背景是国内正在以日新月异的速度推进土地流转，小的背景是由于石枧村当地发展水果产业的需要，土地流转势在必行。

第二节　土地历史

一、土地改革

因为是新解放区的原因，广西地区实行土地改革较晚。据《富川瑶族自治县土地志》记载，1952～1953年，富川县在农村开展了土地改革。[①]从调研期间拍得的两张土地改革完成后发给农民的土地房产所有证（如图7-1、图7-2所示）来看，当时的富钟县（富川县的前身，1962年恢复为富川县和钟山县）应该是1952年才完成土地改革，1953年发放土地房产所有证。通过访谈，我们发现关于当地土地改革的记忆早已被遗忘。当年经历过土地改革并有记忆的人，年龄最小也是在20世纪30年代出生，现在已有八九十岁，老人们对太过遥远的事情已经遗忘，问起来，只是说"那时候就打土匪啊，然后就土地改革啊"。当问及当年怎么分配土地，自己家分了多少地的时候，他们思索半响，然后说"不记得了"。图7-1和图7-2，是笔者在调查过程中发现的村民保存的当年土地改革后县政府发放的土地房产所有证。虽然村民早已忘记土地改革的具体过程，但一直保存着这两张土地房产所有证。

因为老人们记忆的缺失，访谈也就没能获得多少有关土地改革的信息和资料，只有这两张土地房产所有证可以作为历史的凭证。这两张土地房产所有证是同一时期的，但具体地方不一样。林长生这张日期是"公元一九五三年一月九日"，具体到了哪一日。林长生是本地人，而林祥聪是钟

[①] 参见富川瑶族自治县国土资源局编《富川瑶族自治县土地志》，广西人民出版社2007年版，第12～13页。

山人，后来才搬来这边。据《富川瑶族自治县土地志》记载，1952 年 9 月 1 日，富川县和钟山县合并，改置富钟县。① 所以这两张土地房产所有证是同一县政府签发的，但因为具体地方不一样，签发的日期也就不一样，林祥聪的日期只到月份，即"公元一九五三年元月"。这两张土地房产所有证都记载了农田和宅基地的基本信息，如面积、位置、地块。

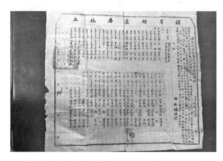

图 7-1　林长生的土地房产所有证

图 7-2　林祥聪的土地房产所有证

二、生产队时期

在石枧村做调查，你会发现，对村子历史了解比较多的人大多在生产队时期当过干部。一方面是因为笔者刻意寻找对生产队时期比较了解的人进行询问，另一方面是因为对调查有所帮助的人本身就具备这几个条件：年龄大，经历的时期多；上过学，也会普通话；人际交往能力、表达能力和组织能力也较好。这样的人在生产队时期一定是生产队所需要的干部类型，有一定的文化便于理解并执行上面的政策，人际交往能力和组织能力好才能组织村民。而生产队的干部必然对村里的事情比较关注，也参与得多，因此就对村子历史了解得多。如果只是普通村民，他们只会关注并记得和自己紧密相关的事情，对其他事情即便知道了也不会留意，因此就对村子历史了解得少。通过对以前生产队干部的访谈，笔者获得了一些当时生产队时期的信息，后文会涉及，这里我们先从文献入手。

石枧村所在地区的行政区划一直在变动，所以要论述当时土地方面的历史，只能从县一级开始说起，而文献方面的记载一般也是到县一级。富钟县从 1952 年开始到 1956 年逐步完成了对农业在所有制方面实行的社会

---

①　参见富川瑶族自治县国土资源局编《富川瑶族自治县土地志》，广西人民出版社 2007 年版，第 12 页。

主义改造，随后又开展了人民公社运动。据《富川瑶族自治县土地志》记载，1952年春，开始试行组织农业生产互助组。1955年秋天，富钟县第一个高级农业生产合作社成立，截至1956年年底，共建立高级农业生产合作社63个，入社农户有31474户，占农户总数的98.5%，入社土地一律无偿归集体所有。1957年12月，撤区划大乡。1958年8月，全县撤乡建制，建立政社合一的人民公社，全县共有9个乡人民委员会、大公社。①当时石枧属于福利公社下面的石家大队。从那时起，土地和其他主要生产资料一律收归公社所有，以公社为单位进行生产管理和经济核算，生产队成为仅能组织劳动的生产单位。

本章所讨论的生产队时期，就是指从1958年8月建立人民公社开始到1981年开始实行家庭联产承包责任制的时期。

石枧村现在有16个组，上石枧村8个组，下石枧村8个组。这16个组就是当年生产队时期的16个生产队。访谈以前生产队的干部时，笔者主要关心这几个问题：当时有几个生产队，生产队有怎样的编制架构；生产队时期的农业生产感受；生产队时期对后来土地状况的影响；什么时候开始分田到户以及分田到户后和生产队时期的比较。通过访谈，这些问题得到了一些回答。

村里的林长X，67岁，因为当过村主任，又熟知村里的事情，因此被现在的村支书介绍给我们，笔者便向他询问当时生产队的事情。他说："1952年'土改'完成，1953年建立农村合作社，刚开始只有2个（生产队），后来2变4，4变8，8变16，到1959年分成16个。"在他的叙述中，土地改革和农村合作社建立的时间与文献反映的并无出入，但是16个生产队格局的形成时间有问题。前后两次问他，他说的时间不一样。7月7日笔者和老师一起入户问他的时候，他的回答是1959年，等到7月26日笔者和师姐再去找他，他的回答变成了20世纪70年代末，也就是2变4、4变8、8变16的时间段成了20世纪60年代到70年代。在7月7日的访谈中，林长X说："一个生产队有一个队长、一个指导员、一个副队长、一个副指导员，还有文书和会计。"其中，决定出收工时间和工分计算方式的是队长，会计只是负责记录计算工分。林长X说一个工分一毛到一毛三，一个工计10分，如果加上早晚，就有十二三个分，而做多少算一个工是由队长说了算的。

---

① 参见富川瑶族自治县国土资源局编《富川瑶族自治县土地志》，广西人民出版社2007年版，第12~14页。

对生产队时期的感受和评价，经过访谈，笔者发现，大家的感受基本一致，大多数被问到的人都认为平均分配降低了生产积极性。例如，有人这样回忆说："做多做少都有饭吃。上午出工找个地方睡觉和老老实实干了一上午拿一样的工分。"调研结束后回家，笔者也对家乡河北这边的人做了一些访谈，发现大家对生产队时期的看法也是这样的。可以理解的是：生产队时期土地等生产资料归公社所有，一定程度上汇聚了生产资料，统一有计划地生产，确保了农业生产的稳定，但同时也变相地扼杀了农业的发展，压抑了个人的生产积极性。

这一时期对个人生产积极性的压抑有多大呢？这从家庭联产承包责任制的迫切和迅速实行就可以看出来。既当过村支书又当过村主任，当时是3队生产队长的林长Y说："我当时一想，还不如分了地各自种算了，所以在上面的文下来前就分了。"而当时的3队正是第一个分田的生产队。

三、家庭联产承包责任制

《富川瑶族自治县土地志》记载，1981年11月10日，富川县委颁发了《关于建立和完善各种形式农业生产责任制若干问题的规定》，这就是林长Y所说的"上面的文"。结果"是年冬，全县90%以上生产队实行各种形式的农业生产责任制"[1]。1982年年底，全县农村全部实现家庭联产承包责任制，土地归集体所有，农户只有经营权。这是《富川瑶族自治县土地志》上记载的当地实行家庭联产承包责任制，包产到户、包干到户等实现的时间。实行包干到户的家庭联产承包责任制后，土地所有权和使用权分离，土地仍属集体所有，承包农户对土地只有使用权，可以自主经营，宜粮则粮，宜林则林，宜果则果，努力做到地尽其利，同时还规定不能买卖、出租、转让土地，征购粮、集体提留统筹金等按承包土地数分摊，实行"交够国家的，留足集体的，剩下都是自己的"分配政策。

本来对何时分田应该有一个统一的认知，但是在访谈过程中，关于时间却有了不同的声音。林长X说是1979年、1980年分田到户，76岁的原生产队会计林长Z也说是1979年、1980年分田。但更多的人说是1981年、1982年分田。他们说有的生产队分得迟，1982年才分完。结合文献

---

[1] 富川瑶族自治县国土资源局编：《富川瑶族自治县土地志》，广西人民出版社2007年版，第18页。

的时间来看，后一种声音应该更接近事实。

至于分田的方式，只有一种版本。林增 X，一位 80 多岁的老人，原生产队会计，在访谈的时候为了给笔者讲清楚分田方式，不会普通话的他用方言一句一句慢慢讲，边讲边在本子上示意。分田时以生产队为单位进行内部分配，不论男女老少，按人口来，超生的人不算在内。当时石枧各个生产队具体拥有的土地面积不一样，但是也相差不远。这种情况下，有的生产队一个人分一亩三四分水田和三四亩旱地，有的生产队一个人只分一亩一二分水田和两三亩旱地。分的过程，如果粗略地来说，是一圈一圈地分。先分最好的地，也就是离村子最近的，每户人家一块，然后分远一点的，一圈一圈往外分。分下来，最好的地每家少一点，最偏远的地每家多一点。因此，很多家看似分的地多，却都是当时不好的地。挑选的顺序由抽签决定。分田后，用一根杆子划定边界。

当笔者问林长 Z 分田到户的好处时，他回答了 3 点：分田之后，吃饭不愁了；有化肥农药了；人们的积极性高了一点。后来问其他村民，也都说积极性高了之类的话语。这点其实很有意思。原本村民不会这么一致地使用"积极性"这样的词语来形容和评价生产队时期或者分田到户的感受。就算都是这种感受，也不会都用这种"官方话语"。之所以口径一致，是因为某时期的政治宣传，使得大家知晓并开始使用这种词语。

当时的分田到户，其实也留下了凭证，就是图 7-3 的农业生产责任制合同书。这份合同书每家每户都有一份，小组长那里还留有一份。从图 7-3 中可以看出，每户人家的人口、劳力、承包的地、对应的粮油上交任务都有详细的记录。图 7-3 的农业生产责任制合同书是村民林家 Y 提供的，他当时是 9 队的生产队长，保管了这些。后来，林家 Y 还当过村支书，他还是现任的村委会副主任。

和家庭联产承包责任制这个农业的改革相对应的是政治制度的改革。据《富川瑶族自治县志》记载，1984 年 9 月改社建乡，全县由过去的 7 社 1 镇改为 11 个乡、2 个镇。① 福利公社分为石家乡、新华乡、福利镇 3 个乡（镇），石家大队也就从福利公社分出来变成了石家乡。同时改大队为村民委员会，生产队为村民小组。林长 X 就是石家村民委员会第一任主任。

---

① 参见富川瑶族自治县志编纂委员会编《富川瑶族自治县志》，广西人民出版社 1993 年版，第 30 页。

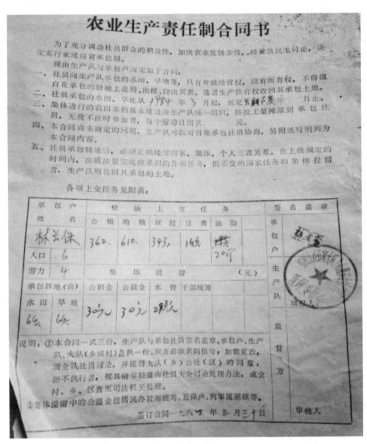

图 7-3 农业生产责任制合同书

四、土地流转的开端

土地流转的出现和家庭联产承包责任制的实行有直接的关系。20 世纪 80 年代末,全国各地自发地开展了一系列土地流转的创新实践,其目的都是克服家庭分散经营引发的生产低效率问题。[1] 这个时期可以看作国内土地流转的诞生阶段。

在这个时期,我国工业化、信息化、城镇化和农业现代化不断推进,农村劳动力大量转移,农业物质技术装备水平不断提高,农户承包土地的

---

[1] 参见黄祖辉、王朋《农村土地流转:现状、问题及对策——兼论土地流转对现代农业发展的影响》,载《浙江大学学报(人文社会科学版)》2008 年第 2 期。

经营权流转明显加快，发展适度规模经营已成为必然趋势。全国多地实践也证明，土地流转和适度规模经营是发展现代农业的必由之路，有利于优化土地资源配置和提高劳动生产率，有利于保障粮食安全和主要农产品供给，有利于促进农业技术推广应用和农业增效、农民增收。

实际上，土地流转与土地承包制度是并行的，同属于改革开放以来形成的新型土地制度。这一制度的基本精神是在充分实现集体土地所有权利益的同时，赋予农民长期而有保障的土地使用权；这一制度的政策内容包括坚持农村土地集体所有长期不变，集体土地家庭承包经营长期不变，允许农户在承包期内依法、自愿、有偿转让土地经营权，允许集体经济组织拍卖荒山、荒地、荒坡、荒滩的经营权，在具备条件的地方可以通过有偿转让集中土地的经营权来实行适度的规模经营。这些精神和政策以法律形式被载入《中华人民共和国农村土地承包法》。2003 年 3 月，《中华人民共和国农村土地承包法》颁布实施，其中相关的条款为此后的土地流转实践提供了必要的法律基础。2005 年 3 月颁布的《农村土地承包经营权流转管理办法》，又为近年来的土地流转管理工作提供了具体的指导办法。① 这种并行，不光体现在制度上，还体现在土地流转的发展过程和土地承包期限等规定的逐步完善和发展过程相一致上。

关于土地承包期限，翻阅《富川瑶族自治县土地志》可知，土地承包期限是几经变更的②。1981 年 11 月 10 日，富川县委发出《关于建立和完善各种形式农业生产责任制若干问题的规定》，规定在生产队规模不变、土地集体所有的前提下，从实际出发，不搞一刀切，发动群众讨论确立责任制形式，农业生产责任制的合同可以一定 3 年或 5 年。这次的包干到户只是规定"不能买卖、出租、转让土地"，没有说是否允许承包户（也就是农户）在保证土地集体所有和土地性质不变的前提下进行土地流转。1984 年 10 月 12 日，县委在县城召开三级干部会议，宣布延长土地承包期，一定 15 年不变。1994 年年底，在全县范围内全面铺开延长土地承包期工作，县委、县人民政府于 1994 年 12 月 28 日发出《关于批转县农委〈自治县延长土地承包期工作实施方案〉的通知》，要求各乡镇在 1995 年 1 月 15 日前把这项工作做好。这次延长土地承包期，是按照中央文件关于

---

① 参见黄祖辉、王朋《农村土地流转：现状、问题及对策——兼论土地流转对现代农业发展的影响》，载《浙江大学学报（人文社会科学版）》2008 年第 2 期。

② 参见富川瑶族自治县国土资源局编《富川瑶族自治县土地志》，广西人民出版社 2007 年版，第 19～24 页。

"延长耕地承包期 30 年不变",开发荒山荒地延长 50～70 年不变和承包期内"增人不增地,减人不减地"的政策原则执行的。确定村民小组(生产队)是集体土地的所有者,是原承包土地者的发包方。土地延包期限做到两个统一,即耕地承包期统一到 2030 年,开垦荒地、营造林地和果园等开发性生产承包期统一延长至 2070 年。同时由富川县人民政府统一印制土地延期承包证(如图 7-4 所示),按照手续办理,于 1995 年元旦,以县人民政府名义颁发给各承包农户。

土地延期承包证里有《土地延期承包合同书》。从这些内容可见,这次延长土地承包期也和土地流转紧密相关。

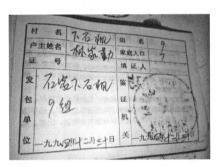

图 7-4 土地延期承包证

在《土地延期承包合同书》里,我们可以发现这样一条:"土地所有权归甲方所有,乙方只有使用权,在坚持土地集体所有和不改变土地用途的前提下,经甲方同意,允许乙方的土地使用权依法有偿转让、出租、抵押、入股。"这一条的关键在于,政府正式在书面上允许了土地使用权的流转。

政府允许土地流转的时间和石梘村出现土地流转的时间是 20 世纪 90 年代初这一说法相吻合。90 年代初,石家乡出现土地流转,这是现任的石家乡乡长告诉笔者的。据他回忆,最早应该在 1990 年。这个时间也在情理之中。因为就当时的情况来说,先是全国范围内农户自发地流转土地,后来才有了政府的允许。石梘村出现土地流转的原因,实际上不只是上文提到的分散经营的低效率这一个。在石梘村调查的结果显示有以下 4 个原因。

其一,分散经营效率低,土地资源零散,难以应对市场需求。传统的作物如水稻、花生等在农业生产中虽然收入低,但是风险小,依赖的土地少,分散经营就能做好。当地发展的新的脐橙、桉树、烤烟等产业,因为市场本身存在风险，要考虑地块、地力、虫害疾病等问题，还需要连片地大规模种植才能获得大的收益，这样的需求靠分散经营是解决不了的。这个时候就需要通过流转使用权的方式集中土地，整合资源。

其二，外出打工的需要。土地流转出现的时间段和农民工大规模进城务工的时间段吻合。当农户中主要的劳动力外出务工时，土地的种植就成了问题。国家法规是不允许土地荒废闲置的，这个时候就需要将土地转给有能力种植的人，让土地不荒废，所有者也能有一定的收入。

其三，当地政府的压力。土地流转的政策刚出来的时候，农民是不大愿意接受的，因为所有权归集体的情况下，农户有多少地就要看实际的使用权，所以土地不能轻易租借给他人。农户的土地不光是收入的来源、生计的所在，还是他们安全感的保障。从后来的情况可以看出，土地流转再怎么发展，每家每户都会留有一点土地。农民认同和自我认同的部分中，最重要的一条就是"农民是种地的"。那么，种地的人怎么会轻易舍弃他的土地？必然是有外界的推动，而这种推动力主要是来自当地政府。

当时正是港澳台商和外商们到内地（大陆）投资的热潮刚兴起的时间，为了满足港澳台商和外商们的投资需求，当地政府让部分农户转让出自己的土地给投资商。1993年或1994年，石枧村来了一个香港老板，他包了1000多亩地，租金是一年每亩28元。当时怎么拿出这些地的呢？村委会的干部在其中起了作用。访谈中，问大家当时是否愿意包地，得到的回答都是不愿意。虽然现在看来其中有村民抱怨的成分，显得不够客观，但可以确定的是，当地政府的指示和村委的执行确实是有的，因为如果没有村委的筹划、组织、落实，是拿不出这么多地（而且是连片的地）包给港商的。

其四，土地碎片化的现状。后文会提到。

可以肯定的是，那个香港老板在石枧村承包土地，是一个开始，是经政府允许后的石枧村土地流转的开端。后来，福利镇的杨才忠也在石枧村大片地承包过土地。

第三节　土地现状

一、贺州市政协关于贺州市农村土地流转的报告

2014年，贺州市政协为了了解全市土地流转情况，曾派出调研组下

去调查，最后做了一份专题报告，笔者在石家乡政府找资料时发现了这份材料。这份报告总结了截至 2014 年 10 月贺州市的农村土地流转工作的现状、特点、成效、问题，并且给出了发展的建议。这份报告一定程度上启发了笔者，让笔者对于如何记录石梘村的土地流转现状，总结石梘村的土地流转成效和问题有了一定的思考。但是，人类学的调查和机关单位的调查不一样，因此笔者只是把它作为参考。这份报告在一定程度上反映了贺州市的土地流转情况，从 2014 年 10 月到笔者调查的时间不到两年，因此其中的结论有不少可供参考。

该报告认为，贺州市土地流转有"四多四少"的特点：其一为林地流转多，耕地流转少；其二为出租的形式多，转让、合作等形式少；其三为流转后土地用于种植林木的多，种植农作物的少；其四为流转经营的主体为外地老板多，本地农民少。这 4 个特点，除了第一个和第三个基本重合，其他基本总结到位。报告还提出土地流转中存在 4 个问题：其一为土地流转动力不足，农户积极性不高；其二为土地流转政策措施不具体，流转工作难度大；其三为流转工作不规范，容易引发纠纷；其四为管理机构不健全，配套服务跟不上。

之所以列举出贺州市政协这份专题报告的内容，是因为笔者发现石梘村土地流转的现状和这份报告里描述的 2014 年贺州市全市的土地流转现状基本一致。也就是说，石梘村的土地流转也存在着同样的特点和问题。这些特点和问题是土地流转开展初期的典型特点和问题，总结起来就是不全面、不深入、不规范。因此，解决的办法自然是更全面、更深入、更规范。

不过，笔者也发现，尽管贺州市 2014 年的土地流转情况和现在的石梘村非常相似，但是也各有各的不同。该报告中的一些问题，在石梘村未必是问题，反倒是正常的合理的现象，有着自身的现实原因。这些在后文会有所论述。

二、国家的"红线"

就全国范围内来说，土地流转已经成为一项举国上下都在推行的工作。在这样的情况下，2014 年 11 月，中共中央办公厅、国务院办公厅印发了《关于引导农村土地经营权有序流转发展农业适度规模经营的意见》，并发出通知，要求各地区各部门结合实际认真贯彻执行。其中，明确提出了土地流转应该遵守的"红线"：

（一）指导思想

全面理解、准确把握中央关于全面深化农村改革的精神，按照加快构建以农户家庭经营为基础、合作与联合为纽带、社会化服务为支撑的立体式复合型现代农业经营体系和走生产技术先进、经营规模适度、市场竞争力强、生态环境可持续的中国特色新型农业现代化道路的要求，以保障国家粮食安全、促进农业增效和农民增收为目标，坚持农村土地集体所有，实现所有权、承包权、经营权三权分置，引导土地经营权有序流转，坚持家庭经营的基础性地位，积极培育新型经营主体，发展多种形式的适度规模经营，巩固和完善农村基本经营制度。改革的方向要明，步子要稳，既要加大政策扶持力度，加强典型示范引导，鼓励创新农业经营体制机制，又要因地制宜、循序渐进，不能搞大跃进，不能搞强迫命令，不能搞行政瞎指挥，使农业适度规模经营发展与城镇化进程和农村劳动力转移规模相适应，与农业科技进步和生产手段改进程度相适应，与农业社会化服务水平提高相适应，让农民成为土地流转和规模经营的积极参与者和真正受益者，避免走弯路。

（二）基本原则

——坚持农村土地集体所有权，稳定农户承包权，放活土地经营权，以家庭承包经营为基础，推进家庭经营、集体经营、合作经营、企业经营等多种经营方式共同发展。

——坚持以改革为动力，充分发挥农民首创精神，鼓励创新，支持基层先行先试，靠改革破解发展难题。

——坚持依法、自愿、有偿，以农民为主体，政府扶持引导，市场配置资源，土地经营权流转不得违背承包农户意愿、不得损害农民权益、不得改变土地用途、不得破坏农业综合生产能力和农业生态环境。

——坚持经营规模适度，既要注重提升土地经营规模，又要防止土地过度集中，兼顾效率与公平，不断提高劳动生产率、土地产出率和资源利用率，确保农地农用，重点支持发展粮食规模化生产。

并且，在该文件的最后还有一番对土地流转工作做总结的话：

土地问题涉及亿万农民切身利益，事关全局。各级党委和政府要充分认识引导农村土地经营权有序流转、发展农业适度规模经营的重要性、复杂性和长期性,切实加强组织领导,严格按照中央政策和国家法律法规办事,及时查处违纪违法行为。坚持从实际出发,加强调查研究,搞好分类指导,充分利用农村改革试验区、现代农业示范区等开展试点试验,认真总结基层和农民群众创造的好经验好做法。加大政策宣传力度,牢固树立政策观念,准确把握政策要求,营造良好的改革发展环境。加强农村经营管理体系建设,明确相应机构承担农村经管工作职责,确保事有人干、责有人负。各有关部门要按照职责分工,抓紧修订完善相关法律法规,建立工作指导和检查监督制度,健全齐抓共管的工作机制,引导农村土地经营权有序流转,促进农业适度规模经营健康发展。

三、现状

国家已经给出了这样的"红线",那么,在实际的地方土地流转中的情况如何呢?情况完全不一样,因为国家给的"红线"是土地流转发展到一定程度才能做到的,而笔者在石枧村的调查中直观地感受到,石枧村目前的土地流转依然处在初步阶段。笔者访谈了石家乡现任乡长唐先文,他也认为石枧村的土地流转只是初级阶段,还需要大力推广。与石枧村相比,龙湾村、曹里村这两个临近村的土地流转就做得不错。

目前石枧村在做的土地流转方面的工作是土地确权,笔者调研的时候,土地确权的结果已经公示过了,但是确权证还没有发到农户手中。和确权一起公示的还有卫星航拍测量图,那是由广西壮族自治区农业农村厅、国土资源厅一起发起的全自治区土地航拍测量。经过测量,很多户人家的土地变多了。以林长X为例,他家当时分田本来只有4亩多,结果一测量就成了6亩多。这样的情况不在少数。这其中有两个原因:其一是测量的单位变了,大亩变小亩;其二是当时的各种任务都和土地面积直接挂钩,因此面积会被人为变小。土地确权结果的公示笔者也见过,在确权的公示里面,农户的个人信息及其家庭对应的土地信息如地块编号、地块位置、地类、面积等都有。

土地确权意在于确定权属,也是为了掌握最新的土地信息。确定权属一是为了明晰权责,二是为了减少纠纷,三是为了更好地流转。掌握最新的土地信息,一是为了摸清楚国情,二是为政府规划提供资料,三是为了把握土地流转的进度。

这次的土地确权公示搭配着卫星图来看,可以发现其中存在很多问题。

(1)农户的土地过于分散和零散,其程度可以用"碎片化"来形容。前文提到,1981年、1982年分田的时候,为了公平,是一圈一圈地来分土地,尽量保证每一类土地都可以让全体农户享有。在这种情况下,土地难免碎片化。很多农户的田地有几十块,最多的超过了50块,而田地的面积也不过二三十亩。例如村民林声奉,家中25亩多的田地分成了41块之多。这样造成农户种植和管理会很麻烦,也不安全。这样的不方便和安全隐患,使得农户自己也有意通过土地互换或其他形式让自己的地连起来,以方便管理。这也是土地流转在石梘村出现的一个原因。

(2)以前虽然记录了地类,但是只分了旱地和水田,没有林地这一项,这在水果产业发展得越来越兴盛的今天,不利于统计果园、果业的情况。

(3)这次确权,没有把承包年限这些搞清楚,只知道每个人有几亩田几亩地的使用权,却不知道这个人的地何时又流转成了别人的地。

土地之所以需要流转,就在于分散经营不光体现在力量单薄,难以应付市场需求,也体现在土地碎片化,资源零散,难以形成合力。通过这次土地确权和土地测量,大家也发现土地流转的推行势在必行。但是,土地确权作为一个大数据的调查,很容易陷入一种数据化的僵硬中,对于其中农户具体的情况和需求很容易只看数据。在土地工作中,情况确实复杂,不能搞"一刀切",不能为了推行土地流转而强制所有农户参加土地流转。这是不现实也不符合事物发展的客观规律的。

关于石梘村的土地流转,笔者通过观察和访谈总结出如下几点。

其一,参与人数少,土地面积小。石梘村目前只是一部分农户参与了土地流转,而在参与的农户中,大都是小面积参与,即把一两亩地租给别人,最多的不超过20亩,最少的不到1亩。当被问及为什么只租出去这么一点地时,有回答说"不想租",有回答说"钱太少了,划不来",还有回答说"不租不行,意思一下就行了"。这些都反映了参与人数少和参与土地面积小的原因,即积极性低。

其二,形式单一。绝大多数是土地出租,有少量的土地互换,基本没有入股或者其他形式。大家对于土地流转的认识还停留在租不租地或者承包不承包地上面。

其三,概念缺乏。农户普遍缺乏土地流转的概念,既不知道什么是土地流转，也不知道如何进行土地流转，更不知道如何进行合法的规范的土地流转。他们只知包地或者租地或者换地，至于合同该怎么样写、承包费或者租金该怎么定都不知道。在这样的情况下，很多人当时签订合同时丝毫不知道自己被对方占了便宜，等租完过了很久才发现，却为时已晚。这一点在后文土地承包合同及合约中有所体现。

其四，在流转中，林地多，耕地少。目前的情况是这样，或者说20多年来的情况一直就是这样。因为石梘村的自然地理条件非常适合种植果树，发展脐橙、柑橘等水果产业，所以在实际的流转过程中有所体现。承包户或者承包商往往会选择林地来进行承包、租赁，农户也往往认为，"林子嘛，租就租了"，"可能他们更需要种过树的熟地"。流转的林地之所以会比耕地多，还有一个原因是林地天然就具有大面积、大规模的优势，往往一户人家的几十亩林子是连片的，而耕地尽管经历了几次土地整治，不再那么小块，但还是不如林地宽广。同时也有政策方面的影响，前文已经交代过的各类地的承包期限中，林地是最长的。因此，在土地流转中林地多耕地少的现状很正常。贺州市政协的报告中只是说了林地多耕地少的现状，却没有分析其原因。同时，那份报告对这种现象隐隐有种不满，认为这是一个需要改善的方面。

其五，缺乏规范。流转中，多数农户的做法是互相之间签一个合约就行了，甚至有很多是口头的协议，也不会报给村委。这样有两点弊端：一是基层政府无法掌握关于土地流转最直接的数据；二是容易引发纠纷，因为没有正规的合同，数年后产生纠纷时没有一个正式的东西可以作为协调纠纷的依据。

其六，工厂果场承包多，农户间流转少。之所以认为石梘村的土地流转还在初级阶段，有一个原因就是石梘村村民的租地大多租给种果树开果场的老板，或者是租给县化肥厂之类的企业。当然也有外地的企业，如贵州裕翔在石梘村租的2000亩地。这的确不仅是现象，还是问题，因为大多数村民没有享受到或者看到土地流转的好处——集中土地，方便种植管理，能够规模化种植，而只是小部分人获得了便利，完成了创业，增长了财富。农户的利益没有增长太多，也没能享受到其他好处，自然对土地流转不是那么热心，也不会积极去参与。一旦他们不去参与，土地碎片化的格局就没法改变，现代化规模化的生产就没法实现，农户的收入也就没法有实质性的提高。这已经陷入一个恶性循环。

农户参与土地流转的积极性低的原因有以下几点。

其一，流转动力不足。主要是流转中出租方的收益小。尽管近年来土地承包的价格在上涨，但是也要考虑历史的因素。实际上，石枧村村民签的合同通常都是三四十年，以前一亩一年28元（1994年与香港某老板签订的价格）或者45元（2000年与林家盛签订的价格）。这些价格在今天看来都是亏了的，因为土地在增值，承包费却没有随之增加。亏损一年比一年厉害。当年签的合同，租的地现在开始贬值了，那么，现在要有人来租地，农户自然要考虑利弊了，因此流转动力不足。

其二，农户身份认同的重要标志就是土地，土地租给他人，更多的是出于无奈。如果农户有能力种，或者种地收入足够养活家人，那么没有农户会愿意租地。

其三，部分农户的观望及基层政权政策的缺失。目前石枧村的土地流转还在初期，各方面都不规范、不清晰，农户不愿意参与也属正常。因为基层情况复杂，政策政令的制定难度很大，所以在乡镇一级，具体的政策政令都没有。石家乡乡长唐先文这样解释土地流转相应政策政令在乡镇一级的缺失："目前还处在摸索阶段。"没有明确的政策，限制了相当一部分农户的行为。他们习惯于名正言顺的事情，而没有政策政令，如何名正言顺得起来？

四、土地流转下的两极分化

在石枧村的土地流转中，受益最大的群体里面，最具有代表性的应该是林家勋、林家盛兄弟。他们是石枧村的村民，1994年、1995年去县城创业。先干过小卖部之类的零售，后来发现种果树更赚钱。村子里最先开始种脐橙是1996年，1997年政府有政策鼓励种植脐橙，当时林家勋抓住机遇，开始准备，终于在2000年开办了自己的果场。1999年他就从香港老板那里租了150亩地，这些地是那个香港老板1996年租的。2000年林家勋在石枧村租了100亩油茶林种脐橙，一亩一年45元。2002年增加了150亩，2004年在石枧村建了厂房，从政府接管了3个果场。截至2005年时已经有了2000多亩。平常一年产1000多万斤脐橙，结果多的年份产2000多万斤，预计一两年后产量达到8000多万斤，目前销售额一年一亿多元。现在他们创办的广西富川富隆果业有限公司总共有4个基地，石枧村有2个，分别有970多亩和1060多亩，湖南江华县有1700多亩，湖南道县有6000亩。从2000年的100亩，到现在的近万亩，林家勋、林家盛兄弟靠的就是土地流转。他们的融资大多靠银行贷款。他们大概的模式是租地100亩，获得收入，再租地，提高收入，再扩大生产，再租地，再提高收入，两个普通的石梘村村民一步步地发家致富，成了年销售过亿元的公司老板。当问及林家勋为什么能够租来这么多地时，他略自矜地说："我们富隆这么多年的发展，靠的就是两个字——诚信。"这句话流露出一个信息，即在通过土地流转获得农业用地的时候，要足够诚信，起码的承包费要保障。当然，诚信只是其中的一个因素，林家盛他们能够租用这么多地来种果树，还要有一定的经济能力以及在村子里有一定的话语权。林家盛兄弟的父亲林远莲在石家乡当过23年大队支书和村支书，虽然当时家盛兄弟创业的时候，林远莲已经退休，但是其留下的人脉、威望起到了一定的积极作用。而且1997年政府有政策鼓励，在种植脐橙上有一定的减免或者其他方面的补贴。家盛兄弟的成功，其中固然有个人的努力、眼光、经济和人脉资源的原因，也有他们抓住土地流转初期的这个历史背景的因素。

在土地流转初期，各项交易都不规范，流转成本低，承包方往往受益更大。这一点从承包的费用上就可以看出来，1993年香港老板每年用28元一亩就可以租地，2000年林家盛是45元一亩，2008年的时候还是45元一亩。到现在，一亩地也不过两三百元，好的水田最多是400元。

第四节 土地流转中的合约

在石梘村，土地流转大多是没有合同的，村民之间互相熟悉的情况下，一般没有签订合约，最多写一个合约，按一下手印，甚至口头协议就可以了。在这种情况下，研究土地流转就比较困难，加之前文分析过，农户大多自行解决，不上报政府，政府就很难有第一手的资料，更别谈什么数据。这也是为什么贺州市政协调研组也只是下到县区级，只是去了一小部分村庄。在遇到这样的问题时，笔者决定仍然从土地流转中的合同和合约入手，尽管合同和合约很少，条件艰难，也要研究。因为，在土地流转研究中，合同和合约既是客观的第一手资料和证明，其客观性不受调查者的影响，又是良好的载体和记录，记录了当时的交易结果，同时又是访谈中村民话语的最好佐证。

在石梘村，笔者收集到了多份合同及少量合约、协议，这些合同和合约、协议反映出石梘村土地流转发展过程中存在的很多问题。这里先列出合同（合约）类型，再集中讨论问题。

土地流转中的合同有"单对单"合同、"单对多"合同、多方合同，这是按照签约者的角度来分类的。如果按照流转形式来划分，有互换类、承包类、出租类、转让类合同。下面以第一种分类方法来论述。

一、"单对单"合同

"单对单"合同只有甲方和乙方。例如，村民甲和村民乙或者村民甲和公司乙。

村民承包土地，他只需直接和村委签合同即可。这时候，甲方就是村委，乙方就是村民。例如：

租地合同书

甲方：富川石家乡石枧村委下石枧村

乙方：富川石家乡石枧村委下石枧村村民林家 X

为了更好地开发利用本村的老虎田的荒地一块（以丈量为准4.5亩），每年每亩70元，共计315元一年，经本村村民代表讨论通过，一致同意将本村老虎田荒地发包给本村村民林家 X 承包使用管理，经甲乙双方公平、公正、公开协商一致、平等自愿达成如下条款。

一、承包期限即自 2010 年 2 月 18 日到 2037 年 2 月 18 日。

二、付款方式：承包费每年在 3 月 18 日付清地款。

三、双方的权利和义务：乙方在合同期种果和建房，甲方一律不得干涉，如造成乙方损失，甲方按乙方造价的十倍赔偿给乙方。

四、范围：东至石麦公路，南至石枧村委楼，西至果场，北至果场。

五、本合同签字以后生效，本合同一式两份，甲乙双方执一份。

甲方签字：　　　　　　　　　　　　　　乙方签字：

日期：　　　　　　　　　　　　　　　　日期：

以下也是典型的石枧村农户和农户间的"单对单"合同。

土地承包合同书

甲方（承包方）：林家建

乙方（出租方）：林远芳

本着互利、互惠，充分利用土地资源，发展经济的原则，甲乙双方经协议自愿签订本合同书。

1. 乙方自愿出租原属乙方管理使用的龟山脚松树林地给甲方自由使用管理，出租面积3.87亩，期限为40年。

2. 甲方自愿以每年每亩50元人民币的租金承包乙方的龟山脚松树林地，并于每年的农历十二月二十日前付清当年的土地租金193.5元人民币给乙方。

3. 在土地承包期间，乙方不得将土地再重租给他人，甲方享有自由利用土地和转租本土地的权利，乙方不得干涉甲方的使用权。

4. 合同期满后，甲方归还同等面积的原址耕地给乙方。

5. 以上协议，甲、乙任何一方不得违约，如甲方违约，按一年租金的五倍罚金付给乙方，且终止甲方的使用与管理，土地归还乙方。如乙方违约，乙方按甲方累计投资的五倍罚金付给甲方。

6. 本合同从2005年1月11日开始开效，到2045年1月11日合同期满。

7. 本合同一式三份，甲、乙方各执一份，公证单位石枧村委员会一份。

甲方签字：   乙方签字：

公证单位签字盖章：

2005年1月11日

二、"单对多"合同

"单对多"合同中，一方只有一个，另一方由多个个体组成。一般为众农户和某公司（老板），但也有某农户和众农户的情况。例如，众农户和林家盛的"单对多"合同。林家盛是广西富隆果业有限公司的董事长，石枧村人。这个合同后附上了各农户土地面积明细表，从合同中我们可以看出这么几点：其一，各农户租的亩数不一，有的农户租10亩以上，有的农户不足1亩。但是都有其存在的道理，那不到1亩的地很有可能是能够把这些地块连起来的关键地带的地。其二，大多数农户租1亩左右。其三，杨才忠原本在各农户处租的地不多。以下为合同内容。

土地承包合同

甲方（承包方）：林家盛

乙方（发包方）：林远亮、林长X、林长风、林家军、林远健、林长弟、林显亮、林家辉、林家忠、林家平、林益岸、林远云、林远雷、林益文、林家孔、林增凤、林远连、林增仁、林益孝、林远好、林益广、林益春、林家聪、林声发、林增春、林益德、林家茂、林声高、林益妹、林长秀、林家凡、林益生、林家后、林声平、林社养、林声治、林声和、林长太

  经甲乙双方共同协商，把本村地名为螺蛳山周围的一片原杨才忠放弃承包的果场（果树、土地）承包给甲方继续种植，为此甲乙双方自愿达成如下条款：

  一、甲方履行的二〇〇七年至二〇〇八年度的租金按每年每亩肆拾伍元整支付给乙方。

  二、甲方租用乙方的土地承包期限为叁拾年，从二〇〇九年元月一日至二〇三八年十二月三十一日止。租金每年每亩为人民币陆拾元整。

  三、本合同签订之日起，甲方可以管理杨才忠的原有果树，乙方不得干涉。现在果场土地种植作物的农户，须在二〇〇八年十月一日前交回给甲方接管，目前果场还没有种植的所有土地由甲方种植，乙方不得干涉。

  四、甲方必须在每年的公历元月二十八日前交清地租，如甲方不按时支付地租，乙方有权收回耕地，甲方不得干涉。

  五、在承包期间，甲方不得转包和转让。

  六、在合同期满后，甲方应保持完整房屋及一切设施交给乙方，由甲乙双方验收完好无损坏可使用，否则甲方负责维修好。

  七、甲乙双方不得违约，如乙方违约，要赔偿甲方果场所有的全部投资；如甲方违约，要赔偿乙方三十年的地租。

  八、本合同一式五份，村小组一份，村委一份，甲、乙双方各执一份，各农户一份。

  甲方：林家盛   乙方：
  下石枧村小组   石枧村委

             二〇〇八年五月二十一日

  还有单农户对众农户的合同。例如，林家X租了多个农户的地，订立了一系列合同。为了对应专人，合同分为多份，每个出租方都单立一份合

同用来签名。以下为合同内容。

土地承包合同

甲方（承包方）：本村林家 X

乙方（出租方）：各有地农户

  经农户和承包者双方协商同意，将本村小云山西南面一片荒地租给承包者甲方种树之用。

  一、各农户在小云山的一片荒地，以各户界线丈量面积为准，甲方租乙方丈量的实际面积，承包期限为拾年，每年每亩租金肆拾伍元整。

  二、合同从签订之日起生效，由甲方负责开展工作，乙方不能有任何意见。

  三、丈量面积确定后，地租费由甲方按时付给乙方，在每年的公历四月二日付清。

  四、在种植区内乙方不得干涉甲方的日常管理和安排，甲方在承包的土地上种植的东西归甲方所有。

  五、以上协议甲、乙双方不得违约。

  六、合同期满后，甲方按实际面积归还给乙方各户。

  七、此合同从 2002 年 3 月 1 日起至 2013 年 12 月 31 日止。

  从合同签订之日起，在承包期间乙方不得随意收回土地，如违约，甲方的损失由乙方全部负担（按每年每亩实际投资的两倍赔偿）；甲方违约，按每年每亩肆拾伍元的两倍赔偿。

  八、此合同一式两份，甲、乙双方各执一份。

  甲方签字：   乙方签字：

                   2003 年 4 月 5 日

三、多方合同

  笔者发现，多方合同是土地互换时使用的，因为出租、承包之类的合同只有甲方和乙方就可以解决，所以一般不会有出租、承包类的多方合同。入股来流转土地的合同，也可能是多方合同，但是很遗憾，笔者没能收集到。这也是此次田野调查的一个遗憾。实际上，土地互换并不比土地出租或承包带来的效益低，因为大家都受益了，而且没有牵扯到承包费，出现纠纷的可能性更低。因为是多方之间的合同，所以公证方就只有村委可以胜任了。多方交换合同可以允许土地在合同签署后承包或出租给合同外的农户。因为交换的过程中，土地的承包权已经变了，所以在不改变土地性质的情况下，土地交换后租给何人或者承包给何人就不受限制了。以下为多方合同内容。

土地交换合同书

甲方：　　　乙方：　　　丙方：　　　丁方：

1. 为了便于土地管理和使用，经甲、乙、丙、丁多方协议，签订本合同书。

2. 本次交换的土地以及涉及交换的土地有（为了便于书写，每一地名用大写英文字母代替）：

甲方的土地：A 地（上矮岭油茶林地）

E 地（上矮岭水渠地及其西北面邻熟地和井湾地）

乙方的土地：B 地（A 地的北面邻地）

丙方的土地：C 地（B 地的北面邻地）

F 地（龟山脚松树林地，F 地由 F 甲、F 丁组成）

丁方的土地：D 地（C 地的北面邻地）

G 地（F 地的北面邻地）

3. ①甲方用 A 地与乙方 B 地交换，得出甲管 B 地，乙管 A 地。

②甲方用 B 地、E 地和丁方用 D 地共同与丙方的 F 地交换，得出丙管 B 地、E 地、D 地，甲和丁共管 F 地，即甲管 F 甲地，丁管 F 丁地。

③交换后各方的土地为：甲方为 F 甲地，乙方为 A 地，丙方为 B 地、E 地、D 地，丁方为 F 丁地。其中，丁方用 F 丁地、G 地租给林家建。

4. 本合同属永久性，各方不得违约；如违约，违约一方必须承担因违约引起的多方直接或间接损失的五倍罚金。

5. 本合同从 2005 年 1 月 11 日起生效。

6. 本合同一式五份，甲、乙、丙、丁各一份，公证单位石枧村委会一份。

甲方签字：　　　　　　　　　　　　　　　　乙方签字：

丙方签字：　　　　　　　　　　　　　　　　丁方签字：

公证单位村委盖章签字：

2005 年 1 月 11 日

四、合同中的问题

上面 3 种类型的合同是此次田野调查中笔者发现并总结的，虽然是 3 种类型，各自有各自的优缺点，但是作为石枧村土地流转合同的代表，它们有着共性，其共同缺陷就是石枧村土地流转发展过程中合同方面的问题，主要有以下两点。

一是合同不规范。这种不规范体现在内容上的不规范、格式上的不规范、法律层面的不规范。内容上的不规范如出现简单的语义重复之类的行文错误。格式上的不规范是因为合同的起草双方都不懂怎样才算是一份正式的"合同"，但是这并不影响双方的意愿一致。法律层面上的不规范体现在多个方面：第一，合同大多是一方起草的，合同的条款大多有倾斜性，只是利于一方，这一方往往是承包方。在访谈中，林声高等人就告诉笔者："合同都是他们写好了让我们签的，我们事先都不知道。"第二，许多合同没有公证方。第三，权责不明确。第四，不少合同都没有报备土地机构。造成这种不规范的原因有两个：一个是国家层面的法律不齐全，另一个是签订的农户不懂法律。

二是合同不合理。这种不合理主要体现在承包费的不合理上。土地的价值在增值，而土地的承包费用却从合同的第一年延续到最后一年，几十年都不变。

第五节　土地纠纷

在调查中，笔者发现石枧村的土地纠纷问题很明显，可研究性极强，而且土地纠纷与土地流转有着一定的联系。

石枧村的土地纠纷大概可以分为 3 种。

其一，普通村民之间的纠纷。因为地界、水资源、租金的问题，村民之间发生纠纷很正常。石家乡司法所林丽春告诉笔者，缘于土地的纠纷大多集中在每年的播种季节。闹到司法所的不多，因为一般的纠纷解决流程是先自己协商，协商不好就去找村委，有专门的干部来管，村委解决不了才转到乡里。即便是这样，乡司法所每个月都要处理七八宗纠纷事件。当过村小组组长的林远香说，20世纪80年代他当组长的时候，经常要做的就是调解村民间因为地、水产生的纠纷。

其二，村与村之间的纠纷。石枧这个地方和其他地方的土地纠纷在中华人民共和国成立之前就有了，至今还时有发生。石枧村和临近的双马塘、坪珠村都闹过纠纷，因为地处广西和湖南边界，和湖南的瓮水村也闹过纠纷。上一次和翁水发生纠纷是在20世纪70年代，最近一次和坪珠村发生纠纷是在2011年。

闹得比较厉害的一次是1999年和坪珠村村民打架，因为两边直接用的是猎枪，"我们这边撤的时候，他们放了一枪，结果就被打中了"。当时为了平息事态，县里面在两个村子里各抓了几个人，有村干部，也有闹事的普通村民。事态平息后，又议定勘定边界，这才解决此次事件。2011年，林家X刚担任村支书的第一天，石枧村和坪珠村又闹起土地纠纷来，他赶赴现场平息了事态。

1985年石枧村和双马塘、黄竹产生土地纠纷，石家乡政府有双方协商的记录。

从这些土地纠纷的记录来看，土地纠纷时有发生。地界纠纷，除非两个地方划归到一起，否则难以彻底解决，时间一久也难分是非对错。然而，在不断发生纠纷的情况下，几个地方还保持着非常好的联姻关系，石枧村有不少人就是从坪珠村嫁过来的，而石枧村也有一些人嫁到坪珠村去。这说明土地纠纷对当地造成的后续影响并不深远，同时也说明当时对纠纷的处理得当。

其三，村干部与普通村民之间的纠纷。例如，村支书、村主任等村干部与村民之间因为土地产生的纠纷。本来是村民间的纠纷，因为村干部的身份，村民对待这种纠纷的态度自然也就变了，甚至变成一种偏见。这种偏见因为土地流转的不规范、土地交易的不透明，有可能上升到一种"黑化"村干部的程度。

第六节 成就与问题

关于石枧村土地流转的成就和问题前文稍有提及，在此进行一个总结。

一、成就

石枧村的土地流转虽然尚在初级阶段,但是也取得了不少成就。

其一,调整优化了石枧村的农业结构。石枧村经过十几年的土地流转变化,已兴起了以脐橙为代表的水果产业。从传统的水稻、烤烟到水果产业的蓬勃发展,土地流转功不可没。土地流转优化了石枧村的农业资源配置,推动了农业结构的逐步优化,并且这种优化还在持续进行,在未来10年之内仍然会给石枧村带来难以预估的发展。

其二,带动了石枧村相关产业的发展,并影响了全县。从石枧村走出去的林家盛兄弟,他们创建果业公司就是得益于石枧村的土地流转。富川县正在大力发展的水果产业也是在土地流转的浪潮中发展起来的。水果产业的发展,增加了不少就业机会,改善了农民的生活。例如,石枧村很多农户都在果场打过零工,每天有80元的工资。

其三,提高了石枧村村民的收入。土地流转带给农户的是生计方式的转变。村民可以选择种果树或者将土地出租后去打工,农户的选择多了起来,收入也提高了。一亩脐橙可以纯收入三四万元,除了最初的几年需要花费投入,从第4年果树开始结果就有收入了。笔者在石枧村调查的一个月里,发现不断有人家在盖房子,这就直观地反映了农民收入的增长情况。

这些成就的取得,既有土地流转的因素,也是石枧村村民不懈努力和不断创造的结果。

二、问题

石枧村的土地流转主要存在以下一些问题。

其一,流转不全面。目前流转涉及的农户数量、土地面积都还有很大的提高空间;流转涉及的林地多、耕地少,也是流转不全面的一种表现形式;流转的形式不全面,出租、互换已经出现并且初步成熟,但是入股、合作等形式还有待发展;流转的机制不全面,相应的奖惩制度缺失。

其二,流转不规范。流转的目的不规范,许多流转完成后没有按照原来的承诺从事农业生产,反而将之荒置甚至是改作他用;流转的程序不规范,许多流转都没有上报政府,甚至不告知村委;流转的合同不规范,许多合同从格式到内容都不规范,甚至有的没有合同;流转的后续事务不规范，应该跟进的没有跟进，应该检查的没有检查。

之所以会有各种村民的猜测和流言，如"村支书占地"，其中一个重要原因就是当前的流转不规范、不透明。可以预见的是，当土地流转规范化之后，这些猜测和流言就会变少。

其三，流转不合理。流转的比例不合理，经营主体本地农户少、外地老板多；流转的规模不合理，小面积土地居多；流转的承包费不合理，固定的金额和不断发展变化的土地价值不挂钩；流转的秩序不合理，流转自发、无序状态持续已久，流转中出现的违法违规问题无法及时处理。

第七节 建　　议

在谈到土地流转的未来时，石家乡乡长唐先文说，"到时候要把土地也作为资本流入到市场中去"。这大概是土地流转发展的一个目标。那么，围绕这个目标，结合前文所论述的问题，同时通过借鉴其他地方土地流转的经验教训，吸纳多方意见，笔者在此提几条建议。

其一，健全制度，完善法规。只有健全有关土地流转的各方面制度，完善和土地流转相关的法律法规，整个土地流转的过程才能做到有依据、有保障。未来，土地作为资本进入市场也有保障。

从小的方面来讲，健全制度、完善法规至少可以使村民有效规避在签订土地流转合同时可能遇到的风险，如上文所提到的各种不规范的合同、协议，则可以有一个变规范的依据。

那么，相应的县相关部门需要健全土地承包经营权登记制度。建立健全承包合同取得权利、登记记载权利、证书证明权利的土地承包经营权登记制度，是稳定农村土地承包关系、促进土地经营权流转、发展适度规模经营的重要基础性工作。这些工作虽然看似不能直接解决问题，但是必须要做的准备工作。建议完善承包合同（模板），健全登记簿，颁发权属证书，强化土地承包经营权物权保护，为开展土地流转、调处土地纠纷、完善补贴政策、进行征地补偿和抵押担保提供重要依据。建立健全土地承包经营权信息应用平台，方便群众查询，利于服务管理。土地承包经营权确权登记，原则上确权到户到地，在尊重农民意愿的前提下，也可以确权确股不确地。

其二，出台政策，做好引导。完善土地流转相关的政策，土地流转的推进就有了指导，农户心里就有了底气，积极性就会提高。同样，在流转过程中因为不清楚流程，不知晓法律而出现的很多问题就可以避免。笔者建议做好调解土地纠纷方面的引导，最好是引导村民民主协商，自主解决矛盾纠纷。同时建议富川县有关部门依据本地自然经济条件、农村劳动力转移情况、农业机械化水平等因素，研究确定本地区土地规模经营的适宜标准，而且需要每隔一段时间就按照实际情况的变化调整这个标准。

其三，加强宣传，树立典型。很多农户之所以不参与土地流转，是因为他们不知道土地流转的具体情形，也就无法知道土地流转的好处，不知道土地流转可以给自己的生活带来改善。同时要树立典型，利用典型的作用感染农户。可以用纪录片、新闻报道等方式加强对典型的报道。建议县一级设立县、乡、村三级示范家庭名录，配合媒体报道实施。

其四，规范过程，加强监管。一方面，政府应帮助农户树立规范的流转过程，并把这一套流程当作模板，引导承包农户与流入方签订书面流转合同，并使用统一的自治区级合同示范文本。另一方面，政府应该加强对土地流转的监管。土地承包经营权属于农民家庭，土地是否流转、价格如何确定、形式如何选择等，应由承包农户自主决定，流转收益应归承包农户所有。流转期限应由流转双方在法律规定的范围内协商确定。没有农户的书面委托，农村基层组织无权以任何方式决定流转农户的承包地，更不能以少数服从多数的名义，将整村整组农户承包地集中对外招商经营。这就可以防止类似于石枧村当时租地给香港老板的事情再次发生，也可以防止少数村干部牟取私利。建议严禁通过定任务、下指标或将流转面积、流转比例纳入绩效考核等方式推动土地流转，应使土地流转的发展符合其自身的发展规律。

其五，提高租金，补贴扶持。为提高农户积极性，要确保其在出租等过程中不在租金上吃亏。提高租金，不是一次性提高，而是按比例提高，使之与土地价格的增长相匹配。为了鼓励农户流转土地，可以发放补贴。按照流转的不同类型，补贴的金额也应该不同。提高租金和进行补贴可以在一定程度上调动农民群众的积极性。另外，现阶段对土地经营规模相当于当地户均承包地面积的 10～15 倍，务农收入相当于当地第二、三产业务工收入的，应当给予重点扶持。

其六，加快确权，明晰权责。加快完成土地确权工作，并且使土地确权成为一项制度，定期进行。土地确权可以妥善解决农户承包地块面积不准、"四至"不清等问题。在过程中要保持承包关系稳定，以现有承包合同、证书为依据。同时，要在确权后对农户进行权责方面的宣传和教育。

其七，做好配套，健全体系要做好配套工作，完善相应的体系。有关部门要研究制定流转市场运行规范,加快发展多种形式的土地经营权流转市场。依托农村经营管理机构健全土地流转服务平台,完善服务和管理网络,建立土地流转监测制度,为流转双方提供信息发布、政策咨询等服务。土地流转服务主体可以开展信息沟通、委托流转等服务,但禁止层层转包,从中牟利。土地流转给非本村(组)集体成员或村(组)集体受农户委托统一组织流转并利用集体资金改良土壤、提高地力的,可向本集体经济组织以外的流入方收取基础设施使用费和土地流转管理服务费,用于农田基本建设或其他公益性支出。依法保护流入方的土地经营权益,流转合同到期后流入方可在同等条件下优先续约。加强农村土地承包经营纠纷调解仲裁体系建设,健全纠纷调处机制,妥善化解土地承包经营流转纠纷。

其八,创新形式,稳步推进。鼓励承包农户依法采取转包、出租、互换、转让及入股等方式流转承包地。鼓励引导农户长期流转承包地并促进其转移就业。鼓励农户在自愿的前提下采取互换并地方式解决承包地细碎化问题。

其九,多方借力,多管齐下。土地流转工作涉及经济、政治、户籍、法治等方面,要推进土地流转,就应该从多个方面展开工作。借鉴中共中央办公厅、国务院办公厅《关于引导农村土地经营权有序流转发展农业适度规模经营的意见》,可以发挥供销合作社的优势和作用。要求供销合作社改造自我、服务农民,把供销合作社打造成服务农民生产生活的生力军和综合平台。利用供销合作社农资经营渠道,深化行业合作,推进技物结合,为新型农业经营主体提供服务。推动供销合作社农产品流通企业、农副产品批发市场、网络终端与新型农业经营主体对接,开展农产品生产、加工、流通服务。也可以由乡里或者县里鼓励县级供销合作社针对农业生产重要环节,与农民签订服务协议,开展合作式、订单式服务,提高服务的规模化水平。

第八章　文化交融与遗产变迁

第一节　生产技艺

关于工艺民俗，民俗学词典是这样解释的："生产技艺民俗，指围绕民间手工艺生产的习俗惯制，包括人工制作的工艺品的传统方法、质料处理、行业信仰，手工艺人的师承关系、行规行语、禁忌崇拜，以及工艺产品本身的民俗功能和意义，等等。民间手工艺的生产带有很强的技艺性，许多技艺传承性很强，其产品有许多是出于民俗的需要或围绕民俗活动而展开的。如神马、神偶的绘画与雕塑，结婚喜庆用品的制作与绣制，民俗佩物、镇物的制作，以及窗花、剪纸、门楣画、年画、祭器、神器的制作等，都与民俗活动密切相关，其生产活动本身具有独特性。民间工艺艺人亦有自己独特的行规、祭祀和礼仪，有自己的师承关系和行业组织，因而构成一系列独立习俗，成为生产民俗中的一个门类。工艺民俗的范围很广，从工艺本身看，可分为绘画、雕塑、编织、刺绣、刻印、扎糊、印染、烧、吹、捏、剪等。从其产品来看，有祭祀用品、生活用品、礼仪用品、观赏用品等等。从行业区分，则有'五行八作''民间七十二行'等说。工艺民俗遍及世界各地，以中国最为发达。在外国民俗学中，有称'技艺''民艺'者，中国则直称为手工艺，强调其个体生产和手工技艺的特点。在中国，工艺民俗内容丰富，种类繁多，是民俗文化中一个重要方面。"[①] 朱以青提出："生产技艺是指在漫长的生产实践中形成的，由我们的祖先一辈辈积淀流传至今的传统技术。它代表着技艺的精华，是当前非物质文化遗产生产性保护的核心。"[②] 以下将笔者调查到的石枧村的榨油、碾米、织布、酿酒 4 种技艺归入生产技艺中，主要是因其共同满足生产技艺的传承性和较强的历史性，强调手工生产，具有技术性，同时又与

---

① 张紫晨主编：《中外民俗学词典》，浙江人民出版社 1991 年版，第 15～16 页。
② 朱以青：《生产技艺的生活传承——非物质文化遗产生产性保护的视角》，见《山东省民俗学会 2013 年年会暨中国石榴文化学术研讨会论文集》，2013 年。

人的日常生活紧密联系，并具有作为民俗文化载体的特点。笔者详细描写了各种生产技艺的具体过程，力求做到细致准确，也深入分析了这4种生产技艺对石枧村在改革浪潮的社会变迁、对外交流以及村民之间互动的重要意义，同时也对一些生产技艺的保护、传承提出了一点看法。但是，文中很多数据来源于相关村民的回忆，来源于笔者田野调查的第一手资料，可能存在一定误差。毕竟历史是过去的，后人难以还原其最真实的一面。

一、榨油

改革开放带来的科学技术上的突飞猛进在一定程度上加速了石枧村传统榨油技术的消失。可以说，在物质生活相对贫乏的时期，机械化的榨油机还未出现，市场贸易不畅通，各种食用油尚未在市场上出现，当地农民的食用油多是自给自足，通过种植的油茶树结的油茶果实以及花生、油菜籽来进行榨油。虽然石枧村的榨油厂榨油的效率并不理想，颇为耗费人力，但仍吸引了附近村庄如黄竹、六丈、城上等村的村民前来榨油。传统的榨油技艺对于本村和周围生产队的各个家庭来说十分重要。

传统的榨油技术即采用油榨，通过将油茶籽、花生、油菜籽等原料晒干、筛选、研磨、蒸熟等大约8道复杂的工序，最后放入油榨中，通过将外力转化为强大的压力施加于油饼上，从而挤压出油。元朝王祯的《农书》和明朝宋应星的《天工开物》都有关于油榨的制作方法、材料选择以及榨油的步骤等详细的记载。徐光启在其《农政全书》卷二十三《农器》中的记载与前面两者记载相似："油榨，取油具也。用坚大四木，各围可五尺，长可丈余，叠作卧枋于地。其上作槽，其下用厚板嵌作底盘。盘上圆凿小沟，下通槽口，以备注油于器。凡欲造油，先用大镬爨炒芝麻，既熟，即用碓舂，或辗碾令烂，上甑蒸过。理草为衣，贮之圈内，累积在槽。横用枋桯相揍，复竖插长楔，高处举碓或椎击，擗之极紧，则油从槽出。此横榨，谓之卧槽。立木为之者，谓之立槽。傍用击楔，或上用压梁，得油甚速。"这里描绘的是卧槽式的油榨，笔者认为与流传下来的石枧村的油榨是类似的。那是否可以说油榨的历史可以追溯到元代呢？程军在分析了大量古文献资料的基础上提出："我国在1044年时已有使用撞木的油榨；这种油榨的撞木前部较粗、端部尖锐，用薄铁片包裹前端，通过系于横梁的绳索悬挂在梁下；这种油榨可能和《天工开物》中的南方榨相同,也有可能与《农书》中的立槽式油榨相同。"① 由此来看,油榨的历史不仅可以追溯到元代,还可能追溯到宋代甚至更久远的时代。石枧村的油榨虽然不是宋代或者元代的产物,但承载了一个村庄的村民对于20世纪本村榨油坊的记忆。

据村民回忆,石枧村在包产到户(20世纪80年代)之前一直以油茶籽榨油为主,辅以油菜籽、花生榨油。这里以油茶籽榨油为例来分析石枧村传统的榨油工艺。

(一)采摘、制干

油茶树的生长周期较长,一般都是秋季开花,到了次年秋季才结果。石枧村的油茶果在气候逐渐变冷,从夏季向秋季过渡,露水寒冷将要凝结的寒露时节开始采摘,所以大家称之为"寒露茶",而与本村相邻的龙湾村在霜降时节采摘的油茶果则被称为"霜降茶"。这时的油茶果经过接近一年生长周期的积累,已经尽吸养分,颗粒饱满。村民们将还是绿色的油茶果从树上采摘下来,借助阳光,薄薄地摊在空气流通、干燥的地方,使其在阳光的照耀下脱去水分,然后开裂脱粒,暴露出里面黑色的种子。对于没有彻底开裂的,还需要挑选出来进行人工剥开,最后还要将一些发霉烂掉的种子筛选出去,留下质量较好的,这种子就是榨油用的油茶籽。油茶籽一般都要在室内阴干贮藏,偶尔也需要借助太阳光来促进其干燥,毕竟寒露过后的太阳已经不再似炎炎夏日那么毒辣,所以不用担心种子的水分和油分会一起流失。在制干脱水后,将进行下一步更加繁重的工序。

(二)研磨

将已经自然风干的油茶籽用石磨碾碎成粉末。由于油榨较大,因此每次放入的油茶饼也要足够多才不致浪费人力,需要研磨的自然也多。家庭使用的小型的碾米石磨是远远不足以满足需求的,于是榨油厂便有专门的大型石磨。村民告诉笔者,石磨的直径可达两米左右,人力无法使其正常运转,通常需要借助牛来拉磨,即便如此,仍然得有人赶着牛一圈一圈地带动笨重的石磨碾碎那一粒粒饱满的油茶籽。为了能够充分地出油,碾碎研磨这一步也是比较重要的,需要对碾好的油茶籽进行重复筛选,以保证碾得足够细碎,这样才能为后面的蒸熟装成茶饼以及挤压榨油打下基础。对于榨油厂的工人来说,每天重复同样的动作,其中的枯燥乏味与劳累也

---

① 程军:《宋代榨油方法的初步研究》,载《古今农业》2016年第2期,第33页。

可想而知。

（三）蒸熟、制饼

研磨好的油茶籽粉，被送进蒸甑中。从生到熟，必须将其蒸熟透，出油率才高，而且这样榨出的油也会格外香。蒸熟的标志主要是看蒸甑外面冒出来的蒸汽和闻其飘出来的香味，如果已经蒸得够好，那么从蒸甑里冒出的蒸汽不仅大，而且呈现出一种直冲云霄的直喷状态，随之带出来的油茶籽的香气则浓烈无比；未蒸熟时冒出的蒸汽如一缕缕上升的晨雾，轻飘绵软，闻起来也只有淡淡的香气，若有若无，游丝一般。蒸熟后便要制饼，当地俗称"包枯"（"枯"即普通话中的"箍"，当地方言中称为"枯"，取谐音字），这是榨油过程中很关键的一步。从热气腾腾的甑里把蒸熟的油茶籽粉取出并放入用稻草垫底的圆形的箍圈之中，趁热将稻草包在上面，并一点一点地压匀，用脚踩紧包好，使之成一块块的油饼。饼的大小随箍圈的大小而定，而箍圈则根据油榨的直径来定，这样才能顺利地将饼放入油榨中。

（四）上榨、榨油

在"包枯"完毕后便开始上榨，上榨是将一块块茶油饼整齐地横放进主榨的榨槽内，周围用大小不一的木条挤紧（木条称为"木进"）。据村民回忆，当时村中的主榨长5～6米，直径为70～80厘米，榨槽宽度可达40厘米。开始榨油时，由前面负责掌锤的师傅来掌握被悬吊在空中的锤子的方向。村民说锤子重达200斤左右，长度为2.5～3米，所以一个人无法使其运转，需要两个人在后面助推。用大锤砸向木进，随着一声声沉闷有力的"轰——轰"声，木进向内收缩挤压的同时，榨槽中间的小口便汩汩地流出茶油，这样便有3个人负责榨油。但是据笔者查阅相关资料，榨油时的大锤一般重量为30～50斤，所以村民的口述也不一定准确。榨完油之后便是出榨，顺序一般都是先撤掉木进，再取出已经被榨干的茶饼。茶饼尽管已经被榨干，但是剩下的"渣"也有价值，可以用来做天然的有机肥料，给田地增加养分，这在缺少化肥的年代，可是极佳的肥料。除此之外，也可以用作饵料来捕鱼，经过发酵脱毒处理后又可作为鱼饲料。由此可见，油茶树可谓全身都是宝。榨好的油用桶等容器密封装好，保存期限较长，村民家里日常食用的油也就是它了。还有一些村民反映，茶油在当时还被村里业余剧团演员们用来卸妆。

相较于现代机械化的榨油法，这种传统的榨油技艺榨出来的油不会有

第八章　文化交融与遗产变迁

很多的油渣沉淀物，没有添加任何化学成分，榨出来的纯天然茶油色泽金黄或者浅黄，清亮光润，清香四溢，保存期限也更长。而当时的榨油厂，据称有5～6个工人，设有会计，每日结账入簿，榨油时还收取一定的加工费作为生产队的集体资金，而工人的工钱则是记为每日的工分。现如今，过去村里的榨油厂只剩下一片废墟，油榨也早已被机器取代而不复存在，榨油的技艺也只能留在老一辈村民的记忆里了。

笔者很幸运地找到了当时村里榨油厂的老会计，他已78岁，身子骨还算硬朗。老人带着笔者到曾经榨油厂的所在地，即如今的林氏祠堂的背后，向笔者讲述了厂子的故事。以下是访谈实录。

笔者：榨油具体是怎么弄的？

林：就是把那个茶饼装到油榨里去，然后由一个人掌着锤子，另外两个人在后面，几个人一起用锤子砸，多砸几次，要用力，就出油了。那个茶饼呀，是先晒干茶籽，然后用石磨碾碎，弄成粉末，再用个大锅煮熟做成的，这个还要用脚踩的，踩实才行。

笔者：原来这么复杂，那你们当时厂里一共有多少个工人呢？

林：可不是嘛！我算算啊，推磨1个，做茶饼1个，还有3个人榨油，算上我大概6个人，有时候只有5个人。我们搞这个集体都会记工分的，其实跟到田地里去干活是一样的。榨油的人要用锤子去砸，很累的。

笔者：那他们的工分会不会比你们这种活轻松一点的人要多一些呢？

林：不会，不会，都一样的嘛。我们收的钱都是要当天记入账簿的，从来都不过夜，结算清楚，不然怕有人做手脚，毕竟这是集体的钱嘛！

笔者：什么收钱？

林：就是别的村子的人来榨油，也是要给一定的加工费的，不能白给人家加工啊，我们付出了劳动的嘛。我记得当时好像是一斤油要收大概几分钱的加工费。

笔者：看来还是有人来的。那您记得厂子大概什么时候倒的吗？

林：应该是（20世纪）80年代，那个时候都用机器了，机器方便，不用那么累了。现在也是用机器，妇女主任家里就可以榨油，很方便的。

笔者：是的，机器很方便，但是机器榨出来的油终归没有人工榨的香。

林：那可不是！

二、碾米

夜里，伴随着"嘎吱——嘎吱"悠长的声音，大家又开始了碾米工作。如果晚上收工太晚，回来时已经很疲倦，碾的米也就相应少一些，只要足够明天一天用就好；如果收工较早，那么就多碾一些，备好接下来两天甚至一个星期的米。在传统的农业社会，男耕女织，分工明确，夜晚的碾米工作却需要夫妻双方的默契合作。

石枧村位于亚热带季风气候区，一年四季热量充足、雨水充沛，为水稻的生长提供了得天独厚的条件。作为一个以稻作农业为主的村庄，村民的主食为大米，每天碾米是必不可少的工作。现在在一些村民家中仍然可以看到已经闲置在一旁的碾米用的石舂。另外，当时还有极少数借助小型石磨碾米的，但由于利用石磨磨粉，粉末细腻光滑，加之当时机器磨粉还没有普及，因此这种小型石磨多用来将玉米、小麦等谷物磨成粉末，很少还有碾米的用途。到了机械化的今天，人们无论是碾米还是磨粉，基本上都借助于机器，省时省力，不过偶尔也会看到一些村民会因为怀念过去石磨磨出来的味道，再次使用家里的"老古董"，他们认为机器磨出来的粉末粗糙而没有浓郁的香气。有村民告诉笔者，20世纪70年代以前，村里有4个碾米厂，借助水动力来带动大型石磨转动，以此分离稻谷壳。由此可见，石枧村碾米主要分为两种，一种是家用石舂，另一种是水动力大型石磨。

（一）家用石舂

石舂由石支撑架、石碓和木碓杆组成，这3个部分连在一起，碾米时协调工作，成为一个统一的整体。碾米通常需要两个人，一人用脚踩主体的木头，传递的力带动支撑架下连着的木碓杆上下起伏，砸进石碓中，这样就能够使稻谷在压力的作用下脱去谷壳。相比之下，这算是一种比较重的体力活，所以一般由家里的男人负责。女人多负责用一根木棍，趁着木碓杆向上抬时搅动石碓里的稻谷，使其能够充分地受到压力，脱壳更加均匀、彻底。这项工作需要两人默契配合，因为一旦频率合不上，极易导致搅动的人被砸伤。

到了20世纪80年代，随着碾米机的普及，石舂基本上已经被机器取代。

(二) 水动力大型石磨

对于石枧村来说,水可以说是整个村庄的灵魂。村庄名字据传就是源于一条天然的"石枧",石枧长约 20 米,深约 70~80 厘米。据村民介绍,有 3 条主要河渠,即背后河、面前河、石墩河,自东北向西南方向环绕流经村落。目前仍然可以看到村子里大大小小的水渠环绕着各家各户,村民们经常在水渠里洗菜洗碗、清洗衣物,农田灌溉也引水渠里的水,可见水与石枧村的日常生活密不可分。后来,随着人口增长,房屋扩建,河渠被占用,河道变窄。20 世纪 70 年代以前,村里还有能够带动大型石磨转动的水流,那时河道的宽度、河水的径流量应该都是较大的。

现在 60 岁以上的老人大多记得村里的 4 家碾米厂,据他们回忆,碾米厂生意还算不错,每 100 斤稻谷大概收取 2~3 毛钱的加工费。厂址设在河水流量大、落差大的地方,这样才能有足够的动力带动水车运转。水车与石磨连接在一起,石磨的直径长达 2 米,水车转动时拉着石磨转动,从而将稻谷壳磨掉。不过,那时的石磨除了碾米之外,还用来碾磨玉米、小麦等。

时过境迁,昔日的石舂已经不再是主要的家用器具,碾米厂里的水车、大型石磨都已经消失殆尽,多年之后可能连关于石舂、碾米厂的记忆都没有了。如果将石舂、石磨、水车归到民具的范畴中去,在这一研究领域中,民具特指"民间最基本的日常生活与生产活动中的实用器物与工具传统";从特定的学科意义上说,民具一般指除建筑形式之外的各种实用生活器具与设施,其中又以包含日用器具在内的广义的生活与劳动"工具"的研究为核心[①],所以将其归为民具,作为一种非物质文化遗产来进行研究与保护。近年来兴起了关于文化遗产保护的热潮,有人提出了非物质文化遗产生产性保护的概念。所谓生产性保护,是指在生产过程中,以保持非物质文化遗产的真实性和传承性为核心,借助生产、流通、销售等文化手段将非物质文化遗产转化为生产力和产品,从而产生经济效益的一种保护方式。其主要在传统技艺、传统美术和传统医药药物炮制等非物质文化遗产领域。[②]

[①] 参见许平《中国民具研究导论》,载《浙江工艺美术》2003 年第 1 期。
[②] 参见朱以青《生产技艺的生活传承——非物质文化遗产生产性保护的视角》,见《山东省民俗学会 2013 年年会暨中国石榴文化学术研讨会论文集》,2013 年。

三、织布

"男耕女织"似乎意味着织布已经成为与女性相关的专有名词，古时即有专门的"女红"一词来指代女子所做的针线、纺织、刺绣、缝纫等工作。在实行改革开放之前物资匮乏的年代，整个中国无论是城市还是农村，都在计划经济体制下，大家吃饭穿衣都得靠粮票、布票，而每年年尾分到的布票显然是不能满足一家人做衣服的需求的，于是家里勤劳智慧的女人便会利用晚上、下雨天等空闲时间来织布，用织好的布来做成被子、衣裤、鞋子。如果是人丁兴旺的家庭，全家人的衣物鞋子都依靠女人们的双手一针一线地制成，其中的辛苦显而易见。村里的老奶奶告诉笔者，一般来说，织一张布宽度为一尺五，3块这样宽度的布便可以缝制成一张被子，要花费整整一天的时间能才织出一丈多的布，所以一张被子要用两天时间来织，而普普通通的一双布鞋则需要耗费5天的时间来做。"慈母手中线，游子身上衣。临行密密缝，意恐迟迟归""机声咿轧到天明，万缕千丝织得成"都是女子织布缝衣的真实写照。

石视村在20世纪80年代之前广泛使用织布机。据村民讲述，村里都是自己种植棉花来纺纱织布，还可以用来填充棉袄。于是，织布机牵扯的就不再仅仅只是织布缝衣，还包括棉花种植、纱线染色等一系列传统工艺。下面的内容多根据村民口述整理而成，可能存在一些争议之处。

（一）棉花种植、采摘

棉花的种植早在农历三月便开始了，经过育苗、栽种，到了6月末陆陆续续有一些花朵冒出来，7月份则是主要的棉花成熟期，这时烈日炎炎，热量充足，足够棉花花朵生长所需。8月份左右开始采摘。采摘回来的棉花需要在阳光的照射下蒸发水分，只有充分地晒干，才有利于储存。无论是将其纺纱织布制成衣服，还是直接塞进衣服、被子里，都不至于因为含有水分而发霉腐烂。晒干后再拿去石家乡镇上，用机器除去棉花骨，将柔软的棉花剔出来。

（二）纺纱、上色

村民将棉花抽出丝来织成纱，再根据需要将纱拿去隔壁的福利村（现在称为福利镇，以前与石视村属于同一个公社）上色。当时人们衣着朴素，多为蓝、黑布衣服，不过据说按照当时的印染水平，也只能染成红、黑、蓝3种颜色。上色的具体步骤为：首先将所需要的颜色染料放进染色桶（多为木质桶，可以蒸煮加热），然后加热水至沸腾状态，放入已经整理齐整的纱线，继续加热，一小时左右上色基本完成。最后等到水冷却下来，取出纱线，染色就算完成了。有的地方传统的染色工艺与此不同，是染布料，而不是染纱。如扎染、蜡染、蓝印（又称漏版刮浆），都是直接对织好的布料进行着色。相较于这种染色方法，染纱线能够更加持久地保持颜色不褪色，而且有了颜色多样的纱线，后面织布时就可以进行组合，从而获得一些有花纹装饰的布料。

(三) 织布裁衣

上色后的纱线拿回家来，农妇们趁着空闲时间纺纱成布。现在整个石枧村都已经没有利用织布机织布的家庭，但是笔者在石家乡的另外一个村庄黄竹村见到了仍然自己织布的村民。他们解释说现在自己织的布都是用来制成被单，因这种布比买来的更加耐用，而且冬暖夏凉，所以才会自己织。

在做衣服时，首先要测量好人的胸围、腰围、肩宽等尺寸。做得好看的衣服针脚细密，穿起来也合身舒适，一些女人还学着在上面绣上字样、图案等，使本来颜色沉闷的黑、蓝瞬间变得轻快活泼起来。女人的上衣大多数都是脖子上两颗扣子，其中一颗在中间，另外一颗在脖子偏左的位置，左边腰间一共4颗扣子。衣领较矮，袖子较为宽大，适合农村妇女随时卷起袖子干农活。上衣整体呈现出上窄下宽的形态，既可以起到修身作用，又不会太贴身，便于身体活动。男人的上衣则是中间开襟留扣子，类似于现代意义上经过多次改良的立领唐装。男女下装多为裤子，相对于上衣来说，裤子缝制起来更加简单，量好尺寸后直接用布缝制即可。由于织布机织出来的布难以掌握厚薄，因此大家春、秋、夏季的衣物基本上都是一样的厚度，只是到了冬季，为抵御寒冷，会缝制棉衣。村里一位奶奶告诉笔者，当时做一件棉衣一般要用一斤棉花来进行填充，当然，棉花填充得越多，棉衣也会越暖和。

虽然传统的织布工艺现在在石枧村已基本消失，但是笔者仍然能够从老人们的回忆中追溯织布工艺背后的文化内涵。首先，织布裁衣、做鞋本身即是一种言传身教，对村民来说是没有书本文字记载的技艺。这种传统技艺的代际传承，承载的不仅仅是技艺本身，还包含了深深祝福和绵绵爱意！其次，织布裁衣、做鞋成为村里妇女们日常生活的一部分。谁家的织布机好用，谁织的布细腻光滑，谁做的衣服样式漂亮又实用，谁有最新的鞋样……这些村民心中都是有数的，尤其是女人们互相借用织布机，学习探讨裁衣的技巧，都是日常生活的琐碎。当笔者问起曾经的织布生活时，很多老人都记忆犹新，开始讲述具体细节，有时还进行动作模仿，大家清楚地记得一位姓蒋的奶奶曾经是村里织布裁衣的高手。这或许就是生活的日常，是石枧村村民生活的常态，所以记忆才会如此深刻。

四、酿酒

中国文化博大精深，人们似乎对酒情有独钟。关于酒的起源，众说纷纭，据说最早可追溯至神农时代。那时先祖已懂得种植酿造酒的原料，如粟稷类谷物等，且有黄帝与岐伯讨论用黍、稷、稻、麦、菽五谷来造酒的传说记载。而大家耳熟能详的莫过于仪狄、杜康造酒的传说。智慧的国人也擅长赋予酒各种文化意向，有三国时期的煮酒论英雄、温酒斩华雄，李白的"天若不爱酒，酒星不在天。地若不爱酒，地应无酒泉。天地既爱酒，爱酒不愧天"，范仲淹的"浊酒一杯家万里，燕然未勒归无计"……文人雅客或借酒浇愁，或以酒抒情、言志，酒似乎总是与人的感情联系在一起。到了石枧村，酒也与情深深纠缠在一起。

石枧村酿造酒的工艺经过爱酒、喝酒的村民代代相传，制作工艺虽然受到现代化的冲击，但是出于对那份纯酿造酒的笃定，目前仍然有超过7户人家会选择自己用传统的蒸馏法酿酒。一些不再酿酒的家庭也较少去市场上购买白酒，一般都会去酿造米酒的人家里购买，或者直接拿米给人家帮忙酿酒。村民将这种自家酿造的酒称为"米酒"，对于上了年纪的人（大概40岁以上）来说，喝酒就得喝米酒，那种市场上卖的白酒或者啤酒之类的都不足以满足村民的味蕾。在村里做调查时，经常有村民热情地留笔者吃饭，村里"惯节"（即过节）时，笔者见识到了村民对米酒的钟爱。主人向客人敬酒，经常爽快地大碗米酒一口干，喝完亮一亮碗底，表示"我已经喝完了，看在咱俩的情分上，你也要一口清了吧"。大桶装的米酒就摆在饭桌旁边，要喝时直接满上，一般的人都能喝上至少3两。对于一些私底下难以解决的事情，最好的办法就是大家一起吃个饭，酒桌上把各自的想法摊开，敞开天窗说亮话，酒桌似乎总是解决事情的好地方。从前，村里有两户姓唐、杨的人家，为了更好地融入石枧村，在清明节时杀猪摆酒席请林姓村民吃饭，席间向大家频频敬酒，如此诚心诚意，最终得以改为林姓。村民中更有喝酒时用唱歌——"有情有义就杯杯满，无情无义就半杯来"来劝酒，村民对米酒的喜爱可见一斑。

第八章 文化交融与遗产变迁

目前石枧村采用的是传统的天锅酿酒，即利用蒸馏冷凝的原理酿酒，反复被蒸馏的酒蒸汽在冷水的冷却作用下凝结成液体的酒，即是米酒。具体的酿酒工艺则主要传承古法，不存在现代意义上的勾兑或者工业酒精，保证了米酒味道的醇正。

（一）籼米的选择、蒸熟

酿造米酒首先要选择合适的籼米，一般要求颗粒饱满、色泽亮丽，米的硬度适中即可，最好不要用很硬或者细碎化的米，因为前者在蒸煮后依然保持一定的硬度，不适合分解，而后者相对来说则更加糜烂，发酵时容易霉烂变质。用这两种米都可能发酵失败，从而导致出酒率低。不同品种的籼米出酒率可能不同，酒的醇香、味道也会有所差异。据村民讲，选好的籼米要淘洗干净，然后加入水，浸泡至米变软，然后蒸熟，蒸熟后的米就已经是鲜香四溢，之后则是将其静置冷却。

当地还有一种被称为"甜酒"的食品，虽然都带有"酒"字，但是与酒却大不相同。甜酒又称江米酒、酒酿、醪糟，主要原料是糯米，经过酒曲发酵而成，相比于米酒来说，少了蒸馏的环节。甜酒乙醇含量极少，味道香甜，类似于国外的利口酒。甜酒一般都是直接食用，在一些菜肴的制作上，还常被作为重要的调味料，如米酒汤圆、米酒煮鸡蛋等。

（二）沤制发酵

在基本上冷却的"米饭"中加入酒饼，一边将丸子式的酒饼捏碎混合进去，一边淋凉水，这样一方面可以加速冷却，另一方面可以增加其水分，提供良好的发酵空间。酒饼中富含的根霉菌、酵母菌等会在发酵期将籼米中的淀粉转化为糖分，并逐渐酒化。将"米饭"搅拌均匀后即可装入锅中沤制发酵。发酵的时间、温度等根据米的数量以及不同的气温来定，村里一位酿酒的大爷告诉笔者，15 斤米大致需要一两半的酒饼，可以煮出大概 22 斤酒，出酒率为 60% 左右。夏季天气较热，一般发酵 7～8 天，而冬季温度较低，需要烧一些小火，将温度维持在 20 摄氏度左右，发酵时长为 15 天。大爷家酿造的米酒味道醇正，所以吸引了村里很多人前来"搭伙"。如果是直接拿 15 斤大米来请他帮忙酿造，那么就需要付给大爷 60 元的人工费；如果拿 25 斤大米，那么也只能获得 15 斤大米酿的酒，因为另外 10 斤米是作为人工费的。相较于笔者了解到的另外一家卖米酒的人家，一斤酒 2.50～3 元，大爷家的米酒价格是比较贵的了，但仍然吸引了一批人前来买酒。

(三) 蒸馏出酒

对酒糟的蒸馏多在村民自己家中的土灶上进行,灶台上架上一口大锅,里面放入经过发酵已有酒味且呈糜烂状态的酒糟,密封好上面的锅盖,保持锅内热量不散发出去,温度足够高。灶台的旁边放上一个类似于坛的容器,顶上是一个大盆一样的锡制品,整体像漏斗,盆里装满用于冷凝的冷水。坛上有两个接口,一个接着冷凝管,一个接着出酒的管道,如图8-1所示。蒸馏时,在灶台下面用柴火烧上旺盛的火,酒糟受热逐渐冒出酒蒸汽,蒸汽通过冷凝管进入坛中,然后在这个有限的空间里越聚越多,在顶上冷水的冷却下凝结成液态的酒,然后顺着管道流出。酿酒时若是站在灶台旁边,即可闻到那鲜香扑鼻的酒味儿。由于蒸汽温度较高,因此顶上盆里的水很快变热,这时便需要及时补充冷水。

图8-1　村民家中的酿酒设备

前面提到过石枧村发达的水系、水渠,水可以说是该村的宝贝。据村民说,蒸米时采用的天然的井水或者冷凝时使用的水渠里的水,温度适宜,酿造出来的酒都更加醇香。这种天锅酿酒,通过将酒糟加热后的反复汽化,带走一些对人体有害的乙醚等易挥发物质,酒香浓郁,入口绵柔,酒的后劲不大，适合日常饮用。

对于米酒，石枧村村民引以为豪。大家自己酿造的米酒绵柔甘冽，日渐成为爱喝酒人士餐桌上的必备品。王维诗云："劝君更尽一杯酒，西出阳关无故人。"酒用来迎客送客，成为大家交朋结友的媒介。谈及米酒的酿造历史，黄亦锡在其《酒、酒器与传统文化——中国古代酒文化研究》中提到，广西全州县在北宋已有酿酒业，其酒课为"五千贯以下"，是个袖珍产酒区，但就开发程度来说，当时已算是西陲要地。据说南宋时，朝廷一度禁止民间私自酿酒，为"怀柔远人"，独广西不禁。此地于是好酒纷呈，佳酿竞出。明代的诗人留下了一些品酒、饮酒的诗句，如顾璘云"衰迟自爱茱萸酒"，蒋晃则云"对酒高吟暮不归"。不过，他们喝的并不是白酒，而是《全州志》中所记载的"糯以为酒，与粗粢亦可酿"这种草莽风味酒。但是一直到清德宗光绪年间（1875～1908），全州才从桂林那里习得米香型酒的酿造技术。自此以后，便以制造小曲白酒为大宗，以品优质胜驰名于西南各地。[①] 既然广西酿酒业起源如此之早，那么在北宋时是否就已有天锅酿酒技术，还是如黄亦锡所解释，天锅蒸馏酿酒到清代才自桂林流传于全州各地，这就不得而知了。

第二节　民间艺术

一、业余桂剧团

（一）源于祁剧，代代相传

桂剧作为广西主要的地方剧种，主要流行于广西桂林、柳州、河池、梧州、南宁和湖南南部的一些地区，用桂林话演唱，2006年被纳入国家级非物质文化遗产名录。桂剧历史悠久，然而对于它的起源和发展演变，戏剧界历来争议较多。综观各家观点，目前主要有徽调传入说、出自靖江王府说、弋阳腔调说和自祁剧传入说等几种说法。[②] 笔者认为，首先从历

---

① 参见黄亦锡《酒、酒器与传统文化——中国古代酒文化研究》，厦门大学博士学位论文，2008年，第65～66页。

② 参见朱江勇《桂剧源流与形成——"桂剧自祁剧传入"说考证》，载《广西地方志》2011年第6期。

史上来看，清初以来就有不少湖南居民迁入桂林，人员的流动带来文化的流动，祁剧随之传入桂林，并在长久的发展流变中适应当地习俗，形成具有地方特色的桂剧；在表演形式和演出内容方面，桂剧无论是从声腔还是从传统剧目上，都与祁剧大致相同；另外，从地理位置考虑，广西与湖南相邻，空间距离的相近带来文化的相似，历来边界地区的经济、文化交流无论是以武力冲突还是和平友好的方式，都较为频繁。加之湖南南部与广西接壤的地区，彼此之间可以用桂林话交流，语言基本上不会成为祁剧传入的障碍。

以石枧村为例，时至今日，村里在农历六月十六时还会请湖南的剧团前来演出。2016年过节时就邀请了湖南邵阳祁剧剧团，然而有意思的是，石枧村村民都一致坚持认为台上表演着的是桂剧，但是滚动字幕上分明写着"祁剧"二字，况且这是一个祁剧剧团！最后在剧团负责人那里得到解释，因为桂剧是用桂林话来演唱，正所谓"祁阳弟子遍天下"，现在已经少有专业的祁剧剧团，大多数都是地方性的，邵阳一带的方言与桂林话相似，所以即使用邵阳话来表演，观众也能够听懂。如此说来，其实表演的确实是祁剧，只是村民们觉得既然都是用"桂林话"来唱，那就是桂剧了。然而这个解释似乎过于牵强，不过笔者认为这恰好从一个侧面反映出桂剧来源于祁剧。首先，桂林话与邵阳话相似是有道理的，两者同属于西南官话区。其次，村里请来的邵阳剧团内的成员就有30%～40%来自富川县，加之剧团经常还会在广西的桂林、恭城、阳朔一带进行演出，所以在长期的语言接触中适应当地方言，表演时以便观众听懂。那么，这就反映出历史上祁剧进入广西后逐渐地方化，最后形成桂剧。综合上述因素，笔者认为桂剧由祁剧传入后发展演变而来的说法是更具有说服力的。

桂剧最初的很多基本剧目都源于祁剧，后来很多新增的剧目则来源于中国古代的小说，如《三国演义》《水浒传》《红楼梦》等。石枧村业余桂剧团表演的剧目之一《黛玉葬花》，就属于清末唐景崧改编新制的"红楼戏"，根据四大名著之一《红楼梦》中的故事改编而成，还有借自《三国演义》的《三气周瑜》《桃园结义》等。

石枧村处于湘桂边界地带，与湖南省江华县接壤，村里的业余桂剧团的存在丰富了村民的业余生活。据村民回忆，桂剧团历经数代人传承而来，到20世纪80年代末90年代初剧团解散，在此期间经历了集体化、公社化，受到"文化大革命"的冲击，并经历了改革开放的浪潮。目前村里仍然有一部分曾经在剧团里唱过戏、做过后台工作或者学过戏的村民，他们对剧团有着一份独特的感情。村民都称剧团为"戏班子"，总体来看，

第八章 文化交融与遗产变迁

目前能够有记忆的（对于石枧村的业余剧团究竟有多少年历史的问题，没有具体的记载。但是1949年年底，广西全境解放，在各地政府的关怀下，相继组建了新的桂剧剧团。1951年，桂林先后组织成立了桂剧改进一、二、三团，因此推测，中华人民共和国成立之后，村里的剧团应该是组建于1951年前后，历经40余年）戏班子成员一共历经3代人，即1935～1945年出生的一代人、1945～1955年出生的一代人和1955～1970年出生的一代人。其中，在1955年前出生的村民基本上经历了剧团繁荣的阶段，到后来1960～1970年出生的人中，到他们长大时，从20世纪80年代初开始，包产到户、改革开放的实行，戏班子已经趋于解散，到80年代末，戏班子的一些成员仅仅只是学习了一段时间的戏曲，没有真正意义上登台演出过。现在我们找到曾加入戏班子的成员，他们谈到剧团时，感慨万千，有村里青年男女深夜学习唱戏的勤奋，有不知疲劳练习动作的干劲，有大家一起娱乐的幸福，还有剧团一起外出演出时的轰动……

村民回忆，每天晚上大家排练都十分积极，总是在七八点钟吃完晚饭、洗完澡之后进行练习，到11点左右才解散回家。戏班子的道具、服装等需要花钱购买，还需要请师傅来教戏。石枧村有其特殊的地理位置，周围有较多的瑶族村落，而瑶族作为一个爱唱山歌的民族，经常会有一些师傅懂得戏曲表演，并且受过教育。在那个受教育程度普遍较低的年代，能够认字甚至写字可以说是很了不起的。师傅有剧本，村民们跟着学习唱腔、动作的同时将剧本内容手抄下来（最初的抄写，每个人都只是零散地记录了自己所饰角色的台词，没有音调的标注，也就没有形成规范的剧本），从而为以后的学习提供便利。大概在20世纪70年代，请一个师傅每个月要花费90多元，这在物资匮乏时期可是一笔不小的开销，村里最初集资支持了剧团的开销，这也在一定程度上反映了村里对剧团的重视（当时成员们在晚上排练，村里还会提供夜宵），后来则由成员自己凑钱解决，于是大家便利用空闲时间在完成生产队的工作后又去开荒种植花生、玉米等。剧团出去演出时，可以收到几百元的红包（当时不会直接以工钱的形式给，而是通过红包与瓜子、烟等一起放在茶盘里作为酬劳），这样又为戏班子开拓了一条资金来源。石枧村村民也富有智慧，他们善于利用当地的油茶树资源，每次演出时脸上都要浓妆艳抹，但没有专门用来卸妆的，于是大家便用茶油作为"卸妆油"，这也为戏班子节省了一笔开支。或许大多数年轻人都爱热闹，爱交友，尤其是在20世纪80年代之前，父母对子女的控制相对来说还是很严的，于是年轻人便利用在戏班子学戏的机会，聚在一起玩乐（当地村民称为"好玩"，大家觉得加入戏班子很多都是为了好玩)。

在那个文化生活相对贫乏、社会风气不算开放的年代,戏班子逐渐成为村民娱乐、交朋结友的载体。在传承中,戏班子逐渐从最初教戏师傅的言传身教,学员没有固定的剧本,或者从某种意义上来说是受教育程度稍高的教戏师傅这种"知识分子"掌握着剧本资源,到后来20世纪80年代左右大家开始手抄剧本,年轻人从"老前辈"那里学得桂剧的唱法,请师傅的需要则日渐减少,桂剧便在村中代代相传。

(二)"文化大革命"时期,发展受阻

中国在1966~1976年经历了"文化大革命",虽说"文化大革命"的主要阵地是城市,对农村的影响相对来说较弱,但是对石枧村的戏班子影响颇深。经历了20世纪60年代末期以前的一段自由发展的繁荣期后,石枧村戏班子迎来了"文化大革命"时期的"样板戏"阶段。

戏班子虽然是业余桂剧团,但是表演剧目已有100多个,如《秦香莲》《九锡宫上寿》《二美争夫》《杨门女将》等,现在村里还留存着1982年抄写的一些剧目的手抄本。在全国号召学习"样板戏"后,村民回忆称石枧村表演"样板戏"持续了两三年。虽然这种戏曲千篇一律,但是大队里要求要表演的,而且当时不允许村民表演传统的桂剧,加之其他各地都在进行"样板戏"的排练与演出,全国人民都在疯狂地学习、表演"样板戏",《智取威虎山》《红色娘子军》《红灯记》《沙家浜》《白毛女》等成为经典的剧目,一些还被拍成电影在全国各地反复放映。另外,当时有的地方甚至传出因为"样板戏"而遭到批斗的事件,所以石枧村也不可避免地要学习"样板戏"。据笔者调查发现,大多数曾经学过"样板戏"的村民现在谈起那段历史,很少对其表示愤慨或者有不满的情绪,也缺乏对其的反思。究其原因,笔者认为主要有两点:首先是我们现在能够访谈到的经历过"样板戏"学习的人大多数在"文化大革命"时期才20多岁,正是年轻气盛之时,即使每天学习的戏曲千篇一律,但是跟着大伙一起,年轻的姑娘、小伙子聚到一块儿,热热闹闹地也就不会觉得无聊。况且剧团曾一度是村里的骄傲,正月初二一直到正月十五的元宵节基本上都是被邀请外出演出,只要有演出,多数都是三天三夜地唱戏,近的到六丈、泽源等村,远的到湖南二坝、翁水、莲山脚等村。每次排练或者演出时,即使没有工钱,村里也会给戏班子的成员计算工分,所以也就不用担心因出去演出而耽误做工了。有时还可以收到几百元的红包,虽然红包钱也都是作为戏班子买服装、道具、化妆品的资金,但是表演得好会得到一定的奖励。这样既好玩又可以不用做工，何乐而不为呢？其次，由于村民受教育程度都不高，剧团里的不少成员通过学戏、接触剧本可以认识一些字，学到一些知识。

"样板戏"热仅持续了两三年，石枧村的戏班子后来得以重操旧业，学习、表演桂剧。尽管如此，我们仍不能忽视"文化大革命"对桂剧的影响，对石枧村戏班子的影响。"文化大革命"时期抓阶级斗争，城市里一些专业的桂剧剧团演员多数被下放至乡村进行学习、改造，许多道具、剧本等被毁坏，桂剧的传统技艺逐渐退出舞台。对于农村里的业余桂剧团来说，据石枧村的一些村民回忆，20世纪70年代初期虽然不再上演"样板戏"，但整个社会依然处于阶级斗争的紧张气氛中，一些剧本资料遭到破坏，一些曾经请来教戏的老师傅被拉去批斗。戏班子的排练、外出演出也相对减少，甚至在一段时间里处于中断的状态。10年"文化大革命"造成了戏班子里的演员和观看桂剧的观众断代，这就为进入20世纪80年代时期桂剧和村里的剧团日渐衰落埋下了伏笔。在媒体不发达的年代，剧团可以说是村民们日常娱乐生活的重要组成部分，即使受到"文化大革命"时期"样板戏"以及各种斗争的冲击，也没有解散，却在20世纪80年代末期悄然退出历史舞台，其中的原因值得我们去深入探究。

（三）改革开放时期，走向"消亡"

改革开放给国民经济带来了飞速增长，提高了人民的生活水平，同时却使一些传统的技艺、艺术走向消亡。20世纪80年代以来，市场经济逐渐放开，经济飞速发展，科学技术水平突飞猛进，越来越多的机器取代了传统的手工，同时机器也日渐平民化。村庄的私人生活取代了公共生活，村民对于公共娱乐的需求减少。例如，人们能够在市场上买到质优价廉的服装，打米机在效率和质量上都远远超过石磨碾米，随着电视的普及，人们观看电视的热情胜过观看戏剧表演的热情……而石枧村的业余桂剧团正是在这样一个时代变迁中走向了消亡。

总体来看，桂剧的发展在20世纪80年代进入"苟延残喘"时期。以桂林市的桂剧为例，桂剧作为一个古老的剧种，虽然在政府和相关部门的支持下延续着它的生存，桂林市桂剧团在改革开放后不断地为桂剧的发展做努力，积极参加各种全国性质的戏曲比赛，创造桂剧品牌剧目，培养了一批又一批年轻的桂剧演员，但是只有这样还远远不够，桂剧在桂林市的影响力从80年代末开始直线下降。桂剧老艺人马艺松老师曾说，从20世纪90年代开始，桂剧团在外表演的场数已经很少了，有也是一些新编的现代剧目,更别说是桂剧传统剧目,一些传统的东西没有人看了。进入20世纪最后20年,桂剧在群众中的影响力逐渐减弱,一些桂剧老艺人退休和喜欢桂剧的人老龄化,使得桂剧的观众群也逐渐减少。在桂剧总体处于衰落趋势的情况下,石枧村的桂剧表演也明显减少,戏班子成员每天参与排练的热情降低,桂剧团趋于解散。究其原因,主要有3个方面。

首先,业余桂剧团在20世纪80年代末消亡的主要原因在于改革开放带来的一系列社会生活与思潮的变迁。

从社会生活来看,新媒体的介入改变了村民的传统日常娱乐方式。电视机最初是作为一种高档的家电出现在石枧村的,并不是家家都有钱购买。村民回忆称,村里出现第一台电视机是在1981年,是当时一名已经移居香港的村民回家探亲时从香港带回来的。1986年以后兴起电视机热,几乎各家各户都买了电视机。到了1994年,全国平均每百户农村家庭拥有电视机75.3台,其中彩色电视机13.5台,① 由此可知,石枧村电视的普及也应该不会很慢。大家谈及村里最初几年看电视的"盛况":白天忙着下地做工,到了晚上休息时就经常全家男女老少早早地出动到有电视机的人家,一般情况下都会有几十个人挤在一起,大家都目不转睛地盯着面前那个小小的屏幕,爱说话的人还经常在旁边对电视里的节目评头论足,后面的人很多时候都是依靠前面人的"解说"才能明白电视里演的是什么。尽管如此,大伙儿对看电视却仍然有着十足的兴趣。很多村民还自带坐凳,有时为了"抢"得最佳位置,一些人甚至连晚饭都不吃就前去"占位"。在这种情况下,电视"夺"走了部分原来桂剧表演者以及观众,尤其是少年儿童和青年,原本每天晚上热衷于练习、表演桂剧的青年男女又有了新的兴趣点,加之戏班子本身并不是一个正规的、有规章制度的团体,于是前去学习、练习的人逐渐减少。

其次是公共生活的衰落,私人生活在村民日常生活中所占的比重越来越大,于是更多的人选择待在家里看电视或者打牌、打麻将等,对传统的桂剧表演并不积极。包产到户后,每个家庭都有了自己的田地,也有了自己安排农作时间、强度的自由,不同于集体化时期全村劳动力由集体安排做工,家庭承包下农民的劳动效率大大提高。加之改革开放后随着农药、化肥和机械的投入,农民从繁杂的农活中相对解放出来。例如,农作物除草、杀虫所花费的时间减少,施用化肥的效果远远高于施用猪粪、牛粪等

---

① 参见鲜祖德、唐平《80年代以来中国农村居民生活消费的变化、问题及思考》,载《消费经济》1995年第4期。

农家肥的效果。如此一来，村民的农作时间减少，空闲时间增多。

但是，随着村民空闲时间的增多，公共活动却在减少。即使村中仍然有庆祝祖宗生日、清明节扫墓、七月半鬼节等节日盛典，但这毕竟只是每年的几次节日狂欢，每次节日持续3天左右。在这些狂欢节上，"人们不是袖手旁观，而是生活在其中，而且是所有的人都生活在其中，因为从其观念上说，它是全民的。在狂欢节进行当中，除了狂欢节的生活以外，谁也没有另一种生活。人们无从躲避它，因为狂欢节没有空间界限。在狂欢节期间，人们只能按照它的规律，即按照狂欢节自由的规律生活。……总之，在狂欢节上是生活本身在表演，而表演又暂时变成了生活本身"[①]。持续3天的节日让人们暂时地从原有生活状态中抽离出来，得到一定的休息、解放。然而，这种表演毕竟只是暂时成为生活本身，无法取代村民的日常生活，人们日常生活的常态仍然是闲暇时间增多，而人们打发这些闲暇的方式便是在家看电视、打麻将、打扑克牌等。公共活动的减少，表现在公共活动的参与和公共物品的分配上。例如，改革开放以来，村里开会的频率明显减少。而在这之前，尤其是集体化和"文化大革命"时期，人们不仅仅是在一起出工劳动，还会参加各种由政治运动带来的大大小小的会议，除此之外，还有定期召开的社员大会以及大队里组织的由其他团体，如妇联、民兵排等组织的相关会议。村中一位曾经的民兵排长回忆称，以前的石枧村与福利镇属于一个公社，一共有几十个民兵，每人都配有枪，除定期召开的会议之外，还有商量处理一些突发事件的会议等，村里的民兵排曾经就在与湖南的某些村争夺土地时发挥了重要作用。公共物品的提供自20世纪80年代以来日益减少。公社化时期实行计划经济，村里分配粮食、蔬菜、油、布料等给村民，而逐渐放开市场后，人们则依靠自己种植，自给自足或者通过市场交换。以前大队、生产队组织进行集体的基础设施建设，如兴修水库、林氏祠堂等，但是20世纪80年代以来，石枧村对基础设施建设的投入力度降低，随着公共活动的减少，空闲时，人们大多是在家里度过，比起外出看戏或者排练演戏，村民尤其是年青的一代人，更喜欢待在家里看电视。

随着非集体化时代的到来，公共生活衰落，私人生活兴起，过去集体化时期的集体主义意识淡化，个人意识日渐增强，人们对于金钱的追求欲望变得愈加强烈。正如阎云翔指出的，虽然在中国农村推行的全面的社会

[①] 钱中文主编：《巴赫金全集》（第六卷），李兆林、夏忠宪等译，河北教育出版社1998年版，第8～9页。

主义改造并没有如期产生出新的社会主义家庭模式，多年的改造却在家庭关系与观念上带动了重要的变化，包括年青一代独立程度的增加、老一代权威的下降、青年妇女在家庭人际关系中的活跃角色，等等。另外，在集体化时代出现的自由恋爱、夫妻自主、个人财产等观念自20世纪80年代以来在家庭生活中日益重要。集体化与其他社会主义实践使得家庭不再承担过去的许多社会功能。结果是，中国农村的家庭本身被私人化并且不再主导社会生活。这种倾向在人民公社解体以后依然持续，因为非集体化只不过是回过头来推行家庭农业，却也没有复兴原先的家庭式社会生活。因此，类似于西欧的私人生活的双重转型也在这里出现，亦即在家庭成为私人生活圣地的同时，家庭内部的个人也更多地具有了自己的独立性。① 远离了那个任何事情都以集体为上、批判个人主义的集体化时代，私人生活具有了两重含义：一是家庭逐渐成为村民生活的中心，而不是各种政治、非政治化的集体活动；二是个人意识增强，人们逐渐强调个体的独立性、自主性。

正是在这种社会思潮背景下，大家对于学戏、排练这样的集体活动不再像以前那样积极，石梘村的戏班子内部成员之间，青年男女聚在一起，大家有的谈情说爱，互相倾心。当笔者问到村里1965年左右出生、曾经在20世纪80年代学过戏曲的村民为何会去参加学习时，答案已经不同于前辈人的为了学一些文化、识字或者是村里年轻人都在学，大家一起"好玩"，他们学习戏曲只是觉得戏班子内部可以谈恋爱，可以追求自己心仪的姑娘。据村民回忆，当时剧团内部一共有4对情侣，而还未正式成为情侣却互相喜欢的人也有不少，但是后来迫于村里一直以来流传着的上石梘与下石梘不能通婚的传统习俗的压力，大多数都分开了。最终只有一对情侣成功结婚，前提还是其父亲经常不在身边，母亲当时刚好也在外边，没能及时阻止。由此我们可以看出村民恋爱自由的意识增强，这在集体化时代很少见，当时一直流行的仍然是"父母之命，媒妁之言"，年轻人对自己的恋爱、婚姻少有自己做主的。这样，一方面个人意识增强，越来越强调恋爱、婚姻自由，戏班子内部一些成员之间谈起了恋爱，而另一方面不允许同姓以及上、下石梘村通婚等传统思想观念根深蒂固，两者的冲突成为石梘村业余桂剧团解散的一个重要原因。

笔者访谈村里的大多数村民，问及戏班子为何解散，都会得到这样一

---

① 参见阎云翔著《私人生活的变革——一个中国村庄里的爱情、家庭与亲密关系：1949~1999》，龚小夏译，上海书店出版社2006年版，第162页。

个回答：因为年轻人谈恋爱，但家里面是绝对不允许上石枧村与下石枧村的人通婚的，不过也有一些没办法阻止。对于为何上、下石枧村不能通婚，村民们或说是由于同姓不婚，或说是由于两村的风水问题，如果男女结合在一起，总有一方家里风水会变差，受到不良影响。

除此之外，传统农业社会根深蒂固的"男主外，女主内""女孩就需要矜持"等思想也对剧团的人员构成产生一定影响。村民介绍称，整个剧团包括后台工作人员有 30～40 人，分为前台表演者，后台负责拉二胡（又分为京胡、二胡）的，还有负责打鼓、打快板、打锣的等。总体来说男性占大部分，女性较少。据说"样板戏"时期村里都不表演《红色娘子军》。随着一些年轻女子的外嫁，而嫁入本村的媳妇一方面没有学戏的基础，另一方面需要照顾家庭，没有太多时间，于是，能够上台表演的女性变少，剧团也就难以维持。

正是一直以来村民笃信的"上、下石枧村不能互相通婚之说"和一些传统思想的束缚，导致了 20 世纪 80 年代戏班子内部一些成员的离开。当大家离开剧团之后想要再次聚拢就几乎不可能了，正如村民所说，"再次见面都会觉得不好意思"。如此一来，业余剧团便日趋消亡。

最后，戏班子在 20 世纪 90 年代末走向覆灭的原因在于剧团本身的局限性。在与电视、收音机等新媒体的竞争中，戏曲表演传统的桂剧却仍然较多地保留着原有的剧目，更新速度慢，传播的信息远远小于电视、收音机等新媒体。另外，村里戏班子的表演设备、场地等颇为简陋，这使得剧团表演丧失了大量的观众。戏曲失去了观众便不再有发展的活力！

综合上述三点，加之教戏曲的师傅去世等其他因素，便导致了石枧村业余桂剧团的消亡。由此，我们也窥见了一个村庄在剧烈的社会变革中的一部分社会变迁和石枧村作为一个传统汉族农业社会的通婚习俗的冰山一角。

二、山歌对唱

（一）山歌

石枧村是传统的汉族村落，通用语言为当地的土话和西南官话桂柳话，但在与周围的一些瑶族的接触交流中，大多数人都能够听懂瑶族语言，少部分人会说一些瑶语。

山歌是石枧村的传统歌唱形式，使用当地土话演唱，整个对歌过程中每句歌词基本上保持一个调不变，差别在于一句歌词里的音调高低、轻快、缓慢。歌谣一般4句算一个小节，每句7个字，少数是开头第一句为3个字，在演唱时就通过加入一些语气词来延长声音或者直接将音调哼唱出来。

山歌的传承都是口传心授，没有文字记载。位于石家乡东南部的坪珠村有一位很有名的"歌王"，据说他看见什么就能唱什么，无论是人还是物，而且也很爱唱歌，于是笔者找机会拜访了这位申医生。1936年出生的申医生已经80多岁，他不仅因唱山歌出名，而且还懂得自己采摘草药、治病救人，听说偶尔还会有富川县城里的病人慕名前来求医问药。老人自述从12岁就开始出去教歌，多在麦岭镇、湖南白芒营镇一带和二坝、瓮水等村活动。老人几乎没有念过书，唱歌完全是凭兴趣加上后天的一点点积累。作为瑶族人，除了会唱山歌，老人还会唱瑶族歌谣。只可惜老先生年岁已高，笔者与他在沟通时又有语言上的障碍，因此能了解到的山歌比较少。石枧村也有一位很活跃的对歌人，他回忆起年轻时跟湖南姑娘对歌，歌词大都是现编，根据当时临场的情况随机应变，就像是两人日常的对话一样，不过也有一些是通用的，可以拿来直接唱，作为开头的"引子"或者一时无法想出歌词时的"救急"之用。下面是一首以月份为题材的情歌。

正月临妹是新年，一对鸳鸯飞上天。
鸳鸯飞得千里路，千里路上等嫁天。

二月临妹桃花开，桃花开了梨花开。
十朵桃花开九朵，留非一朵等妹来。

三月三，三月临妹打别簪①。
小妹嫌我别簪少，小小别簪配牡丹。

四月临妹种茶田，小妹站在田埂边。
一手禾苗分四次，次次插在妹身边。

五月临妹是端阳，端阳打鼓闹洋洋。

---

① 据村民解释，"别簪"是当地姑娘用的一种类似于"簪子"的饰品。

船头好多唱歌妹，船尾好多唱歌郎。

六月六，六月临妹找谷黍。
哥要回去打谷了，小妹骂哥心也毒。

七月临妹七月香，七月星子亮堂堂。
天上星子配月亮，地上小妹配哥郎。

八月十五是中秋，哥的糖饼给妹收。
糖饼上头四个字，准妹吃了不准收。

从以上歌词中我们也可以看出山歌的一个特点，即以村民日常生活中的一些事物为意象，前面一句往往描写情景、事物，后面一句则抒发男子对女子的感情。不过可惜的是村中难以找到会对歌的女性，以上的山歌是据一位男性村民回忆而得，所以都是从男子角度演唱的。

还有一些是以中国古代的民间故事、人物为题材的开头歌。

男：
你要唱我唱起来，有好歌就配秀才。
一来配你刘三妹，二来配你祝英台。

女：
唱歌不唱祝英台，唱起英台眼泪来。
英台因为山伯死，英台死了无棺材。

哥会唱，手拿竹箫吹得真。
哥你好比韩湘子，一鸟叫出百鸟声。

除此之外，也有以谜语作为歌词的。据说在对歌时，女子出谜语，男子猜，而且猜出的谜底必须要以山歌的形式唱出来，这是很考验对歌者的歌词积累和反应灵敏度的。

女：
半边锅头煮芋头，一边煮来一边流。

中间那个走错了，还有两个在外头（心）。

男：
茶子开花白台台，你想唱歌跟我来。
何必出个心字谜，为难哥哥情义细。

如果男女在农作时间或者在路上遇到，也有适合这种情景的歌词，村民称其为"路上歌"。此外还有离别时唱的离别歌、向人敬烟酒时的敬烟酒歌，以及表示责怪、推托不想唱歌的损人歌。

好的歌词要没有重复，语句工整，唱起来有韵律，在对歌时如果老是使用月份歌或者总是重复某句歌词，是要被笑话的。从笔者收集到的歌词来看，山歌的种类大致分为情歌、开头歌、猜谜歌、路上歌、离别歌、敬酒歌、损人歌。

（二）对歌

石梘村作为以汉族族群为主的村落，周围多为瑶族村庄，而对山歌也是与瑶族村子对歌。虽然现在早已经不再对歌，但是说起20世纪70年代末至90年代村里的年轻小伙子前往湖南白芒营镇一带的翁水、莲山脚、洞背、二坝等村与当地的瑶族姑娘们对歌的往事，那位曾经被称为"廖老师"的林大叔告诉笔者，他每次去对歌都不怎么开口唱，只是在后面给同伴们出主意，教他们歌词。而当时村里还有一个最活跃，不会害羞、很爱唱歌的村民，大家给他取了个外号——"庞老师"。年轻时，村里的一些小伙子（很多也是业余桂剧团的成员）在农闲时便跑去湖南白芒营镇，或者利用过节、村里戏班子去湖南唱戏的时候，去找湖南姑娘对歌。

当时台上的人唱戏，台下的姑娘看着如果觉得中意，等到演员下台后便去围着他们，要与之对山歌。如果双方都乐意对歌，那么就在晚上唱完戏之后，或围着临时生起的篝火，或去某个女孩的家里开始对歌。大家三五成群，结伴而行，若是对歌时大家都很开心（当地称为"大家都觉得很合适"），那么往往可以唱整整一个晚上，或者留宿。如果"不合适"便会提前结束，此时男子也不好意思在女方家中留宿，就会主动离开。

另外，也可以利用每隔两天的赶集或者一些节日对歌，如每年农历二月初一的赶鸟会、农历十月十六日的盘王节、六月初六的歌节等。无论是赶集日还是节日当天，都是青年男女相识的好机会，如果双方觉得合适，便会约好去某个地方或者女孩的家里对歌。

除了在这种特殊的日子对山歌之外，平时也可以对歌。石枧村的年轻小伙子在农闲时就成群结伴地相邀一同前往，有时是已经与某个村子的姑娘约好了的，姑娘也会叫上自己的闺密一起；有时则是男子在那个村里有认识的人，过去串门走亲戚时也可以与村里的姑娘对歌。不过，如果石枧村谁家来了外村的姑娘，只要她会对歌（一般都是湖南那边的瑶族姑娘），村里很多年轻男子都会邀着前去对歌。

一些村民告诉笔者，当时很多湖南姑娘都会来广西这边的山头上挖竹笋、砍柴，到小河沟里捞虾米、鱼儿，小伙子们便会乘此机会"调戏"她们，与之对歌；更有甚者，小伙子见到有姑娘在田间地里干活时，也会跑去搭讪对歌。那位很活跃的"庞老师"，据说在一次去白芒营镇赶集的路上遇到两位在河里捞虾米的姑娘，很是倾心，便开口唱起来：

这山不如那山高，哥看妹妹砍柴烧。
哥想帮妹砍一把，又无扁担又无刀。

于是，两个姑娘便接了歌，她们放下自己要做的活，就在那里唱一整天。这位"庞老师"在年轻时因为对山歌还闹过不少笑话。在当时对歌的年轻男子中，他们称自己去对歌很大程度上是为了好玩，但有的是已经有家室的人，"庞老师"便是其中的一个。

对山歌的参与者中，一些男子是25～26岁已经结婚的人，而女子则都是没有结婚的20岁左右的姑娘。这就难怪现在石枧村村民回忆起自己参与对山歌时，总是会说对歌活动里姑娘始终处于不利地位，会被小伙子"调戏"。尽管如此，双方对歌是不会发生损害名誉的事情的，大家心里都有一个尺度。每次对歌都有男女至少各两人，一般来说男女人数各自都在4人以上，对歌时男女各据一方，经过商量后一同唱出。当然，总是有表现突出的人，不然怎么会有"庞老师""廖老师"这种外号！

在对歌过程中，发现心仪的对象时就可以离开大家单独出去对歌，甚至可以将对象带回家中。到了女方家里便是男子发挥自己唱歌才能的时候，因为面对女方的父母、兄弟，男子需要靠唱歌来求得其接待，征求他们的同意，并表达希望可以借宿的请求。女方如果到男方家中，则很受欢迎（当然前提是男子还没有结婚）。据村民说，那时的父母都很支持自己的儿子出去对歌，如果可以带湖南的姑娘回来，就意味着儿子很有本事，父母都不用操心他的婚事。除此之外，女方如果对某个男子萌生爱慕之情，还会送给对方一些自己亲手制作的礼物，如鞋子、衣物、手帕等。男子接受礼物则表示两人成为男女朋友，那么之后女子在其男朋友在场时就不能与其他男子对歌。

据村民介绍，山歌对唱过程分为起歌求情、谈情说爱、分离送别3个步骤。

对山歌在石枧村已经成为历史，但是与之相邻的湖南的一些村子至今仍然保持着这一传统。下面摘录的是湖南白芒营镇漕渡村在2016年农历二月初一赶鸟会上，黄家寨歌队与漕渡歌队的情歌对唱（共有4人，两男两女。歌曲来自村民的赠送，湖南江华县涛圩街李金雪拍摄制成的碟片，虽然来自湖南，但是具体的歌词以及唱法与之前石枧村对的山歌相同，所以在此列举出来）。

男：今日来到贵地台，来到漕渡文明村；二月初一赶鸟会，我喊妹妹起歌声。

女：漕渡好，今日来到漕渡村；几十年代难会拢，今日妹妹起歌声。

男：引妹唱，清潭起浪引鱼奔；树头摇摇引翠鸟，南风微微动花根。

女：接就唱，今日妹妹接起声；不接就讲妹嫌弃，接了又怕难起声。

男：好地方，好地方来好地根；来到贵地把歌唱，今日同妹起歌声。

女：好地方来好地根，来到贵地起歌声；来到贵地山水好，可惜我俩无歌跟。

男：树头摇摇引翠鸟，南风微微动花根；喜鹊来逗画眉鸟，不知引来凤凰声。

女：哥会唱，手拿竹箫吹得真；哥你好比韩湘子，一鸟叫出百鸟声。

男：好地方来好地根，今日妹妹接歌声；妹你人美歌更美，害我有歌难出声。

女：唱歌像摆龙门阵，讲了上声接下声；既然我俩搭上线，中途莫要断歌声。

男：不会唱，不会唱歌是难听；手捧鱼鼓长街走，别人讲我是发癫。

女：慢慢唱，你的好歌慢慢听；长街好玩慢慢走，慢慢来学你的音。

男：不会唱，不会唱歌是发癫；今日哥我来献丑，唱得不好无脸边。

女：你会唱，哥你唱出好歌音；我俩好比唱大戏，台上唱戏万人听。

男：路边杨柳绿纷纷，风吹柳枝动哥心；哥问这蔸杨柳树，是否给哥来遮阴。

女：我是江边苦竹笋，怎样才能长成林；日头晒到树脚底，怎能给哥去遮阴。

男：哥想对妹说一声，问妹一年有几春；妹是不是门神纸，年头年尾又换新。

女：挑担就怕担头沉，喊哥问浅莫问深；妹是穷家孤寒女，哪里有钱换门神。

男：妹讲妹苦哥也苦，妹穷哥哥更难生；妹穷还有茅屋住，哥穷住在苦瓜根。

女：苦楝开花细纷纷，妹家住在苦楝根；人人都讲苦瓜苦，妹比苦楝苦三分。

男：猴子游山岭过岭，哥我无家又无村；四海为家四处走，妹你有意就来跟。

女：水有源来树有根，哥你怎讲没哪门；你是高门对高户，恐怕老妹去串门。

男：哥哥无家四处游，鼎锅挂在扁担头；讨得半斤煮五粮，不和老鼠结冤仇。

女：看你穿得恁崭新，哪里像个讨饭人；我又不向你借米，何必装苦来拦人。

男：铜钱落地响叮叮，声声都是铜板音；妹妹面前讲真话，我是叫花真可怜。

女：路上相逢问一声，常人常理与常情；莫拿竹篙拦江口，我也不是跌滩人。

男：铜是铜来金是金，衣帽同人要分清；莫把好鞍当好马，莫把叫花当富人。

女：不是好石不含金，不是好山不成林；好田才能种好米，哥哥才是富贵人。

男：你讲你苦哥也苦，妹讲妹穷哥也穷；盐罐无盐用水洗，油缸无油用火烘。

女：哥讲哥苦妹也苦，哥讲哥穷妹更穷；哥穷还有杂粮饭，妹穷就喝西北风。

男：讲起贫穷我最穷，三更人睡我做工；牛在牛栏叹大气，畜牲为我叹家穷。

女：讲起苦辛我苦辛，做工不分水和晴；老人在家叹大气，声声为妹叹苦情。

男：苦悠悠，蜘蛛结网在锅头；家中没有隔夜米，不知世上有小偷。

女：你苦没有我更愁，三天无米下锅头；老鼠进灶去生仔，蜘蛛结网在锅头。

男：妹苦不比哥苦深，哥也讲讲苦情声；哥床安在黄连树，梦魂落在黄连根。

女：苦了心，上无挂来下无亲；妹娘生妹无路靠，葫芦浮水边过边。

男：苦了心，上无挂来下无亲；哥想跳河归地府，又怕阎王不收心。

女：辣椒种在苦楝根，又哭又辣真难吞；妹今无依又无靠，无人拉线扯风筝。

男：辣椒种在黄连根，苦辣正好陪伴生；哥今家贫人又苦，妹不嫌弃就来跟。

女：骑马难走小路径，灯笼难照大树林；香糯煮饭难定水，情妹难定哥的心。

男：架桥就要桥墩稳，起屋就要根基深；是要有情又有义，哥做叫花妹难跟。

女：哥是叫花不要紧，有情有义妹也跟；走到人村高声问，一碗粥水两人分。

男：我在高山弹月琴，苦中落难我一人；筛子筛来石磨磨，十磨九炼夜深情。

女：高山流水遇知音，歌声解闷放宽心；烂铁成钢靠炉火，苦中磨炼出能人。

男：苦连连，苦菜无油靠放盐；鸡仔无娘靠白米，哥今无双靠妹连。

女：岩洞躲雨妹无天，墙头种菜妹无园；哥是王子卖银藕，妹穷难买贵人莲……

结尾：

男：新买电筒哥放胆，新包年粽哥放心；燕飞千里记旧路，春暖花开找旧情。

女：同春糍粑同放馅，同煮莲藕同放盐；十年槟榔含在口，时时口味都是甜。

男：山路陡陡妹慢走，小路弯弯妹慢行；若还滑脚跌跟斗，妹不痛骨哥痛心。

女：山路陡陡哥慢走，小路弯弯哥慢行；慢走得留深脚印，慢行多陪有情人。

男：多谢了，多谢漕渡贵村人；文化娱乐赶鸟会，我们玩得好开心。

女：多谢了，多谢漕渡好人情；你的人情实在好，有情有义待客人。

虽然节选并不完整，但是也大致反映了对山歌的过程。从最初的要求对歌时唱的起歌，到女方接歌后男方的谦虚，随后女方对其进行赞扬。于是男方"得寸进尺"地唱出"路边杨柳绿纷纷，风吹柳枝动哥心；哥问这蔸杨柳树，是否给哥来遮阴"，从而开始求情，进入情歌对唱、互诉衷肠的环节。中间两方互相诉苦，在不断地"哭诉"自己以及家庭贫穷困苦中试探对方是否真心实意地愿意在一起。经过几番试探，大家看重的不是对方的钱财，而是有情有义的人，所以最终"守得云雾见天开"，情投意合。双方一唱一和，谈情说爱，中间的"哭诉"以及最后临别时的依依不舍，以"慢走""慢行"来表达，听来令人不禁为之动容。

（三）山歌与族群互动、婚恋观

石枧村的山歌对唱虽然是一种民间艺术形式，但是我们不能仅仅只是将其作为一种艺术形式或现象来研究。它经过了20世纪70年代末期到90年代约20年，最终仍然遭遇了与村中的业余桂剧团一样的命运。但是，与石枧村相似的对歌却在湖南江华县白芒营镇一带传承至今，个中缘由值得深思。将对山歌放到整个改革开放、社会变迁的大背景下，结合汉瑶两个民族在这个过程中的族群互动以及对山歌所反映的石枧村传统的婚恋观念，我们便会发现，对山歌中所包含的不仅仅是山歌这一艺术演唱形式，不仅仅是其带给人听觉上的美感，它还反映了一种社会体系、社会变迁。

据调查，石枧村这种对山歌的传统习俗可能由来已久，在中华人民共和国成立之前就已经有了，只是在中华人民共和国成立到20世纪70年代末这一段时间里都处于一种不流行的状态。其中主要原因在于石枧村位于边界地区，常面临着边界土地冲突问题以及受"文化大革命"等影响。据村民回忆称，20世纪70年代，曾经有一次为了争抢地盘，石枧村与湖南省江华县都动用了队里的民兵，石枧村还曾帮助坪珠村一起对抗湖南人，不过后来又陷入与坪珠村的土地纠纷中，所以那段时间石枧村与湖南白芒营一带的村庄处于紧张的关系状态。另外，据村民讲述，在"文化大革

第八章 文化交融与遗产变迁

命"时期，对唱山歌被视为一种"陋俗"，被打压限制，因此那段时间几乎没有山歌对唱。而到了20世纪70年代末，包产到户后，土地变成家庭联产承包，即使发生土地纠纷，也较少会以集体的形式进行武装械斗，所以总的来说石枧村与湖南白芒营地区的村庄的紧张关系有所缓和。同时，前面一节已经论述过，改革开放以来私人生活兴起，个体意识觉醒，年轻人追求自由恋爱、婚姻，所以出现了石枧村的年轻小伙子前去对山歌的现象。对山歌从不流行到几乎销声匿迹，再到后来的流行，很好地反映了石枧村与白芒营镇一些村庄之间的互动，在关系紧张，处于冲突状态时，对山歌这种文化交流受阻，村庄间的互动以冲突为主；而当关系日渐缓和，处于和平状态时，文化交流增多，互动主要以和平的方式进行。

既然这么多年轻人去对山歌，想必最后有情人终成眷属的应该不少。然而令人惊讶的是，笔者在调查中发现，尽管1955～1960年出生的这一批年轻人喜欢去对歌，但是他们当中居然没有一个人娶了湖南的姑娘。他们自称因为当时好看的姑娘都已经嫁人了，或者因为汉族和瑶族一直以来的习俗差异。前者大概是玩笑之语，而后者则提醒我们应关注汉族与瑶族在文化上的差异以及石枧村的婚恋观念。

石枧村村民的族群认同感十分强烈，他们称自己为"大汉族"，是七都人，而附近的瑶族则是八都人。七都、八都的说法在《广西省富川县志》中有记载："按县自建置以来，其前都里乡村之名不可考矣。明初设有三乡，曰油塘，曰灵亭，曰奉政。共统五都，曰七都、八都、上九都、一六都、二五都。至弘治年间，大量境内田地以其宽者增立二都，曰下九都、新都。万历五年折二五都入昭平，今见存六都。七都近县以团分，上下九都以排别，八都、一六都、新都以寨纪，其零星村落附之，瑶源另志。"① 由此看来，最初"都"是作为行政区划单位，而目前所说的七都、八都，笔者猜测可能是原来的七都、八都经过很多年流传下来的，因为风俗习惯尤其是语言等文化差异而分成。村民向笔者描述七都人、八都人在习俗上的差异：七都人都很讲究规矩，夫妻二人如果一起住在别人家里，则不能同房，而八都人则没有这种规矩。现在来看，七都人主要以汉族为主，语言为当地的土话和桂柳话，有的人也能听懂或者说一些瑶语；八都人主要以瑶族为主，语言除了土话、桂柳话（西南官话）之外还有其本民族的瑶语。例如，江华县的石碧塘村委会下面的自然村寡婆桥村，现在通

---

① 〔清〕顾国诰等修，何日新、刘树贤等纂：《广西省富川县志》，成文出版社1967年版，清光绪十六年刊本，第15页。

行的是八都话,这是他们的母语,除极个别从未去过县城的老人和未上学的小孩子外,几乎所有的寡婆桥村人都会讲第二方言江华官话(属于西南官话,与桂柳话大致相同)。① 任何民族离开文化都不能存在,族群认同总是通过一系列文化要素表现出来,族群认同是以文化认同为基础的,因此这些文化要素基本上等同于族群构成是客观因素。共同的文化渊源是族群的基础,共同的历史记忆和遭遇是族群认同的基础要素,语言、宗教、地域、习俗等文化特征也是族群认同的要素,家庭、亲属、宗族的认同也会影响到族群的认同。② 正是以上所述的这种在习俗、语言等方面的差异,造就了石枧村村民和与之对歌的江华县内的瑶族村民不同的族群认同感。这种族群认同上的差异就成为石枧村前去对歌的年轻人没有迎娶湖南姑娘的深层次原因。

石枧村的婚恋观念在本章第一节中已有提及,有着同姓不婚和上、下石枧村互不通婚的习俗,在这里则再补充一条汉族、瑶族互不通婚的习俗。近些年来这个"规矩"逐渐松动,到现在几乎已经被打破,现在的年轻人结婚时很少会特意关注双方的民族。

对山歌这一艺术形式在历史的浪潮中见证了石枧村与白芒营镇一些村庄的互动、汉族与瑶族族群的互动,以及石枧村发展变化的婚恋观念。这就是我们应该发掘的艺术形式背后的东西。

总之,文化遗产的意义与价值很多时候并不在于技艺、艺术本身,而在于它所能够反映的拥有它的族群的文化,以及它所见证的历史的变迁。正如文中描述的石枧村的生产技艺、民间艺术,它们都或多或少地被印上了"石枧村"这一具体意象的印记,带有这一湘桂边界地区、身处瑶族族群的汉族村落特有的影子,是石枧村一代代村民的记忆。

无论是碾米的石磨、石舂,还是榨油的油榨,抑或是传统的织布机,这些民具都承载着老一辈石枧人的青春。大家用它们来加工粮食、茶油,来缝制衣物,充分地体现了传统中国的农耕生活模式——自给自足。水动力石磨、榨油厂还曾是石枧村对外的一张名片,当笔者去到黄竹村、龙湾村问及石枧村的石磨、榨油厂时,不少老人或多或少地都能回忆起自己扛

---

① 参见刘双林《江华县寡婆桥村八都话语音的社会语言学调查》,湖南师范大学硕士学位论文,2008年。
② 参见周大鸣《论族群与族群关系》,载《广西民族学院学报(哲学社会科学版)》2001年第2期,第16页。

着稻谷、油茶籽前去石枧村加工的情景。民间艺术桂剧表演、山歌对唱的变化发展及演变历史从一个侧面反映出人对于周围环境和社会变迁的适应,反映出族群互动的方式。

笔者在前文提到过关于对民具的一种保护方式,黄永林以"静态保护模式"称之,即通过各种保护性措施延续非物质文化遗产传承人的传承生命,以抢救性策略,用现代高科技工具和科学的方法,通过录像、录音、照片拍摄、文字语言记录等方法,以及声像、图书、网络、信息库、数字化多媒体等手段,对传承人所传承的非物质文化遗产资料进行持续的、完整的、真实的、系统的跟踪记录,在保持其真实面貌的基础上,将其制作成文件,建立起完整的档案,便于人们广泛使用,从而达到信息共享,起到学习、研究、传承、发展、弘扬的作用。① 正如笔者在前文所述,我们可以将石磨、织布机等民具收入博物馆并建立起以民具背后的故事为主的数据库,发掘其历史意义。而对于传统桂剧表演艺术、山歌对唱的民俗,则急需这种静态保护模式。石枧村的村干部告诉笔者,村里有发展乡村生态旅游的规划,所以为了吸引游客,也为了提升村庄的文化知名度,今后可能会重新组建石枧村业余桂剧团。对于早已消失多年的桂剧团,要想重新组建它,其难度可想而知。曾经的演员都已年老,而年轻人又多在外打工,且很少有年轻人对这种传统的戏曲感兴趣,所以在传承人上可以说是一个极大的挑战。在此笔者认为,首先,组建业余桂剧团确实刻不容缓,不过这需要政府的支持,仅仅依靠村里的力量难度较大,政府可以通过给予一定的文化传承资金,以及给予传承人一定的生活补助等方式,号召村民加入桂剧传承的行列中来。其次,提高年轻人对桂剧的兴趣是关键,可以通过桂剧本身的创新以及学校教育来吸引年轻人了解、学习桂剧,并使其逐渐成长为传统桂剧表演的后备军。对于山歌对唱的民俗的保护与传承,笔者认为,石枧村要与周围村子进行合作,例如湖南江华县的漕渡赶鸟会作为当地瑶族人民的节日盛典,人们在节日里也仍然保留着对唱山歌的习俗,如果石枧村能够组织村民加入其中,那么这一传统习俗就能够在现代社会中流传下去,得到生产性的保护。

石枧村的文化遗产远不止书中所述,但是由于能力有限,笔者无法做出详尽全面的介绍。以上关于遗产保护与传承只是笔者的一些想法,具体实施还需要石枧村在今后的发展中逐渐摸索,也衷心祝愿石枧村能够在文

---

① 参见黄永林《非物质文化遗产传承人保护模式研究——以湖北宜昌民间故事讲述家孙家香、刘德培和刘德方为例》,载《中国地质大学学报(社会科学版)》2013年第2期。

化遗产的开发与保护中探索出属于自己的道路。

本章很多内容都来源于笔者田野调查的第一手资料,对于一些村民的姓名,笔者做了匿名化处理。在此也感谢石棂村村民对笔者调查的支持。

附录

1. 开头歌

　　一人唱歌不好听,两人唱歌起高声。
　　红了柿子赶闹子,唱了山歌才好听。

　　一个螺丝九个弯,十个单身九个男。
　　吃了好多糯米饭,睡了好多禾苗床。

　　坐到无事学唱歌,试试声音合不合。
　　若是声音(心意)合到了,今日和妹唱山歌。

　　劝妹唱,劝妹唱,劝妹唱歌是好人。
　　不是劝妹卖田地,卖田卖地亏了人。

　　山上打鼓烧石灰,唱条山歌望妹陪。
　　若是心意合到了,今日和妹唱山歌。

　　落地生,哥问小妹哪一村。
　　落地生,哥问小妹哪条河。

　　唱歌不给歌先断,喝酒不给酒杯干。
　　架桥不给桥梁断,桥梁断了路难弯。

2. 情歌

　　越唱山歌越心开,井水越挑越有来。
　　井水有出就有进,妹妹有口就无心。

　　正月里来正如花,小妹人好哥爱她。

第八章 文化交融与遗产变迁

小妹人好哥哥爱，好比云中月里华。

唱得好，唱得乖，唱得莲花朵朵开。
十朵莲花开九朵，留非一朵等哥/妹来。

唱得好，唱得乖，唱得莲花朵朵开。
山歌好唱口难开，杨梅好吃树难栽。

上山不怕山顶角，上树不怕树尾摇。
只有我俩情意好，不怕旁人饭后说。

妹妹身体白灵灵，又好又白又新鲜。
如果哥哥留到妹，同吃同住六十年。

3. 路上歌

这山不如那山低，看见小妹洗白衣。
哥想解头给妹洗，旁人说我两夫妻。

一把锄头三个角，锄头落地草又脱。
抬头一看妹过路，别人说我两公婆。

这山不如那山高，哥看妹妹砍柴烧。
哥想帮妹砍一把，又无扁担又无刀。

4. 表示责怪、推托、损人的歌

十六亲，今日小妹不作声。
今日小妹不说话，又无词来又无心。

小哥穿着白衬衣，我看哥是借来的。
如果别人要回了，好比黄牛割了皮。

十七十八爱唱歌，十九二十仔女多。

249

三十四十人老了,哪有行心唱山歌。

十七十八正唱歌,十九二十仔女多。
有崽有女才为贵,安安心心唱山歌。

5. 敬烟、敬酒歌

一口香烟两头平,楼上吊线线吊烟。
今日我是小辈子,你们两人抽起先。

6. 离别歌

日头落岭又落波,龙归大海鸟归屋。
龙归大海就得准,小妹回去忘记哥。

望妹送,望妹送过几家田。
哥要回去打谷了,小妹莫怪哥心毒。

第九章 民间信仰

第一节 祖先信仰

一、林氏宗族

石枧村为单一姓氏村落,全村皆为林姓(在调查中,我们发现有几户原为其他姓氏搬迁过来的人家,也都已改为林姓)。虽族谱和祠堂碑文将林氏祖先追溯到宋代德润公、通公及以上,但实际上村里人对德润公(宋)到陆公(明)的谱系、大事记没有多少记载,他们的祭祀也是从陆公始。村里人相信,他们落户石家的始祖陆公,生有3个儿子,分别立寨3个村子,老大于今日的世家村,老二于石枧村,也就是石枧村的祖先茂公,老三于城上村。3个村都是沿井而建,如石枧村的虎井和城上村的祖母井。

林家至今大部分人仍按字辈给新出生的男性成员起大名,目前依照辈分诗"祖业增长远,家声益显荣"来起名,整个石家的林姓都按此起名,因此造成不少重名。现在,除了祖字辈已无人健在,荣字辈仍未到来,其他字辈都多多少少有族人在。人们在实际交往中并不按辈分的差异行事,仍按年龄和具体的亲戚关系交往。同姓不婚也是林家遵从的通婚规则,即使城上村、世家村血脉较远,也没有与之结亲。现在人们对同姓不婚没有了必须严格遵守的禁忌规则,石枧村内有几家是本村男女的结合,曾遭到父母的反对,但也没有被真的拆散。

林氏人先是定居于下石枧村,茂公有二子——香公、馨公。馨公一脉没有传人;香公有六子,其中两人没有后代,另四子成家立业分成四房,一直延续至今。后三房迁到上石枧村。上石枧村人口发展很快,逐渐超过下石枧村。上石枧村人繁盛使其可以建房的土地越来越少,逐渐有一部分选择去下石枧村建房,形成了如今上石枧村整个村和下石枧村半个村都是三房人的状态。石枧村现有人口约1500人,三房就有约900人,其他长房约有130户,二房80户,四房120余户。三房中,上石枧村又分为两支，下石梘村的部分算一支。最初上石梘村沿面前河而建，以面前河为界，后从上石梘村搬去下石梘村的人仍沿面前河居住。但如今随着可用地越来越少，后建房已建到下石梘村的其他位置，上、下石梘村家户混杂，也就是村民说的"住乱了"。上石梘村三房两支中林邦禄一支占村里人口的一半，曾出过地主，在上石梘村修了一座祠堂，作为上石梘村祭拜之地。上石梘村祠堂神像被毁坏后也没有重建，而是合下石梘村之力重建了下石梘村祠堂，作为全村供奉祖先之所。但上石梘村祠堂仍留有一间房子作为房支聚餐的场地，现今每年清明节，修了祠堂的一支在此聚餐。下石梘村早期的祠堂，也是石梘村最早的祠堂，建于门楼边，后在现在祠堂的位置建了新的祠堂，老祠堂的房子就充当了几年小学。下石梘村的三房人也出过大户，石梘村最大的一户宅子，称作"七十二樘门"的就是三房中大户的宅子。如今三房尤其是下石梘村三房在村中的影响力很大，除从县医院院长职位退休的林长松出自上石梘村三房外，村委成员、几位富商大部分都出自下石梘村三房。另有一支林姓人从长房分出迁到狮山，时间已不可考。这部分族人每年仍参与清明祖先祭祀。

全村现存唯一的祠堂位于下石梘村，其前身建于1961年。经过数十年风雨，祠堂变得残破衰败，2013年村民集资在原址上进行重建，于2015年竣工。重修祠堂是由多位村中老人向村干部提出的。村干部召开全村代表大会，大房代表、小房代表、村干部及老人参加。一致同意重建后，就成立了重建理事会，负责重建事宜。全村按人口集资，此外，世家村、城上村及一些友人象征性地捐赠，村中较体面的人家有额外捐款，总花费40多万元。林氏宗祠前的一对石鼓，右边的已在历史的变迁中损坏了一角。祠堂主体建筑是一间带天井的砖瓦房。大门悬挂的一副对联"承前启后祖业增长远，继往开来家声益显荣"，暗含了林氏人的字辈。进去里面可以看到天井里3个大香炉成一线并排而立，过了天井就是供奉神像的神座。神座由砖砌的台子支撑，台子空心，最下面留有3个拱形的小门，供焚化香纸。上方呈阶梯状往里收拢，最下面的台阶留有空间可供插上香烛，再上两个台阶，就是供奉神像处。祠堂中分别供奉着石家先祖陆公及他的3个儿子，他们呈前后错开之势，从左至右依次是保公、成公、陆公、茂公。神像背靠一个开放式神龛，上书"九牧堂"，神龛中央竖着写有"天地国亲师之神位"，左右一副对联"莆田派衍宗风远，富水承桃世泽长"，石家乡的林氏人认为他们是由福建莆田的林氏一支迁徙至此的。神台的两边延伸到房子的左右墙是林氏历史、祠堂修建史、祠堂捐赠名单、村中考学名单等的石刻。

村民家中的厅堂多供有神龛，多与祠堂的相似或是其简化版。过去的神龛是木制的，嵌于木墙中，或于木架上雕刻，或贴纸于其上，现在村里只有几户人家还留有木制神龛。因这物什重要，有些余钱的人家都会做得精美复杂，因此木匠在传统社会中处于十分重要的地位，都是专业化的个人从事木匠工作。现在大部分人家会在建房时于正厅正对门的墙上留有水泥砖瓦的台子，上面再贴上瓷砖，瓷砖上带有字样，是为新式神龛。更简化的方式是，在墙上贴以黑墨书写的红纸。神龛的基本样式是：最上方是堂号"九牧堂"，正中竖着写有"天地国亲师之神位"，神位左边竖着写"敬诸神祀典"，与此相对，神位右边写着"奉林氏宗亲"。再到两边是一副对联"莆田派衍宗风远，富水承祧世泽长"，其上横批"祖德流芳"。更复杂的样式是增加一副对联，最底下有一行"招财进宝"，再加一些吉祥图案。新房子建成后，请神龛对于一户人家来说是一件大事，神龛得当天由师公作法后才可正式祭拜。作为成家的标志，一个成年的男子在属于自己的房子里请的神龛，是为分香火，可独立门户了。这边很多老年人不跟成年的儿子一起住，而是住在自己砌的老房子里，儿子住外面（新建房区），有的儿子新房就挨着父母的房子，但也是分开吃住。有一些老人在儿子成家另建房子后，就不在自己的老房子里供神像了。有的人家儿子成家后仍与父母住同一所房子，但也要在属于他的相对独立的空间里设神龛，这对一个成年男性来说是很重要的。在自己的房子里供奉祖先，说明他是为林姓传承香火的一位宗族成员，在宗族中有了自己的位置，并可以在自己之后延续下去。日常敬香依自己的习惯而定，到了过节的日子，村民多会在神龛前供奉食物（多是糍粑）、上香敬拜。每年七月半，村民在家祭祖。石枧村七月半的时间是七月十二日至十四日（各村七月半过节的具体日期不全相同，有的村是十一日至十三日），十二日烧香接祖先回来，十四日送祖先。十四日晚上各家各户拿着香火沿道路两边插在地里（插出门以外，插出一截，最远到门楼），意为送祖先走，家里做好糍粑，用两个框子装好，一个扁担横在中间，摆在家中神位下面，表示给祖先在路上吃。"过节了，你们要走了，挑点糍粑去。"拜完后，家人分食糍粑。村里孩童把香插在柚子皮上，到七香庙那里去玩耍。夏日的夜晚，星星点点的香火从远处看就像一条游动的龙，成为村民的节日记忆。

清明节是宗族集体祭祀的日子，中华人民共和国成立前，林姓族人一起扫墓，由共有的清明田出资。各房人集中起来去扫墓，扫墓回来同房人聚集在一起吃顿饭。例如，下石枧村三房人第一天先去祠堂祭拜，接着去各地祭拜，较远的墓如城北、江华的林氏墓都要去祭拜，所以要分几天完成。当地人按风水选择墓地，而不是按房划分，所以不同房支的墓可能混杂在一起，如果其他房有离自己房的墓相近的墓，也会去拜祭。有的逝世的族人没有子女，知道的族人就会帮忙祭祀。拜祭完后，下石枧村三房会在村中摆席，房中所有男性一起吃。清明祭祀的组织者被称为"清明头"，由房中人轮流担任，每家出一位男性抽签，清明头由抽签排出，每年的清明头由 8 人组成。例如写八个一，八个二，八个三，各家派人抽签，抽到一的就做第一年的清明头，以此类推。清明头负责筹钱买鞭炮等物品，还要准备吃食。每年账本交由两房收管，过完节账本交给另外两房。

清明之前人们会在家先泡三四十斤糯米，舂成糍粑。清明的时候，一个坟头排 2 个或 4 个糍粑，还有一对蜡烛、一把小香、一点纸钱、一个草标。草标是将稻草捆成一把，捆好以后，到墓地点燃稻草，烧到一半，竖在坟墓的口子那里，作为先人的狗，帮其守墓，也方便人们第二年找到墓地。

二、祭祀宴请

农历六月十六和农历十一月十九都是石枧村最为重要的两个传统祭祖的节日，分别是石枧村祖先陆公和茂公的生辰，其中尤为隆重的是六月十六。六月十六为石家先祖陆公（明洪武十七年，1384 年）生辰，陆公为城上村、世家村和石枧村的共同祖先，3 个村约定轮流祭祖，轮到的村子要将祖先供奉在祠堂里祭祀 3 年。这一传统的祭祀活动到 20 世纪 80 年代末 90 年代初才逐渐恢复。2015～2017 年恰好在石枧村进行祭祖，其他两个村的村民也会来祠堂杀鸡烧香进行祭拜。2015 年陆公神像由世家村接到石枧村，这一仪式中需要师公作法，还有集体仪式，乡政府领导、县人民医院前任院长（本村人）、村支书等讲话。石枧村需要连续 3 年请戏班子唱戏，活动经费由四房的清明头组织收取，由村里有威望、有组织能力的人负责具体事宜的安排。2016 年的唱戏与歌舞活动，下石枧村每人收取 30 元，上石枧村的费用从共有的村产中出。中华人民共和国成立前，这一祭祀活动需要的费用由清明田出。庆典预算，第一届的时候是根据唱戏的公价算的，现在每年是根据前一年的花费估算。上、下石枧村各 6 个村民代表加上村干部共同商量预算通过。账要保留一两年，以便查账。一般是下一年的清明头负责筹款。请戏班子唱戏是集体活动，更牵动各家各户心神的则是备好酒菜迎接亲朋好友的到来。节日是亲朋好友交流感情的时刻。节日前两三天，在外打工、上学的村民就陆陆续续回到家中，开始

第九章 民间信仰

打扫房屋、采买物品。六月十五日开始，村民将贡品摆上家中神台，亲朋好友陆续登门，村里的戏台也敲响了锣鼓，唱起了村民熟悉的乡音。村里人来人往，小贩毗邻，恍若集市。笔者在一户村民家中见到了他们的家庭祭拜活动。家中主事的女性做好糍粑或其他吃食，先拿碗盛出3个，摆在神位下面的桌子中央，并将筷子吃饭的一头朝着门摆好。做完这些，她点燃3炷香，向神位鞠躬、上香。六月十六日的清晨，家家户户出一两个人带着公鸡、香纸、鞭炮、贡品陆续走进祠堂，虔诚地祭拜先祖，青烟弥漫，鞭炮震天。早上5点开始就有人来祭祀了。进到堂内，先点上香，将香插到香炉里（神像下或天井下的那两个鼎），将纸铺开。村民将鸡拿到神像前宰杀，割开公鸡的脖子，有的甚至让血溅到香炉里，然后用鸡血抹祠堂一圈，包括神台下的一根（有顺时针和逆时针）柱子，虔诚的人甚至要抹过每根柱子、大门及门口的石鼓。做完这些之后还要将血滴在纸上，再将沾血的纸拿到香炉里烧。有的人家还要将酒洒于神台下面，将饼干、水果等贡品摆在神台下的一张桌子上，有的人家用篮子装打理好的肉食，在拜完后会拿回家。最后，在祠堂门口放挂鞭炮，祭拜就结束了。家里有面临升学、做生意等事的成员，会特意让他去祭拜，以祈求祖先保佑。世家村、城上村也有林氏子孙到石枧村祭拜。这天达到欢庆的顶峰，各家各户5桌、10桌，推杯换盏。十一月十九日祭拜方式与六月十六日相似，只是很少请戏班子唱戏。

在对六月十六日当天的观察中，笔者发现去祠堂祭祀的人中，女性尤其是中老年女性占了很大一部分。一位40多岁的男性村民这样说："我一个大男人杀什么鸡，一般都是女人去杀鸡。"去祠堂祭祀也没有争头香的情况，只要家中有人完成祭拜仪式即可。家中主事的男性成员最重要的任务是在家接待上门的客人，招呼他们参加筵席。而在与村民的访谈中，对于节日当天的话题，大家聊得较多的是摆了多少桌，请了哪些人来家里，仪式本身反而较少谈起。这似乎与其他地方的汉族有所不同，宗族祭祀活动通常会把祭祀本身作为重点，而石枧林家显然是将宴请作为最重要的活动。

以下是关于祖公生日庆祝期间，村里部分人家的请客情况介绍。

村支书：50桌。

长松伯：20多桌。1950年生，20世纪80年代做村主任，1988年去乡里做计生员。过节收的饮料就有70多箱。

家勤：六月十六那天中午8桌，晚上6桌。前任村支书，现为村办事员。自己做建筑包工。

林远友：十几桌。采石场厂长、法人代表。10年前曾做一届特派员，觉得没什么意思，就不做了。政法副县长带派出所杨副局长十六中午来家里吃饭，采石场的人来了两桌，饮料收了50多箱。

远卫叔堂妹家：近20桌。家里有3个姐姐，3个妹妹，还有最小的一个弟弟。几个姐妹都考上了大学或中专，弟弟之前教初中，现在在富阳教育局工作，在富阳买了房子。六月十六过节姐妹都回来了，女儿的同事也过来了。自己生了两个女儿，一个儿子。两个女儿上过大学，其中一个在富阳气象局（1990年生），都还在家里住。儿子1995年出生，初中没毕业，在家。老公有两个姐妹、两个兄弟，村口小卖部就是他弟弟家的。房子盖了两层半，姐妹回来可以住，姐妹之间感情特别好。

远思：两桌，家里人都去打工了。

陈金玉：丈夫是远顺，有三儿一女。过节去3个儿子家吃，儿子家摆了好多桌（三四桌），大儿子、二儿子花费约5000元，小儿子花费约3000元。外家（姐妹、舅舅家）、大儿子的同学来做客。

林家年：五六桌。有4个女儿，妻子是城上村人。大舅子也在自己家请客，所以没来。大女儿在县里西餐厅工作，不爱去人多的地方，不喜欢参与过节这种场面，所以没回来。家客（家年的兄弟）家摆得多，一天都有3桌，第一天大侄女外出打工的朋友来了不少，第二天二侄女的同事（二侄女在县医院工作，同事多）也来了。

丽红：4桌。今年参加高考的学生，是村里少有的成绩优秀的学生。亲戚来了两桌，她的同学一桌，弟弟同学一桌，她的好朋友的爸妈也来玩了。

远忠：七八桌（儿子家）。曾在农村信用合作社任职。过节主要来的是外家。

家荣：71岁，独居老人。过节去儿子家吃了两顿，儿子家十五日摆了一桌，十六日摆了两桌。

声俄父：82岁，和老伴两个人生活。过节儿子家摆酒，老伴去吃了，他没去。

声望父：独居老人。过节没去儿子家吃，儿子家里来客人就不去吃了，没人在的时候去吃了一顿。①

---

① 访谈时间为2016年7月19日至8月1日，被访者为石枧村村民，访谈人为剧馨。

第九章　民间信仰

在村里开了个小卖部的妇女主任告诉笔者,村里70%的人家过节期间摆了三四桌。笔者在访谈中也基本证实了她的估算,村里大部分人家两天客人来三四桌;一小部分人家家庭贫困,亲戚走动也很少,就没有请客;还有一部分人家,请客桌数非常可观,远远超过普通人家。事实上,一般如果只是亲戚上门,来五六桌已经非常可观了,如果家里摆了十几桌,甚至20桌以上的,就表示这家人有良好的社会关系,有很多同学、朋友,而且社会关系的黏度较大,使其他地方的人愿意来较为偏远的村庄。当然,这些关系都是外村人,因为本村人都在自己家过节、招待客人,而家里客人多的人家得有很多超越村庄的社会关系。从村里的情况看,这些社会关系多通过做生意、外出上学、在外地工作获得。村干部的社会关系更广,六月十五、十六两天乡政府来了一些领导干部,分别去几位村干部家吃饭。这是他们与村干部维持良好关系的重要举动,表示对村干部的支持,反过来也方便以后工作的执行。

由此可见,当地人对声望、人脉十分看重。石枧村出身、在村外获得社会地位最高的县人民医院前任院长并没有去村干部家,而是在他的兄弟家里吃饭,这也是帮助自己家增加声望。其他不少在外工作、生活的林氏子孙也都参与自己村中亲戚家的庆祝。除此之外,村民在聊天中会详细解释自己家的请客情况,这也反映其对人情交往的重视。例如,只有儿媳带孩子在家的大姐,本来对笔者这些陌生的访客有些戒心,对于笔者的提问多以"不清楚""没多少"回应,但是说到家里六月十六只来了三四个人,她给出了详细的解释:丈夫、儿子都外出打工没回来,自己娘家较远,人很忙,儿媳家在四川,亲戚来不了。

为何当地人如此重视请客的桌数?事实上,举办这些家庭宴会,客人的回礼是无法使主人做到收支平衡的。一般一桌有12～14个菜,席上狗肉、猪肉、鸡肉都是必不可少的,而收礼多为饮料和鸡蛋,只能一部分食用,一部分再作为礼品等下次去别人家做客时送掉。请客三四桌的花费要三四千元,请十几桌到二十桌的大概花费上万元,是一笔不小的开支。但是,不同于"夸富宴"①,在当地的谈论中,人气、热闹、亲戚朋友多才是大家看重的,而体现的家庭财富多寡倒少有提及。这从菜品上也可以看出,有钱人家的菜也是当地一般的菜,并没有为了显示财富而用昂贵的酒

---

① 参见苑国华《试论"夸富宴"现象及其人类学意义》,载《百色学院学报》2006年第5期。

水或高级食材。大家看重的是家里来了多少人,是不是来了有身份的人。

有趣的是,一些村民提到为什么要去参加这种宴会,总结来说就是"你不去我不来",变成了相互间的义务关系。在当地很多乡镇、村落都过"惯节",惯节并不是统一的节日,而是各地、各村有自己传统上最隆重的节日,通常是当地最信奉的神仙的神诞日。石梘村的祖公生日虽然不叫惯节,但是与它周围村落惯节的形式相似。这些惯节时间多是岔开的,正好便于亲朋好友间互相走动,你去我们村上过节,等你们村上过节我再去你家。一般大家都会尽量参加,生怕自己家请客的时候对方不来。这种过惯节的方式加深了这些村落、乡镇的交流。反过来,为了提高自己家过节时的人气,当地人也很乐意交友,往来周围乡镇,这又促进了这个地区不同村落、乡镇的交往。虽然,各村之间的交往不乏私人之间的宴请,但以村落以上为单位的惯节还作为维系村庄联系的纽带,展现村庄的实力,体现村庄的影响力。

这样规模的惯节,一般一村一年只有一次。过惯节更多的是重视其凝聚村庄内部、扩大村庄影响力的功能,有关其信仰的具体内容反而不重要了。在调研中,笔者发现与祖先信仰相比,其他的鬼神信仰在石梘村则显得较为衰弱,比如村内唯一一个有地面建筑的神庙七香庙只是一间砖块垒起来的简易建筑,但事实上石梘村的鬼神崇拜行为并不限于寺庙中,甚至不限于本村。由于村民与附近村落,包括葛坡、麦岭,甚至相近的湖南的村落多有亲戚和朋友间的交往,所以大部分村民都多多少少地参加了其他村落的祭祀活动,其中鬼神信仰占了大部分。但为何石梘村以祖先信仰为主?在访谈中,笔者问到这个问题时,村民说村干部没带头,村干部说村民没提议。村内修建林氏祠堂却是村干部和村民"一拍即合",笔者认为原因主要有两点:一是石梘村需要一个信仰场所、一个惯节,否则无法与其他村落平等交往;二是石梘村是单姓村,祖先信仰更易凝聚村民,其他过神诞日的村庄基本是多姓氏村。

六月十六是3个林姓村共同的节日,但是用宗族理论去分析石梘与其他村落的联系显然是不够的。第一,庆祝祖公生日,虽然3个村子的村民都会来祭拜祖先,但是各家各户分别祭拜,因每家都要请客,反而3个村子的人之间互动很少;第二,村民邀请的亲戚朋友参加庆祝,以及村民参加其他村的惯节,大都不是出于祖先崇拜。祭祀圈理论是中国台湾学者提出研究乡土社会的重要范式。① 相关学者以祭祀圈来讨论超越村落的村庄联系与互动，以及民间信仰与地方社会的关系。祭祀圈理论是以华南乡村社区研究为基础的，且是祭祀圈内的村落奉祀一个共同的主神。石枧村过祖公生日与祭祀圈理论的信仰活动不同，一是与主神信仰为特点的祭祀圈——林氏祖先崇拜只占其村民信仰活动的一部分；二是村民参加其他村庄祭祀活动，并不一定出于信仰，更多的是出于维系社会关系的目的。而且石枧村村民不争头香，甚至祭祀活动多由女性完成。但正是各个村庄的祭祀活动，将包括石枧村在内的各个村庄联系起来，使村民互相往来，走动交流。

第二节　岁时节庆与人生礼仪

一、岁时节庆

岁时节庆对于传统农业社会十分重要，它帮助人们安排一年的农事生产。在石枧村，笔者从村民口中听到的一年的节日与人们的生产、生活密切相关，因为这些节日，人们得以更好地适应当地环境。因为调研时间有限，笔者没能经历其中的大部分节日，只将村民的介绍记录下来。

> 大年初一要吃大肚粑，吃了大肚粑，养猪快长大。初三烧钱纸，男的管犁耙，女的管纺车，快去做工了，在门口烧。十五元宵节。十六打老鼠洞，那天不能拿剪刀，拿剪刀会把老鼠洞剪开，因为十六是老鼠嫁女儿，把老鼠洞剪烂了，以后到处都是老鼠。老鼠嫁女猫送亲……一口一个。
> 二月初一"鸟仔节"，天亮做粑粑吃，做了大肚粑，剩下的团成一个个丸子，砍了竹子回来，将丸子一个个串在竹子的枝丫上，插在窗户上等小鸟来吃，意思说小鸟吃了糯米粑粑，嘴巴就粘起来，不能吃谷子了。第三天将丸子拿下来，拿油泡了吃。现在有人做，有人不做了。二月初一亮，勤劳的、懒的都一样；二月初一黑，勤劳的和勤劳的，懒的和懒的。意思是看天气，二月初一亮说明要下雨，勤劳的

---

① 参见周大鸣《祭祀圈理论与思考——关于中国乡村研究范式的讨论》，载《青海民族研究》2013年第4期。

做了也被大水冲了,和没做的是一样。我们富川过鸟儿节,到湖南那边还有赶鸟节。

二月初八是龙湾那边赶,因为农忙要开始了。过了正月,二月要做事情了,那时没有集市。到二月初八有过来卖农具、斗笠、锄头的,全县的人都来逛,田里面到处摆的摊位,男女老少来逛集市,还有对山歌的。江永、江华的人都会过来这边。我们村离得近,会有亲朋顺便来家里吃饭。有句话叫"龙湾的二月八,石枧的米缸烂"。一直到现在,赶二月初八农忙开始要备好农具。

立春,小孩一早爬起来去采银杏叶,插在家里,表示春天到了。过清明按农历过。四月初八牛生日,那天牛不要犁田了,那天牛犁田不好的,还要煮蛋子(鸡蛋)给牛吃。那天爷爷奶奶送蛋子给孙子吃,现在孩子根本不吃。说是做给牛吃实际上是人吃。那天还要煮黄米饭。以前没有宝塔糖(打虫的),就那种黄叶子,买过来,煮饭吃打虫。

端午节要挂菖蒲和艾叶,菖蒲的形状像剑一样,挂在门上,妖魔鬼怪进不来。家里老人做雄黄酒,嘴里灌上一口,家里四处都喷上,家人身上也要喷,说是喷了不生病。肥肉泡雄黄酒,挂在墙上,生疮、烫伤一抹就好了。原来没什么药嘛,现在拿酒精一擦。做冻粑粑,像糕一样,用稻草灰泡,黄黄的。

七月半,下雨好高兴啊,做的粑粑是黄色的,不容易馊,放碱金黄金黄的。十二日接祖公,烧香烧纸,那三天女的不能洗头,不然这一年要是出了什么事,就说谁让你七月半洗头的。我们这里一般中秋节都去别人家里过(其他村的惯节),因为别人家里唱戏。还需摘南瓜,把一条条南瓜丝用淀粉一裹,放到油里炸一下,做南瓜粑粑。还有花生,放进粑粑里,煮花生粑粑。农村中秋节不做月饼,做粑粑。九月九,单位放假,回来陪父母吃饭,我们也做粑粑。

人们通过实践总结,将时间与生产、生活联系起来,安排自己的生活。实际上大部分节庆并没有人类学意义上的"过渡仪式",而只是将无意义的时间与天气变化、食物结合起来,这样人们才能更好地适应当地的气候,日子得以过得多姿多彩,通过互相赠送食物来交流感情。因为没有一定的仪式,人们可以自行选择是否从事相关的活动,但由于通常涉及食物馈赠,这其中的关系网络使大家到了时间自然会过节。当然,过去娱乐方式较少,人们喜欢过这些节日,甚至在与周围乡镇的交流中,会吸收其他地方的节日，而近十几年随着村里人外出打工、生产方式的变化及现代通信设备的使用，这些节日慢慢得不到人们的重视从而被遗忘。

二、人生仪式

石枧村的人看重宴请不只是在祖公生日庆祝时，在其他仪式上，村民首先考虑的也是宴请。例如，村妇女主任谈到当地的婚娶时说："我们这边嫁女儿简单很多，每个人都想到我们这边娶媳妇，因为我们这边嫁女儿没条件。嫁女儿，他说有20桌菜，一桌菜两三百块，你拿一两万就可以了。很多地方娶媳妇要几十万，我们这边很好娶媳妇，就是走个形式而已。"宴请在整个婚礼仪式中是重中之重，也是当地人最看重的部分。

丧葬仪式也要"做酒"，下葬时儿子做酒，出嫁的女儿回来做五七。如果没有女儿就不用做五七，由妹妹也就是孩子的姑姑请家里的亲戚吃一餐饭。笔者在村里时，有一天正碰到一户人家在做酒，一问才知道是林家冲家母亲"过背"（去世），女儿回娘家做五七。这家老人三儿两女，儿子负责下葬时做酒，女儿做五七。这边下葬要做七天七夜，下葬的前一晚请师公做法事，一般请师公花费2000多元。当天办酒的是家里的大女儿，在老人住的老房子前办。小女儿打工未归，只出了一部分钱给姐姐。一般的亲戚朋友下葬随礼一两百元，五七随礼一二十元，笔者也随了礼，参加了当天的仪式。因为做五七的是女儿，一般都是嫁出去的，与村里人走动较少，所以村民随礼较少，算作一点香纸钱。来的人还用红塑料袋装了熟鸡蛋给办酒的人家，这家人回一包饼。当天早上请一顿，中午请一顿。大女儿家请了葛坡的乐队，有4个人，分别拉二胡、吹唢呐、敲锣和打鼓。乐队的大爷告诉笔者，村中请乐队做事，有4~8人不等，视自己的经济情况而定。到了下午2点左右，乐队走出院子，边走边吹，送走十来个负责帮忙下葬的亲戚（均为男性）。到3点左右，他们又敲敲打打送那家的女儿、女婿回程，还要在村口的马路上放炮，女儿、女婿的车就这样穿过噼啪作响的鞭炮，驶向村外。然后，乐队收工离开。笔者在林家冲夫妇的房子看到，家里有老人"过背"，要将写有老人信息的纸条斜着贴在神位那张红纸的空白处，作为老人的灵位与祖先一起受到祭拜。

老人去世选择墓地，有老人生前就确定的，也有请地理先生看地盘的。墓地并不按村落、房支划分区域，都是请人相看，根据风水选择墓址。选址对于村民来说是件麻烦事，他们普遍认为阴宅的选择会影响家庭的未来，而家里人的情况也会对风水产生影响。"你生一个儿子倒好，父母埋哪里都行。有的生三四个或五六个儿子，我们这里都有好多名堂的。要找到差不多的，都没那么好（找），所以兄弟姐妹多的父母过世，（墓地）好难找。"通过妇女主任的介绍，可以看出，老人去世之后，选择合适的墓地实际上是在平衡几个儿子之间的关系。

家里有人过世，家人出头七后可以进别人家里，但是出了自己的村子，如果没到七七四十九天，就要给别人挂红（红色的布），再给个大红包。

孩子出生也需要做酒，但并没有一定要在满月这一天，只需要将家中有孩子出生这件事传达给亲朋好友就行，时间较为随意。清明节时，过去这一年生了孩子的人家，要给本房送两只鸡。一般送到清明节房内共餐的地方，例如上石枧村三房就送到他们的清明堂（原上石枧村祠堂所在的瓦房）。此外，还要挑一对箩筐，装好祭品，生男孩的人家去坪珠莲花坪祭拜，生女孩的则去湖南那边的牛角井。

小孩子出生要请老先生"开书"，将孩子的生辰八字写在纸上，叫"开书大喜"。根据生辰八字，看是否需要找路娘、养娘（家娘）。女孩找养爷，男孩找养娘。如果要找养娘，在村中家里面找；要是不找，小孩子容易得病，身体不好。如果要找路娘，要在路上拦人，煮点饭，倒点酒，煎几个鸡蛋，炒点猪肉，炒点辣椒，在路上等别人。看到人就拉去自己家里。如果拦的第一个人不吃准备的吃食，就拦第二个。别人吃了饭，就是同意做路爷，他给一两块钱，并说"给小孩子买点糖，吃了糖就好了哦"。实在没有人，就放在路边给狗吃，"狗吃了，就好了"。

对于村民来说，除了人生各个阶段的重要事件，还有一件事对他们的人生意义重大，那就是建房。有了自己的房子，才能供神龛，才能承继香火。村民认为房子的风水直接关系到一家人的运势，不得不重视。建房前村民会请地理先生算开工的日子，开工时要放炮、烧纸、杀鸡，立门、行墙由砌墙师傅杀鸡，并放鞭炮。当天主家要给工匠红包，一般师傅20元，徒弟10元。建房时大门中心要对着神台。

第三节 鬼神信仰

一、石枧村的庙宇

石枧村现有两座庙：七香庙和社公庙。七香庙在村外西面乡道附近，由水泥砖搭建而成，不到 10 平方米，没有庙门和牌匾。门正对的墙下垒起两块水泥砖高度的台子，台子中间依次摆着 5 块木制神位，用绿色颜料书写，从左往右分别是"神仙娘之神位""庙主婆之神位""庙主公之神位""土地婆之神位""土地公之神位"。笔者看到神位前摆着 3 个碗，旁边散落着几只塑料酒杯、剩余的祭品等杂物。显而易见，这座庙是新建的，就建在原先的老庙的位置，老庙之前被破坏了。新庙是林益妹修的，当时他的两个儿子都没有结婚，其中一个还得了癫痫，他们就去看仙婆。仙婆告诉他是原先这里的神做的惩罚，惩罚村里人将他们忘记了，因此要修个庙，让他们重新得到祭拜。据村民说，庙修好后他家里的情况并没有完全好转，他的儿子还是没有娶亲。新建的七香庙比较简陋，里面的庙神信息也很少。在访谈中，笔者发现村民对于这座庙里供奉的神不太清楚，有说供的是土地公，也有说供的是岳飞或岳飞的弟弟，因为打仗路过这里，修庙纪念。

社公庙位于乡道以南，说是庙，实际上没有地面建筑，只是田边树丛中的几个神像。神像是由石头雕刻而成的，约一字排开地放置于一棵树下的空地上。经过时间的侵蚀和人为的破坏，神像损坏严重，如今已分不清有几座石像，只大约可见不少于 5 座。村里人告诉笔者这是林声养塑的像。林声养的妻子告诉笔者，她的小儿子生下来一直不会讲话，但是能学狗叫。他们去医院看了也没治好，就从龙湾请仙婆，仙婆就告诉他们要帮儿子塑社公像。塑了像后，她的儿子 12 岁会说话了。这件事在村民之间口耳相传，认定林声养的儿子能说话是因为塑了社公像。

石枧村现有的庙都是一二十年前单个家庭为了度过自家遭遇的不幸而修建的。他们修庙的一个重要因素是仙婆的作用。仙婆是当地分布最广的一类民间术士，她们一般会给小孩收惊，并帮人治疗因精神紊乱而造成的身体不适。当地的人通常会因为一些医院难以治疗的疑难杂症去找仙婆看病。仙婆并不是神职人员，她们对各个庙的修建、神像等信息知之甚少，她们虽然让人修庙，但不能提供庙的相关信息，使得人们现在都不清楚庙的主神，只用"庙主"来代替。

村民告诉笔者，石枧村这里原先有 6 座庙，分别是白龙庙、六月庙、九月庙、七香庙、河仙庙、鱼苟山庙。白龙庙位于石枧和炉家宅之间，离最上游的泉水很近。六月庙原来是小田村的，但那块土地是石枧村的，已没有村民知道为什么小田村的人会在石枧村修庙。六月庙就是庙节在六月，九月庙就是庙节在九月，都已经不知道庙中供奉的是哪位神仙了。鱼苟山庙的庙址在现在的鱼苟山水库，就建在山谷中，因为修水库被淹没了。鱼苟山庙曾是石枧村最大的庙，关于庙中的主神，村民有称"八八郎君"的，也有称"八宝公"的。鱼苟山庙曾是村民求雨的地方，当时人们祈求风调雨顺，会在那里砍牛，并请师公做三天三夜的道场。虽然对庙的信息无法记清楚了，但老人们依然对庙的禁忌记忆犹新。

> 远香：鱼苟山庙，1958年拆的，他（长书）大哥去拆庙，回来不久就病死了。去问神仙说，他被庙里的兵将碰到了，没办法了。那是天兵天将。当时他哥病的时候，去湖南请了个和尚。那和尚作法，手里拿着油，对着一吹，噗，火起得好高。但没有用。

类似的故事村民说得较多。
故事一：

> 有一个农户发现娘娘脚上的漆掉了，他就说娘娘的脚皲裂了。他回去以后去劈柴，第一斧就把自己的脚给劈了。

故事二：

> 我听我父亲说，下石枧村有个工人，在建庙的时候把牛肠偷了出来。当时新砌的庙墙上留了个孔，装架子用的，他就把牛肠藏到那里面。事后，他去拿，结果手伸进去，却出不来。后来，他向仙娘烧香认错，手才拿出来。

故事三：

> 那个娘娘庙显过灵。杨家去庙里求雨，有个后生戴个草帽忘在那，走到半路回去拿，就看见她在梳头。后生也不怕，喊了声姑姑。仙娘就让他进了，吩咐他回去后不要讲；回去后，久而久之他哪忍得住，说出去了，结果死掉了。

村民虽然并不都拜菩萨，但听着这些故事，对当地的庙十分敬畏。

二、石枧交往圈的鬼神信仰情况

石枧村的民间信仰似乎随着那些庙宇的凋敝而衰落，但在与其他村落、乡镇的交往中，特别是去其他村子过"惯节"时，人们才深切感受到自己身处各种信仰之中。

村民个人的求神祭拜活动也有很多，除了捐助庙宇的修建，更多的是拜神，去求子、求家人平安的很多。

村民日常生活中涉及的特殊职业人员，如地理先生、师公、仙婆也多是从其他村里请的，特别是在村民的认知中，湖南的术士最多、"法力"最强，一般请术士办事都说是从湖南请来的。地理先生，或称老先生、风水先生，主要是给人看日子，包括结婚、生子、下葬、建房等，更重要的是帮人看阴宅阳宅的风水。当地人十分看重建房和修墓。师公主要从事与鬼神相关的娱神活动，他们负责沟通鬼神、安抚鬼神。仙婆多是治疗一些与鬼神相关的疑难杂症。

老年村民口中一位曾在小田住过的李先生"法力"高强。

> 长松：李姓小田地理先生，是父亲的结拜兄弟，小时候看过他施法，外面下雨，他让几个屋檐出水就几个出水。他父亲的"法力"更高，但他们搞这个都没有孩子，儿子都是过继别人的。20世纪60年代迁祠堂，当时两个村才500人，人口少，他就说祠堂要换个位置才行。我爸爸他们听了他说的话，就迁了祠堂。后来果然人丁兴旺起来。

> 长奉：小田有对公婆（姓李），曾住过石枧，那家公公学过法术。一天，公公婆婆在田里，婆婆说："好热，下雨就好了。"公公问："你要雨吗？"公公一作法，大雨倾盆。只见雨就下在婆婆那边，把婆婆淋个落汤鸡，公公这边一滴雨没下，坐在那儿好好的。

> 他们地理先生也要考试，都要到县里去，各个地方的都去。李先生去晚了，别人都已经在吃饭了，也不理他。他很生气，就拿出牛角一吹，吹到墙上，那些人还在夹菜，就定住了。第二天考试，县官让他们下雨。有人道："天上没云，我都要它下大雨。"又有人道："白云，我能给它放乌云滚滚，倾盆大雨。"县官就在那儿看哪个能让天下雨，结果没有下雨，最后轮到他。他去的时候是有准备的，他端了一碗水放在石台上，并吩咐他的老婆，12点钟的时候把那碗水倒了。可他的老婆忘记了，他在县里请大公鸡作法时，没有雨下，继续作法还是没有雨下，他一想，肯定是那碗水没倒。他抓起那只公鸡，一拍屁股，那只公鸡直接从富阳飞回家，将那碗水推倒。哗！倾盆大雨下了下来。后来就是他考中了。其他人没考中，就说："我们搞这个没

用了，把衣服烧掉吧。"所有人都把道服放到那儿，一把火烧掉。他没多说什么，也把自己的衣服扔那儿。烧完后，他拿根棍子，说："我看看我的衣服烧掉没。"结果，只有他的衣服是好的。他考上之后，县官问他要什么。我们村上好穷的，他去的时候，拿草打草标，几步打一个草标。县官问他要钱吗，他说他不要钱，要粮。县官问："你要多少？"他说："你把我这个牛角装满就行了。"县官叫管仓库的去打开粮仓，给他。衙役扛米往里装，一筐又一筐，他的手也不去摸，总也装不满。等他觉得差不多了，就收回牛角。他把牛角里的米倒出来，马上就有人帮他挑，那草标就是人，帮他挑回来的。

一些村民对这些术士的"法力"深信不疑，但也因为他们职业的边缘性，村民在与他们交往时保持警惕和怀疑。

村民家荣72岁，有一儿两女，老伴早年已去世，现在一个人居住。他妻子去世后，他出现了精神紊乱。

家荣：我老婆托梦给我，她画了半边月亮，点了7点，停了7天。我嘱咐我女儿找个好男人，儿子找个仙女。（带我们到楼梯那里）走了7步，画了半边月亮，点了7点。我儿子在麦岭找到了像仙女一样的老婆，我老婆讲对了，但第二年就离婚，没来了。后来又找了个，龙窝桥头的。要是我老婆不迁就好了，那个（儿）媳妇就不会脱手了（跑了）。现在我这个病不知道是那个法术师傅搞的鬼，还是那道士、楼梯师傅或地理先生搞的鬼？我老婆做斋，就是那时候搞的鬼。我去富阳山看病，好了两三个月又犯。又去朝东，给一位法术师傅看，看好了。好了两三个月，又犯，要送师傅才断根，没送师傅不断根，几个月又犯。（犯病的时候，感觉）有老鼠在高头那个坛子里，乒铃乓啷的。那个楼梯，就是老婆托梦的，她是被那个楼梯师傅害死的。湖南那边很多楼梯师傅都有法术。

笔者：没有找其他师傅治楼梯师傅？

家荣：没有，他自己懂法术，不搞他的，有些狠些，有些没那么狠。没那么狠的，不敢治，比他狠一些，他说比他法术低。新远县那个不是差点给那个法师搞倒了？去请钟山的，钟山的不敢搞，还是要找朝东的，帮他搞好的。新源县那个，他儿子去那里搞好了。

笔者：是生病了？

家荣：嗯。朝东那个有一个孙子，有个妈妈，那妈妈是师傅。

笔者：所以有些人生病会找法术先生？

家荣：法术先生还是不大行，还是那个仙婆。去丁山看的，有个仙婆，林小妹，很灵。会改命，给我改了之后病就好了。

因为村民认为只有这些师傅能接触鬼神，所以村民同时也认为他们很可能会作法捣鬼，但除了敬奉这些人之外也毫无办法。

林萍：我求他（师公）做的法事才生的儿子，生了就要去他家报喜，去拜年。他说生了女孩就拿只鸡公（公鸡），生了男孩就拿只鸡藏（母鸡）。那年雪下得好大，下到初六，就没去。那年小孩每个月都去打针。他们说，你们叫他做法事，还没去报喜。现在还有一个（儿子）没娶媳妇，我都不知道怎么说（很无奈），因为我儿子16岁的时候，我又把他叫来做了一场法事。他很长寿的，我小儿子出生的时候，他都70多岁了，前两年100岁才死的。

不过，人们相信这些术士是不会随便害人的，否则就会受到惩罚。但人们还是会与他们谨慎交往，一般不遇到什么事，人们是不会主动去找术士的。村里一般只有老人才知道哪里有先生、仙婆，去看的时候也都是家里的老人去看。如祖宗生日需要请师公时，都是村里有门路的去请，请的也多是熟悉的那一两位。

虽然这边做法事的很少，但是仙婆几乎各个村都有。村民说村里有两三个仙婆，有人见过她们"显神通"。

林萍：他（益德）妈妈是仙婆，死了。她说："如果我死的时候，过了7天，我的嘴巴没出虫，你们不要埋我，我没死。"她死了，医院都判了死刑，死亡证明都出来了，拉回来，放了几天。身体都是软软的。后来他们去看。她说："我都说了我没死，你们不要埋我，7天我的嘴巴没出虫，就没死。"我们村上人都知道，拿个碗给她吃，她接过来咔咔咔就吃掉了，跟特异功能一样。泔水也吃。她真的是仙人啊。如果小孩子有名堂，到她那儿烧点香就好了。我也不相信，但是解释不了。我爸有一次手碰着了，手好痛，去打针，她路过看到我爸，说你搞着了，你哪天哪天去哪里，看了什么什么，是不是？我老爸说"是啊"。她说："刚好碰上恶鬼在那里开会，所以你的手才弄上了，等下我烧点香，烧点纸，念点咒语。"后来我妈拿了点钱给她，她搞了两三天。我爸的手就好了。他打了针，包起来，就结痂了。

还有一个是林显亮的妈妈，下村的，我七八岁的时候，他爸爸就死了。我问他妈妈，你老公死了那么多年，你也不知道见他？她说："女人，你真是好傻的，你进去跟他说话，他就会见你吗？不见，他会给你一个屁股。"她也是爱进去（阴间）的，她进去是见她老公的，她老公死了40多年了。她进去跟他说："短命鬼，怎么这么早就走了啊？""他根本不跟我说话，只是拿背对着我。"我们村里有几个人进去过。她仙骨重，仙骨重的人要别人带才能进去。没吃狗肉的人，有仙骨，她带你进去就进去了。一般到七月半的时候，她就想进去玩，我问她做什么事。她说："你真是好傻哦！女人，那七月半，就像我们过年一样啊。鬼节好热闹的，我们进去玩，你进不进去？"你坐在那儿，她烧香烧纸，你进得去就跟她走。像我们肯定进不去，因为我们爱吃狗肉。

笔者尝试与一位村民口中的仙婆交谈，但她年纪大，有些耳背，又不懂普通话，只好作罢。她的儿子不太乐意我们过于关注他的母亲，他说他的母亲不是仙婆，只会给小孩收惊。小孩受惊在当地是非常普遍的，甚至不需要仙婆，有些人家自己就掌握了收惊的方法。对村民来说，这些人不算术士，只是会一项技能。下石枧村就有四五个，收大惊就要找那个仙婆了。收惊的人在手心上画的是雷，意味着用雷镇住邪魅。画个雷，再把生辰八字虚空一写，念点咒语，一拍那小孩头，"好了好了，回去听话了"，孩子就好了。

师公在葬礼和当地的砍牛祭祀中扮演着十分重要的角色，他们可以"沟通"鬼神，敬神娱神，保证一家或一地的平安。笔者在调研期间观看了师公作法，那是葛坡上洞村祭水川庙（主神为狄青）。这座庙的祭祀活动由几个自然村共同参与，主要是唐姓和杨姓，还有罗姓。水川庙位于这几个村落的水源地，他们商定农历六月六日共同祭庙。当天请了3队师公（每队三四人，有唱经的、演奏配乐的，还有一位作法的），有的自然村人多，可以独立请师公，买头牛；有的是几个村子凑在一起，分崇门街、鹪鸪塘、虎跃岭3个地方，每队师公、公牛代表自己村落的祭祀。六月五日晚上神长（头人）先到水川庙，吃顿饭，然后跟随师公祭拜。师公一晚跳9节，每节40分钟。师公的仪式的主要内容是招神、拜神，四方神灵皆拜，村民跟拜。其中还有扮演女性唱跳的环节，据说是扮演仙娘，当地有仙娘庙的就需要招请仙娘（扮演仙娘）。

笔者和经常参与石枧村法事的师公进行了访谈。师公何秀宏45岁，是湖南江华白芒营灯笼山村人，是一位石枧村村民母亲那边的亲戚。

师公：13岁（小学五年级）开始跟着父亲跑。父亲有两个师父，一个佛家，一个道家，葬礼用的是道家仪式……不想搞这个，但是没人搞，不能让它失传。哥哥学习好，我读书读不好，父亲就让我跟着他学。福利、葛坡、麦岭、石家都有人请，石家村80%的地方我都跑过了。我搞这个已经搞了好久，有32年了。父亲去年93岁，去世了。跟着他出去，跟读书一样，慢慢学。他们基本写毛笔字（咒语、经文都是要用毛笔写），写得很好。那个时候年轻，没怎么去管这个（没用心学毛笔字）。像老人过世，写的书文要用到毛笔字，也是谢罪。但现在有些（项目）多了，比如庙里面做红事、瞧庙（看风水）什么的，三天三夜，书要六七十封，没办法，写不快，基本上一个人一根笔杆。一般家庭好一点，要做三天三夜。像我们江华，一般人家至少做两个晚上，家里很穷的做一晚上，一晚上的很少很少。到晚上11点左右休息，第二天早上再做。有时候一两点睡觉，6点就起来了。

师公主要是超度亡魂，这么说吧，这个人犯了什么罪，我们超度亡魂，能够把罪减了。

笔者：您会主持砍牛吗？

师公：砍牛有，今年接了3个地方。广西的洪塘尾，十五巡堂，还有水围塘，是十月初八开始，还有广西十一月初五，初三开始。

笔者：为什么要砍牛呢？

师公：风俗习惯，祭祀那个庙。

笔者：向里面的菩萨献祭？

师公：没错。

经过允许，笔者见到了何师公的经书，内容主要是沟通各方神灵，例如十殿阎王、四方神灵。其中在经书里会招请"江华县主城隍清政之神"，但下面又招"降上下邻近庙主大王，源头七香庙主降"，本来是湖南的师公通过招请自己所属地方的神灵和所祭地方的神灵，才能完成法事。据说不可得罪自己所属地方的神灵，为另一地的家族作法，又要请当地的神灵保佑。

当地的砍牛习俗非常盛行，而我们知道古时汉人社会往往严禁杀牛。

石柊既然是汉族村落，那它有没有砍牛的习俗？当地人谈到砍牛祭祀有一个传说。

> 原本这里是要杀人祭祀的，一村人抓阄，抓到谁家就出个人。有一年是抓到了村里的大户人家，他只有一个儿子，不愿让他去送死，于是想到牵牛去祭祀。但是他把牛牵过去，他的孩子却马上死了。从此以后，人们慢慢地就用牛祭祀了，不再杀人。

一些石柊村村民坚决认为，杀人祭祀绝不可能是汉族的风俗，所以石柊村没有砍牛的习俗，而且谈到这个习俗时他们觉得很血腥，无法接受。笔者在一份民国时期的档案中发现了关于严禁"椎牛淫祀"的多条禁令，其中有一份当时官方记载的有此祭祀活动的村落名单，石柊周围的曹里、六丈、黄竹、麦岭都有进行椎牛的庙宇，这些村落至今还延续了这项习俗，石柊村很难不受其影响。而且几位村里老人，包括20世纪70年代做村支书的老人都记得石柊村曾经参与砍牛。我们推想，石柊村求雨可能去其他村的大庙参与椎牛，而不在村中的庙里；或在最大的鱼苟山庙椎牛祭祀，但规模较小。随着鱼苟山庙的消失，这一习俗也一并消失了。如今石柊村没有参与这项活动了，可能他们曾经的祭祀是受周围其他村落文化的影响，但没有融入石柊村的文化中，导致石柊村村民少有椎牛的记忆。

这从另一个侧面也可以看到，在这个汉族、瑶族杂居的交界处，村落之间的交往是必要和频繁的。石柊村作为汉族村落，在受少数民族文化的影响下，接受了少数民族的信仰、祭祀活动，但又无法靠单个村落完成这些信仰活动，只能从周边地区特别是从湖南"购买"这些民间术士提供的信仰"产品"，包括师公、地理先生、仙婆等。因为这些是这一区域的共同文化，石柊村在与周围村落的交往中不得不吸收、消化。

第十章 互联网时代的石枧村

第一节 背景与概况

随着我国城市化进程的不断加快和互联网的日益普及,互联网平台提供的社交、娱乐、购物、资讯、互动反馈等功能开始进入乡村,对农村社会的面貌、农村的经济发展和农民的日常生活产生了深刻的影响。

截至2016年12月,我国网民规模达到7.31亿,互联网普及率为53.2%。农村网民占比27.4%,规模达2.01亿,较2015年年底增加了526万人。[①] 农村地区互联网普及率为33.1%,与城镇普及率相比还存在一定差距,特别是在网购、线上支付、旅游预订等应用的使用率上差距较为明显。但农村网民在即时通信、网络娱乐等基础互联网功能的使用率方面与城镇地区差别较小。这说明沟通、娱乐类基础应用最受农民青睐,是吸引农村人口上网的主要应用类型。[②]

目前,农村人口仍然是我国非网民的主要组成部分。截至2016年12月,我国非网民规模为6.42亿,其中农村非网民占比为60.1%。从图10-1中我们可以看出,上网技能和文化水平的不足是阻碍非网民上网的主要原因,没有电脑或者无法联网已经不是非网民不上网的重要原因。[③]

目前,石枧村内有将近100台电脑,多放置于年轻人居住的二、三楼,大部分电脑连上了中国电信或中国移动网线。电信公司率先入驻石枧村,小卖部老板娘是村里较早安装宽带网络的用户,她说几年前电信首次拉网入户需要缴纳1000多元安装费,每个月还要根据网速流量花费几百元不等的宽带费用。现在更普遍的是用手机上网。在外务工的LZX回家

---

① 中央网络安全和信息化领导小组办公室、国家互联网信息办公室、中国互联网络信息中心:《第39次中国互联网络发展状况统计报告》,2017年,第1页。
② 中央网络安全和信息化领导小组办公室、国家互联网信息办公室、中国互联网络信息中心:《第39次中国互联网络发展状况统计报告》,2017年,第37页。
③ 中央网络安全和信息化领导小组办公室、国家互联网信息办公室、中国互联网络信息中心:《第39次中国互联网络发展状况统计报告》,2017年,第38页。

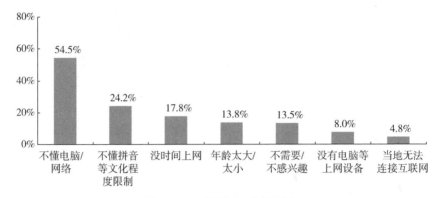

图 10-1 非网民不上网原因

来源：中国互联网络信息中心发布的《第 39 次中国互联网络发展状况统计报告》

帮忙干农活，他告诉笔者："电信信号好一点，贵一点无所谓。我们家弄了几台电信的手机，160 块钱绑定了 3 台手机，我弟、弟媳和我妈在用，交 120 块，送 40 块，我自己用的是 100 多块钱的，有送流量。"现在移动公司也积极地在村子里推广价格优惠的网络套餐，每个月的价格为 40～108 元。小卖部现在已经成为移动公司的宽带推广点。小卖部的老板娘介绍说："108 元是最好的，我们家都是用 108 元的。108 元还包括两个手机的话费，每个手机最低消费 50 块钱，像我们打电话打得多的就很划算。"一旁的 D 哥接着说："但是我们一般就二三十块钱话费啊，两台手机加起来才五六十块钱，这样就多交了 50 多块钱。我们一般交 50 多块钱，12 兆，也差不多了。还有人只交 40 多块钱。"

全村主路周边已基本覆盖了网线。电信公司进入村庄时间较早、信号较好、网速较快，据笔者初步统计，石枧村现有电信宽带用户 50 多户，移动宽带用户 20～30 户。如果有村民想安装移动网络，在小卖部的老板娘这报名登记，她打电话上报给县里的移动公司，移动公司就派人到村里踩点决定如何拉线，大约一个礼拜再派人来安装。移动宽带安装费为 200 元，用户需要另自行买调制解调器（俗称"猫"）、路由器、网线等安装设备，如果再多交 160 元，就可以获赠安装时所需的其他物品。小卖部的老板娘作为石枧村移动网络代理人，每个月可以获得 100 元代理费。

另外，村里大部分 50 岁以下的人都会使用手机流量和 Wi-Fi 进行网络社交、娱乐。村里常常见到这些场景：一个妈妈打牌，孩子吵闹一下，妈妈就把手机的游戏或者视频打开，丢给孩子，孩子兴奋地把玩手机。大人、小孩聚在有 Wi-Fi、能用万能钥匙解锁密码的地点，大人坐在小板凳上，靠着墙，一个人看视频，小孩们三五个头凑在一块看其中一个小孩打游戏；也有人安逸地躺在自家沙发上，手指不停地刷着手机……

第二节　互联网使用的基本情况

石楤村村民连接互联网的主要设备是台式电脑和智能手机，平板电脑较少。田野调查队调研的时间正值暑期农忙和六月十六祭祖，一些年轻人回乡做农活、参与祭祖，笔者得以根据对各个年龄层村民的访谈和平时对"手机党"、房屋外部是否安装宽带的观察，设计调查问卷，随机向18岁以下初高中青少年、18岁以上大学生、务工青年、中老年派发100份调查问卷。调查结果显示：①安装宽带的提议者大多为二三十岁的青年，其次为高中生的父母。②家庭宽带的使用者年龄层主要集中在10～40岁。③从整体上说，男性与女性在上网时间上没有太大差别，但是上网内容存在一定区别。除了聊天、看视频、听音乐、刷微信等共同爱好外，男性偏好看新闻、玩游戏，女性各种社交网络的使用频率高于男性，更喜欢购物、看电视剧。④文化程度越高，上网查阅的文字资料越多，比如农业生产知识、生活常识、学习资料、新闻等；反之则更偏好影像资源，比如游戏、视频等。⑤从上网时间来说，相比曾经有过外出务工经验的人，长期务农待在农村的农民上网时间少很多，甚至不会上网。暑假期间，中小学生上网时间猛增，有的孩子如果没有父母的严格管束，上网时间最多达到一天8小时。这一调查结果与中国互联网络信息中心发布的中国农村互联网发展调查报告基本一致，即农村网民趋于年轻化，网络应用偏娱乐化，电子商务发展缓慢。

一、电脑的使用

村里一般没什么网吧，以前只有县里才有。我2007年开网吧的时候，就搞了10台1000多块钱的老式方头电脑，生意很好，天天有人包夜，后来我又买了10台，还稍微装修了一下。来的基本都是年轻人，刚开始有的人只会玩简单的单机游戏，不懂上网，我还帮他们申请QQ号。后来他们就都懂聊天、看电视、玩游戏了。也有不少小孩子，有的玩太久，爸爸妈妈来打人，但是他们第二天又溜了过来。小孩子要来上网，家长是管不住的，家长哪有时间天天守着，而且他们的父母都出去打工了，爷爷奶奶更管不了。

但是现在的小孩子都玩手机，年轻的也都出去打工了，来网吧的人越来越少了。有时候来几个玩游戏的，没交几块钱还嫌我的电脑卡、网速慢，跟我吵架。我懒得搞了，又没钱，每天还要守在网吧，有时候还要受气。我前年就没做了，机子老化也卖不出去，现在都是液晶显示屏了。

石枧村没有收费的网吧，总共大约 100 台家庭电脑中有 80 户左右连了宽带网。大部分家庭电脑是近几年由外出务工的年轻人购置的，笔者所见基本上为液晶显示屏台式机。如果家中年轻人不在家，电脑使用频率低。

我是 1990 年的，我弟是 1995 年的，他和我爸妈现在都在外面打工，我回来祭一下祖，下半年还要出去。

我家有两台电脑，都是我弟做工放假从广东带回来的，一台三四千块钱。我们在外面用网习惯了，我弟老早就想在家里买电脑了，爸妈不准，前年硬买回来的，装了电信网。只要我或者我弟在家，总有小孩天天跑我们家来，大哥大哥地叫，我也不好意思赶人家走，不准人家来玩。这些小孩基本上是男孩子，有的读小学，有的读初中，都是来玩游戏的，有的上午就来了，中午回去吃饭，下午又来，大人喊吃晚饭了才回去。

如果只有我爸妈在家，他们一般不来我家，就去其他人家里。村子里现在有很多电脑，这些小孩清楚得很。有的家里没钱买电脑，有的家里是觉得小孩太小没必要买电脑，怕影响他们学习。

除了以上这种有能上网的电脑，村里还有 20 台左右的电脑没有联网。现在没有联网主要有两种情况：第一，认为宽带费用太贵；第二，以前联过网，现在觉得没必要。村民 A（51 岁），儿子在外打工，帮他买了一台电脑。"我心想儿子孝顺啊，有电脑玩一玩也可以，头一热就答应了。我也不懂买了电脑，还要装网线才能上网，装线费还要 1000 多块钱！那装了有什么用？我又不会用！儿子回来的话我们就装，去年他没回来，把我接到广州去玩了一下。现在忙，家里种了花生、玉米还有烤烟，也没什么时间玩电脑，我就不装网了吧。"他家的电脑被精心地摆在一楼，主机和键盘各用一块花布罩着，花布的大小既可以罩住电脑顶上的灰尘，又足以显露出电脑的形状，让进屋的客人可以看到这台电脑。拥有电脑成为某种

第十章 互联网时代的石枧村

身份地位和经济状况的象征,在一定程度上证明这家人挣了钱,子女孝顺。村民 B 的女儿开学后上大二,她高三时,家里为了她的学习买了电脑并安装了宽带网。"我女儿经常要查学习资料,网上有很多题目和讲解,还有视频课,都不要钱的。电脑那时候还是买对了,她填志愿的时候也查了很多学校的信息。她现在去桂林读书了,我和她妈妈也不太会用,所以就没装了。"

大部分村民没有购置电脑,原因主要是不会上网、没有时间、电脑贵、网费贵、不需要。"我们老了,不懂年轻人的东西啦。家里摆台电脑我们也不知道用啊!""我们天天做工的人哪里有时间玩电脑?""电脑要几千块钱,网费也要交钱,我们当农民的一年才多少钱?靠天吃饭,天公不高兴我们就没饭吃啦。村干部有钱,在外面做工的有钱,我们哪有钱?""我们两个老家伙在家种田,不需要那些东西。"

二、手机的使用

村里没有收费上网的网吧,家庭电脑也未普及,更多的人通过手机上网。这得益于智能手机的推广、手机上网资费越来越低廉、农村地区移动电话网覆盖率越来越高等几个因素。相比广播、报纸、电视等传统信息载体,手机不仅更直观、高速,而且功能更多,人们可以主动选择感兴趣的内容和功能,而不是被动地接受传统媒体展现的内容。相比其他上网设备,手机体积小,携带方便,价格更为亲民,获取功能应用更为迅速便捷,因此,通过手机使用互联网的农村居民日益增多。石枧村使用手机上网的用户大大超过使用电脑上网的用户。

> 我没必要出去打工,我这几年就在村里和附近村子建房子,一天也有 160 块钱,不用去外面那么累。我以前要做工,偶尔玩玩手机,用自己的流量。去年把腿摔了,捡了一条命,躺了一年。我就在家装了个宽带,天天在家看电视啊,想看什么就看什么,还没有什么广告。我女儿在外面读书,经常跟我视频,问我要不要买什么药,寄给我。我以前在小卖部打打牌,现在知道在 QQ 上面打了,输了钱也没事。
>
> 我上个月开始下床的,每天慢慢走,发现村子里面好多 Wi-Fi,好像以前没这么多 Wi-Fi 的。而且,你看现在大家坐在这里,哪个没有手机?哪个不拿手机上上网?1 岁多的小孩子就拿着手机不撒

275

手了。

（一）社交

从模拟电话时代到数字电话再到现在的3G、4G网络，手机的主要社交功能从简单的打电话、发短信，转变为基于移动互联网的微信、QQ、微博等新型聊天形式。

大部分石枧村中青年人的手机都安装了微信和QQ。很多人表示自己会一直保持微信的登录状态，或者频繁登录查看消息、刷朋友圈。网络社交平台不仅降低了电话、短信等传统社交媒体所需的社交成本，节省了电话费、短信费等，而且扩大了社交的范围，使陌生、不熟悉的人彼此成为好友，还为每个人提供了展示自己和全方位了解别人生活的平台。林哥做完活回家就喜欢躺在沙发上跟网友们聊天，查看大家推送的新闻和视频，"跟不同的人聊天好玩，看看别人发的东西打发无聊"。小超长期在外打工，结婚后在家待了几年，"我们在外面打工用手机用习惯了，我的流量一般都是开着的，跟外面的朋友聊聊天啊，看看以前厂里的情况啊，看看外面现在一般都做什么啊。我准备要出去了，我老婆在家带孩子"。小艳的丈夫在外打工，她经常带着女儿跟爸爸视频，"我以前跟她爸爸谈恋爱的时候，她爸爸都是给我打电话，每个月电话费都要100多块钱。现在我们两三天就手机视频一次，就好像见面一样，女儿胖了瘦了、长高了，她爸爸都看得见"。读高中的小英喜欢拿着手机站在有Wi-Fi的地方跟同学、朋友聊天，"有时候跟学校的人聊学校的事，有时候跟外面的人聊外面的事"。小帅读小学四年级，外出打工的父母为方便与他联系给他买了手机，"我爸妈以前给我打电话，现在还跟我视频，要我听爷爷的话，不要乱跑，好好学习"。

（二）娱乐

除社交功能外，游戏、视频、拍照、唱歌等也是村民们的手机具备的其他重要功能。

经常使用手机上网的村中男性大多会在有Wi-Fi的地方玩联机游戏或者下载单机游戏。小卖部里打牌的年轻妇女为了避免孩子吵闹，经常打开手机的游戏功能给年幼的孩童玩，这样他们就不会缠着母亲，让母亲可以安静地打牌。稍长一点的学龄儿童可能会拥有自己的手机，如父母双方均在外务工的孩子一般会得到父母的旧手机，这样父母可以及时联系孩子，但是孩子们就经常拿着手机玩游戏。稍长一点的青少年如果沉迷游戏，就不会满足于在手机上玩一些相对简单的游戏，而是会选择使用电脑。

看视频的年龄层总体稍大，不分男女，即使没有Wi-Fi，有些人也愿意支付流量费观看好玩的视频、热播的电影电视剧等。Z哥说："我一个月两个G的流量都少了，还要到有Wi-Fi的地方蹭一下Wi-Fi才行。"

一些较为年轻的村民喜欢用手机拍照、录视频，他们拍摄城市和家乡的生活照片发到朋友圈，一些女生还会通过图像处理App美化自拍照片。还在读高中的小霞说："我们就选好看的照片，大家来点赞。刚开始发的时候会配一点文字，现在发照片、图片配的文字比较少啦。"长期在外务工的小川说："男生有时候也会拍一些照片啊，我不搞什么效果，就娱乐消遣一下，偶尔发点丑照到朋友圈。祭祖发了好多小视频，我觉得这是我们家乡的文化，应该宣传一下。"

唱歌的App也受到一些村民欢迎，他们在手机上下载安装唱歌软件，点击软件里的歌单，看着手机屏幕上的字幕，对着手机话筒唱歌，唱完后美化声音，录好歌曲，可以上传到微博或者发送给朋友。小霞说："很多人都在玩，我才学的。自己一个人在家的时候玩一下，不怕爸爸说我玩手机，只要不干坏事，爸爸都不会怎么说我，但是爸爸在家我自己不好意思唱。"

（三）资讯

笔者在走访中发现，很多拥有智能手机的村民经常通过浏览新闻、微博、朋友圈动态等了解国家和身边时政、经济、社会生活信息，从中寻找自己需要的信息。特别是男性中青年村民都安装了今日头条、腾讯、新浪等新闻客户端。

> 我早几年在外面打工，习惯了玩手机，回来上班了，没事儿也玩手机。我不玩游戏，就喜欢看新闻，看别人推荐的网站、别人发的信息什么的。国家的政策、经济的形势、我们身边的发展，我们都要关心嘛。你们是大学生，你们肯定也看新闻。网络上什么都有，除了法律法规、社会大事，生活窍门、明星的生活，以及别人发的一些东西看着也好玩。反正国家的事情、地方的事情、身边朋友的事情，我都能用手机看。

277

（四）购物

越来越多年轻人喜爱在网上购物，足不出户就可以从琳琅满目的商品中挑选心仪的产品。相对高昂的电脑价格和网费，大多数喜欢网络购物的村民更多地选择用手机购物。

移动互联网的全覆盖方便了手机购物，但各大快递公司只配送到县城或者乡镇，村民要花费较长时间才能领取包裹或办理退换货，这极大地影响了村民的网购热情。另外，对于网络购物的安全疑虑也困扰着不少村民。

儿子在外面打工，经常问我们缺什么，我们说缺电饭煲，他就在网上买电饭煲，几天寄回来，我就去石家拿。寄回来很好，没有一点损坏。我们说缺什么，他就买什么。有时候我们说什么也不缺，他也会买东西，然后告诉我们买了什么，要我们记得过几天接快递员的电话。快递有时候在石家拿，有时候在富川拿。

家里的年货基本都是儿子网购的，刚开始只帮我们买，后来也帮几个亲戚买，再后来周围的人也让儿子帮忙买。这两年要我儿子买东西的人少了，好多在外地的孩子都给自家父母买。谁家买了好东西都会说，其他家也跟着买。我儿子去年给我和他妈妈买了一身棉毛衣，很暖和，有的人就托我儿子买，或者要自己孩子买，都是孩子们的心意，不管买什么东西我们都很开心。我现在还不会买，人老了，学新东西慢了。

我儿子回来教了我好久，我现在也有微信那些了，但还是不太会买东西，我怕我手一抖钱就没了。所以，我跟我儿子说千万别把我的手机绑银行卡。

在网上买没有那么合适，不好看退货很麻烦，像我手上这个手镯，是玉的，我在富川买的，鉴定书什么的都有，如果是假的，我还可以去吵，去退。网上好多骗子，怎么去找？退货很麻烦的。所以我很少上网买东西。但是像我们晚上跳广场舞的衣服，这里没有好看的啊，我就是在网上买的，反正不贵。我想如果买错了，就给别人呗。结果买回来觉得还不错。

很多小姑娘在网上买东西，小艳还给孩子买了自行车。她们都把微信、淘宝绑定银行卡，没事就在我这连Wi-Fi，时不时开手机看一下。有的人还调闹钟抢东西，抢东西之前会收到短信提醒，她们就在那个时间点拿手机抢东西。我就没绑定银行卡，手机绑定银行卡太花钱了。

第三节　互联网对村庄的影响

从"电话村村通"到"宽带村村通"，移动通信对农村、农民的影响业已彰显，互联网的影响也日益显著。

一、社会方面

互联网虽然导致个体化程度加深，网络社交发展迅猛，对面对面的交流造成影响。但是，互联网也促进了石枧村家庭成员与外出务工亲人之间的情感互动，有利于家庭人际关系的和谐和巩固。互联网维系着夫妻感情，也加深了亲子关系。

> 我丈夫在广东当建筑工，只有农忙和过年时才回家。以前，我们有什么事就电话沟通，长途话费贵，每次简短地说一下有什么事情，说完就挂了，其他的东西就很少说，没什么大事也很少打电话。我儿子 19 岁，2015 年也出去厂里打工，我跟他爸爸都担心他，就在家买台电脑，装上摄像头，儿子在那边也买了台小电脑（手提电脑）。儿子教我们用 QQ 群聊，我在家用电脑，他爸爸用手机，儿子用他的小电脑，我们就可以一起聊天了。我跟他爸爸老夫老妻了，没什么甜蜜的话，现在偶尔就发一些甜蜜的文字或者图片，有时候心里觉得挺高兴的。孩子小，人又老实，我们就跟孩子说说要他小心，要吃好、休息好那些。

在乡亲之间，村民 LJB 建立了石枧村的微信群，成员将近 70 人（调查期间），其中有三四十人在广东打工，只有二十人在村里。大家在群里说家乡话，发家乡的图片、视频，也介绍外面精彩的世界，聊共同的回忆和各自的生活，有时也有人会在群里发布自己工厂里的招聘信息、自己小生意的宣传图片等。"发红包的时候可热闹了，大家说说笑笑，就好像小时候一样。"通过互联网，乡亲们的互动不再受时间和空间的限制，以便捷的方式维系着大家的情感和对家乡的认同。

二、经济方面

互联网帮助农民随时随地获取资讯、了解科学文化知识和生产劳作经验，帮助农民掌握科学技术本领，促进了自身的信息化，使农民能够更好地融入社会的大发展中，为增加农民收益打好基础。"我们以前遇到很多问题，都要请教专家，但专家不是每天来，我们有时候连自己的问题都忘记了，所以要记下来，等专家来了再问。现在很多人都会用电脑，有什么问题网上搜一下就出来了。"通过互联网查询疑问省时高效、费用低廉，从而使农民获得了更高的生产能力和生产效率。

农民增产又增收，与电子商务的推动密不可分。近年来，富川的党委、政府高度重视互联网对农村经济的带动作用，以电商模式营销及推广服务平台为切入点，加大果农电商培训和扶持力度，整合相关部门的培训资源，积极开展电商助农增收培训，培训返乡大学生、示范网店店主以及企业、农民专业合作社负责人等相关人员。通过电商培训，农民拓宽了销售渠道，不少农村青年在家乡创业致富。小勇大学毕业后留在富川做水果电商，他希望建立家乡的品牌，把富川的优质脐橙介绍给全国人民。他说："农村之所以落后，主要是因为信息落后，做什么事情都是被动的，而且又没有什么很好的工作机会，所以年轻人就都出去打工。我们富川有这么好的脐橙，需要大量人员种植、养护、采摘、销售，很多人这些年都回来种果树了。但是我们以前不懂得宣传，外面的人只知道江西的脐橙，不知道我们的脐橙，我们现在好多人做电商，宣传家乡的脐橙（如图 10-2 所示），越来越多的人知道我们富川的脐橙好。刚开始做电商的时候，顾客嫌运费比水果钱还多，不愿意买，我们就去跟快递公司合作，用最实在的价格卖最新鲜的水果，现在全国大部分地区我们都快递包邮（如图 10-3 所示）。"石梘村果业迅速发展，村民们纷纷种植果树或者到附近果场帮忙。种植果树时，随时可以通过网络了解天气情况及水果供销情况。到丰收季节，代理商在微信群里通知大家收果时间，销售商也在群里发送精美的销售广告，希望大家广而告之。

图 10-2　石枧脐橙电商

图 10-3　打包好准备寄出的脐橙

三、文化方面

互联网丰富了村民的业余生活和精神世界，满足了不同年龄层村民的文化需求。在文化方面，互联网有利有弊的特点凸显：一方面，互联网提供各种丰富的文化信息，并给予受众选择信息的主动权，使得人们在获取信息方面由被动转为主动，并且互联网多样化的表现形式也更容易被村民接受和理解，提高了村民获取信息的兴致；另一方面，互联网也使儿童、青少年和其他闲散村民容易沉迷于网络，产生网瘾。

首先，对于石枧村留守儿童来说，他们缺乏父母的贴身关爱和管教，爷爷奶奶或溺爱或疏于管教，加上很多外出务工的父母为了方便与孩子联系，为孩子配备了手机，很多孩子在与父母联络之余，花大量时间玩手机游戏。11 岁的小兵说："我爸爸的老手机是给奶奶的，但是奶奶不会用，只会接电话。后来我会在有 Wi-Fi 的地方跟我爸妈视频了，手机就给我了。"笔者暑假调研时，每次见小兵几乎都是在玩游戏，便问他每天玩多久，他没说话，旁边的小孩说"他每天玩"。小兵反驳道："你们也玩啦！"笔者问他们是否有作业，有的孩子说没有作业，有的孩子说写完了。互联网虽然提供了丰富的文化和知识，使很多儿童熟练地掌握了新媒体技术，但是，对于很多留守儿童来说，手机游戏不仅耽误学习，而且使现实环境中的娱乐活动转向虚拟空间，弱化了现实玩伴之间的情感，对孩童的友谊观和建立、经营友谊之道造成不良影响。

其次,互联网除了为在学校读书的初、高中学生提供学习资料,为希望外出务工的青少年提供有关城镇环境、就业、生活的信息以外,还为所有成长中的青少年提供了社会化的场所。农村教育较为落后,村民文化程度整体偏低,青少年仅从学校、周边人群获得的知识有限,且一些传统民间知识与科学文化相悖,阻碍了青少年与当代社会更好地接轨。互联网通过图像、文字为青少年提供了思想和行为的参照范本,使青少年接触多元的文化,了解契合社会主流的思维模式,学习社会规范,内化社会责任,调整自我与他人、与社会之间的关系。这种通过互联网形成的自主学习模式有助于开阔青少年的眼界,增加其在自我实现的过程中积累积极的社会体验,但同时由于青少年对社会现象和互联网上的一些信息缺乏判断能力,容易被网络上的不良信息误导。

最后,对石枧村中老年人来说,互联网为他们提供了丰富多样的娱乐形式,丰富了他们的文化生活,使他们的传统习惯和价值观念得以不断改变。大多数待在农村的中年人,既要从事农活,又要照顾老人和孩子,压力大,文化活动项目少,传统的日常娱乐方式主要是打牌,有的人甚至参与赌博。互联网改变了他们的生活。中年村民侧重互联网的娱乐功能,比如影视、游戏、音乐、购物等,他们从网络中不仅得到了更为丰富的娱乐形式,而且受现代精神文明和价值观念潜移默化的影响。个人通过互联网学习、体验各种文化活动的同时,集体活动也悄然兴起。小卖部前的大坪上每晚吸引了十几个妇女前来跳广场舞,她们在网上置办了好几套跳舞的衣服,小卖部的老板娘白天自己学习、练习网上的舞蹈视频,晚上再教给其他的妇女。村中会独立使用互联网的老年人很少,常见的方式是观看家里的联网电视。联网电视为老年人提供了他们喜爱的节目,让老年人的文化生活更加丰富多彩。

总的来说,网络技术的提高和互联网在乡村的普及,从社会、经济、文化等多个方面开阔了村民的视野,增强了村庄与外部世界的联系,逐渐改变了村民传统的价值观念,促进了村庄经济发展,丰富了村民文化生活,稳固了社会关系。但是,互联网也给乡村居民文化和教育带来不少负面影响。一方面,由于乡村网民文化程度不高,辨别信息真实性的能力存在一定不足,加上淳朴、善良的性格,一些村民容易相信网络谣言和一些虚假信息;另一方面,不少村民沉迷于游戏、追剧,特别是一些网络游戏分散了少年儿童的学习精力。面对这些问题,我们亟须思考解决办法。

第十一章　地方与国家互动下的石枧村

第一节　电力与水

一、电力

现代社会中，电力和水在居民生活中是不可或缺的。虽然石枧村地处山区，但是并不闭塞。村子里通电较早，村民也大规模使用家庭电器，比如电冰箱、电饭锅、电风扇等，使笔者感到意外的是饮水机和消毒柜的大量普及，这也反映了在改善经济之后村民对卫生观念的重视。不少村民家里还有净水器，听村民介绍是有人到村里推销，并对村里的水质和净化效果做了演示，从而引起了村民的兴趣。空调使用相对较少，这与本地气候相对凉爽和经济发展情况直接有关。

村子里的电费收取标准参考了广西壮族自治区电费收取的相关规定，采用季节性阶梯电价：用电高峰月为1月、2月、6月、7月、8月和9月，这6个月的第一档电量是190度，即当每户月用电量小于或等于190度时，电价维持现行水平不提价，仍为0.5283元/度；第二档电量为190～290度，每度提高0.05元，即按0.5783元/度计费；第三档电量为每户月用电量超过290度的部分，每度提高0.30元，即按0.8283元/度的标准计费。非用电高峰月份为3月、4月、5月、10月、11月和12月，这6个月的第一档电量为每户月用电量少于或等于150度，此档电量电价维持现行水平不提价；第二档电量为150～250度，每度提高0.05元，即按0.5783元/度计费；第三档电量为每户月用电量超过250度的部分，每度提高0.30元，即按0.8283元/度的标准计费。这种规定看起来比较复杂，但它的制定与广西电力供应相对富余的情况和电力来源有关，广西壮族自治区水电在电力供应中所占比例较大。冬天是枯水期，水电发电量小，火电和跨区域输电较多，相对水电价格较高；夏季是汛期，水电充足，相对电价也较低。通过对30多户人家的调查发现，在村子电价相对便宜的情况下，每户每月电费少则二三十元，多则三四百元，需要缴纳一两百元电费的情况最为常见。总体来说,村民对电力需求较大,这与他们大量使用电器以及生活习惯有关。不少村民家里仍然使用老式的白炽灯,瓦数较大,饮水机、消毒柜也常常是全天开启,而电厨具的普及和便利性也使得不少村民采用电炉和柴火结合的方式进行烹饪,电厨具在烹饪过程中使用的比例越来越高,这是村民家庭电力消费居高不下的主要原因。

国家电网为了方便村民缴费,之前一直采用定期定点派人到村里收取各家各户电费的方式。据在村子中心经营小卖部的林萍说,之前会有工作人员到他们家门口来收取电费,因为位于村子中心,人来人往,收取电费的消息传播比较快,大家自行前来缴费。但是,后来由银行直接在国家发放补贴补助的银行账户上扣除水电费。毫无疑问,这一措施极大地便利了村民。不过,在聊天的过程中,有村民提出质疑,认为以前会有电费不正常或者有疑惑的情况出现,有专人来收费还可以沟通反馈。以后从账上直接扣钱,他们也不知道扣了多少,会不会出现错误?该如何查询和反馈?存折里钱不够了怎么办?由于新的电费收取措施还没有实行,目前可能出现的问题都暂时无法解答。无论如何,笔者相信既然电力部门采用这种方便百姓的收取电费的方法,对于可能存在的问题就应该会有预案和解决方法,但是还应该深入农村进行宣传与解释以消除村民的疑虑。

二、水的使用

水的方面,笔者将从村子的用水供水情况、村民的评价以及村子实行的与水有关的工程进行介绍。之前在概况中提到,下石枧村水渠从每家每户门前屋后流过,家家户户用水都十分便利。村民日常洗菜、洗衣服甚至洗碗都在门前的水渠里进行。村民食用水主要有两个来源:一个是打井抽井水,村民大多通过自己购入水泵将地下水抽到屋顶的水塔,使用时打开各处的阀门即可。但是,下石枧村不少村民也抱怨地下水太浅,水质也不是太好,不能放心饮用,这也对应了上面提到的村民购入净水器的事情。另外一个饮用水来源是从林萍的小卖部购买桶装纯净水,这种水水质较好,大家也比较放心,多用于饮用和做饭。水渠从林萍的小卖部附近分成两道:一道从老房子下面流过,一道流经新房子聚集区。新房子分布在村子水泥硬化路的两旁,因此水渠也贴着道路延伸流向村里。一方面,虽然是2013年开始陆陆续续修建的水渠,可是由于靠近生活区,大家在水渠中洗衣服、洗碗筷,大量洗涤剂的使用导致小卖部到学校那一段水体富营养化严重,水面漂浮着许多水藻,水渠底部沉积许多杂物和沙土,水质较差，不过这并不妨碍下游的居民继续取水洗衣服、洗菜。另一方面，老房子下面的水渠年代久远，水渠清澈见底，水流较浅、较湍急，河底可以看到许多大的鹅卵石。现在对水渠进行"三面光"改造是很有必要的，以石家水库东干渠道为例。石家水库东干渠建于1969年，为土建工程，全长12千米，是富川较长及灌溉面积较大的渠道之一。该渠道灌溉着石家乡石家社区、石枧、黄竹、城上、曹里5个村及福利镇白竹村的大部分农田，受益人口1万人左右，灌溉面积1万多亩。由于年久失修，现整条渠道已千疮百孔，破烂不堪，塌方、渗漏现象十分严重，遇上雨水少的年份，大部分农田都无水可用，由此造成了农田歉收甚至绝收，严重制约了当地的经济发展，广大群众迫切要求将东干渠改建为"三面光"渠道。而对重要产烟区的下石枧村来说，下石枧村六月庙至九月庙田垌总长200多米，是下石枧村生产的主要灌溉渠道，涉及耕地面积800多亩，其中烤烟面积300多亩。水渠渠道狭小且部分年久失修，存在渗漏、坍塌现象，灌溉能力弱，导致农作物灌溉不到位，雨后排水不畅，无法满足灌溉需要，严重影响了下石枧村经济作物生长，制约村民致富。

值得一提的是，在笔者一行到达的前几天，当地刚刚下过几天大雨，村里水渠水满溢出，据说有的路段积水到大腿，后来在老房子的小巷子里，笔者看到了水退去的痕迹。有村民介绍说，在村子内部都是土质水渠的时候并不会发生涝灾，一则是因为那时候土质水渠较高较深较宽，泄洪蓄洪能力强；现在则相反，许多村民在盖房子的时候也会有意无意占用部分水渠的宽度，到现在村内水渠有些地方已经非常狭窄，淤泥也因为水渠下游盖了水泥板无法及时清理，由此导致了大量降雨无法及时排除，水渠水流速度的下降，土质水渠改水泥水渠使得水渠的自净能力和渗透能力降低，这与水质下降也有直接关系。这使得我们不得不反思，国家投入大笔资金支持农业、农村发展，现在却客观上破坏了水质，影响了泄洪。是否当时在建设中存在规划不合理的情况，使得水渠规格不符合实际的情况？是否存在"一刀切"式的投资，没有考虑村子的实际情况？后期是否存在缺乏责任划分和监管，导致村民侵占水渠的情况？

总之，目前石家乡石枧村生活用水水质较差，饮用水不得不依靠打井和购买纯净水的方式来解决。农田水利灌溉设施建设项目任重道远，进展较为缓慢。

第二节 交 通

一、公路与村内道路硬化

对于广大农村地区来说，交通是影响自身发展的极为重要的因素。石家乡虽然从大的区位来看算是山区，但地形比较开阔，只有数座小山包，居民聚居区以及之前的土地总体上地形比较平坦，因此道路交通状况良好。我们调查了解的道路主要分几种类型：一种是村子和外界连接起来的公路，一种是村子内部供人骑行的道路，还有特殊的机耕道。连接石家乡和石枧村的是一条三级公路，因为多次步行走过，笔者对这条路的路况很熟悉，这条路在石家水库边上有一个大坡，石家乡街上到石枧村以及曹里村到龙湾村方向呈西南—东北方向延伸的两条道路在此会合，往前不到1000米在石枧村老村委会也就是石枧村口再次分岔，一条延伸经过上石枧村通往龙湾村方向，一条经过下石枧村村口通往湖南江华白芒营。资料显示，这条路属于县级公路，长5.9千米，宽4.5米，2014年竣工，共使用资金267万元，其中上级补助207万元，本地政府自筹60万元。这里顺便介绍一下国家对于公路建设的补助政策。国家规定，县乡道联网沥青（水泥）路建设按照四级公路标准建设，国家和自治区补助资金40万元/千米。按三级公路标准建设的补助60万元/千米，国家补助资金不得超过总投资的75%。国家级"少、边、穷"县、自治区级贫困县、少数民族乡通建制村沥青（水泥）路建设，国家和自治区安排补助资金35万元/千米，而其他地区30万元/千米。对于石漠化地区农村公路建设投资补助标准，乡镇用沥青（水泥）路建设80万元/千米，村通路50万元/千米。村庄公路除了道路本身外，往往还有一些配套设施，例如村道挡土墙。在我们看到的2013年村级"一事一议"财政奖补项目公示牌上公示了3段挡土墙的修建信息，长度都在260米左右，宽度为0.2~0.4米不等，高度为1~1.2米，总投资15.705万元。由于这条路是连通附近乡镇的重要道路，车辆尤其是货车来往较频繁，为了保证道路交通安全，石家乡还设立了道路交通安全管理站，配备道路交通安全专职管理员，石家水库路口到上石枧村这一段是由石枧村村支书林家得兼任管理员，本地通过安全管理站与交警部门联动，有效减少了交通事故发生。除了村庄通往外界的公路，村庄内的水泥硬化也是近几年石枧村在基础设施建设上取得的巨大成就。村内水泥硬化是 2012 年进行的，资金主要来源于两方面：一部分是村民自筹，金额为 1.005 万元；另外一部分是财政奖补，金额为 10.385 万元，总金额 11.39 万元，工程总长度为 515 米，宽为 3 米，总面积为 1352 平方米。在村庄进行道路硬化以前，村庄是土路与石板路并存，道路狭窄，下雨天部分路段十分湿滑。有村民曾经出资修建过部分道路，例如上石枧村的林远忠 20 世纪 90 年代出资 2000 元修建了家门口的上、下石枧村交界处的道路，但这只是个案，并不能从根本上解决村民日常生活出行不便的问题，直到村庄道路全面硬化，村民出行难的问题才得以根本解决。村民总体对该工程给予了很好的评价。

二、机耕道与交通工具

交通方面，除了上面提到的通往外界的乡村公路和村庄内的道路，另外还有机耕道。以石枧村长山面至翻车岭机耕道为例，先要用挖机平整路面，长 1500 米，宽 4 米，花费 5000 元，路面铺的是角石，厚 0.1 米，总面积为 6000 平方米，造价为每平方米 13 元，总花费为 7.8 万元，整个工程合计花费 8.3 万元。这种路面成本低，水流渗透快，即使在下雨天，大型机械也能借助粗糙路面提供的抓地力行驶。

交通工具也是不能忽略的。我们通过大量入户走访发现，村民家里普遍有一两台摩托车和手扶拖拉机，出行多使用摩托车，使用机动或者电动三轮也比较多，轿车只是少数人家拥有，而在其他地方大量普及的电动自行车或自行车在石枧村只是偶尔能看到，电动助力车只有两辆。经过分析，可能有如下原因：居民常常需要去富川县城和八步，电动车行驶路程有限，速度也不够，而摩托车速度快，汽油也很容易在沿路的小卖部买到；沿路有几处地方坡度较大，电动车可能会动力不足。从上文我们大致可以看出，国家对于道路建设是极为重视的，投入了大量财力，对石家乡这种少数民族地区更是如此，道路建设标准高于其他地方。另外，国家也鼓励地方政府自筹部分资金修路，无论是三级公路还是村内道路，村民自筹以及本地政府拨款都各占了一定比例。国家补助与地方自筹结合的筹款修路方式既减轻了国家的负担，也有利于适当发挥地方积极性。

第三节　公共基础设施

一、各类场所

村民在农忙闲暇之余总要进行娱乐活动，在农村，这种娱乐活动多表现为人们在某场所聚集闲谈或者玩一些棋牌游戏，石枧村也不例外。上石枧村的前妇女主任家开了一个小卖部，村民多喜欢在此聚集或是打牌。下石枧村村民也是多聚集在林萍的小卖部或者村口的大树下打牌闲谈，林萍在晚上还会召集妇女进行广场舞训练。在这里，我们重点介绍宗祠前那块村内公共活动场所。这块活动场地是和附近水渠的挡土墙配套共同修建的，现在可以看到上面有乒乓球桌、3 组石桌石凳、滑梯、跷跷板和一座由 5 个步阶和护栏构成的桥。桥长 4.8 米，宽 1.1 米。挡土墙 247 余立方米，坪子硬化 446.9 平方米，填土 300 余立方米，河底硬化 312.74 平方米。上述这些共投资 18.375 万元，其中财政奖补 16.8 万元，村民自筹资金 1.575 万元。村内公共活动场所的建设对提升村子的形象无疑是有好处的，它展现了村民在经济得到发展后对精神文明和休闲娱乐的注重。更为实质的效果是，它为村内的孩子们提供了休闲娱乐的场所和设施。村公所，也就是新村委会，更准确地说应该叫作石枧村村级公共服务中心，它位于下石枧村最靠近岔路口的地方，是由一栋三层白色小楼以及贴着路边砌墙的院子组成的，院墙目前还在修建当中。它不仅是村委会的办公场所，也是召开村民大会，进行基层党组织建设、选举以及政策宣传的场所，此外还兼有村级治安中心的职能。据村支书介绍说，2015 年，通过申报文体项目，乡里整合了多部门的资金（主要是来自移民局的 19 万余元和来自文体局的 30 万元）建设新办公楼。土地则是通过"一事一议"财政奖补项目补贴 1.4 万元购入。目前正在修建的围墙资金也是来自 2015 年"一事一议"财政奖补。围墙以及附近的"三面光"水渠作为一个工程项目，一共投资 21.525 万元，其中财政奖补 19.68 万元，村民筹集资金 1.845 万元。可以展望的是，村级公共服务中心完全投入使用有利于促进基层治理水平的提高，有利于基层事务规范化开展，加速村民自治进程。学校里的戏台和下石枧村村口的宗祠也是村子里重要的公共基础设施。六月十六是石枧村祖先生日。每 9 年石枧村会连续 3 年为祖宗过生日，这是村里最盛大的节日。戏台在节日期间会成为村子的文化中心，戏班和歌舞团在此演出，学校的操场则被摊贩占据，附近村庄的村民都会来这里观赏节目，进行消费。宗祠则是人们祭祀祖先、祈求保佑的场所，可以说是村民的信仰中心。戏台由"一事一议"财政奖补补贴7万多元进行翻新修缮，而宗祠修建花费80多万元，几乎由村民和各界人士捐资，"一事一议"财政奖补补贴数千元用于修建地板。这些公共场所的修建，极大地丰富了村民的业余文化生活，一定程度上丰富了村民的精神生活，这对于提高村民的认同感、增强村民之间的凝聚力都是有好处的。

二、医疗设施

乡村医疗方面的基础设施无疑是极为重要的，它提供的医疗服务水平的高低和村民日常生活、幸福感都有极大关联。石家乡卫生院也是诸多村民治病保健的选择之一，在此进行简单介绍。村口岔路口的院子里有石枧村的诊所，或者说是村级卫生室，条件比较简陋，没有什么检查和治疗用的仪器，但是能开展一般的医疗保健工作，为村民提供预防保健服务，满足村民的日常需要。而2000米外的石家乡卫生院条件就要好得多。它占地面积2968.93平方米，总建筑面积1001平方米。其中，有业务用房651平方米，有综合楼2幢。① 卫生院设有内科、外科、儿科、检验科、放射科、B超室等科室，有病床10张，主要医疗设施有X光机、黑白B超机、心电图机、全自动生化分析仪、洗胃机、普外科手术设备等。笔者为获取新农合的资料曾经去过石家乡卫生院，工作时间来看病的人不多。

三、生态乡村建设

为了提高村民生活的幸福感，除了一些基本的基础设施外，清洁有序的环境也至关重要。漫步在村中，能明显感受到村里整洁的环境，道路上几乎看不到垃圾，路边不远就有垃圾桶，这与本地政府积极推进生态乡村建设有关。由于生态乡村建设多以乡为单位进行工作部署，下面笔者将主要从乡的层级，结合乡里生态乡村建设的行动措施和石枧村的具体行动以及现状来介绍一下石枧村目前为建设生态乡村采取的行动。

（1）乡里建立"乡—村—队"三级立体式组织系统，将"清洁乡村"活动细化到村，落实到人。石枧村使用公共资金置放了许多垃圾桶，雇用

---

① 该数据来源于《石家乡人民政府2014年工作报告》。

了一位村民做清洁，配备了清洁车，平时负责清理垃圾和从事道路两旁的植物修剪。每隔一段时间，这位保洁员就会驾驶一辆手扶拖拉机去各个垃圾桶倾倒处理垃圾，即使是在六月十六这样的盛大节日垃圾数量暴增的情况下还是一如既往地继续自己的清洁工作。

（2）乡里还开展宣传发动工作。方式有两种：一种是通过乡—村—组三级会议和短信群发，或者以统一印制发放宣传资料等方式开展宣传教育活动；另一种是通过在公路（铁路）沿线、主要街道以及显眼处悬挂横幅标语、印发宣传资料等进行传达和宣传。从我们实地体验来说，村民对于生态乡村建设有相当的好感和期待，在行动上表现为不乱丢垃圾。清洁的村庄环境也从侧面证明了宣传活动深入人心，取得了显著效果。

（3）在建设生态乡村的过程中，本地政府明确提出了开展"三化"活动。这项活动在石梘村取得了显著的成效，因此值得特别提一下。

一是村屯绿化。由政府出资在公共空地及农户房前屋后种植桂花树、兰花、茶花等绿色植物，仅下石梘村2014年就栽种桂花树160余株，目前约有600株桂花树。这些树在绿化环境的同时，也给村民的休闲娱乐提供了好的去处，被认为是一举两得的好措施。

二是饮水净化。当地将石家河、桥头水库、山下村列为清洁水源示范点。桥头水库的水质和村民的日常生活息息相关，上文提到的村民个人出资购买净水器的行为普遍反映出村民在生活条件改善后对健康和生活质量的关心。全乡共清理河道1800米、沟渠680米、池塘10个，此举赢得了村民的好评。

三是道路硬化。为改善村屯道路基础设施，乡里整合了扶贫、"一事一议"和"民事联解"等项目资金100余万元，完成硬化村屯道路10条，3000多米。

（4）垃圾处理。关于垃圾处理，按照"先建后报、质效兼顾"原则，扎实推进垃圾池、垃圾焚烧炉、垃圾填埋场等项目配套建设，探索实行"屯收—村运—村处理"的垃圾处理模式。目前，全乡已建成4座小型垃圾焚烧炉，新建1座垃圾填埋场，补贴项目资金9.8万余元。

第四节 农业经济

一、烟叶

（一）烟叶种植

石枧村是石家乡重要的烟叶种植基地，烟叶种植是本地农业的特色之一，由此，国家对烟草生产极为重视，投入较大。本乡有烟草收购站石家点。烟叶在收获之后并不能直接售卖，需要村民自己进行加工，在烤烟房里将烟叶进行长时间烘烤使之脱去水分。烟叶烤好后整理成摞，村里抽签决定卖烟叶的顺序，2016年一共有16户，抽完签会有人在收购前几天来村里通知，村民自行运往位于石家社区的烟草收购站。村民常常会觉得烟草收购站质检员定的等级过低，多有不满，种植积极性下降。为了保证烟叶的供应量，国家对烟草烟叶进行补贴，大致措施有：①产前投入返还。交售时中、上等每担补贴180元，政府出70元，烟草部门出110元。②物资补贴。有机肥每亩15千克以上买一送一，农药按每亩50元标准提供。③专业化服务补贴。购苗补贴，交定金的每亩50元；烟苗运输补贴每亩5元，交售烟叶按距离补贴每担10～20元；专业化烘烤服务补贴，按烟草公司要求参加合作社组织的专业化烘烤后每担70元，两毛一斤煤钱。④自然灾害保险是由烟草部门出资每亩30元投保，此外还有政府和烟草部门共同出资设立的自然灾害风险基金。这些补贴里除物资补贴采取实物形式发放外，其余均通过银行转账支付，村民除了对烟叶质量认定有不满之外，对这些保险的认定补偿还有一些异议。

据村民讲，以前只有病虫害导致烟叶受损失，经过审查会给予补贴，大约每亩1000元，农资补贴也有一些。村民没有感受到存在大量补贴的原因可能有两点：一是之前的补贴不够完善，有不少烟农是近两年刚开始种植烟叶，对情况不是很了解。二是农民对于数字和补贴不是很敏感，大量的补贴是随着收购款直接转到银行账户，烟农并不清楚哪些部分来自补助，因此并没有感受到国家补贴力度之大。这种情况可以通过下乡进村宣传各种烟叶收购补贴政策来解决，既可以为村民解答疑惑以减少其对烟草部门的误解，也能提高烟农种植烟叶的积极性。

（二）设施建设

首先，育苗工场。烟草种植除了有上述这些补贴外，政府还通过投资进行项目建设来保证烟草生产的正常进行，提高村民种植烟草的积极性。保障性的项目建设有两个：一是育苗工场项目建设，二是烟水工程和配套项目建设。育苗工场项目建设和前面提到的专业化服务补贴中的购苗补贴相配套，该项目开始于2012年。政府投资469.45万元，在石家乡社区建设万亩育苗工场，可供苗1万亩，实现了育苗工场化。这些虽然不是在石枧村进行的建设，但惠及石枧村烟农，建设和投产也切实拉动了就业。

其次，烟水工程。提到烟草，不能忽视的就是烟水工程配套项目建设，烟水工程项目建设主要包括"三面光"水渠、机耕路以及塘坝。从全乡范围看，2012年，政府投资892万余元在石家乡修建石枧村等6个烟水配套工程，受益面积11560亩，受益农户996户，项目主要建设内容包括塘坝两座，容量12000立方米；新建、改建"三面光"沟渠38条，长17878米；新建、改建机耕路19条，含交通桥4座，长7909米。机耕路在"交通"的部分已经有所涉及，下面重点介绍石枧村水渠"三面光"改建的情况。

下石枧村六月庙至九月庙"三面光"水渠长200米、宽0.5米、高0.4米，是下石枧村70多户、500多人口经济作物生产的主要灌溉渠道，水渠灌溉范围涉及耕地面积800多亩，其中烤烟面积300多亩。水渠渠道狭小且部分年久失修，存在渗漏坍塌现象，导致村民作物灌溉不到位，雨后排水不畅，严重影响下石枧村经济作物生长，制约村民致富，因此申请了5万元资金对其进行"三面光"改建。

最后，烤烟房。烟叶在收获后到售卖前，一个必不可少的步骤就是烤烟。在烤烟房里将烟叶进行长时间烘烤使之脱去水分，不同的色泽代表了不同的油分，价格也相差很大。烟叶根据成色分为三等，从中桔一到青黄三，价格从每担1980元降到120元，因此村民对于烤烟这一过程极为重视，它直接决定了当年村民的收成。笔者去看了烟草局投资兴建的25座烤烟房，上石枧村村口10座，下石枧村有15座，全部由烟草公司投资修建，每个烤烟房投资2万元，烤烟房由村干部管理，交给村民无偿使用。从上述的种种补贴和配套工程可以看出，本地政府和烟草部门为了保证烟草生产和交售做出了极大努力，由此促进了以石枧村为代表的产烟基地配套基础设施的快速发展。从村民的反馈来看，上、下石枧村现在只有16户人家仍然在种植烟草，村民自己不愿意种植烟叶的原因诸多，在此选几个共性的:一是需要大量土地。种植烟叶十分消耗地力,需要有较多土地才能保证足够的利润和轮换以免地力过度消耗,而现在村里土地租赁价格上涨且土地资源比较紧张,需求与供应的矛盾摆在烟农面前。二是种植烟叶是劳动力密集型农业,无论是前期的播种施肥,还是后期连续一周不间断地烘烤,都需要较多劳动力,且为期数周地烘烤,对烟农来说是一种巨大的心理考验和体力考验。烤烟不能间断,也不容有失。烤前将烟叶绑到竹竿上,烤好后的整理成担都是极为繁重的工作,即使是雇人来做,付出的成本也是高昂的。三是烤烟的付出和回报不太相当。上面提到了劳动力、土地、农资等各种成本以及烟农付出的体力劳动,烟草的收购价格却往往因为成色不好而偏低,即使加上各种补贴也并不能让烟农获得满意的收入。四是烟叶种植风险比较大,水旱灾害、病虫害都可能使得烟叶"颗粒无收"。我们采访的一户烟农2016年10亩烟叶有3亩完全被染病,没有收入。虽然有自然灾害风险基金之类的保险,但是并不能完全弥补农民的损失。五是与其他农业种植的竞争有关。以脐橙为代表的果树种植以及加工产业在当地发展迅速,挂果后获利很多。由于农民精力有限,不少人选择把家庭的经营重心放到种植果树上,出自石枧村的林家盛、林家勋兄弟的家盛果业和富隆果场也吸纳了诸多农村劳动力。上述只是农民不愿意再种植烟叶的部分原因,虽然目前包括石枧村在内的烟叶种植基地还能基本满足交售指标,但政府应该已经看到了烟叶生产总量缩水的危机,提高收购价格是刺激烟农生产积极性的唯一方法。

二、水果生产销售

家盛果业是石枧村的林家盛、林家勋两兄弟创办的果业公司,公司现在是当地果业的龙头企业,发展势头良好。它是从石枧村兴起的,现在还在石枧村附近有两个果场。石枧村本身几乎家家户户都有山地,近几年在家盛果业和政府政策的带动下,村民纷纷开始种植以脐橙、蜜橘为代表的果树。政府对这项能够拉动经济发展的产业给予大力支持,从果品的生产到加工销售都有不同程度的扶持政策,大公司的果场和私人果园所接受到的优惠也有不同。

水果生产中主要是技术示范和推广、病虫害防治等。

一是水果办做好新种苗木的统管统调工作,公安、工商、农业等多部门配合严厉查处无证育苗等坑害果农的行为。石枧村家家户户种果树,他们大多规模有限,无法同有着大量技术人员的大果业相比,因此也是最容易受骗的群体。村里就曾有过因为买到劣质果苗和农药导致收成不理想的教训，多部门联动能有效避免类似事件再次发生。

二是加强技术培训。县里按照"县培训乡，乡培训村，村指导组"的办法开展水果种植技术培训，推广和规范脐橙种植技术标准和无公害化技术，还组织水果专业技术人员在各村巡回开展水果生产管理技术培训。石枧村有不少村民就曾经去参加过培训班，与家盛果场签有销售协议的村民，其果园也常会有技术人员去指导。这些措施极大地提高了村民种植果树的专业性，谈起种植果树，村民一个个俨然成了专家。规模果场可作为先进技术示范区。在石枧村的家盛果场，这里是富川县橘小实蝇绿色防控试验区，由广西壮族自治区植物保护总站（以下简称"广西植保总站"）提供技术指导，家盛果业和农业局共同实施；同时也是全国柑橘病虫害绿色防控技术示范区，由广西植保总站、贺州农业局植保站以及富川农业局农作物病虫测报站共同实施，主要示范黄板、性诱剂等害虫监控技术、生物防治技术以及选用生物制剂和高效低毒农药，清洁田园等农业防治措施。

三是注重病虫害防治。做好水果生产诸多病虫害防治。重点是黄龙病的综合防控工作，通过每年举办生产管理技术培训班，组织专业技术人员进行乡镇巡回讲解指导，邀请各个研究所专家举办规模果场、种植大户技术讲座。此外，通过优化管理优质脐橙苗木繁育中心，应用柑橘脱毒苗木的先进技术，从源头防治黄龙病，发病期加强各地监测控制。建立防治黄龙病综合防治示范点，以点带面，全面推进。

加工销售中主要是政府出面或者牵头进行品牌建设和水果采后商品化处理。

一是品牌建设。发挥品牌效益，用"富川脐橙"的商标对全县脐橙统一包装、销售、对外宣传。通过政府出面组织企业合作举办展销会，将本是互相竞争的果业公司整合起来，向外界集中统一展示富川脐橙的形象，有力地扩大品牌影响力，实现企业间的共赢。没有政府牵头，富川脐橙是不可能有现在这样的知名度的。石枧村村民显然也在这些由政府牵头、大企业参与的活动中获利不少。品牌知名度提高后，有不少老板从外地赶来收购各种水果。有了更多售卖选择，村民就有了议价的资本而不是无奈接受本地企业的定价，而不少外地人向村民租地种果树也加快了闲置山地的流转和使用。

二是水果采后的商品化处理。脐橙基地建设使得果品采后的商品化处理工作效率大大提高。政府、企业合作打造集水果蔬菜储藏、保鲜、加工、运输于一体的特色农产品加工物流中心，基本形成了商品化处理产业链，石枧村不少村民都成为这条产业链不同位置上的一员。在笔者拜访石枧村家盛果业的果场的时候，在果场大棚发现许多用来盛装水果的果筐。据石枧村村民介绍，这便是来自家盛果业自己的果筐厂的产品，在收购富隆果业后，家盛果业逐渐形成了集生产、加工、包装、销售、仓储、农资于一体的产业链。这与政府投资打造特色农产品加工物流中心以及政策导向有关。

三、农机购置补贴

对村民来说，农业机械是必不可少的生产工具。农机政策规定，享受农机补贴的对象为直接从事农业生产的个人、规模种养大户和农业生产经营组织。

（一）农机购置补贴机具的种类及补贴标准

补贴机具种类包括耕整地机械、种植施肥机械、收割机械、农产品初加工机械等共11大类38个小类92个品目。补贴标准：按不超过单机标准出厂价格的30%进行补贴，最高补贴额不超过3万元。各级财政农机补贴资金可以累加使用，累加补贴总额不超过单机标准出厂价格的30%。这条补贴可以累加的规定极大地降低了村民购置机械的成本。

（二）补贴对象

本地符合条件的按照先来先得和公开摇号等易于接受的方式确定补贴对象。补贴是有一定名额限制的，通常以补贴资金用尽作为本年度补贴的结束。也就是说，即使符合农机补贴的条件，也有可能因为地方的农机补贴资金用尽而无法得到补贴，这样的农户往往会在下一年的补贴计划中被列为优先补贴对象。对于已经报废老旧农机并取得拆解回收证明的农民，可优先补贴。笔者调查的对象中并没有遇到和听说过因为种种情况没有拿到补贴或者未及时拿到补贴的农户。此外，县里的农机站还为农民提供方便的农机维修检修以及使用培训等服务。

四、其他农业补贴

石枧村的村民家里都有一本存折，里面是国家每年发放的各种林业补贴、粮食直补等，村民缴纳电费、新型农村社会养老保险等都需要用到这本存折及其相关联的银行账户。在农业方面，村民能够享受到的大致有林业补贴、良种补贴、粮食直补等。由于这些补贴是国家统一发放的，因此石枧村村民接受补贴的标准和其他村庄并没有差别。

（一）林业补贴

中央财政林业补贴资金包括造林补贴资金、森林抚育补贴资金和林木良种培育补贴资金。造林补贴包括造林直接补贴和间接费用补贴。造林直接补贴是指对造林主体造林所需费用的补贴，补贴标准为：人工营造，乔木林和木本油料经济林每亩补助200元，灌木林每亩补助120元，水果、木本药材等其他林木每亩补助100元，新造竹林每亩补助100元。造林直接补贴全部落实到造林主体，享受中央财政造林补贴营造的乔木林，造林后10年内不准主伐，这是鼓励村民造林又能切实收到实效的措施。森林抚育补贴标准为平均每亩100元，主要用于间伐、补植、修枝、除草、割灌等。

（二）良种补贴

这是按照种植面积进行发放的，根据农业部核定的2013年水稻、玉米、小麦、棉花的良种推广补贴实施面积发放金额，主要补贴对象为水稻、玉米、小麦等作物，具体标准为水稻15元/亩，玉米10元/亩，小麦10元/亩，棉花15元/亩。良种补贴一般由中央财政下达到自治区，自治区为支持全区做好春耕生产，财政部门会及时将中央财政下达的农作物良种补贴资金拨付至各市、县，并要求各市、县及时将补贴资金发放到种粮农户（单位）手中，确保支农惠农政策落实到位。

（三）粮食直补

2015年，整个自治区安排粮食直补资金总额2亿元，对列入订单直补收购计划的粮食（不分品种），在自治区公布的收购价格基础上统一按0.24元/千克进行补贴。

还有一项值得注意的变化，就是从2015年起国家调整完善了农作物良种补贴、综合直补和粮食直补这3项农业补贴政策（简称"农业三项补贴"），将"农业三项补贴"合并为"农业支持保护补贴"，目的是支持耕地地力保护和粮食适度规模经营。从2016年起，改革在全国范围内实施，20%的农资综合补贴用于支持粮食适度规模经营，另外80%用于耕地地力保护。补贴对象为所有拥有耕地承包权的种地农民,可以真正做到"谁种粮谁受益"。此外,"目标价格"补贴将会由大豆、棉花,扩展至三大主粮(小麦、稻谷和玉米)。

这些改革和新政策会对像石枧村这种大量土地被承包转让用于种植烤烟和果树的村子产生巨大影响,因为国家以后将良种补贴、综合直补和粮食直补合并,主要补贴给实际种植的农民而不是拥有承包权的人。预计此政策可能带来的影响是土地承包价格的进一步上涨,果园、烤烟继续扩大种植面积将会遇到更大阻力。已经签订土地租赁合约的果园经营者可能会获得这部分补贴从而减轻经营压力。但是,由于租用土地时签订的常常是40年的合同,且租金固定不变,在补贴发放给承包权所有者的时候,或许租用者和所有者矛盾还不尖锐,一旦政策落实,所有者再失去补贴,他们就会对长期低价租用土地者产生不满,矛盾激化不利于特色种植业的发展和乡村的长治久安、和谐稳定。

第五节 学校与教育

一、学校

石枧村目前只有小学,前面我们已经提到,上、下石枧村的分界线就是位于村子居住区中心地带的小学。小学前面既是新老房子的交会地带,也是村庄里两条道路和水渠的交会地带。小学面积不大,进入校门,正对着的是以前的老教室,黄土墙、茅草屋顶,摇摇欲坠,右手边即是戏台,中间一大块是平时当作操场使用的水泥地,村子过节时的娱乐活动便在此进行,戏台唱戏表演节目,水泥地摆摊供人做买卖。学校中央有两个篮球架和一个升旗台,最左边是一间小平房,这是孩子们的食堂,当地人称之为伙房。和伙房相邻的是一幢两层小楼,上下各3间,下面的3间门窗已经破烂。我们去的时候是暑假,学生的课桌大部分自己搬回家了,只留下一些烂桌椅,通往二楼的大门紧闭。这就是学校的现状。学校的两层教学楼于2009年1月投入使用,建设资金主要来源于教育局拨款、村民捐款和社会各界人士的慷慨解囊。在教学楼楼梯的一块纪念碑上我们能看到捐款单位和个人的信息。伙房属于营养改善计划食堂建设项目,由教育局拨款15万元修建,面积约80平方米,于2013年11月竣工。根据村民的反馈,食堂在竣工之后,村里的孩子领取营养午餐的形式也发生了变化,由以前的牛奶面包变成了食堂提供的新鲜饭菜。在门口的公示牌上，我们还能清楚地看到放假前学校写的采购物资清单以及一周每日午餐的菜谱，荤素搭配，比较合理。

学校的硬件虽然有了极大改善，却陷入更深的困境。石枧村小学只有一到三年级。按照规定，村小学需要有四年级，但是由于师资和生源不足，石枧村小学的学生四年级需要去石家社区的中心小学就读。四年级不能住宿，学生只能走读，但路程较远，车辆较多，许多家长都不放心。家长由于要早起出去干活，也无法接送孩子，许多村民对四年级不能住宿也不提供接送十分不满。这些困难与资源的不均衡分布和本地资源的缺乏有关，希望政府层面能够重视，但是目前来看这个问题还会持续存在一段时间。

石枧村村民的孩子上幼儿园有两个选择：一是龙窝幼儿园，二是石家中心幼儿园。每年幼儿园的学费均在 2000 元左右，这对孩子多的家庭来说确实是不小的负担。

二、补助政策

（一）幼儿园入学补助

国家对低保户家庭的孩子提供入园补助金。此项资助的比例城乡和地区有所区别，富川作为少数民族自治县，幼儿园入园补助金资助面约占在园幼儿总数的 15%。入园补助金分两档执行：一档补助金每人每年补助 800 元，主要用于家庭经济困难的儿童；二档补助金每人每年补助 1200 元，主要用于补助家庭经济特别困难的儿童，这就是石枧村村民口中低保户家庭孩子每学期减免 600 元说法的来源。

（二）九年义务教育补助

我们了解到，不只是营养午餐，从幼儿园到大学，每个阶段都有不同的补贴和优惠政策，具体被称为"两免一补"，即免书本费，九年义务教育阶段学生免学费，九年义务教育农村贫困寄宿生生活补助。从 2011 年开始，标准由原来的小学生每人每学期 375 元，初中生每人每学期 500 元，特殊学校每人每学期 1000 元分别提高为小学生每年每人 1000 元，初中生每年每人 1250 元，特殊学校每年每人 2000 元。相比其他地方，本地作为少数民族自治地区，补助的标准和覆盖面扩大。富川作为瑶族自治县已经实现了寄宿生生活补助全覆盖,在访谈过程中也证实了各项补助已经落实。

(三) 高中生补助

高中贫困家庭学生有国家助学金补助。富川作为民族自治县,普通高中学生资助面约为40%,比其他县(市、区)农村地区普通高中高了10个百分点,而自治区办的寄宿制民族高中和在特殊教育学校就读的学生全部纳入国家助学金政策覆盖范围。平均资助标准为每生每年2000元,分两档评定:一等国家助学金每生每年资助2500元,主要用于补助家庭经济特别困难的学生;二等国家助学金每生每年资助1500元。石枧村的孩子基本都享受到这些补助,一个家庭往往有多名子女同时上学,这些补助是他们在校生活费的重要来源,一定程度上缓解了家庭的压力,这也是许多人仍然在读书的一个原因。从这方面来看,这些补助政策发挥了很大的作用。

(四) 大学生补助

大学生可以享受的补助相对来说就更多一些,首先是家庭经济困难大学新生入学补助项目,其资助对象是已进入普通高中家庭经济困难学生档案库,参加广西普通高考,已获得高校录取并愿意就读的大学新生,政府根据录取院校的所在区域和距离远近,对自治区内院校录取的贫困新生每生一次性补助500元,自治区外院校录取的贫困新生每生一次性补助1000元。其次是"爱心圆梦"活动。以2011年为例,"爱心圆梦"活动资助大学新生143人,资助金额16.78万元;2012年资助新生179人,资助金额17万元。此外,教育系统积极组织"爱心助学一日捐"活动,这项活动筹集的善款为义务教育阶段困难学生发放生活补助,为大学生筹集路费。以2012年为例,筹集15万余元,补助400名学生共8万元,资助贫困大学新生路费10万余元。最后是全国各地都有的对贫困家庭大学生的帮扶政策——生源地信用助学贷款和高校国家助学贷款。

在各种补贴和政策帮扶下,石枧村的教育取得不俗成就,在祠堂进门两面的墙上,我们能够看到满满两面墙的学生名单,这些都是村里考上大学的学生的姓名和学校。其中不乏中山大学、中央民族大学这样的优秀院校,也有硕士研究生甚至更高学历者。这在经济相对不发达的乡村是比较罕见的,对此,各级资助体系是功不可没的。

总之,现在村里的教育在国家的帮扶下,基础设施更加完善,学生继续接受教育的家庭负担减轻,村民的平均文化水平迅速提高,但同时还存在基础设施不能满足较高教学层次需求、教师待遇不高、生源流失等情况。针对这些问题,一方面要继续贯彻各项政策,减轻学生的家庭负担;另一方面要从实际情况出发,加大对教学点基础设施的投入力度。例如,针对石梘村,要购入校车接送四年级学生往返,要提高教师的工资福利待遇,鼓励年轻有为的教师留在村小学任教以提高村小学的教学质量。

第六节 医疗及保障

一、医疗

(一)医院和诊所

我们田野点的成员遇到过几次需要看医生的情况:一次是笔者的脚磨出血泡,一次是多位同学被毒虫叮咬,还有一次是几位同学眼睛过敏发炎,因此对村民的医疗条件和医院选择比较关心。距离新村公所300米左右的村口(公路的岔路口)有一个大院,院子里有两栋建筑,一栋是老村委会,另一栋就是林远标医生的诊所或者说是村里的卫生室。平日里村民有小病小痛都会选择来这里。据村民评价,林远标医生的医术好,很受村民的信赖,甚至不少其他地方的人专门来这里看病。林远标的叔叔曾是县人民医院院长,有时候也会来他的诊所,这也使得诊所更让人信赖。此外,村民在遇到比较严重的疾病或者需要报销医药费时也会选择去石家乡的卫生院,就诊金额大于3.50元的由新农合支付。但是,据我们了解,石梘村村民选择乡里卫生院的情况不多。小病小灾通常在村头的诊所或者自己买药就解决了,重一点的疾病多数人选择到县医院,这与新农合的推广实施有关。石家社区的居民选择去石家乡卫生院治疗小病的比较多。石家乡卫生院的相关情况,笔者在前面已经介绍过了。我们在入户调研的时候就遇到一户人家,因为小孙子发烧不退去县医院检查,他们认为现在去卫生院不如去县医院放心,报销后花费也差不多。这也是村里许多村民的想法。除此之外,日常用药和一些小毛病,村民也会选择去石家社区街上的药房买药,药房是石梘村村支书林家得的弟弟开的。

（二）新农合

新农合收费标准 2011 年为每人每年 50 元，此后都是每人每年 60 元，2016 年度每人收取了 120 元，2017 年度暂定每人每年不低于 150 元（调查时尚未确定）。但是，根据政策，2016 年将会提高居民医保财政补贴标准，在 2015 年的基础上提高 40 元，达到每人每年 420 元。其中，中央财政补助每人每年 300 元，自治区财政补助每人每年 77 元，地方补助大于每人每年 43 元。比较特殊的是，对于城乡困难人员参加居民医保也根据实际情况给予了相关补助：本自治区特困供养人员，城市低收入家庭中的重病患者，年满 60 周岁以上老人，农村低收入家庭中的重度残疾人、重病患者、年满 60 周岁以上老年人补助标准各有不同。由于医疗中可能出现的情况较复杂，新农合规定得十分具体详尽，在此只介绍主要的和普遍的内容。

补偿标准分为住院补偿和普通门诊补偿。①住院补偿。住院补偿费用＝（住院总医药费用－非补偿范围内的药品费用－非补偿范围内的诊疗项目和医用材料的费用－起付线）×补偿比例。住院补偿设置起付线，市内乡镇卫生院和社区卫生服务中心为 100 元，定点县级和市一级、二级医疗机构为 400 元，定点市三级医疗机构为 700 元，市外定点医疗机构为 900 元，住院按比例给予补偿，起付线以下的费用由参合农村居民自付。住院补偿比例根据医疗机构有 40%～90% 不等，住院补偿设置 12 万元（重大疾病为 15 万元）的封顶线。②普通门诊补偿。村民在村级门诊就诊 3.50 元（含 3.50 元）以上的费用由新农合支付；在乡里卫生院就诊，10 元以下（含 10 元）据实支付，10 元以上的费用由新农合全额补偿。每人每年封顶 200 元，户内家庭成员共享，超出家庭限额标准以外的金额自付。截至 2016 年 3 月，石梘村农业人口 1198 人，参合人数 1174 人，参合率达到 98%。

由统计数据可以看出，石梘村几乎已经达到人人参保的水平，那村民们是怎么看待新农合的呢？我们通过调查访谈后发现，村民对新农合实施情况总体满意。据村民反映，由于慢性病也纳入了医保范围，村民家庭负担得到减轻，有不少村民通过参保避免了家庭因病返贫的情况出现，但同时也有不少村民表达了希望新农合继续改进的地方。一是报销手续太复杂烦琐，希望能简化手续方便群众。二是村民在生病时经常因为忽略一些注意事项，例如药品的选择而导致无法报销，他们希望能简化标准，方便村民理解和进行治疗。三是许多情况下要由村民先行垫付住院费用，有时候也会出现村民无法筹集钱款进行垫付的情况。四是新农合国家补贴部分一直在增加，村民体会到了国家对农民的关怀，但近5年来，村民个人负担费用翻了几番，全家入保加上其他保险也是一笔不小的费用。

二、养老保险

新型农村社会养老保险（以下简称"新农保"）实行个人缴费、集体补助、政府补贴相结合的筹资方式，养老待遇支付则是基础养老金与个人账户养老金相结合。2009年，新农保和城镇居民社会养老保险制度在本县级行政地区试点，本人年龄已经达到或超过60周岁并且未享受国家规定的其他基本养老保险待遇，可以不缴费直接领取基础养老金。对于特殊人群，政府也有特殊政策：对农村重度残疾人、"五保"供养对象选择最低缴费档次缴费的，地方政府予以全额代缴；农村低保户则是每年代其缴纳养老保险费50元，每人每年再给30元的补贴。目前设定为每年100～2000元12个档次，由参保人自主选择多缴多得。政府对参保人给予多项补贴。一是政府对参保人给予缴费补贴。政府对100～800元缴费档次分别按每人每年30～75元进行补贴，对900～2000元缴费档次统一按每人每年80元进行补贴。二是政府对城乡重度和贫困残疾人、农村"五保"供养对象、城镇"三无"人员代缴保险费100元，对城乡低保对象代缴保险费50元。

上面是新农保参保的各种信息，村民最关心的还是参保后的待遇。目前，石砚村年满60周岁且没有其他养老保险的村民，可以申请按月享受新农保待遇。新农保待遇由基础养老金和个人账户养老金两部分组成，支付终身。计发标准如下：①基础养老金标准为每人每月55元，由国家财政全额支付。②个人账户养老金的月计发标准为个人账户全部储存额除以139。上面提到已年满60周岁且没有其他养老保险的村民参保时不用缴费，可以按月领取基础养老金，但其符合参保条件的子女要参保缴费；距领取年龄不足15年的，应按年缴费，也允许补缴，累计缴费不超过15年，政府给予补贴；距领取年龄超过15年的，应按年缴费，累计缴费不少于15年。由于刚开始实施新农保，村民大多还处于缴费阶段，享受到政策优惠无须缴费的老年人对新农保赞不绝口，普通村民少部分人对数额表示不满，大部分人对这一未来的保障是持正面和支持的态度，对缴纳的数额表示接受和理解。

三、扶贫工作

(一) 扶贫

全面建成小康社会最艰巨、最繁重的任务在农村,特别是贫困地区实现脱贫致富迫在眉睫。目前,国家和政府对村里很多补贴都是出于帮助村民脱贫的目的,脱贫需要先识别贫困户。石家乡通过精准识别入户评估,准确统计贫困户,并制作了预脱贫户帮扶情况一览表。从我们手里这份石枧村的资料来看,主要统计分析了各家各户贫困的原因,有自身原因与"八有一超"情况,已经享有的扶贫政策和下一步帮扶计划也列出,每户都有对口的干部和帮扶单位。通过这些资料,可以看出国家和政府在本地经济落后的情况下通过精准识别入户评估,将贫困户分为贫困和预脱贫,具体到每家每户并分析其致贫原因,然后精准扶贫。一是要着力加强特色农业建设,多渠道增加农民收入,继续扶持水果产业、春烤烟产业、绿色优质蔬菜产业发展;二是着力加强基础设施建设,努力改善交通条件,整合危房改造等项目资源,着力改善人民居住条件。

对于精准扶贫,从我们在石枧村观察到的情况来说,扶贫小额信贷资金引领作用似乎并没有得到充分发挥,这一点和村民获取信息渠道有限以及村里宣传工作不太到位有关,村民对此或是不理解,或是不知道;贫困户自我发展能力也显得比较不足,除了打工和种果树外,别无他法。大力推广可持续增收的成熟产业,提升农村劳动力素质,围绕特色产业,培育一批有技术、懂经营、善管理的新型职业农民是增强贫困户自我发展能力的有效措施。关于这一点,近年来石枧村和乡政府已经开始实践,物流中心家盛果场的建设和招工就是例证。

(二) 低保

在村里,低保是常常被提起的热门话题,许多村民对这笔补助有着自己的想法。农村低保即农村居民最低生活保障,对象主要是因病、因残、年老体弱、丧失劳动能力以及生存条件恶劣等原因造成生活常年困难的农村居民。低保的标准是随着本地经济社会发展和基本生活必需品价格变化而进行调整的,是按照能够维持当年村民全年基本生活所必需的吃饭、穿衣、用水、用电等费用来确定的,这也是不同村民对低保的补助标准金额说法不一的原因。

（三）农村危房改造工作

危房改造是面向贫困户的，对农村危房进行等级评定后由村民提出申请，经审批后给予补助进行改造。农村危房改造补助对象重点是居住在危房中的农村分散供养"五保"户、低保户、贫困残疾人家庭及其他贫困户。农民是自己危房改造的具体承担者，危房改造的资金采取"争取国家支持一点，自治区级补助一点，市县补助一点，农户自筹一点，社会捐助一点"的办法多渠道筹集，在国家和自治区级，自治区按照与国家1:1配套的要求落实资金，在分配资金时按照户均的标准进行计算，政府明确指出农村危房改造的补助标准不宜平均分配。具体到石家乡石枧村，根据调查得知，补助有3种档次：一般贫困户补助1.8万元，低保户补助2万元，"五保"户补助2.4万元。截至2016年，石枧村已经完成危房改造180余户，我们在村里看到的大路两旁集中的楼房几乎都是危房改造的成果。

总之，在国家的投入与扶持之下，石枧村原本较落后的社会面貌有了巨大改观，基础设施有了相当大的进步与改善，但与石枧村经济社会的发展相比，湘桂边界农村地区的基础设施仍较滞后，许多配套政策有待进一步改进和完善。值得注意的是，在国家不断加大对贫困地区投入的同时，来自基层的矛盾和村民的质疑也会不断增多，这就要求上级政府和基层干部，在工作的时候都要注意沟通方法，建设项目的财务信息要及时公示，补贴和优惠政策要认真向村民宣传到位，使地方社会的经济发展与国家政策的统筹相适应，进而加快实现全面建成小康社会的奋斗目标。

参考文献

一、书籍

[1] 刘道，钱邦芑.〔康熙〕永州府志：第8卷［M］.北京：书目文献出版社，1992.

[2] 邓伟志，徐新.家庭社会学导论［M］.上海：上海大学出版社，2006.

[3] 范之晔.秦史拾遗［M］.上海：商务印刷馆，1939.

[4] 费孝通，王同惠.花篮瑶社会组织［M］.南京：江苏人民出版社，1988.

[5] 费孝通.费孝通全集：第10卷：1983～1984［M］.呼和浩特：内蒙古人民出版社，2009.

[6] 费孝通.费孝通全集：第12卷：1986～1987［M］.呼和浩特：内蒙古人民出版社，2009.

[7] 费孝通.费孝通全集：第13卷：1988～1991［M］.呼和浩特：内蒙古人民出版社，2009.

[8] 费孝通.费孝通文集：第8卷：1981～1982［M］.北京：群言出版社，1999.

[9] 费孝通.费孝通文集：第15卷：1999～2001［M］.北京：群言出版社，2001.

[10] 费孝通.六上瑶山［M］.北京：群言出版社，2015.

[11] 费孝通.乡土中国 生育制度［M］.北京：北京大学出版社，1998.

[12] 富川瑶族自治县地方志编纂委员会办公室.富川年鉴：2010～2011［M］.郑州：中州古籍出版社，2012.

[13] 富川瑶族自治县地方志编纂委员会办公室.富川年鉴：2012～2013［M］.郑州：中州古籍出版社，2014.

[14] 《富川瑶族自治县概况》编写组.富川瑶族自治县概况［M］.北京：民族出版社，2008.

[15] 富川瑶族自治县国土资源局.富川瑶族自治县土地志［M］.南宁：广西人民出版社，2007.

[16] 富川瑶族自治县水利电力局. 富川瑶族自治县水利电力志[Z]. 1992.

[17] 富川瑶族自治县志编纂委员会. 富川瑶族自治县志[M]. 南宁：广西人民出版社, 1993.

[18] 古德. 家庭[M]. 魏章玲, 译. 北京：社会科学文献出版社, 1986.

[19] 顾国诰, 何日新, 刘树贤, 等. 广西省富川县志[M]. 清光绪十六年刊本. 台北：成文出版社, 1967.

[20] 广西瑶学会. 瑶学研究：第2辑[M]. 南宁：广西民族出版社, 1992.

[21] 广西壮族自治区编写组. 富川瑶族自治县概况[M]. 南宁：广西民族出版社, 1986.

[22] 胡起望, 范宏贵. 盘村瑶族：从游耕到定居的研究[M]. 北京：民族出版社, 1983.

[23] 李昉, 等. 太平御览[M]. 北京：中华书局, 1960.

[24] 梁茂春. 跨越族群边界：社会学视野下的大瑶山族群关系[M]. 北京：社会科学文献出版社, 2008.

[25] 刘志伟. 借题发挥[M]. 北京：社会科学文献出版社, 2019.

[26] 罗岗生, 李莲芳. 刘三姐研究资料集[M]. 南宁：广西人民出版社, 2007.

[27] 彭兆荣, 李春霞. 岭南走廊：帝国边缘的地理和政治[M]. 昆明：云南教育出版社, 2008.

[28] 乔健. 飘泊中的永恒：人类学田野调查笔记[M]. 济南：山东画报出版社, 1999.

[29] 覃桂清. 刘三姐纵横[M]. 南宁：广西民族出版社, 1992.

[30] 王明珂. 羌在汉藏之间：川西羌族的历史人类学研究[M]. 北京：中华书局, 2008.

[31] 王铭铭. 中间圈："藏彝走廊"与人类学的再构思[M]. 北京：社会科学文献出版社, 2008.

[32] 韦浩明. 潇贺古道历史文化研究[M]. 长沙：中南大学出版社, 2012.

[33] 吴滔, 于薇, 谢湜. 南岭历史地理研究：第一辑[M]. 广州：广东人民出版社, 2016.

[34] 阎云翔. 礼物的流动：一个中国村庄中的互惠原则与社会网络[M]. 李放春, 刘瑜, 译. 上海：上海人民出版社, 2000.

［35］阎云翔.私人生活的变革：一个中国村庄里的爱情、家庭与亲密关系：1949～1999［M］.龚晓夏，译.上海：上海书店出版社，2006.

［36］叶春生.岭南民间文化［M］.广州：广东高等教育出版社，2000.

［37］张泽槐.古今永州［M］.长沙：湖南人民出版社，2003.

［38］中国人民政治协商会议富川瑶族自治县委员会.富川文史资料：第2辑［Z］.1987.

［39］周大鸣，范涛.龙脊双寨：广西龙胜各族自治县大寨和古壮寨调查与研究［M］.北京：知识产权出版社，2008.

［40］周大鸣，余成普.行政的边缘，文化的中心：湖南通道上岩坪寨田野调查报告［M］.北京：民族出版社，2014.

［41］周大鸣.瑶族双寨：广西凌云县背陇瑶和蓝靛瑶的调查与研究［M］.北京：知识产权出版社，2008.

二、期刊

［1］车裕斌.典型村落经济社会转型及发展趋势［J］.广西民族大学学报（哲学社会科学版），2008（3）.

［2］陈才佳.南岭走廊族群的语言接触与互动：以萌渚岭中段贺州为个案［J］.广西民族研究，2016（3）.

［3］陈敬胜.南岭走廊产业扶贫的行动逻辑及运行机制［J］.江淮论坛，2019（4）.

［4］程军.宋代榨油方法的初步研究［J］.古今农业，2016（2）.

［5］费孝通.关于我国民族的识别问题［J］.中国社会科学，1980（1）.

［6］费孝通.谈深入开展民族调查问题［J］.中南民族学院学报（哲学社会科学版），1982（3）.

［7］费孝通.中华民族的多元一体格局［J］.北京大学学报（哲学社会科学版），1989（4）.

［8］宫哲兵.从地图、地名和族谱考证千家峒在都庞岭：瑶族千家峒故地三考［J］.广西民族研究，1999（4）.

［9］胡庆生.桂岭至开山段萌渚峤古道历史文化考察［J］.贺州学院学报，2010（2）.

［10］黄永林.非物质文化遗产传承人保护模式研究：以湖北宜昌民间故事讲述家孙家香、刘德培和刘德方为例［J］.中国地质大学学报（社会科学版），2013（2）.

[11] 黄祖辉，王朋.农村土地流转：现状、问题及对策：兼论土地流转对现代农业发展的影响［J］.浙江大学学报（人文社会科学版），2008（2）.

[12] 李复新，瞿葆奎.教育人类学：理论与问题［J］.教育研究，2003（10）.

[13] 李吉和.论中国古代西北少数民族迁徙的主要特征［J］.西北民族大学学报（哲学社会科学版），2003（5）.

[14] 李建宗.文化边界与族群互动："内亚"视角下的河西走廊［J］.青海民族研究，2015（1）.

[15] 李锦.制度变革与藏彝走廊人群迁移：对四川省甘孜州九龙县的田野调查［J］.西南民族大学学报（人文社科版），2008（10）.

[16] 李绍明.论武陵民族区与民族走廊研究［J］.湖北民族学院学报（哲学社会科学版），2007（3）.

[17] 李晓明.族群认同的"多元性"：以南岭民族走廊瑶族为例［J］.前沿，2010（22）.

[18] 李星星.论"民族走廊"及"二纵三横"的格局［J］.中华文化论坛，2005（3）.

[19] 李星星.再论民族走廊：兼谈"巫山—武陵走廊"［J］.广西民族大学学报（哲学社会科学版），2013（2）.

[20] 刘丹，秦红增."一带一路"与中国民族走廊研究再认知［J］.中南民族大学学报（人文社会科学版），2017（5）.

[21] 刘建军，胡庆生.萌渚岭峤道贺州段汉代交通网络复原［J］.经济与社会发展，2012（6）.

[22] 刘祥学.明清时期桂东北地区壮族的分布、迁徙及与其他各族的相互影响［J］.民族研究，1999（5）.

[23] 刘秀丽.从四大民瑶看明清以来"南岭走廊"的族群互动与文化共生［J］.中南民族大学学报（人文社会科学版），2010（2）.

[24] 吕名中.秦汉通南越要道考略［J］.中南民族学院学报，1983（3）.

[25] 麻国庆.南岭民族走廊的人类学定位及意义［J］.广西民族大学学报（哲学社会科学版），2013（3）.

[26] 马有才.中国农村家庭的变迁［J］.调研世界，1993（3）.

[27] 农辉锋，徐杰舜.富川"梧州人"探微［J］.广西民族学院学报（哲学社会科学版），2003（S1）.

[28] 彭芸芸，卢玉.试比较江华瑶族和富川瑶族的民间宗教［J］.东南大

学学报(哲学社会科学版), 2010 (S1).

[29] 石硕. 藏彝走廊历史上的民族流动 [J]. 民族研究, 2014 (1).

[30] 石硕. 从新石器时代文化看黄河上游地区人群向藏彝走廊的迁徙 [J]. 西南民族大学学报(人文社科版), 2008 (10).

[31] 石晓平, 曲福田, HEERINK N, 等. 农村市场发育与村庄经济研究 [J]. 中国农村观察, 2004 (1).

[32] 覃爱民. 平地瑶的民间音乐、舞蹈文化探究: 以广西贺州富川平地瑶为例 [J]. 黑龙江民族丛刊, 2009 (4).

[33] 韦浩明. 秦过岭"新道"考证 [J]. 广西社会科学, 2010 (5).

[34] 韦浩明. 秦汉时期的"潇贺古道": 潇贺古道系列研究之一 [J]. 广西梧州师范高等专科学校学报, 2005 (1).

[35] 文军, 魏美才. 富川瑶族自治县秀水村乡村旅游开发研究 [J]. 广西民族学院学报(哲学社会科学版), 2003 (S2).

[36] 吴忠军, 邓鸥. 南岭民族走廊贫困现状与扶贫开发研究 [J]. 广西民族研究, 2014 (6).

[37] 鲜祖德, 唐平. 80年代以来中国农村居民生活消费的变化、问题及思考 [J]. 消费经济, 1995 (4).

[38] 肖晶. 南岭瑶族盘王传说的历史变迁与文化寓意: 以广西贺州瑶族盘王文化为考察对象 [J]. 民族文学研究, 2015 (3).

[39] 谢嘉雯, 唐踔. 空心型古村落景观资源保护与开发: 以广西贺州富川县古村落群为例 [J]. 人民论坛, 2015 (14).

[40] 杨雄心. 湘桂(潇贺)古道古桥的历史文化价值研究 [J]. 湖南科技学院学报, 2017 (2).

[41] 杨志强. "国家化"视野下的中国西南地域与民族社会: 以"古苗疆走廊"为中心 [J]. 广西民族大学学报(哲学社会科学版), 2014 (3).

[42] 杨志强. 文化建构、认同与"古苗疆走廊" [J]. 贵州大学学报(社会科学版), 2012 (6).

[43] 余天炽. 秦汉时期岭南和岭北的交通举要 [J]. 历史教学问题, 1984 (3).

[44] 袁同凯. 传统文化习俗与学校教育: 教育人类学的视角 [J]. 西北民族研究, 2009 (1).

[45] 苑国华. 试论"夸富宴"现象及其人类学意义 [J]. 百色学院学报, 2006 (5).

[46] 张超.南岭走廊地区的宗教、边界与跨地域想象［J］.中山大学学报（社会科学版），2018（6）.

[47] 张志敏.村落经济组织与社区整合［J］.浙江社会科学，2003（4）.

[48] 周大鸣，龙晔生.侗族研究的新视野：周大鸣三省坡访谈录［J］.民族论坛，2013（8）.

[49] 周大鸣，吕俊彪.资源博弈中的乡村秩序：以广西龙脊一个壮族村寨为例［J］.思想战线，2006（5）.

[50] 周大鸣，詹虚致.人类学区域研究的脉络与反思［J］.民族研究，2015（1）.

[51] 周大鸣，张超.如何理解中国：民族走廊研究的历史与现实意义［J］.社会科学战线，2018（12）.

[52] 周大鸣，张恩迅.行政的边缘，文化的中心：以富川瑶族自治县石枧村为中心的研究［J］.广西民族研究，2017（5）.

[53] 周大鸣.道路研究的意义与途经［J］.吉林师范大学学报（人文社会科学版），2019（4）.

[54] 周大鸣.祭祀圈理论与思考：关于中国乡村研究范式的讨论［J］.青海民族研究，2013（4）.

[55] 周大鸣.论族群与族群关系［J］.广西民族学院学报（哲学社会科学版），2001（2）.

[56] 周大鸣.民族走廊研究的路径与方法［J］.青海民族研究，2017（4）.

[57] 周大鸣.民族走廊与族群互动［J］.中山大学学报（社会科学版），2018（6）.

[58] 周大鸣.学科恢复以来的人类学研究：基于对中大人类学系博士论文的分析［J］.西北民族研究，2013（1）.

[59] 周永明.道路研究与"路学"［J］.二十一世纪，2010（8）.

[60] 周永明.汉藏公路的"路学"研究：道路的生产、使用与消费［J］.文化纵横，2015（3）.

[61] 周玉蓉.族群互动下的语言接触：以广西富川为例［J］.青海民族研究，2007（4）.

[62] 朱江勇.桂剧源流与形成："桂剧自祁剧传入"说考证［J］.广西地方志，2011（6）.

后 记

之所以选择在富川瑶族自治县带队实习，是基于笔者长期以来思考的问题：了解边民的互动，了解边缘地区的文化特征，了解行政对边缘地区发展的影响，等等。富川地处湘、桂、粤交界的都庞、萌渚两岭余脉之间，是符合笔者研究主题的调查点。在此之前，笔者也曾带队在湘黔渝交界的边城、湘桂黔交界的通道等地做过调查。

我们从贺州市坐车3个多小时，几经颠簸到达石枧村，看到了一个人文景观和自然景观完美融合的古村落，这里有蜿蜒的石板古道、浓厚的宗族氛围、依山傍水的村落格局、多元的建筑符号、遗存的防御体系等。进入村中，我们受到了村民的热情接待，他们友善、质朴，让久居城市的我们很快抛开了生活上的一些不适应，投入到田野调查中。

在村民的新居中、老屋里、炮楼下、古道边、小卖部、田地里、虎井旁，都有我们师生的身影。我们与村民们一起度过了六月十六祭祖节，参观了村中的龙头企业富隆果业公司，走访了周边的黄竹、龙湾等瑶族村寨，每晚坚持打着手电入户访谈……在师生与村民的日常互动中，一个月的时间转瞬即逝，同学们在临走前冒着雨与村民一一道别，足以显示他们对这里的不舍。田野调查的时间虽短，但师生与村民结下的友谊常在。

本书是在石枧村调查报告的基础上改写而成的，因此书中的内容和资料数据截至2017年。2016年7～8月，笔者带领中山大学人类学系2014级本科生及博士研究生10余人共同收集资料，完成调查报告。他们是本科生陈炜婷、吴雅宁、曹慧明、赵龙、李慧、邹博，以及博士研究生张恩迅、申玲玲、剧馨，特此鸣谢！同时，与调查报告相关的文章《行政的边缘，文化的中心——以富川瑶族自治县石枧村为中心的研究》已在《广西民族研究》杂志上发表。本书的完成，首先要感谢石枧村的村民、村党支部和村委会的干部，没有你们的参与和帮助，我们无法完成调查工作。尽管书中依然有所疏漏、有所误解，甚至没有完全理解你们日常生活的意义。

本书的完成离不开大家的帮助，我们要感谢贺州学院的李晓明教授等给我们调查提供的周密安排和支持。李教授等不辞辛苦，经常从贺州市驱车百余公里到村里慰问我们,他们不仅为本次调查提供了极大便利,还认真细致地为我们的调查工作提出相当详细的建议,让拙著增色许多。

我们要感谢富川瑶族自治县的县委、县政府各位领导对我们调查的大力支持。我们要感谢富川瑶族自治县政协副主席周海林同志,石家乡党委书记邓寿恩同志、乡长唐先文同志,石枧村党总支部书记林家得同志、村主任林家天同志,没有你们的帮助、认可和关心,我们的调查不可能这么顺利地进入,这么安心地退出。还有其他对我们调查和研究提供帮助的人,这里一并致以谢意。

周大鸣

2020 年 7 月 15 日于斯盛堂